U0883308

新曲綫 New Curves | 用心雕刻每一本......

http://site.douban.com/110283/
http://weibo.com/nccpub

用心字里行间　雕刻名著经典

# 人力资源管理

第9版

［美］劳埃德·拜厄斯　莱斯利·鲁　著

李业昆 等　译

人民邮电出版社

北　京

**图书在版编目（CIP）数据**

人力资源管理：第9版 /（美）劳埃德·拜厄斯，（美）莱斯利·鲁 著；李业昆 等译 .
—北京：人民邮电出版社，2017.1
ISBN 978-7-115-44623-7

I. ①人… II. ①劳… ②莱… ③李… III. ①人力资源管理—教材 IV. ① F241

中国版本图书馆 CIP 数据核字（2016）第 314276 号

Lloyd L. Byars, Leslie W. Rue

**Human Resource Management**, 9th Edition

ISBN 0-07-353025-5



**人力资源管理（第9版）**

◆ 著　　［美］劳埃德·拜厄斯　莱斯利·鲁
译　　李业昆 等
策　划　刘　力　陆　瑜
责任编辑　徐向娟　王润秋　黄　娣
装帧设计　陶建胜

◆ 人民邮电出版社出版发行　北京市丰台区成寿寺路 11 号
邮编　100061　电子邮件　315@ptpress.com.cn
网址　http://www.ptpress.com.cn
电话（编辑部）010-84937150　（市场部）010-84937152
三河市少明印务有限公司印刷
新华书店经销

◆ 开本：710 × 1000　1 /16
印张：28.5
字数：588 千字　2017 年 1 月第 1 版　2017 年 1 月第 1 次印刷

ISBN 978-7-115-44623-7

定价：78.00 元

**本书如有印装质量问题，请与本社联系　电话：(010) 84937153**

## 内容提要

拜厄斯的这部《人力资源管理》是一部理论紧密联系实际的优秀教科书。全书共6编19章，系统介绍了人力资源规划、招募、甄选、培训与开发、薪酬制度以及员工幸福等方面的内容，结构规范，体系完整。全书丰富的理论和实例对于指导实践中的人力资源管理工作大有裨益。

本书可作为人力资源管理专业本科学生的参考读物，也可供其他工商管理类专业的学生、企业管理人员以及对管理感兴趣的人士阅读。

# 译者序

由美国佐治亚理工学院管理学院教授劳埃德·拜厄斯博士和佐治亚州立大学罗宾逊商学院荣誉退休教授莱斯利·鲁博士所著、美国麦格劳－希尔公司出版的这本《人力资源管理》，是当今美国最重要的人力资源管理著作之一，自面世以来就受到读者喜爱，多次再版，目前翻译的这个版本是原书的第 9 版。

本书内容具有以下特点：

1. 从一般管理者视角来研究人力资源管理。本书中认为在未来充满挑战的环境中，一个组织的竞争优势主要表现在它最有价值的资源即人力资源上。而组织中所有的管理者都被期望拥有更广泛的技能，包括人力资源管理技能。因此，本书强调从一般管理者的视角来研究人力资源管理。
2. 理论与实践在内容上实现了均衡的结合。本书均衡地包括了人力资源管理理论知识，以及它们在人力资源管理实践中的应用。理论方面的内容是通过正文中对原理与方法的介绍来体现的，实践方面的内容是通过穿插在正文中的大量人力资源管理实例来体现的。通过阅读本书，既可以提高人力资源管理理论知识素养，又可以增强人力资源管理实践能力。
3. 体系结构完整、规范。本书通过 5 篇 19 章的内容，系统地介绍了人力资源管理各个主要方面的理论知识及其在实践中的应用。整体结构完整、规范，各部分的安排和组织合理、有序，便于通过本书系统学习人力资源管理理论知识，以及全面提高人力资源管理实践能力。
4. 反映了人力资源管理理论和实践的最新进展。本书在理论方面反映了人力资源管理理论的最新进展，在实践方面使用了最新的公司实例和数据资料。

本书的第 6 版于 2002 年 3 月第一次由我们把它翻译成中文出版，当时受到读者的广泛好评，成为国内一本重要的从国外引进翻译的《人力资源管理》教材。此后，我们又于 2004 年 1 月翻译出版了本书的第 7 版，于 2005 年 6 月以对原版进行译注的方式出版了本书第 7 版的双语版，于 2012 年 6 月以对原版进行译注的方式出版了本书第 9 版的双语版。

本书是根据原著的第 9 版翻译的，对原著的内容在翻译时进行了相应的选取。本书中包括了原书的全部篇章，每一章中的正文内容和章后总结都全部翻译出来了，但是删减掉了每章中其它所有的附属内容，这样既系统地保留了原书的核心内容，又在内容上更加精练、版面上更加简洁，使得本书更具有专业性，更适合用来系统、高效地学习人力资源管理的基本理论知识。

本书由北京工商大学李业昆教授组织翻译。李业昆翻译了前言、第 1、2、4、5、6、7、16、17、19 章；李春玲翻译了第 11、12、13、14、15、18 章；何辉翻译了第 3、8、9、10 章。全书由李业昆统稿和定稿。苏增军、胡迪晨、张云、孙源协助进行了全书翻译的一些具体工作。北京新曲线出版咨询有限公司的总编辑对本书的翻译提出了许多创新性设想，徐向娟、王润秋、黄娣等几位编辑为书稿的完善提供了具体的帮助。此外，还有其它一些人对本书的翻译提供了不同形式的支持和帮助，在此一并表示感谢。

李业昆

2016 年 11 月

于北京工商大学

# 前　言

当今最成功的组织都找到了激励、培训、报偿和挑战自己员工的有效方法。这对所有的组织都一样，不管是生产性企业还是服务性组织，大型企业还是小型企业，国内公司还是国际公司，营利性组织还是非营利性组织，以及政府组织还是非政府组织。

自从《人力资源管理》的第 8 版出版以来，世界在不断地变化。大多数组织的人力资源要素都变得更加多样化和复杂化。另外，在人力资源领域也出现了其他一些重要变化。不断变化的政府和法律要求、安全保障意识的增强、新的信息系统、缩小规模的兼并、对更高技能水平劳动力的需求和不断加剧的全球竞争，这些都是当今组织人力资源管理问题复杂化的诸多因素。

## 本书特点

像以前的版本一样，《人力资源管理》（第 9 版）仍然介绍人力资源管理理论和实践两方面的内容。理论方面的内容贯穿全文。读者可以通过学习其中复杂的人力资源术语而得到帮助。实践方面则是通过穿插在正文中生动的案例来体现的。

- 每章中都包括多个“实践中的人力资源管理”专栏，这些时新案例都说明了现实中的组织如何应用本章介绍的概念。
- 更新和增加了书中所涉及公司的网址。

## 第9版的结构

本书的内容分为六编。第一编“人力资源管理的概要和背景”为读者开始学习人力资源管理著作提供了必要的基础。这一编同时也探讨了公平就业机会的法律环境和实施如何影响人力资源管理的所有领域。这一编的最后一章讨论了工作分析和工作设计。第二编“获取人力资源”讨论了人力资源的规划、招募和甄选。第三编“员工培训和开发”描述了上岗引导、员工培训、员工管理、组织开发、职业规划和绩效管理体系。第四编“员工薪酬”包括概括性地介绍“组织的报酬制度”这一章，另外几章描述基本工资制度和奖励工资制度。第五编“员工幸福”探讨了员工福利、员工安全与健康以及员工关系。第六编“劳资关系”讨论了工会的法律环境和组织结构，以及工会组织活动和集体谈判。

本版的审阅者：

**Ed Lisoski**
*Angelo State University*
**Rieann Spence-Gale**
*Northern Virginia Community College*
**Francine Varisco**
*Cazenovia College*
**Karen Bilda**
*Cardinal Stritch University*
**Kenneth W. Gaines**
*East-West University*
**Doug Shelton**
*Corinthian College*
**Patricia Sherrer**
*Piedmont College*

像以前的版本一样，我们诚挚地欢迎读者对本书提出任何意见和建议。

劳埃德·拜厄斯
莱斯利·鲁

# 简要目录

# 详细目录

# 第一编

# 人力资源管理概要和背景

1. 人力资源管理：战略职能
2. 公平就业机会：法律环境
3. 实施公平就业机会
4. 工作分析与工作设计

第 1 章

# 人力资源管理：战略职能

**人力资源管理**（human resource management, HRM）包括那些旨在提供和协调组织中的人力资源的各种活动。人力资源（HR）是组织的一项最大的投资。事实上，政府部门的报告表明，大约 65% 的国民收入用于向员工提供薪酬。一个组织中人力资源的价值，经常是在组织被出售时方才显现出来。通常，人力资源的购买价格高于物质资产和财务资产的总价值，这种差额有时被称为商誉（goodwill），它部分地反映了组织中人力资源的价值。除了薪资之外，组织经常在人力资源上进行其他具有一定规模的投资，招募、雇佣和培训是其中一些较为明显的例子。

“人力资源管理”是传统上所称人事管理（personnel administration 或 personnel management）一词的现代术语。然而，一些专家认为，人力资源管理与传统的人事管理有一定的区别。他们认为人事管理远比人力资源管理狭窄，前者更以事务为中心。在本书中，我们只采用“人力资源管理”这个术语。

## 人力资源职能

**人力资源职能**（human resource function）是指在各种规模的组织中用以提供和协调人力资源的任务和责任。人力资源职能包括对组织的所有领域具有重大影响的各种活动。人力资源管理协会（Society for Human Resource Management, SHRM）确定了人力资源管理的六种主要职能：

1. 人力资源的规划、招募和甄选；
2. 人力资源开发；
3. 薪酬和福利；

4. 安全与健康；
5. 劳资关系；
6. 人力资源研究。

表 1.1 列出了构成主要人力资源职能的各种活动。确保组织履行公平就业机会及其他政府职责，使之能够涵盖所有六种主要人力资源职能。

表 1.1 主要人力资源职能所包括的活动

**人力资源的规划、招募和甄选**

- 进行工作分析以确定组织内特定工作的具体要求
- 预测组织为实现目标而对所需人力资源的要求
- 制定和实施满足这些要求的计划
- 招募组织为实现目标所需要的人力资源
- 甄选和雇佣填补组织内具体职位的人力资源

**人力资源开发**

- 对员工的引导和培训
- 设计和实施管理及组织发展方案
- 在组织内部建立有效的工作团队
- 设计员工个人绩效评估系统
- 帮助员工制定职业生涯规划

**薪酬和福利**

- 设计和实施针对所有员工的薪酬和福利制度
- 确保薪酬和福利公正、一致

**安全与健康**

- 设计和实施确保员工安全与健康的方案
- 为存在影响工作绩效的个人问题的员工提供帮助

**劳资关系**

- 在组织和工会之间起到调解人的作用
- 设计纪律和处罚以及申诉处理系统

**人力资源研究**

- 建立人力资源信息库
- 设计和实施员工沟通系统

**人才管理**（talent management）是人力资源领域一个相对较新并且包罗万象的术语。人才管理涉及人力资源的一个很宽泛的谱系，包括获取与管理组织中各种人力资源活动。它包括从制作一个招聘广告到沿着职业阶梯跟踪一名员工的进步，再到这名员工离开组织的一切事务。人才管理的具体内容蕴涵于本书的各个章节。

为了尽量包含人力资源管理的每个主要领域，本书共分六编。第一编概括和展现了适用于所有主要人力资源职能的内容，包括一章概述性内容、两章关于公平就业机会的内容和一章关于工作分析与设计的内容。第二编探讨了具体涉及组织人力资源获取的那些职能，包括人力资源规划、招募和甄选。第三编集中在与组织的人力资源培训和开发有关的那些职能上，包括关于上岗引导和员工培训、管理和组织开发、职业生涯规划和绩效评估。第四编探讨员工薪酬的基本方面，包括组织的报酬制度、基本薪资制度、激励工资制度。第五编是关于员工福利保障的内容，包括安全与健康及员工关系。第六编包括一章关于工会的内容及一章关于集体谈判程序的内容。

## 谁来履行人力资源职能

绝大多数经理的工作定期地在某种程度上都会涉及各种主要的人力资源职能。例如，几乎所有的经理都不时地参与员工招募、甄选、培训、开发、报偿、团队建设和评价的某些方面。在小型组织中，绝大多数人力资源管理职能都是由业主或**运营经理**（operating manager）来履行的。这些经理人员除了正常的管理活动外，还履行人力资源职能。许多中型甚至一些大型组织都使用人力资源专员。**人力资源专员**（human resource generalist）把自己的绝大部分工作时间用在人力资源问题上，但不专门从事人力资源管理任何具体的领域。大型组织通常具有负责行使人力资源职能的人力资源部门。除了一个或更多的人力资源专员外，这种部门通常配备一个或更多的**人力资源专家**（human resource specialist），这种人力资源专家是指在一个或多个人力资源管理具体或专门领域内受过训练的人员。然而，在大型组织中，虽然它所设置的人力资源部门拥有许多人力资源专员和专家，但绝大多数运营经理也必须经常地履行和介入许多人力资源职能之中。

## 人力资源部门

如前所述，绝大多数中型组织和一些大型组织都有人力资源专员，而没有人力资源部门。在这种情况下，由人力资源专员履行的职能与由一个人力资源部门履行的职能基本相同。因此，下面的讨论也适用于没有人力资源部门的组织中的人力资源专员的作用。

人力资源部门的基本职能是为运营经理在所有人力资源事务上提供支持。这样，绝大多数人力资源部门起着一种传统的参谋角色，并且主要处于一种咨询顾问的地位。除了向运营经理提供咨询外，人力资源部门通常组织与协调招聘和培训，保管人事记录，在管理层、劳工和政府之间进行联络，以及对安全方案进行协调。因此，实现组织的人力资源目标需要人力资源部门和运营经理之间紧密协调配合。

与人力资源有关的所有职能如何在运营经理和人力资源部门之间准确地划分，在不同的组织中是不一样的。例如，在某个公司中，人力资源部门承担某个特定层次以下人员雇佣的全部工作；而在另一个公司中，所有的雇佣决策可能都是由运营经理做出的，人力资源部门只是处于一种咨询顾问的地位。

人力资源部门提供的辅助性工作可以分为三种类型，即：(1）具体服务；(2）咨询顾问；(3）协调。表 1.2 给出了所有这些辅助性工作中的一些典型例子。图 1.1 展示了人力资源部门或人力资源专员可能起到的不同作用。

如前所述，人力资源部门通常处于一种咨询顾问的地位，并没有向运营经理下达命令的权力。所以，在运营经理忽视人力资源部门的建议和劝告时，就可能发生冲突。如果人力资源部门要富有成效，它就必须不断地培养与运营经理的良好关系。同样，运营经理必须理解人力资源管理职能，这样才能有效地利用人力资源部门。

表 1.2　人力资源部门提供的各种辅助性工作的例子

| 具体服务 | 咨询顾问 | 协调 |
|---|---|---|
| 保管员工记录 | 纪律和处罚问题 | 绩效评估 |
| 负责员工上岗引导初期阶段的问题 | 公平就业机会问题 | 薪酬问题 |

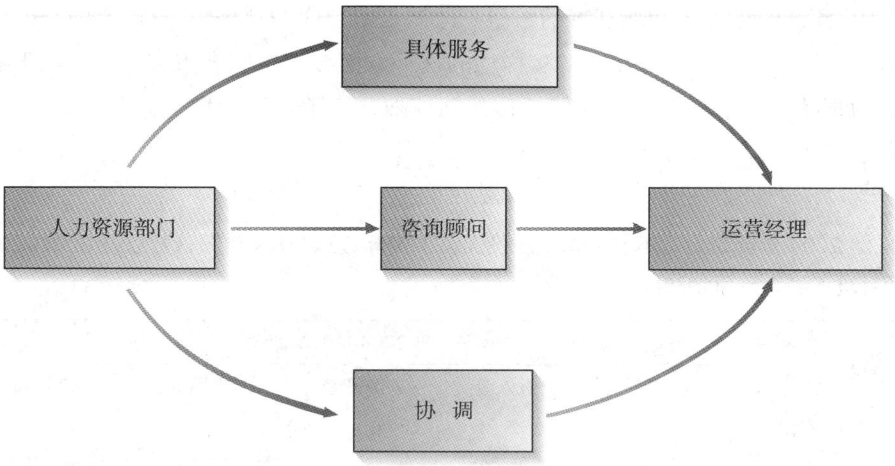


图 1.1　人力资源部门提供的三种辅助性工作

# 当代人力资源经理面临的挑战

人力资源管理的内容扩大了，并且超越了仅仅是对雇佣、劳资关系、薪酬和福利这些传统活动的事务性管理。今天，人力资源管理更加紧密地与组织的管理和战略规划过程结合在一起。

这种扩大作用的一个原因是组织环境变得更加多样化和复杂。与历史上由白人男性居于支配地位的劳动力相比，今天的劳动力非常多样化，并且预计会变得更加多样化。劳动力的多样性围绕着许多不同的方面，包括性别、种族、原始国籍、宗教、年龄、性取向和残疾。工作场所中的多样性给所有管理人员带来了新的和不同的挑战。其他的挑战包括政府要求、组织结构、技术和管理方法变化带来的结果。下面逐个讨论这些问题。

## 劳动力的多样性

美国劳工统计局的最新预测估计，到 2014 年，美国的总劳动力中将只包含 35% 的非西班牙裔白人男性。表 1.3 显示了在 2004~2014 年期间，所示各组总劳动力中，预计的进入者和离开者的数量。像该表所表明的那样，在这段时间跨度里，几乎一半的新进入者都是女性。多样性的这一方面会给组织带来许多后果和影响，涉及的领域包括孩子照料、配偶迁移帮助计划、怀孕休假计划、弹性工作时间以及在家工作。

表 1.3 2004 年劳动力（不包括军队服役人员）实际数和 2014 年预计数以及 2004~2014 年预计进入者、停留者和离开者数量

| | | 2004~2014 | | | |
|---|---|---|---|---|---|
| 组别 | 2004 | 进入者 | 离开者 | 停留者 | 2014 |
| 16 岁及 16 岁以上数量 | | | | | |
| 总计 | 147 401 | 39 048 | 24 352 | 123 049 | 162 100 |
| 男人 | 78 980 | 20 829 | 13 617 | 65 363 | 86 194 |
| 女人 | 68 421 | 18 219 | 10 735 | 57 686 | 75 906 |
| 白人 | 121 086 | 29 190 | 20 343 | 100 743 | 129 936 |
| 男人 | 65 994 | 16 073 | 11 734 | 54 260 | 70 335 |
| 女人 | 55 092 | 13 117 | 8 609 | 45 483 | 59 601 |
| 黑人 | 16 638 | 5 795 | 2 999 | 13 639 | 19 433 |
| 男人 | 7 773 | 2 683 | 1 381 | 6 392 | 9 075 |
| 女人 | 8 865 | 3 112 | 1 618 | 7 247 | 10 358 |
| 亚裔 | 6 271 | 2 697 | 665 | 5 606 | 8 304 |
| 男人 | 3 396 | 1 353 | 338 | 3 058 | 4 411 |
| 女人 | 2 875 | 1 344 | 327 | 2 548 | 3 893 |
| 所有其他组别* | 3 406 | 1 366 | 345 | 3 061 | 4 427 |
| 男人 | 1 817 | 720 | 164 | 1 653 | 2 373 |
| 女人 | 1 589 | 646 | 181 | 1 408 | 2 054 |
| 西班牙裔 | 19 272 | 8 378 | 1 892 | 17 380 | 25 760 |
| 男人 | 11 587 | 4 501 | 1 169 | 10 418 | 14 921 |
| 女人 | 7 685 | 3 877 | 723 | 6 962 | 10 839 |
| 非西班牙裔 | 128 129 | 30 670 | 22 460 | 105 669 | 136 340 |
| 男人 | 67 393 | 16 328 | 12 448 | 54 945 | 71 273 |
| 女人 | 60 736 | 14 342 | 10 012 | 50 724 | 65 067 |

* “所有其他组别”包括归入混血裔的那些人、美国印第安人和阿拉斯加原住民、夏威夷原住民以及太平洋岛民。

资料来源：Mitra Toossi, “Labor Force Projections to 2014: Retiring Boomers,” *Monthly Labor Review*, November 2005, p. 41.

这一预测还估计到，在 2004~2014 年期间，劳动力的新进入者中非西班牙裔白人男性的构成将少于三分之一。2004 年，西班牙裔大约占劳动力的 13%，有超过 1 900 万的工人。到 2014 年，预计该数字将增长 650 万以上，总计达到 2 530 万。除了具有不同的教育背景之外，移民员工可能具有语言和文化上的差别，组织必须现在就开始把这些人成功地融合到自己的劳动力之中。

几乎每个人都听到过“美国老龄化”这个说法。到 2014 年，员工的平均年龄将从 1984 年的 35.0 岁、2004 年的 40.3 岁攀升到 41.6 岁。这将伴随着 25~45 岁员工比重的显著降低。2004 年，38.5% 的劳动力为 45 岁及 45 岁以上；而到 2014 年，43.1% 的劳动力将处在这个年龄段上。年龄为 65 岁及 65 岁以上的劳动力所占的比例预计将从 2004 年的 3.4% 上升到 2014 年的 5.4%。这种年龄的增长和较年轻劳动力群体比重的降低将产生一种混杂的结果。年龄较长的劳动力可能会更有经验、可信赖和稳定，但或许对变化和再培训的适应性较差。这种趋势的一个直接结果是退休年龄已经在不断提高。

多样性的另一个方面与许多公司不断增强的全球化相关联。当公司变得更加全球化时，必须从全球而不仅仅是从西方的角度来对多样性进行定义。从全球角度定义多样性意味着要考虑所有的人，并且考虑使他们相互区别的每一件事，以及他们的共性。造成区别的因素通常不仅局限在种族和语言上，而且可能包括像价值观、习惯和习俗这样的因素。

## 多样性的挑战和机遇

不断多样化的劳动力带来什么样的挑战和机遇？总体而言，组织必须摆脱使员工适应一种单一共同模式的传统，每个人看起来都将表现得不同。组织必须制定新的人力资源政策，从而认清员工个体的独特需要，并对之做出反应。

更强的多样性不仅将带来一些具体的挑战，而且也将创造一些重要的机遇。沟通问题肯定会发生，包括员工和管理人员之间的误解，以及把语言和书面材料翻译成几种语言的需要。解决这些问题需要进行额外的培训，这些培训包括提高写作和解决问题等基本技能。组织派性的增长将需要把更多的时间用在应对具有特定利益和主张的群体上。

除了以上的挑战外，更强的多样性也带来新的机会。多样性有助于创造一种更能兼容不同行为方式和视野更开阔的组织文化，通常情况下，这会导致更好的

## 实践中的人力资源管理 1.1

### 多样性使 UPS 公司全面受益

领导将近 4 000 名员工和负责上千个客户的 UPS 公司地区经理雨果·珀瑞德斯说："在 UPS 公司，你是什么地方人或你长什么样并不重要，重要的是你关心什么和你工作做得如何。" UPS 公司对多样性承诺的例证在公司里随处可见。UPS 公司的 325 000 名员工中有大约三分之一是少数族裔，并且 27% 是妇女。在所有层次上都实行了多样性——27% 的公司官员和经理是少数族裔和妇女。国内业务部负责人，据说被定为 CEO 候选人的高级副总裁卡尔文·达登，就是一位非裔美国人。

公司不仅承诺在其内部的多样性，还有一个鼓励少数族裔和妇女拥有的小企业加入的多样性供应商方案，这导致超过一亿美元的采购来自于这些供应商。公司的客户是国际性的，这也反映了公司对多样性的承诺。

组织中的多样性为 UPS 公司带来了回报：连续排在《财富》杂志 "50 家最适合少数族裔的企业" 之一，同时 UPS 公司也排在《财富》杂志所列美国 500 强企业中的第 55 位。公司稳定在 300 亿美元的年收入和坚实的股票价格反映了在一个大企业中多样性是怎样创造成果的。

资料来源："Best Companies for Minorities," *Fortune*, Jule 8, 2002; www.pressroom.ups.com.

商业决策。另一种潜在的回报是，对多样化的客户群体会有一个更好的响应。

劳动力的日益多样化是不争的事实，学习有效地管理多样化的劳动力应该被视为对未来的一种投资。专栏实践中的人力资源管理 1.1 描述了 UPS 公司实施的多样性战略。

## 法规的变化

蜂拥而至的政府规章和法律给人力资源经理带来了巨大负担。组织必须面对在安全与健康、公平就业机会、退休金改革、环境和工作生活质量领域中例行发布的那些新法律。新法律通常会带来大量的文字性工作以及工作程序的变化，实施这些变化的任务经常落到人力资源经理身上。除此之外，每年都有与人力资源问题解释相关的成千上万个案件被送到法庭上，一旦一个案件被判定，人力资源经理就必须执行该项裁决。

## 组织结构的变化

近年来，组织经历了许多给人力资源经理带来挑战的结构上的变化——并且还将继续面临这些变化。这种结构变化中的一些是由裁员、外包、调整和重组引起的。**裁员**（downsizing）是指解雇大量的管理人员和其他员工。作为裁员或试图降低成本的一种结果，许多公司将以前由人力资源部门提供的服务进行外包。**外包**（outsourcing）是指把工作承包给一个专门从事这种特定种类工作的外部公司。人力资源服务外包的一些例子包括退休计划管理、工资、培训及管理开发方案。在适当的情况下，外包某些人力资源活动可能更为高效和节约成本。全球人力资源服务公司翰威特咨询（Hewitt Associates）最近调查了 129 家大型企业，这些企业雇佣了大约 200 万名员工。调查发现大多数受访公司对其外包决策感到满意，并计划将更多的人力资源服务外包出去。在受访公司中，有 94% 的公司目前至少外包一项人力资源工作。

**整编**（rightsizing）是指对关键工作任务及其人员需求进行持续和前瞻性的评估。整编与裁员的不同在于，它是一种为了确定组织的每个领域中人员的最佳数量而不断进行规划的过程。有一些公司则实施重组方案。**重组**（reengineering）是指为了在成本、质量、服务和速度上获得巨大的改进而对企业业务活动过程进行的实质性重新思考和根本性再设计。在本质上，重组通常导致管理和组织结构巨大变化。

## 组织中的技术和管理变化

新的技术和管理方法也成为人力资源经理面临的挑战。当技术变化对人力资源经理产生广泛的影响时，影响最强烈的就是那些与信息系统相关的技术变化。除了在履行传统的会计和工资计算职能上利用它们之外，计算机化的信息系统还用于保管轻松可取的员工数据，这些数据对工作安排和劳动力使用是颇具价值的。信息系统也用于员工培训、接任计划和薪酬管理，以及追踪和报告反优先雇佣行动方面的活动。电脑和互联网正在改变许多人力资源经理的工作方式。目前，越来越多的人力资源经理都在通过网络招募人员，利用电子数据库进行研究，发送电子邮件，以及进行有价值的联网和讨论。

许多组织已经实施了基于 Web 的人力资源系统，这种系统允许员工在线完成大多数人力资源相关任务。这类系统通常称为电子人力资源管理系统（electronic human resources, eHR）。这类自助服务系统具有便利员工、响应及时、准确性高和节约成本的优点。例如，这类自助服务系统包括工资管理系统，员工可以在系统里输入工作时间以及申请休假时间，它可以直接将工资转入员工的银行账户，允许员工查看当前和历史工资信息以及福利管理的各个方面。

自 eHR 于 20 世纪 90 年代引入以来，其产品的基本原则一直没有变化，因为它们解决的基本问题是相同的。然而，eHR 产品的提供和维护方式已经经历了一次重大的革新和进步。在这次革新中，费用降低了，而且过去需要数月才能完成的事情现在几个小时就能办到。eHR 产品发展的另一个原因是，今天的员工对于被安排到某个网站查询信息这一做法更容易接受。由于信息系统与技术在人力资源领域的广泛应用，对其在不同人力资源管理职能中相关应用的讨论将贯穿本书始终。专栏实践中的人力资源管理 1.2 探讨了荷兰的两家飞利浦公司实施 eHR 获得的一些经验。

企业现在越来越经常地利用**远程办公**（telecommuting）。具体方式从允许员工每周一天在家工作，到整个项目甚至公司的运行都通过电子手段进行沟通，与整个国家甚至不同大洲的员工在一起紧密地工作，然而却从未谋面。

员工授权和自我管理工作团队是对当今人力资源经理具有重要影响的两种具体管理方法。**授权**（empowerment）是指给予下级进行决策的实质性权力的一种分权形式。在授权情况下，管理人员显示出对员工高水准工作的能力有信心，员工也受鼓励对自己的工作承担个人责任。在采用**自我管理工作团队**（self-managed work team）的组织中，员工群体不向某个特定的管理人员报告，而是成员对某个特定领域或某项特定任务负责。

如此众多领域——劳动力多样性、法律环境、组织结构、新技术和管理方法——的广泛变化，将对当今的人力资源经理产生重大的影响。

## 未来的人力资源管理

为了迎接将来的挑战，未来的人力资源部门必须拥有不同的能力，而且要“青出于蓝而胜于蓝”。人力资源部门必须担负起被赋予的更大的责任，人力资源经理要全身心地参与到组织的战略和政策制定活动中去。幸运的是，许多组织中都出现了这种迹象。例如，在大多数《财富》500 强公司中，人力资源部门的负责

## 实践中的人力资源管理 1.2

### 飞利浦电子公司和荷兰飞利浦公司推行 eHR

荷兰飞利浦电子公司（Philips Electronics Netherlands）和荷兰飞利浦公司（Philips Netherlands）在荷兰安多芬共雇佣了 1 000 多名员工。这两家公司在实施了 eHR 之后，为了测定员工对这个新系统的态度，开展了一项调查。这项调查是在网上进行的，调查对象涵盖 99 名管理人员和 257 名非管理人员。

虽然许多因素会影响员工对 eHR 的态度，但调查发现影响员工对 eHR 态度的两个主要因素是：（1）先前关于信息技术系统的经历；（2）员工对于人力资源在组织中的角色作用偏好。第一个发现表明，为了成功实施 eHR，应该把更广意义上的 IT 环境考虑进去。如果 IT 在一个组织中已有的形象是正面的，那么 eHR 应该比较容易实施；如果是负面的，组织就应该预料到实施 eHR 赢得信任和信誉会是一个缓慢的过程。第二个发现表明，如果员工更喜欢人力资源的战略型角色而不是事务型角色，那么他们将会在推行 eHR 的过程中表现得更为积极。

从飞利浦的经验中可以得出一个总的结论：组织不应该把推行 eHR 的工作仅仅交给技术人员负责。

资料来源："The Introduction of e-HRM at Philips : Some Lessons for Large Organizations: Don't Leave It All to the Technical Specialists," *Human Resource Management International Digest* 16, No.2(2008), p.20; and M.Voermons and M.Van Veldhoven, "Attitudes Towards e-HRM: An Empirical Study at Philips," *Personnel Review* 36, No.6(2007), p.887.

人都是一个直接向 CEO 汇报的官员（通常是一位副总裁）。在许多公司中，人力资源部门的负责人要参加董事会或者规划委员会，或者两者都参加。

如果未来的人力资源经理想要赢得同事和最高管理层的尊重，他们必须克服某些有关人力资源管理的负面印象和偏见。这可以通过以下几种方式来实现：首先，人力资源经理应该成为多才多艺、全面发展的商界人士。除了在基本的专业问题上具有扎实的功底外，人力资源专业人员还需要明白所在组织的业务的复杂性及其战略。如下建议能够帮助人力资源经理更加熟悉自己的企业：

- 熟知公司战略和企业计划；
- 了解所在行业；
- 支持经营业务需要；

- 有更多的时间与一线人员在一起；
- 把握住组织的脉搏；
- 学会计算成本，提供有硬数据支持的解决方案。

近期的数据表明，人力资源经理正变得越来越具有战略职能。最近由美国人力资源管理协会（SHRM）对 1 310 位人力资源专业人员进行的一项调查发现，63% 的受访者相信人力资源专业人员理解组织的战略方向。报告还显示，50% 的人力资源资深专业人士实际参与企业计划的制定。2006 年同样由 SHRM 进行的一项调研显示，受访公司中超过一半的人力资源部门拥有战略计划职能。该调研还发现，56% 拥有战略计划职能的人力资源部门称自己与高级管理层紧密合作，创建组织战略。外包许多文书职能、eHR 以及其他计算机化信息系统的使用（在后面的章节中进一步探讨），这些都对提升当今人力资源经理的战略取向有所贡献。

那些透彻理解其所在企业经营业务的人力资源专业人员，将有助于克服这样一种常见的观念：做人力资源的那些人不懂业务经营方面的问题，不熟悉组织面临的困难和挑战。为了加深对组织经营战略的理解，图 1.2 列出了人力资源经理应该能够回答的一些相关问题。

人力资源经理也应该对人力资源管理及其相关领域当前和未来的发展趋势以及面临的问题有充分的了解，这将有助于他们摆脱对行将过时的风尚或无效技术的迷恋。

**图 1.2 理解组织经营战略方面的问题**

- 组织未来 3 年、5 年或 10 年的目标是什么？
- 你如何描述组织的核心业务？
- 与竞争对手相比，你的组织在市场占有率和客户服务方面表现如何？
- 公司是通过收购兼并还是内部增长不断发展壮大的？
- 增长是地方性的、全国性的还是全球性的？
- 增长是因为现有经营业务的扩大还是因为业务范围的扩大？
- 不增长的话是否会裁员？如果裁员，为什么？
- 组织短期和长期的收入目标是什么？

资料来源：Adapted from Daphne Woolf, The Long Road to the Executive Boardroom," *Canadian HR Reporter*, June 17, 2002, pp. 7–8.

最后，人力资源经理应该促进组织对其人力资源的充分使用。在处理与运营经理的关系时，人力资源经理不要采用一种说教式的方法，而是应该强调通过有效地使用组织的人力资源来增加利润的重要性。按照这种观点，人力资源经理应该学会更加主动和抓住机会，展示他们如何能积极地影响组织的盈利能力。

## 组织绩效与人力资源经理

毫无疑问，人力资源经理把大量时间花在解决和处理组织与人有关的问题和事务上。因此，许多人把人力资源经理视为只关心组织与人直接相关联的问题。与此相反，人力资源经理可以通过许多具体方式对组织绩效产生直接影响。

1. 通过提高正常工作日的劳动生产率，从而减少不必要的加班费。
2. 保持低缺勤率，制订计划以减少非工作时间的开支。
3. 通过合理的工作设计消除员工浪费工作时间。
4. 通过建立出色的人际关系和创造一种促进工作满意度的工作气氛，使员工流动和失业福利成本最低化。
5. 建立和监控有效的安全和健康计划，减少造成时间损失的事故，并降低医疗和员工薪酬成本。
6. 恰当地培训和开发所有员工使之提高对公司的价值感，并以尽可能低的成本把生产和销售高质量产品和服务的工作做得更好。
7. 通过消除不良的工作习惯及态度以及导致粗心及错误的不良工作条件，降低昂贵材料的浪费。
8. 在每个层次上雇佣可以获得的最佳人员并避免人员冗余。
9. 保持有竞争力的报酬和福利方案，形成员工激励氛围。
10. 鼓励那些关注工作细节的员工提出提高生产效率和降低成本的建议。
11. 建立人力资源信息系统，以保证多数人力资源管理职能通畅和自动化。

### 指标和人力资源计分卡

信息和计算机系统可用性日益增强的一种直接结果是，人力资源部门可以采

## 实践中的人力资源管理 1.3

### 人力资源方案降低员工流动率以增加收益

吸引和留住优秀员工对一个组织的绩效是至关重要的。有关员工对组织成功重要性的近期研究估计，员工的知识和技能占一个公司价值的80%。地处费城的西格纳保险公司，人力资源专业人员注意到公司客户电话服务中心的员工流动率高得不能让人接受。负责工作氛围评估的副总裁柯利姆·陈和他的团队决定去调查并改变这种情况。

人力资源团队调查的问题包括流动的原因和降低优秀员工流失的日常做法。陈和他的团队发现，灵活的工作时间安排延长了员工留在西格纳的时间，而灵活性的缺乏则加速他们的离去。因此，人力资源团队对西格纳的经理们进行培训，帮助他们理解自己在保持员工工作和生活之间平衡方面的作用。他们也提供另外的培训，帮助经理们使员工迅速赶上公司的运转速度，并使员工把组织视为一个整体。

结果怎么样呢？西格纳主管人力资源的高级副总裁唐纳德·莱温森说："第一年流动率降低了4到5个百分点。"这种降低的流动率显著地提高了西格纳的盈利水平。他说道："这些办法真管用。"

资料来源：Steve Bates, "Accounting for People," *HR Magazine*, October 2002, www.shrm.org/hrmagazine; Steve Bates, "CIGNA: Reducing the Chum," *HR Magazine*, October 2002,www.shrm.org/hrmagazine.

用大量的策略为盈利做出贡献。这些策略背后所反映的基本思想是，把人力资源的知识转化为有形的和能够得到承认的经济利益，对运营经理来讲更是如此。

**指标**（metrics）即一套用以评价员工绩效的量化测量方法。人力资源可以使用的指标包括每雇佣一个员工的成本、填补一个职位的平均时间长度、每个员工的培训费用、每个员工的流动成本以及由招聘策略带来的新雇员绩效，等等。

上述讨论的人力资源指标与组织中人员的具体测量相关，除此之外还要测量人力资源管理职能对组织良好运行的整体贡献。**人力资源计分卡**（HR scorecard）就是完成这种测量的一种方法。

人力资源计分卡基本上是人力资源管理职能应用平衡计分卡系统的一个修订版。平衡计分卡系统是一个综合采用定量和定性方法来评价绩效的测评与控制系统。我们将在第11章中更深入地探讨人力资源计分卡。实践中的人力资源管理1.3描述一家公司的人力资源部门如何努力降低员工的流动率以增加公司收益。

# 人力资源方案的沟通

人力资源方案的沟通可以比作营销一个新产品。试想全部新消费类产品中大约 90% 失败的事实。有些情况，失败是因为蹩脚的产品不能满足某种实际的需要。然而，在有的情况下，产品失败是因为营销体系的失灵。对产品可能没有经过充分研究，销售人员可能没有受到恰当的训练，分销系统可能是糟糕的，或者总体营销战略存在方向性错误。不幸的是，许多设计良好的人力资源方案也是因为它们没有得到恰当"营销"而失败。在当今全球性公司的世界里，与身处世界各地的员工沟通会出现更大的问题。在华信惠悦咨询公司最近的一项调查中发现，美国公司"一旦涉及到分配人力和财务资源而与他们的海外员工沟通时就显得很吝啬。"

**沟通**（communication）远远不只是交谈、演讲和阅读。真正的沟通发生在理解从一方或一个渠道传达到另一方或另一个渠道的时候。因此，沟通可以定义为是对所涉及各方有意义的信息的传递。

按照这种观点，在本书中所讨论的每一种人力资源管理职能要想获得成功，都需要某种程度的有效沟通。例如，沟通在职业生涯规划、招募和绩效评估中确实起到了重要作用。然而有很多实际事例是，人力资源经理花大量的时间去制定非常好的方案，但接下来在对它们的沟通上却做得很糟，最终结果便是一个绝好方案却在很大程度上没有利用好。

在如何变成一个有效的沟通者这个问题上，人力资源经理的第一步是对沟通的重要性要形成深刻的认识。问题不是人力资源经理倾向于轻视沟通的重要性，而是他们经常不能有意识地想到这一点。

## 人力资源方案的沟通原则

正如上述讨论的那样，人力资源经理在实施他们的方案时，开发一种营销方法是有益的。即使成功地做到了这一点，大量与沟通有关的其他原则仍然是需要遵循的。下面将讨论其中的一些原则。

*在沟通中避免使用同侪群体或"特权阶层"的语言。*沟通的层次应该由受众而不是沟通的发起人来决定。从员工福利信息形成的一般程序来看，通常是

一个受教育程度较高的人写出第一稿并把它交给部门领导，部门领导作为专家接着要加入一些“说明性”的评述。公司的律师与或许一个保险方面的人员再加入更多的解释，以便预防出现责任问题和确保在法律上是正确的。这样，最终的文件可能是准确和合法的，但却很难被它的员工理解！关键问题是要明白沟通是针对谁的。

*不要忽视沟通的文化方面。*对词语、符号和表达要格外谨慎，今天的劳动力要比一二十年以前在文化方面更为敏感。像“他们戴着黑帽子”或“你的举止像个老妇人”这样的表达方式，可能容易被抓住把柄和冒犯说话对象中的某个人。

*以管理上的行动来支持沟通。*老谚语“行甚于言”当然也适用于与员工的沟通。在口头或书面上所做的许诺要想获得成效必须以行动来支持。

*定期加强与员工沟通。*只有定期加强与员工沟通，否则绝大多数的沟通容易被遗忘，许多与人事相关的沟通尤其如此。例如，定期地提醒员工他们所获得福利的价值就是一个好例子。

*传送信息而非只是资料。***资料**（data）是指“产生信息的原始材料，它是由没有经过解释的有关人、地点和事件的事实所构成的”。经由解释并满足管理人员的一种或多种需要的资料称为**信息**（information）。员工从大量渠道中获得众多的资料，但只有当它们被解释时才有价值。人力资源经理需要避免传递不经解释的没有什么意义的数字、统计和其他资料。

*不要忽视沟通的知觉和行为。*要设法预测员工对沟通的反应和采取的相应行动。例如，在通过员工会议介绍一项新的退休金方案时，非正式地把年纪较长的员工与年龄较小的员工分开可能是一个好策略，这些不同的群体自然具有不同的问题和不同的兴趣。

以上建议大体上包含了大量的共同性问题。不是人力资源经理不注重实际，而是他们通常不会花时间去深入考虑沟通问题。一种好方法是去探问：“这条信息可能会产生怎样的错误解释呢？”在对沟通进行构想时，就应该考虑对这个问题的回答。

许多组织已经实施了基于 Web 的人力资源系统（本章前面讨论过），这些系统对人力资源方案的沟通起到了极大的作用。韬睿公司的一项调查发现，在 200 多名调查对象中，有 67% 的人表明基于 Web 的人力资源自助服务提高了员工对公司提出的人力资源方案的认识和理解。

# 总 结

1. **对人力资源管理进行定义**

   人力资源管理包括那些旨在提供和协调组织中人力资源的各种活动。人力资源管理也是传统上所称的“人事管理”一词的现代术语。

2. **描述人力资源职能**

   人力资源职能是在各种规模的组织中用以提供和协调人力资源的任务和责任。人力资源职能包括如下内容：

   a. 人力资源的规划、招募和甄选

   b. 人力资源开发

   c. 薪酬和福利

   d. 安全和健康

   e. 劳资关系

   f. 人力资源研究

3. **概述人力资源部门提供的各种辅助性工作**

   人力资源部门的基本职能是在所有人力资源事务上向运营经理提供支持。从总的方面来看，人力资源部门提供三种辅助性工作：(1) 具体服务；(2) 咨询顾问；(3) 协调。

4. **解释人力资源经理和运营经理之间的关系**

   人力资源部门通常处于一种咨询顾问的地位，并没有向运营经理下达命令的权力。人力资源部门要想富有成效，就必须不断地培养与运营经理的良好关系。同样，运营经理必须理解人力资源职能，这样才能有效地利用人力资源部门。

5. **识别人力资源经理当今面临的挑战**

   当今的人力资源经理面对着一些挑战，比较重大的包括劳动力的日益多样化及政府法规、组织结构、技术和管理方法的变化。

**6. 概括劳动力日益多样化带来的几种潜在挑战和机遇**

日益多样化的劳动力在沟通、更多的培训和潜在的更大派系这些问题上带来了具体的挑战。积极的方面，日益多样性将有助于建立对不同观点更加宽容的组织文化，这种文化可能导致更好的决策。另一种潜在的回报是，对多样化的客户群体会有一个更好的组织响应。

**7. 讨论人力资源经理在未来的作用**

人力资源经理将在组织管理中发挥日益重要的作用。在发挥这种作用的过程中，人力资源管理人员应该全面熟悉所在企业和企业战略，了解现在和未来的趋势，以及学会强化人力资源对组织绩效的影响。

**8. 解释人力资源经理如何影响组织绩效**

人力资源经理可以通过许多方式对组织绩效产生直接影响，其中包括通过提高工作效率来减少不必要的加班费用，制定降低缺勤率的计划，通过合理的工作设计消除时间浪费，通过建立出色的人际关系和创造一种促进工作满意度的工作氛围使员工流动和失业成本最低化，建立并监控有效的安全和健康计划，恰当地培训和开发员工，通过消除不良的工作习惯及态度来降低对昂贵材料的浪费，雇佣可以获得的最好人员，保持有竞争力的报酬和福利方案，鼓励员工以及建立人力资源信息系统保证多数人力资源职能顺利发挥作用。

**9. 概括人力资源方案沟通应遵循的几项原则**

总体来看，人力资源经理在实施和沟通自己的方案时，有一种营销方法是有用的。另外，他们可以遵循几个具体原则：沟通中避免使用在自己的同侪群体或特权阶层中的语言；牢记沟通的文化因素；以管理上的行动来支持沟通；定期加强员工沟通；传递信息而非只是资料；以及考虑到沟通的认知和行为方面。

# 公平就业机会：法律环境

人力资源管理两个最重要的外部影响因素是政府的法律和法规以及对这些法律和法规的司法解释。许多法律影响人员的招募和甄选、薪酬、工作条件和工作时间、解雇以及劳动关系。当政府的法律及其司法解释与所讨论的人力资源管理的特定领域相关联时，本书将在适当的地方给予描述。

然而，由于公平就业机会非常重要，且涉及人力资源管理的许多领域，因此本书用两个独立的章节来讨论这个问题。本章描述公平就业机会的法律框架。第 3 章描述实现公平就业机会的具体组织要求。

## 公平就业机会法律

1865 年，美国宪法第十三修正案废除了奴隶制。另外，国会通过了 1866 年的《民权法》、1868 年的美国宪法第十四修正案和 1871 年的《民权法》。然而，美国人还是生活和工作在白人和黑人的双重社会之中。企业常常拒绝雇佣黑人，或者即使雇佣了也只是安排他们做低工资和低技能的工作。

对女性的歧视是以男人应该工作以维持家庭生计，而女人应该在家里照顾家庭这种观点为基础的。此外，女性不适宜做某些工作也是人们相当常见的观点。

社会上和在工作场所中的歧视推动了民权运动，反过来又促使美国国会通过消除歧视的法律。结果，国会通过了大量确保公平就业机会的法律。遗憾的是，一种常见的错误观点认为，公平就业机会意味着雇主应该在工作场所给予女性和少数族裔优先权。然而，**公平就业机会**（equal employment opportunity）是指所有的人都有根据自己的长处、能力和潜力去工作和发展的权利。

## 《公平工资法》（1963）

1963 年的《**公平工资法**》（Equal Pay Act）禁止对做相同或类似工作的男性或女性支付性别歧视的工资。该法明确指出：

> 在任何机构中，拥有符合"公平劳动标准法的最低工资条款"的雇员的雇主都不应因性别歧视员工，即付给某些雇员的工资低于付给不同性别雇员的工资，而他们从事的工作需要相同的技能、努力和职责并且工作条件相似。

该法允许工资可以以资历、能力、产品的质量和数量或由于性别以外的其他因素而引起的差别为基础，区别对待。该法也禁止雇主通过降低所有雇员的工资来达到遵守该法的目的。

《公平工资法》实际上是《公平劳动标准法》（FLSA）的最低工资这一节中的一部分，我们将在第 12 章更详细地描述。因此，《公平工资法》的覆盖面与《公平劳动标准法》的最低工资条款的覆盖面相同（覆盖相同的人群）。总体来讲，这个法覆盖从事商业活动或商品生产活动的雇主、有两个或两个以上雇员的雇主和劳工组织。《公平工资法》最初由劳工部长来负责实施，但在 1979 年 7 月 1 日移交给了公平就业机会委员会（EEOC）。

## 《民权法》（1964年）第七章

1964 年的《**民权法》第七章**（Title VII of the Civil Rights Act）是公平就业机会中的主要联邦法律。这个法的 703 节中的几个重要条款陈述了如下内容：

> 703 节
>
> （a）雇主的下述情况是非法雇佣行为：
>
> （1）由于种族、肤色、宗教、性别或原始国籍的原因，没能或拒绝雇佣或解雇任何人，或者在雇佣的薪酬、期限、条件或待遇等方面对任何人进行歧视；或者
>
> （2）由于种族、肤色、宗教、性别或原始国籍的原因，使用任何剥夺或可能剥夺任何人就业机会的方式来限制、隔离或对雇员或求职者进行分类，或者对其作为雇员的地位施加不利影响。

(b) 由于种族、肤色、宗教、性别或原始国籍的原因，没能或拒绝对雇佣提供参考意见或者歧视任何人，或者由于上述原因对任何人进行分类或提供雇佣参考，对一个就业代理机构来说是非法雇佣行为。

(c) 对于一个劳工组织来说下述情况是非法雇佣行为：

(1) 由于种族、肤色、宗教、性别或原始国籍的原因，拒绝接纳或开除其成员，或者歧视任何人。

(2) 由于种族、肤色、宗教、性别或原始国籍的原因，以任何剥夺或可能剥夺任何人的就业机会或限制这样的就业机会，或者对其作为雇员或求职者的地位施加不利影响的方法来限制、隔离或分类其成员或成员资格的申请者，或者对任何个人进行分类或者没能或拒绝对任何人提出雇佣参考意见；或者

(3) 造成或企图造成雇主违反这一节内容而歧视个人。

(d) 由于种族、肤色、宗教、性别或原始国籍的原因，歧视加入或受雇任何提供学徒或其他培训的已建立项目的任何人，对于任何雇主、劳工组织或控制学徒计划或其他培训或再培训项目，包括在职培训项目的联合劳动管理委员会，都是非法的雇佣行为。

703 节覆盖歧视的两个基本领域：差别待遇和差别影响。703 节（a）(1) 中的**差别待遇**（disparate treatment），是指故意歧视和对待一类雇员不同于其他雇员。703（a）(2) 中的**差别影响**（disparate impact），是指无意歧视和看似中性但对受保护人群有不利影响的雇佣行为。

《民权法》第七章，这个名字是最常用来描述《民权法》的，并且在 1972 年的《公平就业机会法》中得到修正。第七章的条款适用于如下组织：

- 每年有 20 或 20 周以上雇佣 15 或 15 人以上的所有私人雇主。
- 所有公立和私立教育机构。
- 州和地方政府。
- 公立和私立就业代理机构。
- 维持和经营一个职业介绍所或雇佣办公室或有 15 或 15 个以上成员的工会。
- 针对于学徒和培训的联合劳动管理委员会。

第七章也提出建立公平就业机会委员会（EEOC）来管理这项法案，并且禁

## 实践中的人力资源管理 2.1

### 性别歧视

在公平就业机会委员会提起的一项性别歧视诉讼中，一位女士获得了 15 万美元的赔偿金。这项诉讼案是由一家建筑公司的女员工针对该公司提出的。这位女员工称，公司拒绝为员工在施工现场安装便携式马桶。因此，在没有公共洗手间的工作场所，她不得不穿着成人纸尿布。

这位名叫丽莎·德罗兹多夫斯基的女士 2005 年起就为丹内拉建筑公司工作。德罗兹多夫斯基同时宣称，当她要求公司将自己提升为正式员工时，却被告知公司不雇佣女员工，之后她对公司的这项政策提出投诉，而公司也不再给她分派工作。丹内拉建筑公司否认有这项雇佣要求，并声称所有施工现场的洗手间一直都是可用的。

资料来源：Adapted from Stephanie Farr, "Woman Forced to Wear Diapers at Work," *Philadelphia Daily News*, November 5, 2009.

止所涉及的组织从事任何非法雇佣活动。公平就业机会委员会的构成和权力在本章后面描述。实践中的人力资源管理 2.1 举例说明了性别歧视。

## 《雇佣年龄歧视法》（1967）

《雇佣年龄歧视法》（Age Discrimination in Employment Act, ADEA）是 1967 年通过的，它禁止在雇佣中歧视年龄在 40~69 岁的人。1987 年 1 月 1 日生效的《雇佣年龄歧视法》修正案，废除了拥有 20 或 20 名以上雇员的公司的员工年满 70 岁必须退休的强制要求。《雇佣年龄歧视法》所禁止的雇佣行为包括在受保护的年龄组中，由于个人年龄的原因而没能被雇佣、解雇、拒绝雇佣，或者在雇佣期限或条件方面受到歧视。《雇佣年龄歧视法》适用的组织包括：

- 每年有 20 或 20 周以上雇佣 20 或 20 名以上雇员的私人雇主。
- 劳工组织。
- 就业代理机构。
- 州和地方政府。
- 联邦政府机构有一定的差异，例如，在任何年龄都不能迫使联邦雇员退休。

在这个法案中详细说明的一个例外是关于处于高层经理或决策者位置的雇员。法案允许年养老金超过 44 000 美元的高层经理在 65 岁强制退休。

《雇佣年龄歧视法》的第 4(f) 节中阐述了几种不适用于该法案的情况。该法案不适用于对年龄有实际职业资格要求的地方，即特定行业进行正常操作的合理需要。例如，飞行员和副驾驶员在 60 岁时要强制退休。另外，公共汽车公司拒绝考虑年龄在 40~65 岁的城际公共汽车驾驶员初次雇佣申请者是合法的。此外，雇主由于正当的原因，如不满意其工作绩效而惩罚或解雇一个受保护年龄群体的雇员也是合法的。

最初，由劳工部长负责实施《雇佣年龄歧视法》。1979 年 7 月 1 日公平就业机会委员会承担了这项职责。

## 《职业康复法》（1973）

1973 年的《**职业康复法**》（Rehabilitation Act），在修正后，包括如下一般性条款：

- 禁止与联邦政府签有 2 500 美元以上合同或分包合同的雇主歧视残疾人。
- 有 50 或 50 名以上雇员以及与联邦政府签有 50 000 或 50 000 美元以上合同的雇主需有书面的反优先雇佣行动计划（AAPs）。
- 禁止联邦机构歧视残疾人。
- 联邦机构需要有反优先雇佣行动，以便为残疾人提供就业机会。
- 联邦建筑物必须让残疾人易于进出。
- 禁止联邦财政援助的获得者歧视残疾人。

《职业康复法》第 7 节的（7）（B）把**残疾人**（handicapped individual）定义为：

符合下列情况的人：

（i）有身体或精神缺陷，真正地限制了这种人的一种或多种主要生活活动。

（ii）有这种缺陷的记录，或者

（iii）被认为有这样的缺陷……这一条不包括酗酒或药物滥用者，这些人目前对酒精或药物的使用被怀疑阻碍其履行工作职责，或者由于目前对酒精或药物滥用的原因，致使他们的就业会对他人的财产和安全构成直接的威胁。

## 实践中的人力资源管理 2.2

### CVS 紧缩劳动力资源的方法：老年员工

尽管一些公司说他们关心如何对待老年员工，但许多公司却显得不愿为他们所标榜的花钱。一项调查发现，97% 的雇主认为老年员工细心周到、值得信赖，但只有 11% 的雇主有使用老年员工的战略性计划。

然而，随着劳动力资源的紧缩，雇主将更多地依赖老年员工。“年轻员工将出现短缺，”专门研究年龄问题的咨询公司总裁赛尔顿·斯通豪舍尔说，“这些公司或早或晚会认识到，一直有一个合格的群体他们并没有很好地利用。”他鼓励雇主接受老年雇员，并制定计划改善老年员工的状况。

例如，在 CVS 这个大型连锁药店与国家老龄理事会及其他组织合作之后，它把年龄在 55 岁以上人员的比例在它的 100 000 强壮劳动力中提高了一倍，达到 15%。不仅在其普通职员中可以看到 CVS 的年龄多样化，而且像药剂师和药店经理这样的零售店较高技能的人员也是如此。

“他们反映我们全部的核心价值观：尊重个人、诚实和协作，”CVS 的政府项目主任史蒂夫·温说，“很少有年轻人能做到，这就是潜在的人员安排解决方案所在。”除了为公司提供了人员安排解决方案之外，老年员工在福利方面也比年轻员工花费更少——根据温的观点，老年员工需要赡养的人可能更少，并且离开工作去看医生的可能性更小。

资料来源：Eric Walgren, “What’s Age Got to Dowith It,” *Business Week*, July 9, 2001.

该法主要由劳工部的联邦合同执行计划办公室（OFCCP）来负责实施。本章在后面将更深入地描述联邦合同执行计划办公室。

实践中的人力资源管理 2.2 讨论了 CVS 连锁药店是如何鼓励年龄多样化的。

## 《帮助越战退役军人重新就业法》（1974）

1974 年的《**帮助越战退役军人重新就业法**》（Vietnam-Era Veterans Readjustment Assistance Act）禁止与联邦政府签有 10 000 或 10 000 美元以上合同的承包商或分包商在雇佣和晋升越战退役军人和残疾退役军人时歧视他们。此外，该法要求有 50 或者 50 名以上雇员和合同超过 50 000 美元的雇主，必须有书面的关于受此法保护者的反优先雇佣行动计划。保护类别包括有 30% 或 30% 以上残疾退役军人、因与服役有关的残疾而退役的退役军人以及在 1964 年 8 月 5 日至 1975 年 5 月 7 日的任何期间里服现役的退役军人。所涉及的承包商或分包商也必须在州就业服务机构列出职位空缺。联邦合同执行计划办公室负责执行该法。

## 《怀孕歧视法》（1978）

在通用电气公司与吉尔伯特的诉讼案中，最高法院做了一个对《怀孕歧视法》的通过有重要影响的裁决。在这个诉讼案中，通用电气根据它的疾病和意外事故保险计划为所有雇员提供了非职业病和意外事故福利，金额相当于一个雇员在正常工作时间工作时每周收入的 60%。通用的弗吉尼亚塞勒姆工厂的几名怀孕女雇员提出了一项残疾福利要求，即通过疾病和意外事故保险计划来补偿由于她们怀孕而缺勤期间的收入损失。公司以这个计划不为这种缺勤提供残疾福利补偿为由拒绝了这项要求。这些雇员提起了诉讼，宣称公司违反了禁止性别歧视的第七章。最高法院裁定这个计划中排除与怀孕有关的缺勤不构成性别歧视。

由于这个判决，为了努力保护怀孕女工的权利，作为 1978 年《民权法》的一个修正案，国会通过了**《怀孕歧视法》**（Pregnancy Discrimination Act, PDA）。《怀孕歧视法》被正式标定为第七章 701（K）节，它陈述道：

> 受怀孕、分娩或相关医疗情况影响的妇女，应该在所有与雇佣有关的福利方面受到相同的对待，包括获得额外福利项目中的福利，因为其他人员虽然不受到这样的影响，但在他们有能力或无能力工作方面是相似的。

根据《怀孕歧视法》，对于福利和休假政策，雇主要像对待任何其他医疗情况一样来对待怀孕。负责执行该法的公平就业机会委员会已采纳了这个观点，即雇主不可以拒绝未婚雇员的怀孕福利，并且如果给予女性雇员怀孕福利，那么也必须延伸到男性雇员的配偶。

## 《移民改革与控制法》（1986）

最近一些年来可以看到一股增长的非法移民潮涌入美国。这些人通常因为没有技能，并且很多不会说英语而在雇佣中受到伤害。因此，在 1986 年通过了**《移民改革与控制法》**（Immigration Reform and Control Act），这使得任何人雇佣、招募未经批准的外国人或为其在美国就业提供帮助即为非法行为。为了满足该法律要求，公司为避免遭受作伪证的惩罚，必须表明其通过以下方法之一证实某人不是非法移民：

1. 检查其美国护照、美国公民身份证、入籍证书、未到期的外国护照是否有合适其在美国就业的未到期的司法部长授权签字或外国人居住证。
2. 检查就业授权文件（社会保险卡、出生证明或其他司法部长认为可以作为证明的文件）。
3. 检查拥有证明的文件（例如，带有照片的州驾驶执照或司法部长认为可以作为证明的其他文件）。

## 《美国残疾人法》（1990）

1990 年 5 月，国会批准了《**美国残疾人法**》（Americans with Disabilities Act, ADA），这个法案急剧地增加了残疾人获得服务和工作的机会。根据这个法案，雇主：

- 不可以在雇佣和解雇中歧视能胜任工作的残疾人。
- 不可以询问求职者是否有残疾，但可以询问其完成某种工作的能力。
- 不可以限制残疾雇员的晋升机会。
- 不可以使用可能筛选掉残疾工作申请者的测试或工作要求。
- 不可以参与那些歧视残疾人的合约协议。

雇主也必须为残疾人提供合理的设施，如使现有设施易于使用，提供特殊的设备或培训，安排兼职工作或调整工作时间表，以及为盲人提供阅读器。雇主不必提供对业务运营造成过度困难的设施。表 2.1 概括了《美国残疾人法》中提出的方便残疾人进入工作场所的建议。这个法案涉及所有拥有 15 或 15 名以上雇员的雇主。

1997 年，负责实施《美国残疾人法》的公平就业机会委员会（将在本章后面详细讨论），发布了详细说明符合精神残疾标准的人员免受歧视和有权在工作中获得合理设施的指导原则。精神残疾被广义地定义为实质性地限制一个人的一种或多种主要生活活动的精神损害，或者有这种损害的记录或被认为有这种损害的

表 2.1　**便于残疾人进入工作场所的建议**

- 安装轮椅坡道。
- 在人行道与入口接合处设计斜坡。
- 重新放置架子，以便残疾人能够拿到东西。
- 重新摆放桌子、椅子、自动售货机、显示器架子和其他家具。
- 重新放置电话和饮水机。
- 在电梯按钮上增加凸起的标记。
- 安装闪烁的信号灯。
- 加宽门。
- 安装分支合叶以加宽门道。
- 去掉十字转门或能旋转的门，或者提供一个可以替代的可进入通道。
- 安装易用的门五金件（如控制杆），不使用或同时使用门把手。
- 在卫生间里安装扶手。
- 重新安排卫生间隔板以增加移动空间。
- 把盥洗室管道放在水槽下面以防烫伤。
- 增加加高的坐便器。
- 增加一个足够长的浴室镜。
- 重新放置纸巾盒。
- 建造指定的易进入的停车空间。
- 在现有可用的饮水机边增加纸杯架。
- 撤掉多软毛的、低密度的地毯。
- 安装车辆手控制器。

记录。按照这一定义，一个人被认为有精神残疾或有这种残疾记录的证据是这个人声称其有精神残疾。显然，这些指导原则将为人力资源经理带来许多问题。实践中的人力资源管理 2.3 说明了有关《美国残疾人法》问题的复杂性。

## 《老年工人福利保护法》（1990）

1990 年的《**老年工人福利保护法**》（Older Workers Benefit Protection Act）产生于 1989 年美国最高法院的一项判决。在这项判决中，俄亥俄州的一个郡政府部门拒绝把残疾人福利给予一个在 61 岁已经被解雇的雇员，因为其残疾人福利计划在 60 岁时已被取消。法院裁定这个郡政府部门没有违反《雇佣年龄歧视法》，

## 过度肥胖和《美国残疾人法》

公平就业机会委员会诉讼沃特金斯机动运输公司（Watkins Motor Lines Inc.，第六巡回上诉法庭，2006年）的案例是处理一位名为史蒂芬·格林德尔的员工，此人于1990年8月由被告公司招聘为司机兼码头工人。格林德尔在当时的体重大约是345磅。他的工作大概有65%是有关码头的工作，包括装货、卸货、安排运输等。工作说明书中对于工作内容的说明是“攀登、下蹲、弯曲、弯腰、平衡、伸手、反复提拉重物”。在之后的五年时间里，格林德尔的体重从345磅变到了450磅。根据格林德尔的描述，他并没有意识到任何心理或者生理原因来解释他体重的变化。

1995年11月，格林德尔在爬梯子时一节梯子断裂致使他的膝盖受伤，事发第二天他继续回去工作，并且在整个12月份每周的工作时间都达到了50~60小时。然而，由于膝盖受伤未愈，他从1月开始请了6个月的假。公司通知他，如果6个月后不能回去上班就会将他解雇。如果回去上班，他将不得不停止看医生，而且有可能要接受一次体检。

在休假过程中，格林德尔的膝伤是由赞坎医生治疗的。在6月底，医生给他开具了一份休假证明。然而，公司不接受这份证明，并要求格林德尔继续回去工作，原因是医生在签署休假表格前没有看他的工作责任说明。因此公司向赞坎医生邮寄了一份格林德尔的工作职责说明以及一张回岗工作的表格。但是赞坎医生根本没有回复。公司要求格林德尔去看工业诊所的劳伦斯医生。这位医生发现格林德尔有某些活动是受限的。此外，他还观察到格林德尔可以弯腰和下蹲，但是走几步路就会气喘吁吁。劳伦斯医生表示格林德尔的体检结果中最需要注意的是450磅的体重。医生总结说，尽管格林德尔达到了运输部卡车司机的标准，但他不能安全地履行工作职责。鉴于此，公司将格林德尔安置到了安全货仓。不过由于格林德尔在6个月后没能回去工作，所以公司与他解除了雇佣关系。

格林德尔认为他被解雇是体重的原因，因此他在1998年9月向公平就业机会委员会提起诉讼要求索赔。2002年10月，公平就业机会委员会判定被告公司解雇格林德尔违反了《美国残疾人法》。2004年2月，被告公司提出了一项即决审判动议。联邦地方法院同意公司的即决审判动议，原因是由生理原因引起的过度肥胖不属于《美国残疾人法》规定的身体损害范围。格林德尔继续上诉。

公平就业机会委员会确认仅仅超重这一点并不能满足《美国残疾人法》对于身体损害的定义。然而，委员会也表明如果一个人的超重是生理条件或病态肥胖症引起的，那么无论什么原因，它都符合《美国残疾人法》对身体损害的定义。病态肥胖症被定义为超过正常体重一倍的重量。在这种情况下，无论是格林德尔还是公平就业机会委员会都没有证明格林德尔的体重是由生理条件导致的。相反，提出的证明是格林德尔是病态肥胖，并且超过了正常的范围，所以导致它的原因已经不重要了。第六巡回上诉法庭不同意这种观点，且支持联邦地方法院的结论，即生理原因造成的病态肥胖可以属于《美国残疾人法》中有关身体损害的规定，非生理的则不属于。因此，格林德尔的病态肥胖症不属于这个范围。

资料来源：Adapt from Mary Kathryn Zachary, “Obesity & the ADA-The Reason Matters,” *Super Vision*, December 2006, pp.23-27.

因为这个法案不涉及福利，只涉及雇佣、解雇和晋升。

根据《老年工人福利保护法》，雇主可以通过支付给退休人员残疾福利和养老金中的较高者来把二者整合起来；通过在遣散费中扣除退休人员的健康保险把二者整合起来；而且在工厂关门或大量解雇人员的情况下，通过从遣散费中减去一定金额加到养老金中去来整合遣散费和养老金。

该法也给雇员时间考虑公司早期的整套退休计划——对于个人有 21 天，如果涉及一个群体则有 45 天。如果雇员签字放弃对权利的使用，他们也还有 7 天时间来改变主意。该法与《雇佣年龄歧视法》的覆盖面相同。

## 《民权法》（1991）

根据 1991 年的《**民权法**》（Civil Rights Act），如果妇女、残疾人和宗教上的少数群体能够证明自己是雇佣或工作场所故意歧视的受害者，则允许他们进行陪审团审判和请求最高为 300 000 美元的赔偿。该法适用于有 15 或 15 名以上雇员的所有雇主。在本法的这部分内容之前，只有故意歧视诉讼涉及种族歧视时才允许陪审团审判和赔偿。该法为非种族原因引起的故意歧视的受害者能获得的赔偿金额设置了一个上限。这个上限以雇主的规模为基础：15~100 名雇员的公司为 50 000 美元；101~200 名雇员的公司为 100 000 美元；201~500 名雇员的公司为 200 000 美元；500 名雇员以上的公司为 300 000 美元。

该法的另一个方面是关于公司对故意歧视诉讼的举证责任。在 1989 年开始的一系列的最高法院判决中，最高法院开始放松公司举证责任的要求。本章后面将描述一些这样的判决。然而，该法要求公司必须提供导致歧视的业务活动不是歧视而是与所争议的职位有关并与经营必需一致的证据。“经营必需”在第 3 章中有明确定义。

## 《家庭与医疗休假法》（1993）

《**家庭与医疗休假法**》（Family and Medical Leave Act, FMLA）于 1993 年 2 月 5 日颁布，它使符合条件的雇员能因家庭或与健康有关的原因延长无薪假期而不必担心失去工作。依据该法，如果雇员得了重病，直系家庭成员病了，或者由于分娩、收养或安排照顾孩子，他们可以使用这种假期。为了符合享受这种假期的

## 实践中的人力资源管理 2.4

### 取消出差不违反《家庭与医疗休假法》

路易斯安那州巴吞鲁日东部行政区的学校董事会雇佣菲利斯·史密斯为学校财务部的副主管。在产假之前，此岗位要求她去各种不同的学校出差，并直接协助学校校长和员工保持准确的财务记录。在史密斯休假期间，董事会重组了学校财务部，并重新将她的工作说明书修改为在中心办公室审核学校账簿，而不是去其他学校出访。

史密斯回岗后依据《家庭与医疗休假法》对学校提起了诉讼，但是第五巡回上诉法院承认对董事会的即决审判，认为史密斯的职位在休假前后是相同的。在讨论“相同”这个问题时，地方联邦法院解释了《家庭与医疗休假法》，说明职位必须在实际上与之前职位的工资、福利和工作条件相同，必须大致上与之前有相似的职责、技术和职权，必须在晋升机会和工资增长方面有相同的机会，同时对于员工必须有同样的吸引力。

地方联邦法院最后判定员工职位“微量的无形的变化”不违反《家庭与医疗休假法》。当该职位不要求外出审核学校账目时取消出差，并且提供同样的工资、相似的工作说明书和职称，那么仅是一些无形差别并不违反法律规定。

资料来源：Adapt from Sarah T. Zaffina, “Eliminating Travel Did Not Violate FMLA,” HRMagazine, October 2006, p.120.

条件，雇员必须至少已经工作了一年而且在过去的 12 个月中必须工作不少于 1 250 个小时。对于没有集体谈判协议的公司，《家庭与医疗休假法》于 1993 年 8 月生效。对于有集体谈判协议的公司，该法在劳动合同终止或 1994 年 2 月 5 日这两个时间中先发生的时间生效。实践中的人力资源管理 2.4 列举了一个法院裁决的案例。

## 《11246、11375和11478号行政命令》

**行政命令**（Executive Orders）由美国总统发布，用以对行政机构下达指示。1965 年发布的 11246 号行政命令，要求每一个非豁免的联邦承包商和分包商不能因为种族、性别、肤色、宗教或原始国籍而歧视雇员或求职者。命令中主要的豁免是不超过 10 000 美元的合同和分包合同。劳工部的联邦合同执行计划办公室负责执行这条行政命令。11246 号行政命令详细描述的公平机会条款要求承包商或分包商同意执行以下规定：

1. 遵守这项行政命令的条款。
2. 遵守劳工部长根据这条行政命令发布的规则、法规和命令。
3. 允许出于劳工部长进行调查的目的而查阅账簿和记录。
4. 在每一份分包合同或采购订单中都包括平等就业条款，以便使这个条款对每一个分包商或卖主产生约束。

此外，如果违反该行政命令，合同可以取消、终止或延期。在发现违反该行政命令后，可以宣布该承包商无资格承包未来的政府合同。

11246 号行政命令也要求有 50 或 50 名以上雇员及合同和分包合同超过 50 000 美元的雇主要有书面的反优先雇佣行动计划（AAP）。反优先雇佣行动计划必须包括对雇佣劳动力中的少数族裔就业问题的辨别和分析以及在哪里存在缺陷，雇主必须制定在公平就业机会方面迅速取得成就的目标和时间表。反优先雇佣行动计划的这一部分称为**利用评价**（utilization evaluation），它包括对所有工作种类中少数群体代表性的分析；现在和过去的雇佣实践；升级、晋升和调任。第 4 章将更详细地描述反优先雇佣行动计划。

11246 号行政命令也授予美国人事管理办公室（OPM）发布涉及联邦机构中有关歧视的法规的权力。1966 年，人事管理办公室（后来被称为公民服务委员会）发布了要求机构纠正歧视做法和制定反优先雇佣行动计划的法规。

1967 年，11375 号行政命令修正了 11246 号行政命令，禁止政府承包商实行以性别为基础的工资歧视。最后，在 1969 年连同人事管理办公室修订的法规发布了 11478 号行政命令，它部分终止了 11246 号行政命令。新的法规仅仅修改了以前命令和法规中的一些程序。

## 州和地方政府公平就业法律

许多州和地方政府都通过了公平就业机会法律。例如，几乎所有的州都有某种针对残疾人就业歧视的法律保护。然而，注意美国宪法的最高条款是至关重要的，它陈述道：

美国法律有关其内部司法权的内容是至高无上的，因此每一个州的法官都应受到约束，宪法或州法律中的任何与之相对立的内容都是站不住脚的。

作为这个条款的结果，正如预期的那样，许多州和地方法律在《民权法》的这部分内容和其他公平就业法律通过之后变得无效了。例如，加利福尼亚最高法院就使得一条关于禁止女性管理酒吧的州法令失效了。

在联邦法律没有覆盖的领域内，任何联邦法律都不禁止州通过禁止歧视的法律，只是不要求和不允许违反联邦法律。

在州这一级上关于反优先雇佣行动的一个重要发展出现在加利福尼亚州。多年来，基于种族的一大批计划在整个加利福尼亚州被采用。特别值得关注的是一套已应用于加利福尼亚大学的反优先雇佣行动计划。《加利福尼亚民权动议》（CCRI），也称为209号提案，在1996年11月被投票表决，并以54%比46%而获采用。209号提案要求本州在就业和福利方面不得歧视任何群体。

尽管大多数法律是这样规定的，然而，语言的模糊不清给联邦机构在执行法律时留下了很多解释的空间。此外，有关这些法律的法院判决经常引出需要额外解释的问题。鉴于这些原因，公平就业机会就成了人力资源管理中一个非常具有挑战性和复杂性的问题。不过，理解公平就业机会的一个好的开端就是要知道这个领域的基本法规。表2.2按照时间顺序提供了一份公平就业机会相关法律和行政命令的目录（本节已讨论）。表格也针对这些法律和行政命令的目的或意图，以及涵盖范围做了一个简要的说明。

## 标志性法院案例

由国会通过的法律在本质上通常是宽泛的，当应用到具体情况时要再定义。另外，公平就业法律的一般性质既允许也导致像公平就业机会委员会这样的执行机构去制定指导原则，并且按他们对这些法律的解释来执行。不幸的是，雇主经常对这些指导原则和公平就业机会委员会及联邦合同执行计划办公室实施的公平就业法感到困惑。由此造成的困惑和愤怒引发了许多对公平就业法律和指导原则解释的诉讼。同样不幸的是，在某些情况下，许多法院判决不仅让人困惑，而且明显互相矛盾。

然而，有几个最高法院的判决为对公平就业机会法律的解释提供了指南。以下部分中描述了一些较为重要的判决。

表 2.2　公平就业机会法律和行政命令概要

| 法律 / 行政命令 | 年份 | 目的或意图 | 覆盖范围 |
| --- | --- | --- | --- |
| 公平工资法 | 1963 | 禁止在相同或相似的工作中对男性和女性的工资实行性别歧视。 | 从事商业活动或商品生产活动并且拥有两个或两个以上雇员的私营雇主；劳工组织。 |
| 《民权法》第七章（1972 年修订） | 1964 | 禁止基于种族、性别、肤色、宗教或原始国籍的歧视。 | 每年 20 或 20 周以上拥有 15 或 15 名雇员以上的私人雇主、公共机构、州和地方政府、就业代理机构、工会和联合劳工管理委员会。 |
| 11246 号行政命令 | 1965 | 禁止基于种族、性别、肤色、宗教或原始国籍的歧视；要求关于这些因素的反优先雇佣行动。 | 合同金额超过 10 000 美元的联邦承包商或分包商；有 50 或 50 名以上雇员且合同金额超过 50 000 美元的雇主。 |
| 11375 号行政命令 | 1967 | 禁止基于性别的工资歧视。 | 政府承包商和分包商。 |
| 11478 号行政命令 | 1967 | 代替 11246 号行政命令，根据以前的命令或法规修改其中一些程序。 | 与 11246 号行政命令相同。 |
| 雇佣年龄歧视法（ADEA） | 1967 | 禁止歧视年龄 40~70 岁的人。修正案废除了拥有 20 或 20 名以上雇员的公司在 70 岁强制退休的规定。 | 每年 20 或 20 周以上拥有 20 或 20 名以上雇员的私人雇主、劳工组织、就业代理机构、州和地方政府，联邦机构有某些例外。 |
| 职业康复法（修订后） | 1973 | 禁止歧视残疾人，并且要求通过反优先雇佣行动来为残疾人提供就业机会。 | 合同金额超过 2 500 美元的联邦承包商或分包商，接受联邦财政资助的组织，以及联邦机构。 |
| 帮助越战退役军人重新就业法 | 1974 | 禁止在雇佣有 30% 或以上残疾的退役军人、因与服役有关的残疾而退役的退伍军人或在 1964 年 8 月 5 日至 1975 年 5 月 7 日期间服现役的退伍军人时进行歧视。对某些雇主要求有书面的反优先雇佣行动计划。 | 合同金额超过 10 000 美元的联邦承包商或转包商；有 50 或 50 名以上雇员并且合同超过 50 000 美元的雇主。 |
| 怀孕歧视法（PDA） | 1978 | 要求雇主在福利和休假政策方面对待怀孕就像对待任何其他医疗情况一样。 | 与《民权法》第七章相同。 |

表 2.2 （续）

| 法律 / 行政命令 | 年份 | 目的或意图 | 覆盖范围 |
| --- | --- | --- | --- |
| 移民改革与控制法 | 1986 | 禁止雇佣非法外国人。 | 任何个人或公司。 |
| 美国残疾人法 | 1990 | 为残疾人提供更多服务或工作的机会。 | 有15或15名以上雇员的私人雇主。 |
| 老年工人福利保护法 | 1990 | 为40岁以上雇员在额外福利方面提供保护，并给雇员时间去考虑提前退休条件。 | 与《雇佣年龄歧视法》相同。 |
| 民权法 | 1991 | 如果妇女、残疾人和宗教上的少数群体能证明雇佣和工作场所故意歧视，就允许他们拥有陪审团审判和请求惩罚性的赔偿金。也要求公司提供导致歧视的业务活动并非歧视而是与所争议的职位有关并与经营必需一致的证据。 | 拥有15或15名以上雇员的私营公司。 |
| 家庭与医疗休假法（FLMAS） | 1993 | 使符合条件的雇员能因家庭或与健康有关的原因延长无薪假期而不必担心失去工作。 | 有15或15名以上雇员的私营雇主。 |

## 格里格斯与杜克电力公司诉讼案

格里格斯案例是关于杜克电力公司在其丹河蒸汽电站的晋升和调动政策。杜克电力公司允许没有接受过高中教育的现职雇员通过两项测验即可由“外”职调任为“内”职，这两项测验是旨在测试一般语言表达能力的温德里克人事测验和班尼特机械能力测验，通过分数大约为国家高中毕业生的中等水平。

在一项集体诉讼案中，非洲裔美国雇员认为这一做法违反了《民权法》第七章，因为接受高中教育和通过这两项测验都不是成功完成所讨论工作所必需的。该诉讼也认为，由于比例非常高的非洲裔美国雇员没有受过高中教育，因此这种做法是违法的。公司则认为，这些要求是以它们通常会改善劳动力总体质量的看法为基础，而且在确定这些要求时没有歧视的意图，这可以通过公司出资高中教育学费的三分之二来努力帮助这些受教育水平低的雇员来证明。

1971 年，最高法院裁决支持非洲裔美国雇员。这个判决确立了有关公平就业机会的几个重要观点 :（1）不仅仅是雇主意图或动机的问题，雇佣行为的后果才是第七章的根本。尽管雇主没有歧视意图，但这种在实践中与其他群体相比更加歧视某个群体或延续过去的歧视模式都是非法的。（2）**差别影响原则**（disparate impact doctrine）体现为 : 当原告表明一种雇佣行为没有按比例地包括第七章所保护的群体时，举证责任就转向被告方去证明这个标准与工作表现切实相关。（3）支持 EEOC 仅允许使用与工作相关测验的指导原则。

## 麦克唐尼尔・道格拉斯公司与格林诉讼案

由于麦克唐尼尔・道格拉斯公司削减劳动力，受雇于该公司的珀西・格林被解雇了。在被解雇后，格林参加了一个针对麦克唐尼尔公司在其雇佣行为中有种族歧视嫌疑的抗议活动。这次抗议活动包括一个“阻塞”活动，即格林和其他人把他们的车停在通往工厂的路上，以便在早晨上班的高峰期间阻塞道路。后来的某天，麦克唐尼尔公司登广告招聘机械师，格林申请重新就业，但公司以他参与了公司认为是违法行为的“阻塞”活动为由拒绝了。

由于技术原因，最高法院把这个案件发送回地方法院复审，但同时它的裁决对歧视案例的举证责任设置了标准。这些标准如下 :

1. 第七章案例中，*初步论据*成立（第一眼或仔细观察之前）的歧视案件中原告承担最初的举证责任。可以通过表明以下内容来实现 :（a）他或她属于少数族裔 ;（b）雇主招聘的职位，他或她申请了且符合条件 ;（c）尽管求职者符合条件，但他或她被拒绝了 ;（d）在拒绝后，这个职位仍然空缺，并且雇主继续从像原告那样条件的人中寻找求职者。
2. 如果原告提出*初步论据*成立的歧视案件，那么举证责任就转向雇主，雇主必须要为其拒绝雇佣提供一些合法的、非歧视的理由。
3. 然后举证责任转向雇员去证明雇主提供的理由是托辞（也就是提供的理由不是雇主这一拒绝行动的真正原因）。

在法院的批复中提到，格林提出了*初步论据*成立的案件，而麦克唐尼尔公司表明了由于格林参与“阻塞”事件而没有雇佣他的非歧视理由。

## 阿尔勃马尔纸业公司与穆迪诉讼案

在阿尔勃马尔纸业公司与穆迪案中，公司要求申请各种技能性职业的求职者参加测验非语言智力的贝塔考试以及测量一般口头能力的温德里克测验。公司没有说明这些测验与工作的相关性，而只是采用国家标准分数作为新工作求职者的录用分数线。

如果非洲裔美国工人通过了贝塔考试和温德里克测验，公司也允许他们调到技能性岗位上去，但他们很少有人能够真正上岗。在实行这两个测验以前就已经受雇到技能性岗位上的任职者，他们不需要通过这两个测验就能保住他们的职位和晋升的权利。

在这个案件要进行审判的四个月前，阿尔勃马尔公司聘请了一位工业心理学专家来验证其测验项目的相关性。专家在工厂里待了半天，并且设计了一个在没有他监督的情况下由工厂官员进行的研究。这项研究表明这些测验与工作有关。

然而，在 1975 年，最高法院发现阿尔勃马尔公司的验证研究有重大缺陷。法院判决的基础是，阿尔勃马尔公司的研究没能遵从公平就业机会委员会关于有效雇佣考试的指导原则。因此，这个判决重申用于雇佣决策的考试必须与工作相关，并且重申了对公平就业机会委员会关于有效测验指导原则的使用。法院还认为，如果雇主确定一种测验与工作有关，那么原告有责任去表明其他现存的考试相比之下能满足雇主的合法利益并对受保护人群影响较小。

## 加利福尼亚大学董事会与贝克诉讼案

位于戴维斯的加利福尼亚大学医学院于 1968 年开始招生，有一个 50 名学生的新生班级。在这个班中没有非洲裔美国人、西班牙裔人和美国本土学生。在接下来的两年里，学院开发了一个特殊的入学计划以增加少数族裔学生的加入。1971 年，这个班级的学生数量增长了一倍，100 个名额中的 16 个由特别招生委员会从“弱势”申请者中选择确定。在实际操作中，弱势群体意味着少数族裔申请者。

白人男子阿兰·贝克在 1973 年和 1974 年被拒绝进入医学院。由于有较低平均成绩和考试分数的少数族裔学生按照这个特别计划被允许入学，因此贝克提出了诉讼。他认为他被排除在竞争这 16 个保留名额之外是一种种族歧视，他声称医学院特殊的双轨入学制度违反了 1964 年的《民权法》。因此，贝克案提出了**反向歧视**（reverse discrimination）问题，即涉嫌一个群体（少数族裔或女性）比另一个群体更受优待而不是公平机会。

1978 年 6 月 28 日，最高法院以五比四的表决结果，裁定阿兰·贝克应该被允许进入在戴维斯的加利福尼亚大学医学院，并认为学校的双轨入学制度是违法的。然而，通过另一个五比四的投票，法院认为还是有某些具有种族意识的入学程序是合法的。法院称少数族裔背景可以作为特定申请者文件中的一种加分，但不能因此使某人被排除在所有其他可比申请者之外。正如预料的那样，贝克案中多少有点模糊的判决为反向歧视法律地位的进一步法庭验证提供了一种环境。

## 美国钢铁工人联合会与韦伯诉讼案

1974 年，凯萨铝业和化学药品公司与美国钢铁工人联合会签署了一份集体谈判协议。该协议包含一项反优先雇佣行动计划，用以减少凯萨公司几乎清一色的白人劳动力中的种族不平衡。该计划设定了雇佣目标并制定了在职培训计划，为不熟练的工人教授工艺技能，还为非洲裔美国人在培训项目中保留了 50% 的空缺。

在凯萨公司的路易斯安纳州格莱梅西工厂，白人男子布赖恩·韦伯对公司提出诉讼，因为非洲裔美国雇员不比白人雇员资历更高就被接纳进入公司的厂内工艺培训项目。下级法院支持了韦伯的诉讼。然而，在 1979 年对这个案件的判决中，最高法院裁定凯萨公司和钢铁工人之间自愿达成一致的计划是允许的。法院称禁止种族歧视的《民权法》第七章不谴责所有私人的、自愿的和有种族意识的反优先雇佣行动计划。法院裁定凯萨的反优先雇佣行动计划是允许的，因为：（1）它的设计是用来打破旧的隔离模式；（2）它不包含解雇无罪的第三方；（3）它对白人雇员的晋升没有任何障碍；（4）它是消除歧视的临时措施。因此，这个判决为确定反优先雇佣行动计划的合法性提供了重要的指导原则。

## 康涅狄格州与迪尔诉讼案

康涅狄格州的一个政府机构根据一些非洲裔美国雇员的笔试通过情况把他们提升到主管的位置。对于那些没有通过这一考试的人，该机构拒绝把他们作为这些职位的永久候选人。这些雇员宣称，康涅狄格州要求申请者通过的考试，因其不成比例地把非洲裔美国人排除在外且与工作不相关，并且把通过这一考试作为考虑晋升的绝对条件，所以违反了《民权法》第七章。非洲裔美国人通过此考试的比率仅仅是白人通过比率的 68%。

这个政府机构根据从笔试产生的合格名单对雇员进行晋升。然而，像所证明的那样，总的结果是，22.9% 的非洲裔美国人候选人和 13.5% 的白人候选人得到了晋升。地区法院裁定，与白人相比，更有利于非洲裔美国人的底线百分比排除了违反《民权法》第七章的可能性。**底线概念**（bottom line concept）是以下列观点为基础的，即如果甄选选择的总体影响是非歧视的，那么政府自身一般不应考虑甄选选择的单个组成部分。然而，最高法院在 1982 年 6 月 21 日宣称，雇主选择过程的非歧视底线结果，不能阻止雇员提出初步论据成立的歧视案件，并且在同一案件中不能成为雇主的辩护依据。因此，从这个案例中得到的结论是：底线百分比不是决定性的。更确切地说，公平就业机会委员会和法院将查看每一种测量值，以确定它本身是否对受保护的群体有差别影响。

## 孟菲斯消防队员（当地1784号）与斯图兹诉讼案

斯图兹案涉及的是资历制度与孟菲斯市采用的某些反优先雇佣行动措施之间的冲突。1980 年，孟菲斯消防部门收到了一项同意令，按照这项政令，消防部门要设法确保在每一类职位的晋升中有 20% 的机会给予非洲裔美国人。该同意令对解雇、降职或资历问题只字未提。

1981 年 5 月，预算赤字使消防部门必须解雇人员。解雇以资历为基础。地区法院下达了一项强制令，命令这个城市不要使用资历制度，因为这将减少某些职位上非洲裔美国雇员的比例。

孟菲斯市随之使用了一个修改的计划来保护非洲裔美国雇员。这个修改的计划解雇了 24 名雇员，其中 3 名是非洲裔美国人。如果使用传统的资历制度，就会解雇 6 名非洲裔美国人。

孟菲斯消防队员（当地 1784 号）提起了一项反对这个修改计划的诉讼。1984 年最高法院裁决如下：地方法院颁布的强制令超出了它的权力范围，该强制令导致不按资历制度解雇资历较低的非洲裔美国雇员反而解雇白人雇员。该判决没有禁止使用反优先雇佣行动计划，但确实表明资历制度可能会限制使用某些反优先雇佣行动措施。

## 里士满市与J.A.克劳森公司诉讼案

1983 年，里士满市议会在一项法令中采纳了一家少数族裔企业所使用的“预留”计划，即要求非少数族裔主承包商在对城市建设合同进行分包时，要把总额中至少 30% 拨出来给予一个或更多的少数族裔企业。

在采纳了该法令后，该市为市监狱的管子附件的供应和安装工程发出了招标邀请。唯一的投标人 J.A. 克劳森公司递交了一个方案，其中不包括满足这项法令的面向少数族裔的足够的分包。公司请求放弃这种预留要求，但这个请求被拒绝了，并且通知公司这项工程要重新投标。该公司提起了诉讼，声称根据美国宪法第十四修正案的平等保护条款，这项命令是违反宪法的。

1989 年 1 月，最高法院裁定里士满市的计划违反宪法。法院称州和地方政府必须避免种族配额，并且只是为了纠正记录完好的以往歧视案例才必须采取反优先雇佣行动计划。法院还说，确保法律公正性的美国宪法第十四修正案规定使白人处于不利地位的反优先雇佣行动计划，应该与广泛应用于各地的少数族裔歧视法律一样在法律上受到质疑。这个判决对私人公司的反优先雇佣行动计划的影响是决定性的，它的含义可能也是广泛的。

## 沃兹·卡夫与安东尼奥诉讼案

1989 年 6 月，最高法院在一项票数接近的判决（5 比 4）中使雇主反驳基于统计证据的种族偏见变得更容易了。这个案例源自对西雅图的沃兹·卡夫包装有限公司和俄勒岗州阿斯托里亚的卡斯托和库克有限公司的歧视。这两家公司在遥远的阿拉斯加，他们在夏季大马哈鱼回游时经营大马哈鱼罐头。

少数族裔（在这个案例中，少数族裔主要是指菲律宾人、阿拉斯加本地人和亚洲人）宣称他们虽然占据了鱼罐头厂几乎一半的职位，但职位是按人种分层的，白人占据了像机械师、木匠和管理人员这样的高薪职位。公司认为，显示少数族裔占据大多数低工资的季节性职位和较少好职位的统计资料，并不能证明公司对他们有歧视。

最高法院的判决声称，当少数族裔宣称统计结果显示他们是歧视的受害者时，雇主只有提供对其业务活动存在合法原因的证据的责任。法院进一步陈述道，原告负有反驳雇主所说的相反的雇佣行为只是根据一种合法的中性考虑的责任。法院也限制了少数族裔能够用来证明歧视的统计证据。它裁定技术性工作中缺少少数族裔反映的是符合条件的少数族裔求职者的匮乏，这并不是雇主的错误造成的，那么这种缺乏不能成为歧视的证据。1991 年生效的《民权法》推翻了最高法院的这项判决。

## 马丁与威尔克斯诉讼案

一组白人消防员控告阿拉巴马州伯明翰市和杰斐逊郡人事委员会，宣称为了有利于条件更差的非洲裔美国消防员，他们的晋升被否决。在提起诉讼之前，该城市就接到两份包括雇佣和晋升非洲裔美国消防员目标的强制令。在提起诉讼时，白人消防员声称该城市正在依据强制令进行以种族为基础的晋升决定，并且这些决定违反了宪法和联邦法规有关禁止种族歧视的政策。地方法院认为白人消防员无权质疑根据强制令作出的雇佣决定。然而，1989 年 6 月 12 日，最高法院裁定白人消防员可以质疑根据强制令作出的晋升决定，可以针对法院批准的反优先雇佣行动计划提出反向歧视要求。

## 亚德伦德承包商与磐尼诉讼案

铁路护轨承包公司亚德伦德承包商起诉美国政府在签订科罗拉多州公共工程合同中涉嫌使用以种族为基础的标准。该诉讼源于 1990 年亚德伦德公司虽然递交了最低的标书，但仍然失去了铁路护轨工程的分包合同。这个分包合同由主承包商山岳建设公司给了一个少数族裔所有的企业冈泽尔斯建设公司，因为中央联邦陆地公路部门给予雇佣少数族裔的主承包商现金补贴。在一个 5 票对 4 票的判决中，最高法院对政府用来帮助少数族裔获得合同、工作和教育的措施的合法性提出了质疑。这个判决没有完全废止数十年来使少数族裔公司对多数族裔公司具有竞争优势的联邦计划，只要求下级法院把“严格的审查”应用到这些计划中，这意味着政府可能必须证明每一个计划仅仅帮助那些能够显示他们是过去歧视的受害者的人，而不是帮助所有少数族裔。

## 得克萨斯州与霍普伍德诉讼案

1996 年 3 月 18 日，美国地方第五巡回上诉法庭宣布了一项有关得克萨斯大学法学院的反优先雇佣行动计划的判决。这项反优先雇佣行动计划在法学院的入学计划中给非洲裔美国人和墨西哥裔美国人优先权。该计划最初是为了应对非洲裔美国人和墨西哥裔美国人在得克萨斯州受歧视的历史而制定的。地方法院的裁决发现，没有无可辩驳的理由允许法学院继续把某些种族提高到其他一些种族之上，即便是出于消除学生中存在的种族不平衡的目的。法院判决法学院不应该把种族作为考虑法学院入学的一个因素。2001 年 6 月 25 日，最高法院驳回了得克萨斯大学法学院的上诉。这个关于反优先雇佣行动计划的判决在全美国产生的影响意义深远。

## 密歇根大学入学手续诉讼案

2003 年 6 月，最高法院宣布了两项裁决，以此处理密歇根大学本科生院和法学院采用的平权行动举措。这两个诉讼都是由被密歇根大学本科生院和法学院拒绝录取的白人申请者提出的。在法学院的案例中（格鲁特尔与博林杰诉讼案），最高法院从整体上分析批准密歇根大学将种族作为入学手续的一个工具，以实现学生团体的多元化。然而，在大学本科生院的案例中（格拉茨与博林杰诉讼案），最高法院拒绝了自动增加非洲裔美国人、西班牙裔美国人和美国原住民的做法。最高法院称，学校不能为种族群体设立限额或者独立招生渠道，多元化也不能单独以种族为基础来确定。这两项决定被视为平权行动的一个胜利。

# 执行机构

两个联邦机构主要负责执行公平就业机会法律，它们是公平就业机会委员会和联邦合同执行计划办公室。

## 公平就业机会委员会

**公平就业机会委员会**（Equal Employment Opportunity Commission, EEOC）是为了管理《民权法》第七章而创设的。这个委员会由五个成员组成，同一个政党的成员不可以超过三个。该委员会的成员由美国总统任命，并由参议院批准和进行指导，任期五年。总统为委员会指派一名主席和一名副主席。主席代表委员会对它的日常运转负责。

除此之外，委员会也有一个由总统任命并由参议院指导的任期为四年的总法律顾问。这个总法律顾问负责按《民权法》第七章的条款进行诉讼。

最初，公平就业机会委员会负责调查基于种族、肤色、宗教、性别和原始国籍的歧视。现在，它也负责调查违反公平工资、年龄歧视和对残疾人的歧视。EEOC 不仅有权调查这些领域内的控告和起诉，而且也有权通过总法律顾问在公民活动中代表控告方进行调节。EEOC 还制定和发布了在所有这些领域中实施非歧视做法的指导原则。有几个指导原则在这里和下一章中讨论。

## 联邦合同执行计划办公室

公平就业机会委员会是联邦政府的一个内部独立机构，而**联邦合同执行计划办公室**（Office of Federal Contract Compliance Programs, OFCCP）设在美国劳工部下面。它根据 11246 号行政命令建立，以确保联邦承包商和分包商遵循非歧视雇佣做法。1978 年以前，11 个不同的政府机构设有合同执行部门来负责管理和实施 11246 号行政命令。联邦合同执行办公室从总体上监督和协调他们的活动。1978 年，12086 号行政命令强化了联邦合同执行办公室的管理和执行职能。

# 总　结

1. **定义公平就业机会。**

   公平就业机会是指所有的人都有以长处、能力和潜力为基础去工作和发展的权利。

2. **陈述 1963 年的《公平工资法》的意图。**

该法禁止支付给在相同或类似职位上工作的男性和女性的工资存在性别歧视。

3. **描述 1964 年的《民权法》第七章的意图。**

1964 年的《民权法》第七章禁止基于种族、肤色、宗教、性别或原始国籍的歧视。

4. **对差别待遇和差别影响进行定义。**

差别待遇是指故意歧视和对待一类雇员不同于其他雇员。差别影响是指无意歧视和看似中性但对受保护人群有不利影响的雇佣行为。

5. **讨论 1967 年的《雇佣年龄歧视法》的目的。**

该法禁止歧视年龄在 40~69 岁的雇员。

6. **讨论 1973 年的《职业康复法》的目的。**

该法禁止歧视残疾人并要求通过反优先雇佣行动来为这样的人提供就业机会。

7. **描述 1974 年的《帮助越战退役军人重新就业法》的意图。**

该法禁止在雇佣中歧视有 30% 或 30% 以上残疾的退役军人、因与服役有关的残疾而退役的退役军人以及在 1964 年 8 月 5 日至 1975 年 5 月 7 日期间服役的退役军人。该法还要求有 50 或 50 名以上雇员和合同超过 50 000 美元的雇主，必须有书面的关于受此法保护者的反优先雇佣行动计划。

8. **讨论 1978 年的《怀孕歧视法》的目的。**

该法要求雇主在福利和休假政策方面，对待怀孕要像对待任何其他医疗状况一样处理。

9. **描述 1986 年的《移民改革与控制法》的意图。**

该法禁止雇佣非法外国人。

10. **描述 1990 年的《美国残疾人法》的目的。**

该法要求有 15 或 15 名以上雇员的私人雇主要增加残疾人获得服务和工作的机会。

11. **解释 1990 年的《老年工人福利保护法》的目的。**

该法在福利方面保护年龄 40 岁以上的雇员并给雇员时间考虑较早退休条件。

12. **讨论 1990 年的《民权法》的意图。**

如果女性、残疾人和宗教上的少数群体能够证明雇佣或工作场所的故意歧视，则允许他们进行陪审团审判和请求赔偿。该法也要求公司必须提供导致歧视的业务活动不是歧视而是与所争议的职位有关并与经营必需一致的证据。

13. **解释 1993 年的《家庭与医疗休假法》的内容。**

《家庭与医疗休假法》使符合条件的雇员能因家庭和与健康有关的原因延长无

薪假期而不必担心失去工作。

14. **讨论《11246、11375 和 11478 号行政命令》的目的。**

11246 号行政命令禁止合同金额超过 10 000 美元的联邦承包商和分包商有基于种族、性别、肤色、宗教或原始国籍的歧视。它也要求拥有 50 或 50 名以上雇员和合同超过 50 000 美元的承包商和分包商有针对受保护人群的书面反优先雇佣行动计划。11375 号行政命令禁止工资方面有性别歧视。11478 号行政命令终止了 11246 号行政命令，并且修改了以前命令和法规中的一些程序。

15. **描述下列最高法院判决的重要性：**

格里格斯与杜克电力公司诉讼案——确立了不仅仅是雇主意图或动机的问题，雇佣活动的后果才是《民权法》第七章的根本。

麦克唐尼尔·道格拉斯与格林诉讼案——确定了在不同待遇歧视案件中的举证责任标准。

阿尔勃马尔纸业公司与穆迪诉讼案——肯定了用于雇佣决策的测验必须与工作相关，并且肯定了公平就业机会委员会有关有效测验指导原则的作用。

加利福尼亚大学董事会与贝克诉讼案——提出了反向歧视的问题。认为少数族裔背景可以作为特定申请者文件中的一种加分，但不能因此使某人被排除在所有其他可比申请者之外。

美国钢铁工人联合会与韦伯诉讼案——为确定反优先雇佣行动计划的合法性提供了重要的指导原则。

康涅狄格州与迪尔诉讼案——裁定雇主甄选选择的非歧视底线不能阻止雇员提出初步证据成立的歧视案件，并且在同一案件中不能成为雇主的辩护依据。

孟菲斯消防队员（当地 1784 号）与斯图兹诉讼案——指出了资历制度可能限制某些反优先雇佣行动措施的使用。

里士满市与 J.A. 克劳森公司诉讼案——认为第十四修正案要求使白人处于不利地位的反优先雇佣行动计划应该与反对歧视少数族裔的法律一样在法律上受到质疑。

沃兹·卡夫与安东尼奥诉讼案——改变了对工作歧视诉讼的要求。现在雇员必须证明公司的歧视行为没有合法的商业原因。

马丁与威尔克斯诉讼案——裁定白人可以针对法院批准的反优先雇佣行动计划提出反向歧视要求。

亚德伦德承包商与磐尼诉讼案——要求下级法院把严格的审查应用到“预留”计划中，这意味着政府可能必须证明每一个计划仅仅帮助了那些能够显示他们是过去歧视的受害者的人，而不是帮助所有少数族裔。

得克萨斯州与霍普伍德诉讼案——判决法学院不应该把种族作为法学院入学的一个考虑因素。

密歇根大学入学手续诉讼案——由被密歇根大学拒绝录取的白人中请者提起诉讼的两个案例支持了平权行动的规定。在法学院的案例中（格鲁特尔与博林杰诉讼案），最高法院从整体上分析密歇根大学将种族作为入学手续的一个工具，以实现学生团体的多元化。然而，在大学本科生院的案例中（格拉茨与博林杰诉讼案），最高法院拒绝了自动增加非洲裔美国人、西班牙裔美国人和美国原住民的做法。最高法院称，学校不能为种族群体设立限额或者独立招生渠道，也不能单独以种族为基础确定多元化。

第 3 章

# 实施公平就业机会

正如上一章中所说，公平就业机会的法律要求相当复杂。但是，每个组织必须在法律的指导下开发自己的公平就业途径。第 3 章阐述公平就业机会的历史，第 4 章则阐述由于公平就业机会委员会法律的出现而导致的人力资源管理者所要面临的管理实践问题。因此，这一章为实施公平就业机会提供具体信息和指导方针。

## 公平就业机会委员会的执行过程

公平就业机会委员会（EEOC）和联邦合同执行计划办公室（OFCCP），二者在前一章中均有描述，它们是公平就业机会的两个主要执行机构。所有雇佣 20 人或 20 人以上员工的组织必须按 EEOC 或 OFCCP 的要求做记录。

### 公平就业机会委员会的法定权力

1964 年的《民权法》第七章第 713 节、《雇佣年龄歧视法》（ADEA）、《公平工资法》、1990 年的《美国残疾人法》（ADA）以及 1991 年的《民权法》都授权 EEOC 制定并公布有关这些法案实施的程序性规则。因此，EEOC 制定了实质性的规则（或者叫做指导方针，指导方针一词被更频繁地使用）来解释第七章、《雇佣年龄歧视法》、《公平工资法》、《美国残疾人法》和 1991 年的《民权法》。EEOC 已经运用其执行权提请诉讼并在私人诉讼中进行干预。专栏实践中的人力资源管理 3.1 描述了一个由 EEOC 提请的法律诉讼。

### 孕妇商店处理怀孕歧视及报复诉讼

由于美国公平就业机会委员会（EEOC）的指控，一家位于费城的孕妇装零售商将要支付 375 000 美元，用以解决一桩怀孕歧视和报复的诉讼。EEOC 指控 Mothers Work 公司（该公司专做孕产期生意）拒绝雇佣胜任的女性申请者——仅仅由于其怀孕。

根据 EEOC 的指控（案卷号 3:05-CV-990-J-32TEM，杰克逊维尔区弗罗里达中部美国地区法院），前任的经理助理伯恩斯曾经抱怨过公司政策和对已怀孕工作申请者的歧视行为。EEOC 称 Mothers Work 公司不合法地限制并最终解雇了伯恩斯，因为该公司认为伯恩斯已经怀孕，并且对她从前的抱怨进行报复。

这种行为违反了《怀孕歧视法》。在尝试双方达成和解的努力失败后，EEOC 提起了诉讼，伯恩斯也带着一个私人律师加入了诉讼。

这场诉讼耗时三年，法庭最后要求 Mothers Work 公司为伯恩斯女士支付 135 000 美元赔偿费、50 000 美元欠付的工资、130 000 美元的私人律师费，以及为同样由于怀孕而未被雇佣的三位女士（拉凯雯·罗林斯、艾梅·塔特和杰基）每人支付 20 000 美元的赔偿。Mothers Work 公司必须实施反歧视政策，尤其是不能拒绝向怀孕女性提供工作机会；向佛罗里达的所有现任员工和未来员工提供有关该项反歧视政策和联邦雇用歧视法的培训；张贴该诉讼的解决方案；每年两次向 EEOC 报告有关怀孕歧视的抱怨。

Mothers Work 公司成立于 1982 年，雇佣超过 5 000 名员工，在美国它是孕妇装的行业领袖，无论是在设计、生产还是零售方面，在全美它有超过 1 000 家门店和网上零售店。它还拥有诸如 Mimi Maternity、A pea in the Pod 和 Maternitymail.com 等几个一线品牌。

资料来源：Adapted from "Maternity Store Giant to Pay $375 000 to Settle EEOC Pregnancy Discrimination, Retaliation Lawsuit" "*U.S. Fed News Service*," Washington. D.C. January 8, 2007.

## 公平就业机会委员会公布要求

《民权法》第七章要求雇主、雇佣代理机构和法案涉及的劳动组织公布由 EEOC 准备的告示书，该告示书总结了第七章、《雇佣年龄歧视法》、《公平工资法》、《美国残疾人法》和 1991 年《民权法》的要求。EEOC 准备了这样一份告示书，故意不张贴告示书每处要被处以不超过 100 美元的罚款。服从于美国总统之 11246 号行政命令和第七章的组织可以张贴一份告示书以满足 EEOC 和 OFCCP 的要求。图 3.1 是这份告示书的复本。

图 3.1　公平就业机会委员会告示书

# 公平就业机会就是法律

## 持有联邦政府合同或分包合同的雇主

申请者和公司的现有员工受到如下联邦法律的保护：

**种族、肤色、宗教、性别和原始国籍**

美国总统第11246号行政命令（修订后）禁止基于种族、肤色、宗教、性别和原始国籍进行工作歧视，并要求平权行动以确保在所有雇佣领域实现机会均等。

**残疾人**

1973年的《职业康复法》（修订后）第503条规定禁止因为残疾进行工作歧视，并要求平权行动，雇佣那些身有残疾但在有合理设施的条件下能够从事一项工作主体部分的员工，并为其提供晋升机会。

**越战时期的残疾退伍军人、最近分居的退伍军人和其他受保护的退伍军人**

1974年的《越战退伍军人调整援助法案》第38U.S.C.4212条规定，禁止对那些有能力的越战退伍军人、残疾退伍军人、新近分居的退伍军人和其他受保护的退伍军人进行工作歧视，并要求平权行动，雇佣他们并为其提供晋升机会。

任何人如果认为合同方已经违反了上述非歧视条款或是平权行动条款，都应该立刻联系：

联邦合同执行计划办公室（OFCCP），雇佣标准管理局，美国劳工部，200 ConstitutionAvenue, N.W., Washington, D.C. 20210或拨打电话（202）693–0101，或呼叫大多数电话簿上显示的设在美国政府劳工部下的OFCCP地区办公室。

## 私人雇佣、州政府和当地政府以及教育机构

申请者和大部分私人雇主、州政府和当地政府、教育机构、雇佣代理机构以及劳工组织的现有员工受到如下联邦法律的保护：

**种族、肤色、宗教、性别和原始国籍**

1964年《民权法》（修订后）第七章禁止在雇佣、晋升、解雇、薪资、福利、工作培训、分类、推荐和其他雇佣领域进行基于种族、肤色、宗教、性别或原始国籍的歧视。

**残疾**

1990年的《美国残疾人法》（修订后）保护那些身有残疾的工作申请者和员工免受雇佣、晋升、解雇、薪资福利、分类、推荐和其他雇佣领域的歧视。法律同时要求涉及到的机构要在不过度负荷的情况下，给那些有能力的残疾申请者和员工提供合理设施。

**年龄**

1967年的《雇佣年龄歧视法》（修订后）保护40岁或以上的申请者和现任员工免受雇佣、晋升、解雇、薪资、条款、雇佣条件或优先权方面的歧视。

**性别（工资）**

除了1964年的《民权法》（修订后）第七章禁止性别歧视以外，1963年的《公平工资法》也禁止对女性以及在同一家机构中从事类似工作的男性在工资支付方面进行歧视。

联邦法律禁止任何针对指控歧视、参与调查或反对非法雇佣的员工的报复。

如果你认为按照上述法律，你已经受到歧视，请立刻联系：

美国公平就业机会委员会（EEOC），1801 L Street, N.W., Washington, D.C.20507，或拨打EEOC办公室的免费电话（800）669–4000。如果你有听力损伤，EEOC的免费电话号码是（800）669–6820。

## 受到联邦政府财政资助的项目或活动

**种族、肤色、宗教、性别和原始国籍**

除了1964年的《民权法》（修订后）第七章的保护之外，《民权法》第六章也禁止在接受联邦政府财政资助的项目或活动中基于种族、肤色或原始国籍的歧视。如果财政支持的主要目标是创造就业，或者在上述项目所提供的就业机会中存在雇佣歧视的领域引发或可能引发歧视，则第六章也涉及到雇佣歧视。1972年的《教育修正法》第九章禁止在接受联邦资助的教育项目或活动中存在基于性别的雇佣歧视。

**残疾人**

1973年的《职业康复法》（修订后）第501、504和505款禁止在任何接受联邦政府资助的项目或活动中以残疾为由进行雇佣歧视。禁止在所有雇佣领域对那些身有残疾却能够从事一项工作主体部分的员工进行歧视，并要为他们提供合理设施。

如果你认为你在联邦政府资助的项目中受到歧视请立刻联系提供资助的联邦政府代理机构。

## 记录和报告

雇佣 100 或 100 以上员工的雇主每年必须提交《标准表格 100》，即**雇主信息报告**（Employer Information Report），EEO-1。图 3.2 列示了该表格。EEO-1 报告要求对雇主的劳动力在规定的工作类别中按照种族、性别和原始国籍进行统计分析。另外，工会、司法部门、教育机构、学区和掌管学徒项目的联合劳动管理委员会也要求类似的表格。在 EEOC 的报告上故意进行错误陈述的人可能会受到罚款和监禁的处罚。

除了 EEO-1，《民权法》第七章还要求涉及的组织制作并保留一定的记录，用来确定是否存在非法雇佣或这种可能性。所以，对这些组织来说，保留工作申请人、员工名单、调离、召回和解雇的记录是一项好习惯。保留这些记录所要求的时间长短各不相同，但保留三年是比较合适的。

既然 EEOC 和 OFCCP 都对受保护群体的招募和甄选感兴趣，而且也不允许从组织的申请表中搜集受保护群体的有关数据，EEOC 许可组织使用一个单独的表格，通常称之为“申请者多样性表”以搜集有关数据。该种表格的范例如图 3.3 所示。表格中的数据必须保留且与其他雇佣信息分开。

## 执行过程

个人可以在 EEOC 的任何一个办公室或是向 EEOC 的任何一位代表提交歧视申诉。如果申诉方和被告方位于不同的地区，申诉方所在地区的办公室把申诉转递到被告方所在地区的办公室。等级行为申诉或要求进一步调查的申诉在 EEOC 的全面计划办公室受理。

EEOC 使用两种方法确定是否对受法律保护的群体存在歧视：**雇佣平等**（employment parity）和职业平等。雇佣平等是指组织中雇佣的少数族裔和女性所占比例与在组织的相关劳动力市场上少数族裔和女性所占比例相等。**职业平等**（occupational parity）是指组织中不同职业雇佣的少数族裔和女性所占比例与在组织的相关劳动力市场上少数族裔和女性所占比例相等。在职业平等和雇佣平等方面都存在很大差异被称之为**全面歧视**（systemic discrimination）。

**相关劳动力市场**（relevant labor market）通常是指企业招募员工的地理区域。例如，一个小企业可能只在它运营的标准都市统计区域（SMSA）内招募员工，

图 3.2 标准表格 100

联合报告委员会
- 公平就业机会委员会
- 联邦合同执行计划办公室（劳工）

## 公平就业机会

### 雇主信息报告EEO-1

标准格式100
（1997年3月修订）

O.M.B. No. 3046-007
有效期至1999年10月31日
100-214

**A部分——报告的种类**
指对要提交报告的编号和种类的说明

1. 在恰当的空格处标注以表明报告的种类，该部分的表格副本要上交（仅在一个空格处标注）

(1) □ 单一机构的雇主报告

多机构的雇主：
(2) □ 联合报告（必需）
(3) □ 总部报告（必需）
(4) □ 个别机构报告（每个雇佣50及以上员工的机构上交一份）
(1) □ 特别报告

2. 该公司提交的报告的总数（仅在综合报告中回答）＿＿＿＿

**B部分——企业识别**（所有雇主都要回答）

| | | | | | 办公室专用 |
|---|---|---|---|---|---|
| 1. 母公司 | | | | | |
| a. 母公司名称 | | | | | a. |
| 地址（门牌号和街道） | | | | | b. |
| 城市或镇 | | 州 | | 邮政编码 | c. |
| 2. 提交报告的机构 | | | | | |
| a. 机构的名称 | | | | | d. |
| 地址（门牌号和街道） | 城市或镇 | 县 | 州 | 邮政编码 | e. |
| b. 雇主识别号（IRS9位数字的税收号码） | | | | □□□□□□□□□ | f. |
| c. 去年提交了该机构的EEO-1报告吗？ | | | | □是 □否 | |

**C部分——要求提交报告的雇主**（所有雇主都要回答）

| | | |
|---|---|---|
| □是 | □否 | 1. 整个公司在报告期内至少有100名员工吗？ |
| □是 | □否 | 2. 你的公司属于共同所有还是个人所有，企业中至少有100名员工吗？ |
| □是 | □否 | 3. 公司或它的任何机构（a） 至少有50名员工；（b）接受41CFR60-1.5并且或是主要的政府承包商（1）或一级分包商，并至少签订价值50 000美元的承包合同、分包合同或购买订单（2）或是为政府提供任何数额的资金或为美国储蓄债券的财务机构？<br>如果对问题C-3 的回答是“是”，请填写你的唐氏认证号码（如果有的话）：□□□□□□□□□ |

注意：如果为问题1、2或3的回答是“是”，完成整个表格，否则跳到G部分。

图 3.2 标准表格 100（续）

SF 100 Page 2

**D部分——雇佣信息**

该机构的雇佣情况对所有的长期全职员工和兼职员工进行报告，包括学徒工和在职受训员工，如果没有特殊情况不排除任何人。
在所有的行和列填上合适的数字，空白处将被认为是“零”。

| 工作类别 | | 员工数量 | | | | | | | | | | |
|---|---|---|---|---|---|---|---|---|---|---|---|---|
| | | 总人数 | 男性 | | | | | 女性 | | | | |
| | | | 白人（非西班牙裔） | 黑人（非西班牙裔） | 西班牙人 | 亚洲人或太平洋岛屿人 | 美国印第安人或阿拉斯加本地人 | 白人（非西班牙裔） | 黑人（非西班牙裔） | 西班牙人 | 亚洲人或太平洋岛屿人 | 美国印第安人或阿拉斯加本地人 |
| | | A | B | B | D | E | F | G | H | I | J | K |
| 官员和管理者 | 1 | | | | | | | | | | | |
| 专业人员 | 2 | | | | | | | | | | | |
| 技术人员 | 3 | | | | | | | | | | | |
| 销售人员 | 4 | | | | | | | | | | | |
| 办公室职员 | 5 | | | | | | | | | | | |
| 技术工人（熟练的） | 6 | | | | | | | | | | | |
| 操作工（半熟练的） | 7 | | | | | | | | | | | |
| 体力劳动者（不熟练的） | 8 | | | | | | | | | | | |
| 服务人员 | 9 | | | | | | | | | | | |
| 合计 | 10 | | | | | | | | | | | |
| 在上份EEO-1报告中的总人数 | 11 | | | | | | | | | | | |

注：在联合报告上省略问题1和2。

1. 使用的员工名单的日期：

2. 该机构雇佣学徒工吗？
1 ☐ 是　2 ☐ 否

**E部分——机构信息**（在联合报告上省略了）

1. 该机构的主营业务是什么？（详细说明，比如生产钢制铸件，零售杂货商，批发管道设备，产权保险等。
包括详细的产品种类或服务种类，也包括主要业务或行业行为。）

办公室专用

g.

**F部分——说明**

如果最后的报告与上面的报告有所不同，使用该部分对出现在最后的报告中的不同数据进行说明，
解释报告的组成部分和其他有关信息的主要变化。

**G部分——证实**（参见说明书G）

Check one
1 ☐ 所有报告都是准确的，并都是按照说明书的要求准备的。
2 ☐ 该报告是准确的并按照说明书的要求准备的。

| 证明官员的姓名 | 职位 | 签名 | 日期 |
|---|---|---|---|

| 有关该报告的联系人的姓名 | 地址（门牌号和街道） | | | |
|---|---|---|---|---|
| 职位 | 城市和州 | 邮编 | 电话号码（包括区号） | 分机 |

所有报告和从个别报告中所获得的信息将按第七章709（e）节的要求保密。

## 图 3.3 申请者多样性表

地点 ________________　　　　小组代码 ______1-2______

季度开始 ________________　季度结束 ____________　　EEO办公室专用

| 申请者姓名 | 教育程度 | 申请日期 | 申请职位 | EEO工作类别 (3-4) | 种族识别 (5) | 性别 (6) | 年龄 (7) | 残疾 (8) | 经验 (9) | 处理结果 |
|---|---|---|---|---|---|---|---|---|---|---|
| | | | | | | | | | | |
| | | | | | | | | | | |
| | | | | | | | | | | |
| | | | | | | | | | | |
| | | | | | | | | | | |
| | | | | | | | | | | |
| | | | | | | | | | | |
| | | | | | | | | | | |
| | | | | | | | | | | |
| | | | | | | | | | | |
| | | | | | | | | | | |
| | | | | | | | | | | |
| | | | | | | | | | | |
| | | | | | | | | | | |
| | | | | | | | | | | |
| | | | | | | | | | | |
| | | | | | | | | | | |
| | | | | | | | | | | |
| | | | | | | | | | | |
| | | | | | | | | | | |

代码：

**EEO工作类别**

01—官员 / 管理者
02—专业人员
03—技术人员
04—销售人员
05—办公室职员
06—技术工人
07—操作工
08—体力劳动者
09—服务人员

**种族识别**

W—白种人
B—黑种人
H—西班牙人
A—亚洲人或太平洋岛屿人
N—美国印第安人或阿拉斯加本地人

**性别**

M—男
F—女

**年龄**

A—40岁以下
B—40~45
C—46~50
D—51~55
F—56~60
G—61~65
H—66岁以上

**残疾**

Y—有
N—无

**经验**

Y—有
N—无

**处理结果**

1—雇佣
2—尚未完成的申请书
3—被拒绝的申请书
4—被拒绝的申请者
5—没有申请书—没有开口

该报告应在每90天期限末尾时提交给人力资源部。

以上表格的数字专为数据输入之用。

所以它的相关劳动力市场就是 SMSA。另一方面，一个在全国范围内招募的大企业可能把整个国家作为它的相关劳动力市场。进一步来说，企业因职位不同相关劳动力市场也不同。例如，一个企业的文书人员其相关劳动力市场是 SMSA，而工程师的相关劳动力市场就是全国范围。

EEOC 还要检查某些工作中少数族裔和（或）女性的雇佣不足或雇佣过度情况。**雇佣不足**（underutilization）是指与相关劳动力市场少数族裔和女性所占比例相比较，某一特定工作类别雇佣的少数族裔和女性数量低于人们期望的合理水平。**雇佣过度**（concentration）是指与相关劳动力市场少数族裔和女性所占比例相比较，某一特定工作类别雇佣的少数族裔和女性的数量高于人们期望的合理水平。

表 3.1 总结了受理歧视申诉所包含的步骤。这些步骤实质上是具有共性的，但也可能存在很多变化。如果 EEOC 没有决定代表申诉方提出诉讼，个人仍然有权利向被告提出诉讼。在这种情形下，EEOC 向申诉方发出**诉讼权利文书**（right-to-sue letter）的法律通知。申诉方必须在接到通知的 90 天之内在恰当的法院提出公民诉讼。

表 3.1 受理歧视申诉的步骤

| 步骤 | 程 序 |
|---|---|
| 1. | 申诉提交 EEOC。 |
| 2. | EEOC 评价该项申诉并决定是否继续进行。 |
| 3. | 如果决定继续进行该项申诉，EEOC 向被告方提供申诉副本。 |
| 4. | 向申诉方和被告方提供面对面的、以发现事实为目的的调解计划。 |
| 5. | 如果申诉在第 4 步骤没有得到解决，EEOC 进行申诉调查。 |
| 6. | 一旦 EEOC 发现歧视存在的正当理由，它提出的调解建议就会送达被告方。这种调解建议一般包括对消除非法行为的改正和采取恰当的矫正行为及反优先雇佣行动。 |
| 7. | 如果被告方不接受调解，EEOC 将做出该项申诉是否值得进行的决定。从实践的角度看，值得申诉意味着在调查期间收集到的证据能够支持申诉。 |
| 8. | 如果申诉被认为是值得的，EEOC 就在相应的州或联邦法院提请诉讼。低一级法院的判决通常要服从最高法院。 |

## 雇佣前询问指导

本章结尾处的“在工作中”范例为工作申请者提供了什么能够询问、什么不能询问等方面的指导，以便他们遵守公平就业机会的法律规定和法院就此规定做出的解释。该范例阐述并回答了最经常问到的有关公平就业机会的法律问题。

# 平权行动计划

**平权行动计划**（affirmative action plan）是一份概述补救以往歧视行动的具体目标和时间表的书面文件。所有签订 50 000 美元以上合同并雇佣 50 及以上员工的联邦政府承包商和分包商都被要求制定并实施书面的平权行动计划，该计划由联邦合同执行计划办公室掌管。除此之外，所有美国政府机构必须准备平权行动计划。虽然《民权法》第七章和 EEOC 没有就书面平权行动计划的某一特定种类作出要求，但法院规定在发生歧视时通常要求平权行动。

开发一项有效的平权行动计划包含一些基本步骤。EEOC 建议如下八个步骤：

1. 组织的首席执行官应该签署一份书面文件，表明他对计划的个人承诺，以及法律义务和公平就业机会作为组织目标的重要性。
2. 组织的高级官员应该被授予指导和实施这项计划的职责和职权。除此之外，组织中的所有中层和基层管理者应该清楚地理解他们为实施公平就业机会所负的责任。
3. 组织政策和对政策的承诺应该在组织内外公布。
4. 调查目前的雇佣状况以发现雇佣过度和雇佣不足的领域，并且确定雇佣不足的程度。
5. 制定目标和实现目标的时间表以改善雇佣不足领域的少数族裔和女性的使用状况。
6. 复查整个雇佣体系以便发现并消除平等雇佣的障碍。复查的领域包括招募、甄选、晋升制度、培训计划、工资和薪金结构、福利和雇佣条件、临时解雇、解雇、惩戒行为以及影响这些领域的工会合同条款。
7. 建立内部审查和报告制度以便监控和评估该项计划各方面的进展情况。

8. 制定支持公平就业机会的企业计划和社会计划。这些计划包括对基层管理者法定职责的培训、公平就业的组织承诺和工作与职业咨询。

第 2 章中讨论过的最高法院的许多判决（里士满市与 J.A. 克劳森公司诉讼案和亚德伦德承包商与磐尼诉讼案）已经为这样的计划消除了压力，除非那些特定的明显的歧视行为。在第 2 章讨论过的霍普伍德与得克萨斯诉讼案和 209 号提议也对平权行动计划产生明显的影响。除此之外，在参众两院也进行了有关消除所有联邦平权行动计划的激烈争论。

## 实际职业资格

**实际职业资格**（bona fide occupational qualification, BFOQ）是指当为某一特定业务的正常经营所必需时，允许雇主在其雇佣活动中考虑宗教、年龄、性别或原始国籍等因素的影响。第七章 703（e）节规定：

> 尽管这一章中有其他条款，但对于雇佣员工的雇主，把员工进行分类或帮助员工就业的雇佣代理机构，或者对于雇主、劳工组织或掌管学徒和其他培训计划的联合劳工管理委员会来说，当宗教、性别、原始国籍是特定业务或企业正常经营所必需的实际职业资格的情况下，根据宗教、性别、原始国籍雇佣员工，不属于非法雇佣活动。

例如，一项工作要求能够举起 100 磅，使用性别作为实际职业资格的雇主必须证明所有或基本上所有女性不能举起 100 磅。

实际上，大多数雇主由于性别原因较为频繁地使用实际职业资格例外。EEOC 的《性别歧视统一指导方针》1604.2(a) 节规定：

> 委员会认为，有关性别的实际职业资格例外应在狭窄的范围内进行解释。“男性干的工作”和“女性干的工作”这种标签倾向于否定一种性别或另一种性别的就业机会，这是不必要的。
>
> （1）委员会指出下列情形不能认定实际职业资格例外的申请是合理的：
>
> （i）根据一般情况下对女性就业特点进行比较的假设分析，由于性别原因拒绝雇佣女性。例如，假设女性的离职率高于男性。

(ii) 根据性别的刻板印象特点拒绝雇佣员工。这些刻板印象包括诸如男性不大会装配复杂设备，女性不大擅长使用具有进攻性的销售技巧。非歧视原则要求根据能力而不是根据所属群体的特征来考虑个体。

(iii) 由于合作者、雇主、顾客偏好的原因拒绝雇佣员工，除了本段落中第二分段特别指出的部分之外。

(2) 当真实性目的成为必需时，委员会将考虑使用性别作为实际职业资格的一个因素，例如男演员或女演员。

雇主提请实际职业资格例外的情形一般分为三大类：

1. 从事工作的能力（如包括从事费力的手工劳动的身体条件）。
2. 与适应顾客个人隐私相关的相同性别的实际职业资格。
3. 当顾客表明希望某一性别的员工服务时的顾客偏好的实际职业资格。

但是，法院根据实际职业资格例外在非常狭窄的范围内就性别歧视的抗辩进行了解释。例如，在费城与宾州人际关系委员会一案中，法院承认当工作包含对他人隐私的潜在侵犯时，工作中的相同性别实际职业资格是合法的。为运营其青年研究中心，该城市限制雇佣年轻管理者去监管那些相同性别的人。另一方面，在 Ludtke v. Kulm 一案中，法院判定，只要运动员可以等同地接触到所有报道记者的采访区域未建立之前，就不能排除女性记者进入球队赛后的更衣室，即便是为了保护男棒球队员的隐私利益。

在涉有从事工作的能力方面，法院一般驳回实际职业资格的抗辩。法院通常认为，每个工作申请人都应该有机会表现自己的工作能力。法院一般也驳回把顾客偏好作为实际职业资格的抗辩。

在某些限定的情形下，年龄也可能作为一种实际职业资格。例如，涉及到公共安全时，比如飞行员和州内公交车司机，年龄就可能是一种实际职业资格。

# 经营必需

当雇主持有一种无倾向性的工作规范，但却以一种性别的比例要更高的理由，排斥另一种性别的成员，这时**经营必需**（business necessity）就开始起作用了。经营必需的核心在于所陈述的不同工作规范的合法性和它们与所从事工作的关系。例如，使用经营必需进行抗辩时，要求雇主证明在从事仓库工作时，举起 100 磅重物的能力是必需的。

在一项实际职业资格建立之后，雇主可以拒绝考虑受保护群体的所有成员。在经营必需建立之后，雇主可以排除所有不满足工作规范的人，不管该规范是否对某个受保护群体存在不利影响。

## 性骚扰

在公平就业机会中一个比较普遍的话题是**性骚扰**（sexual harassment）。公平就业机会委员会的《性别歧视统一指导原则》将性骚扰定义为一种非法的、不受欢迎的性行为，“其目的或结果，不合理地干涉员工的工作表现，或产生胁迫、敌意或侵犯性的工作环境”。表 3.2 是统一指导原则 1604.11 条款。

性骚扰这种非同寻常的性质有时难以证实。事实上这种行为往往秘密产生，雇主并不希望这样。性骚扰行为可能来自于或被认为来自于两厢情愿的关系，这使诉讼调查变得极为困难。然而，一旦法院决定要雇主就某位管理人员的性骚扰承担责任，通常都是因为法庭认定雇主在调查性骚扰控告方面严重失职。

进一步说，当员工证实某个不利的决定是由性引起的或是他们没有屈从于某人的性要求，他们所面临的困境在某种程度上就会减小，而且有利于原告。在邦迪与杰克逊诉讼一案中，哥伦比亚地区巡回法院在一桩性骚扰案件中对举证的职责做了如下分配：

1. 首先，员工必须提出初步证据证明他或她（a）被迫服从于性骚扰，（b）有资格或有望获得的某项利益却被剥夺。
2. 举证的职责然后转到雇主，雇主必须提供清楚的、令人信服的证据。此决策的依据是法律和非歧视原则。
3. 如果雇主成功地遵守了上述职责的严格规定，然后员工可能就要证明雇主提出的理由是借口。

许多雇主已采取了一些措施，旨在避免性骚扰。通过制定政策禁止性骚扰，接到性骚扰指控立即着手调查、快速做出反应，这些都是最基本的。最低限度，

表 3.2　美国公平就业机会委员会的性别歧视统一指导原则

| |
|---|
| （a）建立在性基础上的骚扰是对第七章 703 条款的违背。不受欢迎的性挑逗、要求性施惠以及其他语言或身体上的带有性特征的行为构成了性骚扰，上述情形发生在：（1）明示或暗示凡顺从这样的行为，即可获得个人在雇佣上有利的条款或条件；（2）顺从或拒绝这类行为，决定该个体是否被雇佣；（3）这一行为的目的或结果，不合理地干涉员工的工作表现，或是制造一种胁迫的、敌意的或带有侵犯性的工作环境。 |
| （b）在确定被指控的行为是否构成性骚扰时，委员会将查询整个记录和行为环境，比如性挑逗的性质和被指控事件发生的环境。某个特定行为的法律决定将依事实做出，以个案为基础。 |
| （c）按照第七章的基本原则，雇主、雇佣代理机构、联合学徒制委员会、劳工组织（此处主要是指雇主）应对其性骚扰行为、对其代理人的性骚扰行为、对其所管下属的性骚扰行为负责，不管该项被指控的行为是否被雇主认可或禁止，也不管雇主是否知道或本应该知道这些行为的发生。委员会在确定某人是以管理者的身份或是以代理机构的身份行事时，将会检查该项特定雇佣关系的发生环境和个人从事的工作职能。 |
| （d）至于员工之间的行为，如果不能表明雇主采取了及时恰当的纠正行动，那么他要对工作场所的性骚扰行为负责。在这种情况下，雇主（或其代理人、或管辖的员工）知道或本应该知道该行为的发生。 |
| （e）谈到工作场所的性骚扰，雇主也可能对非员工的行为负责。因为雇主（或其代理人、或管辖的员工）了解或本应该了解该行为的发生，但却没能采取及时恰当的纠正行动。回顾这些案例，委员会将会考虑雇主施加控制的程度，以及对这些非员工的行为雇主可能承担的任何其他法律责任。 |
| （f）预防是消除性骚扰最好的措施。雇主应采取所有必要的措施预防性骚扰发生，例如明确、肯定地提出该事，对此表达强烈的反对，制定恰当的惩治措施，告知员工他们有权以及如何在《民权法》第七章的规范下提请性骚扰诉讼，制定所有相关的敏感措施。 |
| （g）其他相关行为：由于某人顺从了雇主的性挑逗或是为了性利益提出的要求而被给予了就业机会或好处，雇主则要对给其他人造成的非法性别歧视承担责任，因为这些人本来具备就业资格却被剥夺了。 |

组织的性骚扰政策应该：（1）界定并且禁止性骚扰；（2）鼓励那些认为自己是性骚扰受害者的员工站出来对管理层进行指控。很重要的一点是，性搔扰行为不仅指男性对女性，也包括男性对男性、女性对女性以及女性对男性。实践中的人力资源管理 3.2 描述了一个性搔扰案例。

## 实践中的人力资源管理 3.2

### 员工的权利

很多人认为联邦法律会保护那些与调查性骚扰指控合作的员工。地方法院最近的一项裁决表明他们错了。

维基·克劳福德，30岁，是田纳西州教育系统的一名员工，她用很艰难的方式认清了这一点。她配合调查机构调查她的上司，该上司被指控做出令人反感的性动作。这名上司仅被口头斥责，其职位依然保留，随后他解雇了维基和其他几位指控他的员工。维基按照《民权法》提请诉讼。

地方法院裁定，按照《民权法》第七章，维基没有理由上诉，但是最高法院最终驳回了地方法院的判决，它认为维基在回答了调查机构有关其上司不当行为的问题之后，理所应当获得保护。

资料来源：Adapted from Anonymous, "A Happy Outcome for Worker Rights", *McClatchy-Tribune Business News*, January 29, 2009.

# 可比价值和公平工资问题

在公平就业机会中一个有争议的问题是**可比价值理论**（comparable worth theory）。该理论认为，每个工作从其本质上看对雇主和社会都有价值，这种价值能够被衡量和赋值。每个工作都应该在其价值的基础上支付报酬，并且同等价值的其他工作应该被支付相等的报酬。在这个理论下，诸如合格员工的可获得性以及其他雇主支付的工资率等市场因素将不予考虑。该理论进一步指出，由于某些工作一直是由女性来做的，传统上其整体等级被低估并被支付较低的报酬，这种不公平性等同于性别歧视，违反了《民权法》第七章。

该理论的拥护者认为，因为《公平工资法》只适用于那些男性和女性都可从事的工作类别，它对女性员工所提供的保护很少。进一步说，当女性到达某一工作场所，其教育、培训和能力都等同于该工作场所的男性，但被分配从事主要由女性从事的报酬较低的工作，这就产生了最严重的工资歧视形式。

在华盛顿郡与甘舍尔的案件中，最高法院考虑了监狱女监管和男监管之间由于性别而产生工资歧视的索赔要求。女监管被付给大约男监管70%的工资。法院判定该性别工资歧视违反了《民权法》第七章，即使所从事的工作并不相同，原告也能依法提请诉讼。但法院的判决特别指明这并不建立在可比价值的基础上。

公平就业机会委员会提出了它在可比价值问题上的第一个政策，该政策表明对价值相似的工作，不公平的工资本身并不是歧视的证据。雇佣代理机构也表示它将不去查找“纯粹”的可比价值案件，但它会在雇主故意对男性和女性在可比较的工作中支付不同工资的案例中发挥作用。该政策的确切含义由 EEOC 视以后遇到的案例类别而定。

在华盛顿州与 AFSCME 诉讼案件中，雇主进行了工作比较，但并没有对主要由女性从事的工作的工资率进行调整以消除男女之间的工资差异。地方法院要求雇主在可比价值理论的基础上进行部分调整。但是第九巡回上诉法院推翻了这一决定，巡回法院裁定一项特定工作对雇主的价值仅是影响该工作报酬率的一个因素，其他可考虑的因素包括愿意从事该项工作的员工的可获得性以及特定行业中集体讨价还价的有效性。法院还进一步说，一个州如果做出如此抉择的话可以制定可比价值计划。

华盛顿州与 AFSCME 诉讼案件中的几方达成协议解决了争端。在协议中，35 000 名从事女性主导的工作的员工于 1992 年获得了与男性平等的工资待遇。华盛顿州为此支付了大约 482 万美元的成本。

尽管有法院和公平就业机会委员会的裁决，组织仍然能够采取某些预防措施，以防止产生工资不公平。

1. 雇主应该极力避免在特定岗位上男性或女性（或不同少数族裔群体的成员）的雇佣过度集中。
2. 雇主应该在确定工资率时对是否有任何直接证据表明存在偏见进行评估，如歧视性说明或是准入条件。如果雇主这样做了并且在特定的工作中还存在对女性的雇佣过度集中，雇主应制定一个新的薪酬计划纠正将来的差距。当然，任何计划的提纲都依每位雇主的具体情况而定。
3. 雇主应尽可能抵制诱惑，不去参与内部的职位评估调查或市场调查，因为按照这些调查所确定的工资率雇佣和保留员工会遇到困难。
4. 很明显，在全公司范围内使用一种职位评估体系然后又违背了它的雇主要冒很大的风险。职位评估是用来确定不同工作相对价值的一种程序，在第 13 章将对此进行深入讨论。

5. 如果雇主使用一种或几种职位评价体系，他应不断地监控该体系的运行，依据可比较的工作来确定支付给男性和女性的平均工资。如果该体系站得住脚，任何差距都应该被检查出来，如果站不住脚，应制定纠正措施。

# 雇佣歧视的其他方面

在雇佣歧视中很多其他问题业已产生。这部分内容将简要概括这些补充问题中的一些问题。

## 宗　教

在《民权法》第七章最初制定时就明确禁止基于宗教的歧视，但并未对此进行定义。第七章 1972 年补充条款附加 701（j）：

> 除非雇主表明他不能合理地适应一名员工或未来员工那些并未对雇主的企业行为造成不可逾越的困难的宗教仪式和活动，否则宗教一词就包括宗教信仰、仪式和活动的所有方面。

在第七章的宗教歧视条款中，最常见的问题来自于宗教活动与工作计划表之间的冲突。当人们从星期五日落到星期六日落守他们各自的安息日时，通常冲突就会发生。EEOC 的《宗教歧视指导原则》做了如下建议：

1. 安排类似资格的员工自愿替班；营造一种赞成换班的氛围；提供中央信箱、公告牌或其他方便自愿替班的方法。
2. 用灵活的上下班时间表；不固定的或可选择的假期；灵活的工间休息；使用午饭和其他时间弥补由于遵从宗教活动所损失的工作时间。
3. 工作安排的横向调动或更改。

有关宗教歧视的一个有重大意义的案例是 TWA 公司与哈迪森的案例。拉里·哈迪森是 TWA 公司的一名员工，他的宗教信仰要求他星期六守安息日，当他拒绝星期六工作时被解雇了。哈迪森以前在 TWA 公司有一份工作，由于资历原因，该工作允许他星期六不上班。但他自愿调到其他岗位，在这个岗位的资历名单上他排在接近末尾处。由于资历低，他被要求星期六上班。TWA 公司拒绝违反工会合同中的资历条款，也不允许他一周工作四天。但 TWA 公司同意让工会为哈迪森寻求工作安排上的变动，可是工会也拒绝违反合同中的资历条款。

最高法院支持解雇的决定基于下列原因：（1）雇主已经做出合理的努力满足员工的宗教需求；（2）不能要求雇主违反合同中的资历条款；（3）允许员工一周工作四天的备择计划将对雇主构成不可逾越的困难。

最高法院对此案例的判决是，如果不对雇主构成不可逾越的困难，那么雇主必须合理地顺从员工的宗教偏好。不可逾越的困难被定义为超过最低限度的费用，也就是说，如果能够表明员工的要求会对雇主产生超过最低限度的费用，雇主就可以证实他已合理地顺从了宗教偏好。

## 美国土著人（印第安人）

法院已经宣布美国土著人受《民权法》第七章的保护。除此之外，第七章 703（i）节通过豁免美国土著人不受《民权法》的管辖而使他们受益。在某种雇佣情形下可对美国土著人优先对待：

> 在《民权法》第七章中没有任何条款适用于那些建立在或靠近印第安人居留地建立的企业，在这些企业公布的雇佣活动中，任何居住在或靠近印第安人居留地的人都可以被给予优待。

## HIV 呈阳性

除此之外，被诊断为 HIV 阳性的人，即使他们并没有表现出症状都被视为残疾人，有权获得《美国残疾人法》（ADA）的保护。美国最高法院（布拉格登与艾博特诉讼案）判定 HIV 对身体具有极其迅速的毁灭性，从感染的那一刻起，它就具有这种损害。在这个案例中，悉尼的艾博特向她的牙医兰登 · 布拉格登透露了自己 HIV 呈阳性的身份，兰登拒绝在他的办公室为艾博特填补牙洞，但他建议在医院为艾博特实施这一程序，艾博特为此要额外付费。艾博特拒绝了这一提议，并依据《美国残疾人法》和州法律控告兰登。最高法院的判定有利于艾博特，并认定 HIV 身份是《美国残疾人法》认可的一种残疾。

## 性取向

公平就业机会委员会和法院一致认为，《民权法》第七章没有禁止对女人气的男性、同性恋者和男子气的女性进行雇佣歧视。法院也一致认为，对接受或宣称有意接受变性手术的人的不利行为并不违反《民权法》第七章。因此，这些群体的人只有在地方或州制定法规保护他们时才受保护。但更多的法院案件，又必须在对这些群体的人歧视状况得到清楚了解之前判定。最近有关男同性恋者婚姻的争论，更有可能对人力资源政策和实践产生影响。

# 总 结

1. **解释雇主信息报告的作用，EEO-1。**

   该报告也称为《标准表格 100》，雇佣 100 或 100 以上员工的雇主必须完成。它要求对雇主的劳动力在规定的工作类别中按照种族、性别和原始国籍进行分类分析。

2. **定义雇佣平等、职业平等、全面歧视、雇佣不足和雇佣过度。**

   当一个组织中雇佣的少数族裔和女性所占比例与在组织的相关劳动力市场上少数族裔和女性所占比例相等时就是雇佣平等。当一个组织中不同职业雇佣的少数族裔和女性所占比例与在组织的相关劳动力市场上少数族裔和女性所占比例相等时就是职业平等。在职业平等和雇佣平等方面存在大量差异叫做全面歧视。雇佣不足是指与相关劳动力市场少数族裔和女性所占比例相比较，某一特定工作类别雇佣的少数族裔和女性数量低于人们期望的合理水平。雇佣过度是指与相关劳动力市场少数族裔和女性所占比例相比较，某一特定工作类别雇佣的少数族裔和女性数量高于人们期望的合理水平。

3. **描述平权行动计划。**

   平权行动计划是一份概述修订以往歧视行动的具体目标和时间表的书面文件。

4. **定义实际职业资格。**

   实际职业资格是指当某一特定业务的正常经营所必需时，允许雇主在雇佣活动中考虑宗教、年龄、性别或原始国籍等因素的影响。

**5. 解释什么是经营必需。**

当雇主持有一份无倾向性的工作要求，却以一种性别的比例要更高的理由，排斥另一性别的成员，这时经营必需就开始起作用了。

**6. 定义性骚扰。**

性骚扰是指任何形式的不受欢迎的性行为，其目的和结果，不合理地干涉员工的工作表现，或者产生胁迫、敌意或侵犯性的工作环境。

**7. 描述可比价值理论。**

该理论认为每个工作从其本质上看对雇主和社会都有价值，这种价值能够被衡量和赋值。

第4章

# 工作分析和工作设计

获取组织所需人力资源过程的第一步，就是要准确说明需要完成的工作以及如何完成这些工作。工作分析和工作设计就是确定这些内容的过程。

**工作分析**（job analysis，也译作工作岗位分析或岗位分析）是指“确定并报告与一项具体工作的特性相关联的恰当信息的过程。它确定工作所包含的任务，以及工作承担者成功地完成工作所需的技能、知识、能力和责任。”换句话说，工作分析是通过观察和研究来确定与一项具体工作的性质相关联的恰当信息的过程。

工作分析是许多人力资源职能的起点。在履行其他人力资源职能之前必须进行工作分析。例如，除非招募者了解和沟通工作的要求，否则就不可能进行有效的招募。与此类似，没有清晰地对工作进行定义就设计基本工资制度是不可能的。

**工作设计**（job design）是指构造工作和设计一个或一组人为了达到特定组织目标所要进行的具体工作活动的过程。工作设计说明工作将怎么做、谁来做和在什么地方做等这样一些基本问题。

工作分析和工作设计彼此直接联系在一起。实际上，大多数工作分析是在以前已经设计过的现存工作的基础上来进行的。然而，根据新近的工作分析结果来对工作进行重新设计也是常见的。例如，工作分析可能显示目前完成某项工作的方法（工作设计）无效或包含不必要的任务。新技术同样也会导致工作内容改变。

工作分析和工作设计过程通常由工业工程师与初级人力资源专业人员实施。但是，由于这两项职能均是诸多人力资源职能的基础，因此每个人力资源经理都应该彻底理解它们。

# 基本术语

当前，“工作（job）”这个词因它被怎样使用、什么时候使用或由谁来使用而有不同的含义。它常常与“职位（position）”和“任务（task）”这两个词互换使用。本节对在工作分析和工作设计中常遇到的术语进行定义，并表明这些术语是如何相互联系的。

工作的最简单单位是微动作。**微动作**（micromotion）是指非常基本的动作，如触及、抓起、安置或放下一个物体。两个或两个以上微动作的集合可被视为元素。**元素**（element）是一个整体，如拾起、运送一个对象。一组工作元素组成一项工作任务。相关联的**任务**（task）构成一项工作的**职责**（duty）。

区分任务和职责总是不容易的。把任务看成职责的子集有时是有帮助的。例如，假设接待员的一项职责是处理所有往来信件，作为这个职责的一项任务可能是回答所有日常询问。当把职责与**责任**（responsibility，要履行的义务）结合在一起时就界定了一个**职位**（position）。主要任务和责任相同的一组职位形成一种**工作**（job）。职位和工作的区别是工作可以容纳一个以上的人，而职位不能。例如，一个组织可以有两个接待员来完成同一种工作，然而，他们占据两个不同的职位。一组相似的工作形成一种职业。由于接待员这种工作在不同的组织中需要类似的技能、努力和责任，因此接待员可以看成一种**职业**（occupation）。图 4.1 展示了元素、任务、职责、责任、职位、工作与职业之间的关系。

# 工作分析

工作分析是确定和报告与一项具体工作的本质相关联的恰当信息的过程，它确定工作所包含的任务以及工作的承担者成功完成工作所需的技能、知识、能力和责任。工作分析的最终成果是产生对实际工作要求的书面描述，即工作说明书。

正如本章引言所指出的，工作分析是许多人力资源职能的起点，特别是工作分析获得的数据是形成各种人力资源活动的基础。这些活动包括：

工作定义。工作分析的结果是对工作职责和责任的描述，这种描述对当前的工作承担者、他们的主管人员以及未来的员工都有用。

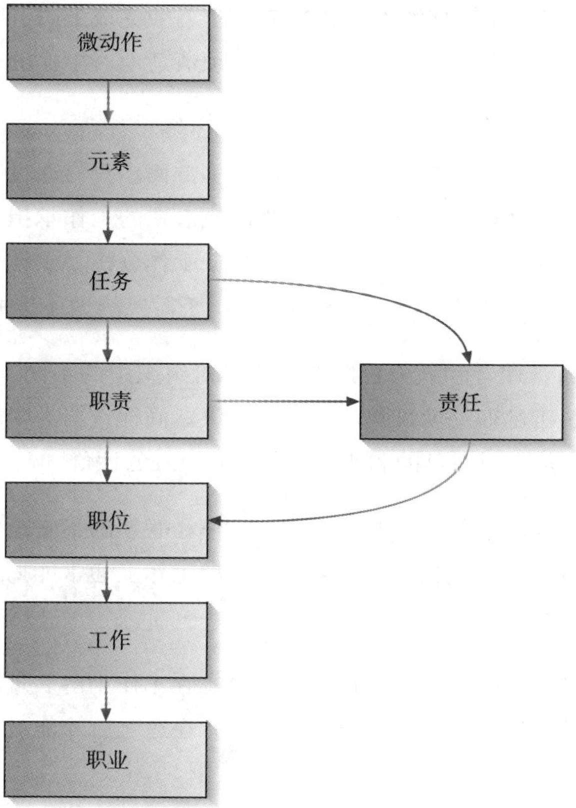


**图 4.1　不同工作构成要素之间的关系**

*工作重新设计*。工作分析常常表明一项工作何时需要重新设计。

*招募*。不管空缺的工作是原有的还是新产生的，必须尽可能准确地对工作要求进行定义，以便有效地进行**招募**（recruitment）。工作分析不仅确定工作要求，而且也对（从事）该工作所需的技能做出概括，这些信息有助于确定要招募人员的特征。

*甄选和安排*。**甄选**（selection）主要是指把个人与工作进行恰当匹配的过程。要使这个过程获得成功，就必须清晰和准确地了解工作及其要求。工作分析确定了不同技能和能力的重要性。一旦完成了工作分析，就可以更客观地对各种候选人进行比较。

上岗引导。不能清楚地理解工作要求，就不能有效完成**上岗引导**（orientation）。在告诉一个新员工怎样进行工作之前，必须清楚地对工作的职责和责任进行定义。

培训。工作分析影响**培训**（training）的许多方面。只有通过工作分析确定了工作的具体要求之后，才能决定一个当前或潜在的工作承担者是否需要进一步的培训。同样，培训目标的确立也依赖于工作分析。工作分析的另一个与培训有关的用途是帮助确定：出现问题是由于需要培训还是由于其他原因。

职业咨询。当管理者和人力资源专业人员对组织中的不同工作完全理解时，他们就能对员工的职业发展提出更好的建议。同样，当员工理解其他工作的确切要求时，他们对自己的职业选择就能有更好的评价。

员工安全。彻底的工作分析常常揭示与工作相联系的不安全做法和（或）环境条件。把重点准确地集中在如何做好一项工作上通常能揭示任何不安全的程序。

绩效评价。绩效评价的目的是评价一个员工在工作中的表现。透彻地理解员工应该确切地做什么是一个先决条件，只有在这之后才能对个人的绩效如何做出公正的评价。

薪酬。恰当的工作分析有助于确保员工获得对他们工作的公正薪酬。工作分析是通过确定工作的难度、职责和责任，以及完成工作所需的技巧和能力，来确定一项工作相对价值的第一步。一旦一项工作相对于其他工作的价值被确定下来，雇主就可以确定一个公正的周薪或月薪细目表。

综上所述，多数主要的人力资源职能在某种程度上都依赖于一个出色的工作分析方案。

在进行工作分析时，所要研究的是工作及其要求（而不是当前承担工作的人的特性）。工作分析者列出工作包含的任务并确定成功地完成工作所必需的技能、个性特征、教育背景和培训。工作分析的初始阶段应该“像分析时工作就存在那样，而不是像工作应该存在、在过去存在和在类似的公司里存在那样来说明它”。表 4.1 概括了工作分析提供的一般信息。

表 4.1　**工作分析提供的信息**

| 信息领域 | 内容 |
| --- | --- |
| 工作名称和地点 | 工作名称和所处的位置。 |
| 组织关系 | 监督人员数量（如果有）和所监督职位的工作名称的简要说明。关于所受监督的陈述。 |
| 与其他工作的关系 | 描述和概括工作所需要的协作。 |
| 工作概要 | 工作内容的简要说明。 |
| 关于工作要求的信息 | 这个领域的内容随工作和组织的不同存在着很大变化。通常，其信息包括机器、工具和材料，智力上的复杂性和所需的注意力，以及身体要求和工作条件。 |

## 工作分析结果

工作分析不仅涉及对工作内容的分析，也涉及对分析结果的报告。这些结果通常以工作说明书和工作规范的形式呈现出来。**工作说明书**（job description）是按工作当前履行的方式，集中对工作进行描述，它以书面形式解释一项工作叫什么、要做什么、在哪里做和怎样做。虽然工作说明书的格式在不同情况下多少有些变化，但大多数工作说明书包含下面这些部分：工作名称、工作的简要描述、工作职责和责任列表，以及对与工作相关的组织关系的说明。**工作规范**（job specification）的核心是对完成工作所需的知识、技能、能力与其他特性（KSAOs）进行描述。知识指的是完成工作所必需的可识别的事实信息。技能指为了完成组成工作的任务而必须具备的特定能力。能力是指工作所需的普遍而持久的才能。其他特性包括任何不属于知识、技能和能力的其他相关特征。工作规范可以制成一份独立的文件，或者更常见的情况是作为工作说明书的结尾部分。表 4.2 概括了工作说明书中通常所包含的信息（包括工作规范）。

所有工作说明书的一个潜在问题是它们可能会过时。工作说明书通常不能定期更新以反映工作中发生的变化。一个好的做法是让工作承担者及其主管人员每年查看最新的工作说明书，然后确定这个工作描述是否需要更新。这种查看一般不需花很长时间，但除非有计划地安排这件事，否则总是很少这样做。如果确定工作说明书需要更新，那么工作承担者应该在修订中扮演中心角色。与此类似，在最初制定工作说明书时，工作承担者也应该参与到这个过程之中。

**表 4.2 工作说明书的内容**

工作说明书应该是一种正式的书面文件，通常的篇幅是 1~3 页。它应该包括以下内容：

- 编写日期。
- 工作状况（全日或兼职，月薪或周薪）。
- 职位名称。
- 工作概要（工作责任提要）。
- 职责和责任的详细列表。
- 所受监督（工作承担者向谁报告）。
- 所施监督，如果有（谁向这个员工报告）。
- 主要联系（组织内或组织外）。
- 要参加的有关会议和要归档的报告。
- 能力或职位要求。
- 所需的教育和经验。
- 职业流动（工作承担者以后可以胜任的职位）。

## 工作分析方法

正如前文所说，大多数工作分析由工业工程师与初级人力资源专业人员实施。然而，所有级别的人力资源经理都必须完全理解这个过程。许多方法都可以用于实施工作分析。研究发现，没有一种方法在所有情况下都是最佳的，而要取决于工作分析信息的具体使用。下面讨论其中四种最常用的方法，还有一种所有方法都可以使用的重要工具，即职业信息网络（O*NET）。

### 1. 观察法

观察法是一种相对简单明了的工作分析方法。它可以单独使用，也可以与其他工作分析方法一起使用。运用观察法时，进行分析的人员观察正在工作的一个或几个人，并且对工作描述进行恰当的记录。这种信息包括做了什么、怎么做的、用了多长时间、工作环境怎样和使用了什么工具等内容。

***动作研究和时间研究。***动作研究和时间研究都是经常使用的观察方法。**动作研究**（motion study，有时称为 methods study，即方法研究）是确定完成一项任务或工作的最有效的方法，简单地讲就是确定完成一项任务或工作所必须的动作，进而

设计出使这些动作结合到一起的最有效方法。

**时间研究**（time study）就是分析工作或任务，以便确定完成这些工作或任务所需要的工作要素、这些要素发生的先后顺序以及完成它们所需要的时间。时间研究的目的是确定处于平均水平上的人员完成所研究的工作或任务应该花费多少时间。

使用观察法的一个缺陷是观察者必须经过严格的培训，这样才能知道应该观察什么和记录什么。在观察某项工作时，为了确保某些基本信息不被遗漏，填写一张含有标准信息类别的表格有时是有帮助的。大多数观察法还有第二个缺陷，即它的应用或多或少局限于短期和重复循环的工作。复杂和非重复循环的工作则要求较长的观察期，以至于直接的观察变得不切合实际。比如，对一位海外销售员或律师的工作进行观察，就需要大量的时间。但从另一方面来看，工作分析者可以通过直接观察获得对某一特定工作的感受，然后，把这种方法与另外一种方法结合起来透彻地分析这项工作。另一种可能性就是运用工作抽样法。**工作抽样法**（work sampling）是观察法的一种类型，它建立在对整个工作日期间的工作活动进行统计抽样的基础上，而不是对全部行为进行连续观察。通过抽取足够数量的样本，可以推断出工作要求。

### 2. 访谈法

访谈法要求工作分析人员会见工作承担者并对其进行访谈。访谈通常是在工作场所进行的。它可以是结构化的，也可以是非结构化的。非结构化访谈没有确定的提问清单或事先计划好的程序，随着访谈的展开而逐步呈现。结构化访谈遵守一个事先安排好的程序，它具有这样一种优势，即可以确保访谈涵盖工作的所有相关方面，也使得对从做相同工作的不同人中得到的信息进行比较变得更加容易。

访谈法的主要缺陷是它可能相当费时，因为访谈的安排、开始和实际进行都需要时间。当因同一工作要对几个人访谈时，这个问题就自然变得复杂了。

### 3. 问卷法

工作分析问卷通常的篇幅有 3~5 页，包括客观题和开放式问题。对现存的工作，由任职者填写问卷，让主管人员来检查，然后把它返回给工作分析人员。如果要分析的是新工作，问卷通常要交给监督承担这项新工作的员工的管理者。如果被分析的工作是空缺的，但与这个组织中的另一项工作完全相同，问卷就由这项相同工作的任职者来填写。

问卷法能在相对短的时间内从大量的员工中获得信息。因此，当所需分析的工作面大并且时间和成本都有限制时，可选择使用问卷方法。问卷法的一个缺点是回答者或分析者都有可能曲解信息。而且编制问卷也可能是费时和昂贵的。

问卷法的一种常见变种是在得到主管人员许可的情况下，任职者写出一份实际的工作描述。这种方法的主要优点是任职者常常是最了解所担任工作的人。另外，这种方法有助于识别任职者和管理者对于工作看法上存在的差别。

***职位分析问卷（PAQ）*** 职位分析问卷是从员工活动角度对工作进行分析的高度专门化的工具。它利用六种主要的员工活动类型（见表 4.3），用总共 194 个被称为工作要素的描述来详细描述这六种活动类型。采用五分制可以分析每一种描述适用于工作的程度。表 4.4 显示了包括 11 种信息输入要素的职位分析问卷的一个样本页。

职业分析问卷的主要优点是它能用来分析几乎任何种类的工作，而且也相对容易使用。主要缺点是问卷太长。

表 4.3 **用于职位分析问卷中的员工活动类型**

| 类型 | 描述 | 例子 |
|---|---|---|
| 信息输入 | 员工从哪里和怎样获得完成工作所需的信息？ | 书面材料的使用。<br>近距离地直观鉴别。 |
| 智力过程 | 在完成工作过程中涉及什么推理、决策、计划以及信息加工活动？ | 解决问题时的推理水平。<br>编码 / 解码。 |
| 体力活动 | 员工要完成什么体力活动？使用什么工具和设备？ | 键盘设备的使用。<br>装配和分解。 |
| 与其他人的关系 | 在完成工作过程中需要和他人建立什么样的关系？ | 指导。<br>与公众和（或）客户接触。 |
| 工作背景 | 工作在什么物理或社会背景中进行？ | 高温。<br>人际间冲突的情况。 |
| 其他工作特征 | 除上面描述的以外，与这项工作有关的还有什么活动、条件或特征？ | 具体的工作节奏。<br>工作结构量。 |

表 4.4　职位分析问卷样本页（PAQ）

**信息输入**

**1.1 工作信息来源**

工人把下列项目作为完成工作的信息来源时，按照对它们的使用程度来对每一项进行等级评定。

| 代码 | 使用的程度 |
|---|---|
| N | 不使用 |
| 1 | 极少 |
| 2 | 偶尔 |
| 3 | 中等 |
| 4 | 比较多 |
| 5 | 非常多 |

**1.1.1 工作信息的直观来源**

1 ______ 书面材料（书籍、报告、办公笔记、文章、工作指导和记号等）。

2 ______ 数量材料（涉及数量的材料，如曲线图、账目、明细单和数字表等）。

3 ______ 图示材料（用作信息源的图片或类似图片的材料，例如，绘图、蓝图、图表、地图、描图、摄影胶片、X 光胶片和电视画面等）。

4 ______ 模型／相关器具（样板、模板和模型等在使用期间被观察时成为信息源。上面第 3 条描述的材料不包括在这里）。

5 ______ 直观显示器（刻度盘、量具、信号灯、雷达示波器、测速仪和时钟等）。

6 ______ 测量仪器（尺、卡尺、轮胎气压计、比例尺、厚度量具、吸液管、温度计和量角器等被用来获得物理测量量的直观信息。上面第 5 条描述的设备不包括在这里）。

7 ______ 机械设备（工具、设备、机器和其他机械装置在使用或操作期间对其观察时成为信息源）。

8 ______ 加工材料（零件、材料、物体等在被改变、继续处理或进行其他加工时是信息源，如制作面包的生面团、在车床上加工的工件、被剪断的纤维织物和被上底的鞋子等）。

9 ______ 不在加工中的材料（不处在被改变或修改的加工中的零件、材料、物体等，在被检查、处理、包装、分发或选择时成为信息源，如处在存货清单上、储存中或配送渠道里的物品，以及被检查的东西等）。

10 ______ 自然特征（观察或检查的风景、田地、地质样本、植物、云层结构和其他自然特征以便提供信息）。

11 ______ 环境的“人工”特征（为提供工作信息而观察或检查建筑物、大楼、水坝、高速路、桥梁、船坞、铁路和其他室内或室外的“人工”或被改变的环境。不考虑个人在工作中使用的设备、机器等，如在第 7 条中所涉及的）。

资料来源：E. J. McCormick, P. R. Jeanneret, and R. C. Mecham, *Position Analysis Questionnaire*. Copyright 1969 by Purdue Research Foundation, West Lafayette, Ind. Reprinted with permission.

表 4.5 管理职位描述问卷类型

| |
|---|
| 1. 产品、市场和财务战略规划。 |
| 2. 与组织中其他单位及人员的协调。 |
| 3. 内部事务控制。 |
| 4. 产品和服务责任。 |
| 5. 公共及顾客关系。 |
| 6. 高级咨询。 |
| 7. 行动自主权。 |
| 8. 财务承诺许可。 |
| 9. 员工服务。 |
| 10. 监督。 |
| 11. 复杂性和压力。 |
| 12. 高级财务责任。 |
| 13. 广泛的人事责任。 |

资料来源：Adapted from W. B. Tornov and P. R. Pinto, "The Development of a Managerial Job Taxonomy: A System for Describing, Classifying, and Evaluating Executive Positions," *Journal of Applied Psychology* 61, No. 4 (1976), p. 414.

***管理职位描述问卷（MPDQ）*** 管理职位描述问卷是为分析管理者的工作而专门设计的高度结构化的问卷，它包括与管理责任、约束、要求和其他多方面职位特征有关的 208 个项目。这 208 个项目被分为如表 4.5 所示的 13 种类型。像职业分析问卷一样，管理职位描述问卷要求分析人员检查每一项是否适合被分析的工作。

### 4. 职能型工作分析

职能型工作分析（FJA）是由美国劳工部的就业和培训服务中心开发的一种工作分析方法。它使用标准化的陈述和术语来描述工作内容。职能型工作分析收集详细的任务陈述，并根据职能水平或职能定位对其进行分级。职能水平描述员工如何与数据、人员和事物相互作用。职能定位描述员工在每一职能水平任务上所花费的时间（以百分数形式表示）。此外，每个任务陈述都要进行分析和分级，以确定完成该任务所需的技能。职能型工作分析的结果是产生执行工作的特定职位信息以及工作和工作执行者的标准化信息。

## 职业信息网络（O*NET）

《职业名称字典》（DOT）由联邦政府在 20 世纪 30 年代首次编制，它对数千种工作（1991 年的最新版本描述的工作超过 12 000 种）进行描述。60 多年以来，员工使用《职业名称字典》帮助工作。但在 90 年代初，很明显，《职业名称字典》正在变得老旧和低效。《职业名称字典》提供的信息局限于特定工作，并且在许多情况下是过时的。系统没有提供任何关于工作相似点和不同点的交叉工作比较，也没有直接确定员工需要具备何种特征来完成工作以及在什么情况下实施工作。

为了克服《职业名称字典》的问题，美国劳工部在 1998 年废弃了《职业名称字典》，并开发了一套称为职业信息网络（occupational information network，O*NET）的新系统。O*NET 系统是美国职业信息的基本来源。O*NET 的核心是 O*NET 数据库，即包括员工特质和工作特征的综合在线数据库。它提供可描述员工特质的定义和概念以及可被广泛理解的工作场所要求。O*NET 数据库通过使用那些描述知识、技能、能力（KSAs）、兴趣以及工作内容的综合术语，可以迅速适应变化的工作要求。通过对每个职业中形形色色的员工进行调研，O*NET 数据库得以持续更新。目标是每五年对整个数据库补充一次。图 4.2 显示了 O*NET 的概念基础。这个模型称为内容模型，它将一个职业的关键特征压缩为标准化的、可测量的一系列变量，称之为“描述变量”。这个模型从 6 个领域（见图 4.2），描述了日常工作的各个方面，以及典型员工的资质与兴趣。这个模型扩大至包含了 277 个由 O*NET 程序收集的描述变量，大多数来源于其他联邦政府机构，如劳工统计局。如图 4.2 所示，内容模型使用了工作导向的描述符号和员工导向的描述符号。该模型也允许职业信息可以被应用在跨职位、跨部门、跨行业（跨职业描述变量）以及在职业内部（特定职业描述变量）的分析上。

内容模型定义了单一职业的信息结构，而 O*NET-SOC 分类法定义了现有的工作职业。2006 年 6 月发表的 O*NET-SOC 分类法包括 949 个职业名称，其中 812 个职业名称的数据来源于工作承担者或职业专家。O*NET 数据可以与其他职业的、教育的或劳动力市场的信息数据库相联系。实践中的人力资源管理 4.1 描述了美国盲人基金会如何使用 O*NET。

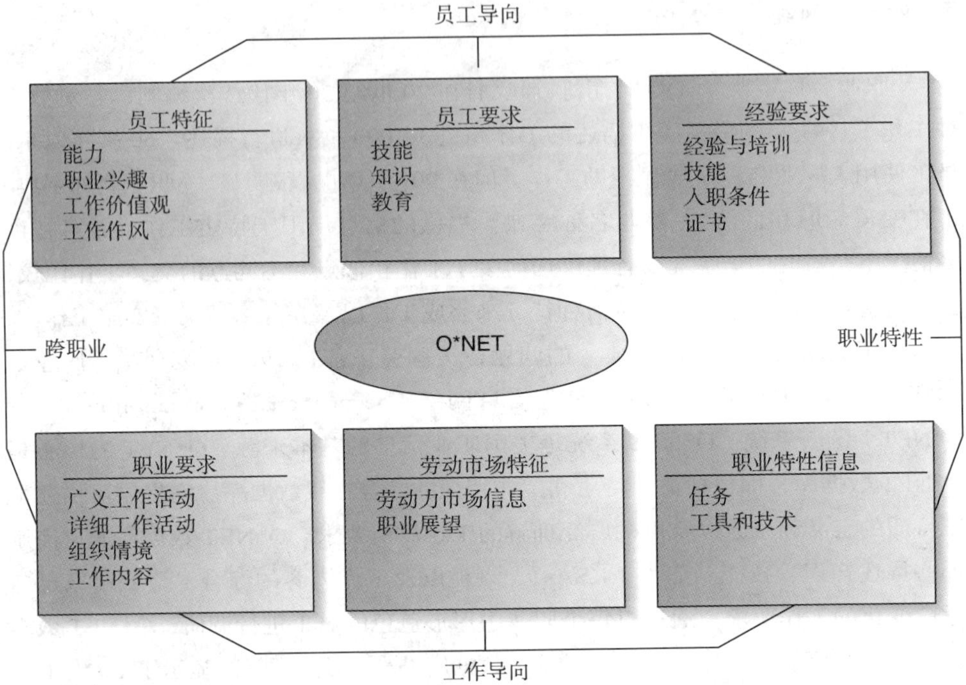


图 4.2 **构成职业信息网络基础的内容模型**

资料来源：O*Net Online, http://www.onetcenter.org/content.html

## 《美国残疾人法》和工作分析

像第2章讨论的那样,《美国残疾人法》禁止对合格的残疾人在雇佣惯例、条款、条件或就业特权等方面进行歧视。从本质上看，这项禁令涵盖整个雇佣过程。“合格的残疾人”是指这样的人:有残疾但能满足所承担或想要承担职位对技能、教育、经验和其他与工作有关的要求，并能在有或没有合理调节的情况下履行职位的基本职能。《美国残疾人法》还要求识别每一项工作的基本职能以及对合格的残疾人进行合理调节。工作分析过程就是用来识别基本工作职能的基本方法。基本工作职能是成功地完成工作所必需的主要职能，相反，边缘工作职能是在特定时间履行但与主要工作目标伴随发生的。如果一项特定工作职能的完成是为了方便而不是必要的事情，那么它就被认为是边缘的。表4.6展示了确定一项特定的工作职能是否是基本职能时应该问的几个问题。

## 实践中的人力资源管理 4.1

### O*NET 帮助盲人和视障者扩宽职业机会

根据美国盲人基金会（AFB）的研究，大部分处于工作年龄的盲人和视障者有工作的能力和意愿，但是其中过百万（55%~60%）未被雇佣。美国盲人基金会的凯伦·乌尔夫博士认识到，一个问题是因为盲人和视障者不能看到其他大多数员工可以看到的，因此他们只能发现有限的工作机会。由于他们缺少对劳动力市场上工作的多样性的了解，多数人通常做了糟糕的决定。

知道了 O*NET 系统后，乌尔夫博士决定下载数据库，并为客户提供他们可获得的、并且最适合使用的项目。数据库名为 CareerConnect™，它帮助盲人和视障者了解劳动力市场中可获得的工作范围和多样性。CareerConnect 包含精选的 O*NET 数据，并让使用者可以通过工作种类、个人兴趣、题目或关键词进行浏览。搜索结果包括详细的职业说明、一份相关职业的清单、一张指导者清单以及实践提示。

在它运行的第一年，该服务大约有 3 000 位访问者和 100 000 页查看记录。统计显示，平均访问 15 分钟，访问者大多能找到其感兴趣的信息。

资料来源：www.workforceguirre.org. Accessed January 9, 2007.

**表 4.6 确定基本职能所要提出的问题**

1. 该职位有必要履行这些职能吗？如果履行一个特定职能是雇佣一个人的主要目的，它就是一项基本职能。
2. 去掉这项职能会从根本上改变这个职位吗？如果不履行这项职能也能实现这个职位的目的，那么它就不是基本职能。
3. 履行这项职能在多大程度上需要专业知识或技能？一个员工由于具有履行特定职能的专业知识而被雇佣这一事实是这项职能是否是基本职能的依据。
4. 员工完成这项职能所花费的时间是多少？一个员工花大量的时间来履行一项特定职能这一事实是这项职能是否是基本职能的依据。
5. 履行这项职能失败的后果是什么？失败后果严重这一事实是这项职能是否是基本职能的依据。
6. 可以安排这项职能的其他员工有多少？履行一组职能可以选择的员工数量越少，他们之中的任何一个人将必须履行一项特定职能的可能性就越大。

资料来源：Wayne E. Barlow and Edward Z. Hare, "A Practical Guide to the Americans with Disabilities Act," *Personnel Journal*, June 1992, p. 54.

合理调节意味着可以要求雇主变更一项特定工作的条件，以便使候选人能够履行所有的基本职能。然而，不能要求雇主提供导致对自己过分困难的调节。过分困难指过高代价、过分重大，或者从根本上改变企业的性质或运营的调节。

## 工作分析中的潜在问题

在工作分析过程中，可能出现某些问题。一些问题是由人类的本能行为引起的，另一些则根源于工作分析过程的本质。最常遇见的一些与工作分析有关的问题如下：

*失去最高管理层的支持。*最高管理层至少应该使所有员工都清楚，他们全力和真诚地参与到工作分析这一过程中极端重要。不幸的是，这种信息常常没有传达出去。

*仅仅利用一种手段和一种来源收集数据。*正如本章所讨论的，收集数据有许多可靠的方法。在很多地方经常出现的情况是，当多种方法结合起来可以提供更好的数据时，工作分析却仅仅依赖其中的一种方法。

*主管人员和工作承担者没有参与到工作分析程序的设计中。*某一个被假定对项目承担绝对责任的人对项目实施了过多的规划和分析。工作承担者及其主管应该参与项目规划。

*对工作承担者没有进行培训或激励。*工作承担者是工作信息的一个潜在的巨大来源。不幸的是，他们很少得到培训或准备为工作分析提供高质量的数据。而且，工作承担者不能意识到数据的重要性，并且几乎从不会因为提供了好数据而受到奖励。

*不给予员工足够的时间来完成工作分析。*通常工作分析被当作一个应急计划那样来进行，没有给员工足够的时间进行彻底的工作分析。

*活动可能被歪曲。*没有恰当的培训和准备，员工可能会有意或无意地歪曲数据。例如，如果员工知道自己正在被注视，他们就可能加快速度。员工在这个项目一开始就参与是使这个问题最小化的一个好方法。

参与者未能评价工作。许多工作分析只是停留在报告工作承担者当前在做什么这个初级阶段。这些数据极有价值，但是分析不应该仅止于此。应该对工作进行评价，以确定工作分析是否在正确地进行，或者是否可以作出改进。

# 工作设计

像本章导言部分提及的那样，工作设计是构造工作以及设计一个人或一组人为达到特定组织目标所要进行的具体工作活动的过程。对工作进行设计涉及对谁、做什么、在哪里、什么时候、为什么目的和怎样完成工作做出决策。

工作设计在总体上可以分为三个阶段：

1. 个别任务的说明：必须完成什么不同的任务？
2. 完成每项任务方法的说明：特别是怎样完成每项任务？
3. 把个别任务合并成具体工作以分配给每个个体：不同的任务将怎样分组以形成工作？

第一阶段和第三阶段确定工作内容，而第二阶段指出怎样准确地完成工作。工作设计的总体目标是对工作进行分配以满足组织和技术的需要，并满足工作承担者个人的特定需要。工作设计成功的关键是求得组织和工作承担者的需要之间的平衡。多年以来，设计工作的流行做法是把重点几乎全部集中在简化所承担的任务上，这通常导致把所有工作尽可能地专业化。虽然工作专业化有许多优点，就像表 4.7 所概括的那样，但它也可能导致工作承担者厌倦甚至是退化。专业化

**表 4.7　工作专业化的优点**

| |
|---|
| 1. 每一个人都需要较少的技能，这使招募和培训员工更容易。 |
| 2. 通过对相同任务的重复和实践来提高熟练程度。 |
| 3. 通过主要利用每个员工的最佳技能从而实现对技能的更有效利用。 |
| 4. 因劳动力可以容易地替代而导致低工资。 |
| 5. 更加一致的最终产品或服务。 |
| 6. 不同的任务可以同时完成。 |

### 亚当·斯密与专业化

专业化至少早在 1776 年就为管理者所关注。在《国富论》一书中，亚当·斯密详细讨论了专业化的重要性。根据斯密的观点，制作大头针的专业化意味着“一个人抽出金属丝，另一个把它拉直，第三个人将其切断，第四个人削尖，第五个人磨它的顶端以便安装大头，等等。在一个 10 个人的工厂里，……他们竭尽全力，一天能做出大约 12 磅大头针。一磅中等规格的大头针多达 4 000 个。”斯密说：“如果他们全都分开独立地工作……，肯定每人一天做不了 20 个大头针，或许一个也做不了。”斯密得出结论，专业化的益处来源于三种不同情况：(1) 每个工人的熟练性增强；(2) 节省从一种工作转移到另一种工作所损失的时间；(3) 机器的发明可以使一个工人做许多工作。

资料来源：Adam Smith, *An Inquiry into the Nature and Causes of the Wealth of Nations* (Edinburgh, Scotland: Arch. Constable, 1806), pp. 7–8.

的一个经典例子是汽车装配线。理想的做法是实行专业化，但也不可过分。实践中的人力资源管理 4.2 讨论专业化的一个非常早期的例子。

## 工作范围和工作深度

工作范围和工作深度是工作设计的两个重要方面。**工作范围**（job scope）是指工作承担者完成任务的数量和种类。在一个范围很窄的工作中，工作承担者完成有限的几种不同的任务并经常重复。在范围上受到限制的工作的负面影响因工作承担者的不同而不同，并且可能导致更多的错误和较低的质量。收费站工作人员的工作就是一个工作范围较窄的例子。

**工作深度**（job depth）是指工作承担者有自由去计划和组织自己的工作、按自己的速度工作，以及如其所愿的那样在周围活动并与人沟通。缺乏深度的工作可能导致对工作不满，随之而来导致怠工、旷工甚至蓄意破坏。大多数旅行推销员的工作都有相对较深的工作深度。

一项工作可能工作范围大但工作深度低，或者相反。例如，报纸递送每次涉及仅有的几项相同的任务，但在工作的组织和速度方面有很大的自由。因此，这项工作范围低但有深度。当然，许多工作的工作范围和工作深度两者都低（或都高）。大多数装配线的工作范围窄且工作深度低。

## 工作设计的社会技术方法

工作设计的社会技术方法是把工作设计严格地视为尽可能地对工作实现专业化的另外一种选择而首次提出的。社会技术方法的实质是设计工作时应该考虑工作的技术体系和相伴随的社会体系两个方面。根据这一概念，雇主应该通过对工作场所作整体或系统的观察来进行设计工作，包括物理环境和社会环境。因为很少有工作涉及同样的技术要求和社会环境，因此社会技术方法是因情境而定的。特别是，社会技术方法要求工作设计者仔细地考虑员工在该社会技术体系中的职责、所要完成任务的特性和工作小组的自主权。在理想情况下，社会技术方法把组织的技术需要与决策中涉及员工的社会需要结合起来。下面是利用社会技术方法进行工作设计的一些指导原则：

1. 一项工作需要明确地对个体提出合理的要求，而不是一味忍耐，也要提供某些变化（不必新奇）。
2. 员工要能在工作中学习并且持续学习。
3. 员工需要有他们觉得可以自己做决策的一些最低限度的领域。
4. 员工在工作场所需要有低程度的社会支持和认可。
5. 员工需要能够把他们所做和所生产的与他们的社会生活联系起来。
6. 员工需要相信这项工作能通向某种理想的未来。

工作设计的社会技术方法已应用于许多国家，通常冠以“自治工作小组”、“日式工作小组”或“员工参与团队”等名称。以自我管理工作小组或团体为基础的现代工作设计，通常是以社会技术方法为基础的。实践中的人力资源管理 4.3 讨论了一个早期的社会技术系统。

## 工作的物理环境

工作的物理环境包括温度、湿度、通风、噪音、光线、颜色和空间密度等因素，它可以对工作设计产生影响。虽然研究清楚地显示，不利的物理条件对完成工作有负面影响，但影响程度因人而异。总体来说，工作环境应该考虑到正常的照明、

## 实践中的人力资源管理 4.3

### 几百年前的社会技术系统？

当代社会技术系统的起源通常归因于英格兰 Travistock 研究所以及他们二战后的工作。他们研究的目的是使组织内部的社会系统和技术系统间的关系“最优化”。但是有证据显示，社会技术系统的雏形很早就存在，并且明确出现在英格兰康沃尔的矿工中。

康沃尔的矿业可以追溯至历史纪录之前。康沃尔的矿工在 13 世纪早期就实行了广泛的政治自治，这也导致了一个有益于资源开发、技术革命和企业家精神的经济环境。矿工组成了自我选择的工作团队，并在薪酬制度下工作，该制度使矿工和矿主的利益相一致。团队的直接老板称为“队长”，由矿工自己选出，并由矿主授权。在那时矿工不被认为是直接付给工资的劳动者。系统使矿工与矿主建立了某种形式的合作关系。康沃尔矿工也进行了许多采矿技术的改进，并将这些改变应用于工作中。

有趣的是，康沃尔矿业的移民自 1865 年起在加利福尼亚大量出现，并且带来了他们有效的社会技术系统。在康沃尔，在实现矿工和矿业管理的目标和价值的同时，这些系统通过利用矿工的技术和能力使他们的工作角色和工作任务得以有效执行。

资料来源：Frederick Wolf, Bruce Finnie, and Linda Gibson, “Cornish Miners in California: 150 Years of a Unique Sociotechnical System,” *Journal of Management History*, 2008, vol.14, iss. 2, pp. 144–160.

温度、通风和湿度。在有必要减少使人不愉快的噪音的地方应该使用隔音板、声学墙体材料和吸音设备。如果员工必须暴露在不理想的环境中，一个明智的办法是把这种暴露限制在很短的时间内，把工人遭受永久性身体或心理伤害的可能性降到最小。

设计工作时，还应考虑物理环境导致的精神和心理影响。需要考虑工作的物理环境如何影响工作承担者的精神压力。例如，最近一项研究发现，在非常紧凑的工作空间内工作的员工（每个人可用的空间相对较少）会更加拖拉、有更强的换工作欲望以及更低的工作空间满意度。工作场所的压力将在第 16 章《员工安全和健康》中深入讨论。

1970 年实施的《职业安全和健康法》（OSHA）夸大了工作设计过程中安全考虑的重要性。这项法案是用来减少与工作有关的伤害和疾病的意外事故，它概述了在美国的所有组织必须遵守的非常具体的联邦政府安全指导原则。第 16 章将详细地讨论《职业安全和健康法》。

## 可选择的工作时间安排

影响工作设计的其他因素和安排是工作时间表和可选择的工作安排。在过去的几年中，组织日渐脱离传统的工作时间安排，试图提高生产率或降低成本。虽然工作时间安排的改变通常不改变要做的工作，但它们会影响工作如何分配。弹性工作安排（FWAs）是指可选择的工作时间表和安排的相对较新的术语。最常见的可供选择的工作时间安排是弹性办公时间、远程办公、工作分担和紧缩工作周。应急工的使用是一种越来越普遍的可选择的工作安排。

### 弹性办公时间

弹性办公时间，或称灵活的工作小时，允许员工在一定的限度内选择开始和结束工作的时间。通常，组织确定一个所有员工都必须工作的核心时段（如上午 10 点到下午 3 点），然后，由每一个员工决定工作开始和结束的时间，只要是包括这个核心时段的足够长的时间就可以。有些弹性办公时间方案允许员工每天的工作时间不同，只要它们满足某个具体的周工作总时数就可以，通常是 40 小时。弹性办公时间的优点是允许不同的员工保持不同的生活方式和时间安排。另一个潜在的优点是避开高峰时间、减少旷工和迟到以及提升健康状况。从雇主的观点看，弹性办公时间可使组织在招募新员工和保留难以找到的合格员工方面处于有利地位。实行弹性办公时间安排的组织也可看到生产率的提高。从反面来讲，弹性办公时间可能会造成管理者在沟通和协调上的问题。

### 远程办公

远程办公就是在家办公或虽在旅行但可以与办公室联系的这种做法。今天的信息技术（个人电脑、互联网和移动电话等）已经使远程办公对许多公司来说成为现实。

远程办公的优点包括可减少上班途中奔波时间、节约交通花费、避开高峰时间、避免办公室中的烦扰，以及能够有灵活的工作时间。其潜在缺点是与员工在家办公的健康和安全有关的保障问题，以及缺少工作场所专业的和社会的环境。另一个缺陷是某些州及地方法律对什么样的工作能在家里做进行限制。已出现的

### 分担高层工作

大约四年前，国家儿童慈善机构英国托儿信托（Daycare Trust）任命了两位首席执行官来分担工作。艾莉森·加纳姆和艾玛·奈特每周分别独自工作两天，周三一起工作。两位女性都参与慈善机构运行的所有方面，每人在不同领域承担主要责任。加纳姆认为，这一安排有两个主要原因：（1）他们彼此非常了解；（2）她们都同意按照一套基本原则工作，例如不干涉并且尊重对方的决定。自从她们开始工作后，除了增加了一个单独的和共同的"待做事项单"以外，她们的方式大部分都保持不变。

工作分担的理念与信托倡导的弹性工作安排相一致。加纳姆同样相信这一安排可以为信托带来其他益处。她说："我们有两个人的能量，并且每周停工的时间会减少。当我们中有一个不在办公室时，还有另外一个人可以做决定，这是一个优点。并且我们有两个人的背景和经验来应对各种棘手问题。"

资料来源：Tristan Donovan, "How We Share the Top Job," *Third Sector*, June 9, 2009, p. 21.

证据表明，当可以选择时，员工更喜欢部分时间在家工作、部分时间在办公室工作的混合形式。

### 工作分担

**工作分担**（job sharing）是一个相对较新的概念，它是指两个或两个以上兼职工作的人从事一项通常由一个全职工作的人所承担的工作。工作分担可以采取平等分担责任或职责的形式，或者是两者的结合。工作分担对想工作但无法全日工作的人特别有吸引力。从组织的角度看，工作分担有助于保留有价值的员工。与工作分担有关的一个重要问题是对福利怎样处理。通常，福利在兼职员工之间按比例分配。有些组织允许实行工作分担的员工通过支付按比例分配的福利与全职员工的保险费之间的差额来购买全额健康保险。实践中的人力资源管理 4.4 讨论在一个组织中两人如何分担一项高层工作。

### 紧缩工作周

在紧缩工作周的情况下，每天工作的小时数增加，但每周的工作日减少。通常是按照让员工每天工作 10 小时、每周工作 4 天（称为 4/40）来实施的。紧缩工作周的其他变化形式包括把总的工作时间减少到 36 或 38 小时。它的优点是更低的旷工和迟到、更少的开工准备时间以及更多的料理个人事务的时间。其中一个潜在的缺点是：常常会因为工作时间较长而产生疲劳。

### 应急工

美国劳工部劳工统计局把**应急工**（contingent worker）分成两个群体：（1）独立合同工以及需要时打电话随叫随到的劳动者；（2）临时或短期劳动者。这两个群体都已日益增长，并分别代表了大约 10.7% 和 4.1% 的美国劳动者。组织使用应急工的原因包括季节性波动、基于项目的工作、获得普通员工所没有的技能组合、冻结招聘和快速增长。

应急工对人力资源管理人员提出下述特定挑战：

- 管理问题。谁来管理不同的应急工？人力资源管理扮演什么样的角色？
- 追踪和报告。应急工如何适应不同的人力资源管理系统，例如工资单？
- 薪酬。与其他员工相比，应急工是如何得到报酬的？
- 保留。因为大部分应急工不会享有福利，保留他们很难。
- 态度和工作质量。大部分应急工达不到像其他员工那种程度的承诺。
- 上岗引导和培训。由于与其他工作存在安排上的冲突，因此比较难以安排上岗引导和培训。
- 法律问题。应急工必须满足美国国税局规定的法律定义“独立合同工”。
- 使用公司资源。包括享受公司内部折扣和参加公司教育项目等方方面面。
- 人身安全。应急工能否与其他员工一样使用公司的设备？

上述列表当然并不详尽，但它指出了伴随应急工而出现的许多重要挑战。除了这些挑战，使用应急工可以带来巨大的益处。一些主要的益处包括应对生产或服务波动而需要的灵活性、增加职场多样性、决定应急工成为未来全职员工的可能性，以及提供组织内部缺乏的某些技能。

# 总 结

1. **对工作分析和工作设计进行定义。**

   工作分析是确定并报告与一项具体工作的特性相关联的恰当信息的过程。它确定工作所包含的任务，以及工作承担者成功地完成工作所需的技能、知识、能力和责任。工作设计是构造工作以及设计一个人或一组人为达到特定组织目标所要进行的具体工作活动的过程。工作设计说明工作将怎样做、由谁来做和在什么地方做等这样一些基本问题。

2. **区分职位、工作和职业。**

   当与责任结合在一起时，工作职责就确定了一个职位。主要任务和责任相同的一组职位形成一种工作。一组相似的工作形成一种职业。

3. **描述工作分析的几种常见用途。**

   工作分析的几种最常见的用途包括工作定义、工作重新设计、招募、甄选和安排、上岗引导、培训、职业咨询、员工安全、绩效评价和薪酬。

4. **对工作说明书和工作规范进行定义。**

   工作说明书集中在工作上，它解释工作是什么及工作的职责、责任和一般工作条件是什么样的。工作规范集中在完成工作所需的特性上，它描述工作承担者为了完成工作所必须具有的资格。

5. **确定工作分析的四种常用方法。**

   工作分析的四种常用方法是观察法、访谈法、问卷法和职能型工作分析。

6. **讨论什么是 O*NET，并且解释它发展的原因。**

   O*NET 代表职业信息网络，是一个关于员工特质和工作特征的综合在线数据库。通过使用综合的术语来描述知识、技能、能力（KSAs）、兴趣、内容和工作环境，O*NET 提供一种共同语言和参考格式来理解有效地完成一项特定工作所涉及的因素。O*NET 的发展是为了取代已过时和低效的旧的《职业名称字典》（DOT）。

7. **像《美国残疾人法》解释的那样对基本职能和合理调节进行定义。**

   在《美国残疾人法》中，基本工作职能是成功地完成工作所必需的主要职能，相比之下，边缘工作职能可以是在特定时间履行但与主要目标伴随发生的。合理调节意味着可以要求雇主变更一项特定工作的条件，以便使候选人能够履行所有的基本职能。

**8. 识别与工作分析相关联的几个问题。**

工作分析过程中最常遇到的一些问题包括：失去最高管理层的支持、仅仅利用一种手段和一种来源收集数据、主管人员和工作承担者没参与到工作分析过程的设计中、不提供培训或激励、不给予员工足够的时间来完成工作分析、工作承担者的活动可能被曲解以及没有对工作进行评价。

**9. 对工作范围和工作深度进行定义，并解释它们与工作设计的关系。**

工作范围和工作深度是工作设计的两个方面。工作范围指由工作承担者完成任务的数量和种类。工作深度指工作承担者有自由去计划和组织自己的工作、按自己的速度工作，以及如其所愿的那样在周围活动并与人沟通。

**10. 解释工作设计的社会技术方法。**

工作设计的社会技术方法的实质是在进行工作设计的过程中考虑技术体系和相伴随的社会体系两个方面。

**11. 区分下列可供选择的工作时间安排：弹性办公时间、远程办公、工作分担和紧缩工作周。**

弹性办公时间允许员工在一定的限度内选择他们开始和结束工作的时间。远程办公是在家办公或虽在旅行但可以与办公室联系的做法。工作分担是指两个或两个以上兼职工作的人从事一项通常由一个全职工作的人所承担的工作。在紧缩工作周的情况下，每天工作的小时数增加但每周的工作日减少。

**12. 对应急工进行定义。**

应急工包括：(a) 独立合同工以及需要时打电话随叫随到的劳动者；(b) 临时或短期劳动者。

第二编

# 人力资源获取

第 5 章

# 人力资源规划

**人力资源规划**（human resource planning，HRP），有时称为劳动力计划或人事计划，它的基本含义是“使合适数量的合格人员在合适的时间进入合适的工作岗位”的过程。用另一种方法来解释，人力资源规划是“把人员的供给——内部的（现有的员工）和外部的（要雇佣或在寻找的员工）——在给定的时间范围内与组织预期的空缺相匹配的系统。”田纳西流域管理局（TVA）把人力资源规划过程定义为“对未来人力资源需求所做的系统估计，以及确定为满足这些需求所需采取的行动。”正如该定义表明的那样，人力资源规划的第一个挑战是将组织计划和目标转变成对员工需求的时间表。一旦确定了对员工的需求，人力资源规划就必须制定出保证获得所需员工的计划。所有组织基本上都正式或非正式地进行人力资源规划。有些组织的工作做得很好，有些则做得较差。

任何组织的长期成功最终都依赖于在合适的时间有合适的人员在合适的职位上。只有在拥有恰当才能、技术和愿望的人可用来完成组织的战略时，组织目标和实现这些目标的战略才有意义。

蹩脚的人力资源规划在短期内就可能引起实质性的问题。考虑下面这些例子：

- 尽管积极地寻找，但在一家高技术企业中一个关键的中层管理职位空缺达 6 个月，致使这个部门的生产效率直线下降。
- 在另一个公司中，由于在某个特定生产领域中没有预见到的工作滞后，导致 9 个月前才受雇的员工被置于无事可做的不明状态。
- 在某个公司中，由于天才营销经理的巨大努力，产品需求一直在剧增。然而，由于需求的这种上升事先没有预料到，因此，公司一直没能雇佣到足够的生产人员。

之所以要进行人力资源规划就在于填补职位的需要与获得满足这种需要的合

格人员之间通常存在着明显的时间延滞。换句话说，在一夜之间寻找到一个合适的人通常是不可能的。有效的人力资源规划还可以通过让员工知道他们在公司里的职业发展机会来帮助减少人员流失。

## 人力资源规划如何与组织规划相联系

人力资源规划涉及把基本的计划过程应用于组织对人力资源的需要上。为了使人力资源规划有效，它必须源于组织的战略和运营计划。从本质上看，人力资源规划的成功主要取决于人力资源部门如何把有效的人员规划与组织的经营业务规划过程紧密地整合起来。不幸的是，人力资源规划常常与公司的总体规划联结得不够紧密。

战略经营规划试图确定对组织成功至关重要的各种因素。它把焦点集中在组织如何在行业竞争中获得更有利的地位、作出更充分的准备。为了达到这个目的，规划过程应该提供：

- 对组织任务的清晰陈述。
- 全体成员对这个任务所承担的义务。
- 对假定条件的清晰陈述。
- 根据可利用或可获得的资源，包括训练有素的人员和有才干的人，制定行动计划。

人力资源规划能为实现规划过程所希望的成果提供不可或缺的资源和途径，从而能对战略管理过程做出重大的贡献。从本质上看，人力资源需求根源于战略和运营计划，然后再与人力资源的可获得性进行比较，然后用招募、培训和重新安排等各种程序和方法来填补存在的缺口。

一个常见的错误是，人力资源规划者把重点放在短期的替代需要上，而没能把他们的规划与组织的长期规划协调起来。只是把重点放在短期替代需要，这是两者没有整合起来的一种必然后果。这种非整合的方法几乎总是导致人力资源规划者被迫忙于应付短期危机。

## 与战略相连的人力资源规划

所有的管理者，特别是处在生产经营第一线的直线经理，都应该把人力资源规划看作是最重要的工作责任之一。不幸的是，情况并非如此，许多管理者只是把人力资源规划看作在做完其他事之后才做的事情。而且，管理者常常认为人力资源规划应该是只由人力资源专员来处理的事情。但是，人力资源规划不只是一种人力资源职能，人力资源专员的任务是协助运营管理者开发他们各自的计划，并把这些不同的计划整合成一个总体规划。然而，管理者个人必须提供构建规划的基本数据，这个过程需要管理者和人力资源专员共同努力。总的来说，人力资源专员提供结构、动力和协助，而管理者必须积极地参与进来。

促进人力资源管理者和直线经理之间真正合作的最佳途径之一是，使用一种称作**与战略相连的人力资源规划**（strategy-linked HRP）。与战略相连的人力资源规划是以人力资源专员和直线经理之间密切的工作关系为基础的。人力资源管理者在涉及与业务目标和战略相关联的人员管理方面问题时，对直线经理可起到顾问的作用；直线经理反过来又有责任对与人力资源目标和战略相关联的事务做出回应。另一个重要的构成要素是最高管理层的承诺和责任，这对其他管理者和员工应该是显而易见的。

表 5.1 概括了人力资源管理者为了把人力资源规划与组织的战略规划连接起来可以采取的几种行动。

**表 5.1　把人力资源规划与经营业务战略连接起来**

- 熟悉经营战略。
- 确保所有传统的人力资源计划能满足高级和职能管理人员的需要。
- 识别组织的经营战略在人力资源方面的含义。
- 识别可能影响经营目标的人力资源问题，并告知需要知道的职能管理者。
- 把经营目标转化成能够为人力资源战略规划提供基础的人力资源目标。
- 检查战略规划过程以确定涉及人力资源专员的新机遇。

资料来源：G. Christopher Wood, “Planning for People” (letters to the editor), *Harvard Business Review*, November–December 1985, p. 230; David R. Leigh, “Business Planning Is People Planning,” *Personnel Journal*, May 1984, pp. 44–54.

## 人力资源规划的时间框架

由于人力资源规划与组织的规划过程联系得非常密切，因此人力资源规划的时间框架应该与组织规划的时间框架一致起来。组织规划常常分成短期（0~2 年）、中期（2~5 年）和长期规划（5 年以上）。从理想的角度来看，一个组织要制定各种时间长度的计划。表 5.2 概括了影响短期、中期和长期人力资源规划的主要因素。

## 人力资源规划：一个渐进的过程

一个组织的人力资源规划工作不应该被视为全或无的过程，而应该被视为处在一个连续体的某一点上。这个连续体的一端是那些没有人力资源规划的组织，另一端则是那些把长期的人力资源规划与他们的战略经营规划完全融为一体的组织。

奎恩·米尔斯确定了这个连续体的五个阶段或基准。处在阶段 1 的公司没有长期的经营规划，他们很少或根本不做人力资源规划。处在阶段 2 的公司有长期的经营规划，但对人力资源规划持怀疑态度。同时，这样的公司确实在某种程度上意识到了人力资源规划的重要性。处在阶段 3 的公司确实进行了某些方面的人力资源规划，但是他们的大部分努力都不能与组织的长期经营规划融合起来。处

表 5.2　影响人力资源规划时间框架的因素

| 预测因素 | 短期（0~2 年） | 中期（2~5 年） | 长期（5 年以上） |
|---|---|---|---|
| 需求 | 授权的雇佣，包括提升、变动和流动。 | 来自预算和计划的运营需求。 | 在某些组织中与“中期”相同，在其他组织中增加了对环境和技术变化的意识——基本的判断。 |
| 供给 | 少于预期流失的员工数量加上来自下属团体的预期晋升。 | 根据源于开发计划的人员提升资料所预期的人力资源空缺。 | 管理人员对员工和未来可利用人力资源的特征变化的预期。 |
| 净需求 | 所需员工的数量和种类。 | 需求的数量、种类、日期和水平。 | 管理人员对影响当前决策的未来条件的预期。 |

资料来源：Adapted from J. Walker, “Forecasting Manpower Needs,” in *Manpower Planning and Programming*, ed. E. H. Burack and J. W. Walker (Boston: Allyn & Boston, 1972), p. 94.

在阶段 4 的公司做很多的人力资源规划，他们的最高管理者热衷于这一过程。这样的公司至少有一个人力资源构成要素与长期规划结合在一起。处在阶段 5 的公司把人力资源规划当作他们长期经营规划的一个至关重要的部分。自然地，处在阶段 5 的公司对人力资源规划的热情最高。

# 人力资源规划的步骤

人力资源规划由四个基本步骤组成：

1. 确定组织目标对组织中具体单位的影响。
2. 确定为实现组织和部门目标所需要的技能、专长和员工总数（对人力资源的需求）。
3. 根据组织目前的人力资源状况确定需追加的（净）人力资源需求。
4. 制定行动计划以满足预期的人力资源需求。

图 5.1 说明了人力资源规划的步骤。

## 确定组织目标

如前面所强调的那样，人力资源规划必须以组织的战略规划为基础。在实践中，这就意味着人力资源规划的目标必须源于组织目标，对员工在数量和特征上的具体人力资源要求，应该源于整个组织的目标。

**组织目标**（organizational objectives）为组织及其成员提供方向和目的，应该根据预期结果来陈述。目标建立的过程从组织高层对使命的陈述开始，它确定了

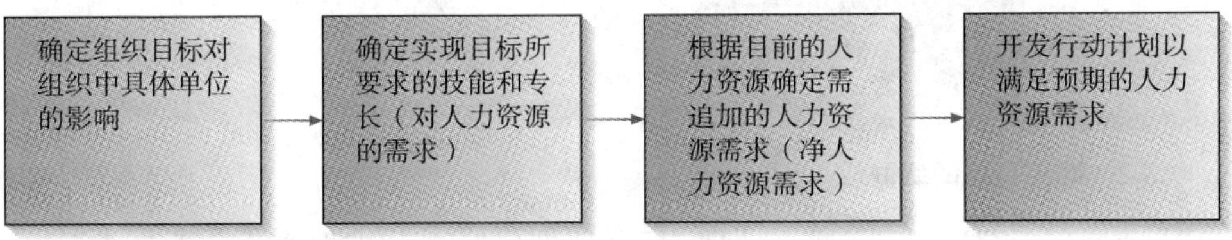


图 5.1　人力资源规划的步骤

组织当前和未来的经营业务。长期目标和战略是以组织的使命陈述为基础来制定的，然后，用它们来建立短期绩效目标。短期绩效目标一般有一个时间表，并被量化地表示出来。部门目标源于组织的短期绩效目标。用这种方式建立的组织和部门目标被称为目标确立的**级联法**（cascade approach）。图 5.2 说明了这种方法。

级联法不是一种从上到下的规划形式，而是把目标向组织的较低层传递的形式。这种方法涉及规划过程中的所有管理层，它导致在规划期间信息的向上或向下流动，这也确保组织的所有层次对目标进行沟通和协调。

当这种级联法被恰当地使用时，它涉及到总体规划过程中的运营经理和人力资源专员两个方面。在规划的早期阶段，人力资源专员可以通过提供组织的人力资源信息来影响目标的确立。例如，如果人力资源专员识别出了这个组织中员工的特定长处和劣势，这种信息对组织的总体方向就可能产生重大影响。

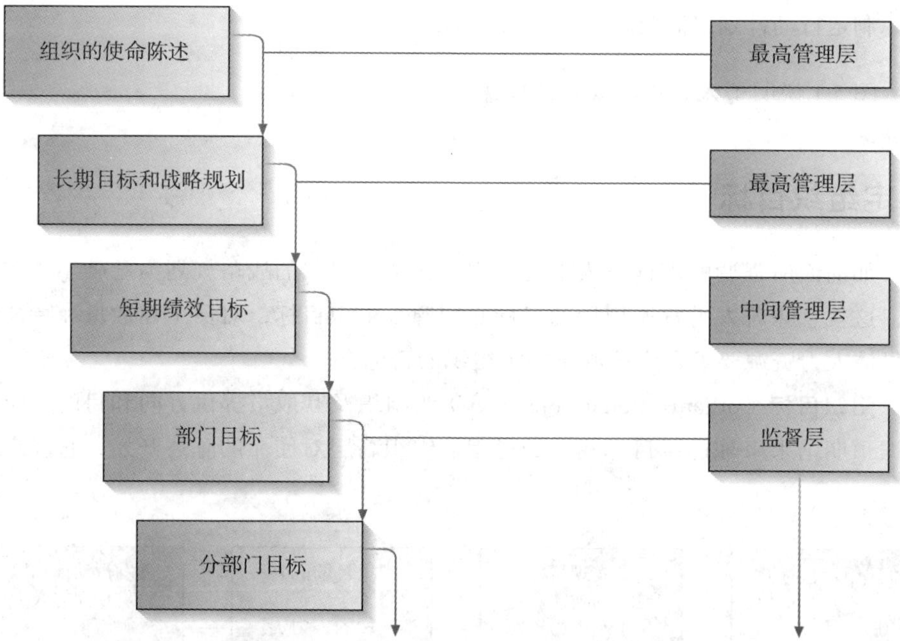


**图 5.2　确定目标的级联法**

资料来源：Redrawn from Anthony P. Raia, *Managing by Objectives* (Glenview, IL: Scott Foresman and Company, 1974), p.30. Reprinted by permission.

### 影响人力资源需求的环境因素

组织外部环境的许多因素可能会影响组织目标以及实现这些目标所需的人力资源。部分因素包括政府影响、总体经济状况、竞争以及劳动力的变化。政府影响包括由地方、州和联邦政府规定的法律法规，还包括各级政府的支出模式。总体经济状况是指总体经济状态，例如衰退或经济繁荣，它的相关因素包括银行利率和失业水平。竞争方面主要与直接竞争对手（经营相同业务的公司）的出现和退出有关，以及那些争夺相同劳动力和其他资源公司的出现和退出。劳动力的变化不仅包括劳动力的构成，也包括其工作习惯。技术变化的影响并不确定，从微不足道到毁灭性再到非常正面，都有可能。例如，想想移动电话技术是如何影响了人们对电话亭的需求。

## 确定所需的技能和专长

在建立组织和部门目标以后，运营经理应该确定实现预期目标所需的技能和专长。这里的关键不是看当前员工的技巧和能力，而是要确定实现这些目标所需的技巧和能力。例如，假设生产部门的一项目标是使某个特定产品的总产量增加10%。这个目标一旦确立，生产经理就必须准确地确定如何把这个目标解释成对人力资源的需求。一个好的出发点是检查当前的工作说明书。一旦完成了对工作说明书的检查，生产经理就在确定实现目标所需的技能和专长上处于一种更有利的位置。这个阶段的最后一步是把所需的技巧和能力解释成所需员工的种类和数量。

### 预测人力资源需求的方法

组织在未来对人力资源的需求可以用各种方法来预测，这些方法有的简单，有的复杂。不管使用什么方法，预测结果都只是近似的，不应被视为绝对准确。

预测人力资源需求的方法可以以判断为基础，或者以数学为基础。判断法包括管理估计法、德尔菲法和情景分析。**管理估计法**（managerial estimates）是指管理者主要以过去的经验为基础，对未来的人员需求做出估计。这些估计可以由最高层管理人员做出并向下传递，或者由较低层的管理人员做出，向上传递并作进一步的修订，或者是较高和较低层管理人员的某种综合。用**德尔菲法**（Delphi technique，也译作德尔菲技术），专家小组中的每一个成员对于未来的需求将会是什么要做出独立的估计，也包括任何基本的假设。然后，由一个中间人把每一个专家的预测和假设提交给其他人，并允许专家们按照自己的意愿修正自己的立场。这个过程一直持续下去，直到在某些方面取得一致为止。

**情景分析**（scenario analysis）是指用劳动力环境扫描数据来开发可供选择的劳动力方案。这些方案是通过召开直线经理和人力资源经理参加的头脑风暴会议来制定的，预测在未来的五年或五年以后，他们认为自己所需要的劳动力会是什么样子。一旦这些预测成型了，管理者接下来就要回过头去识别关键的变化点。情景分析的最大优点是它鼓励开放的、不受固定框框约束的思考。

以数学为基础预测人力资源需求的方法包括各种统计和模型方法。统计方法利用历史数据以某种方式来估计未来的需求。模型方法通常提供简化了的整个组织人力资源需求的抽象模型。改变输入数据可以用来测试不同需求方案的人力资源结果。表 5.3 概括了四种最常用的统计或模型方法。

从历史上看，判断预测法比以数学为基础的预测法更经常使用。判断法较简单，并且通常不需要复杂的分析。然而，随着便利用户的软件和计算机的不断增多，以数学为基础的方法或许会更经常地使用。

除了前面描述的以判断和数学为基础的预测技术以外，有些组织通过以其他成功的组织正在做的事情为基准来预测人力资源需求。**基准法**（benchmarking，也译作标杆管理）是指彻底地研究内部的实际做法和过程，并用其他成功组织的运作方法来对它们进行衡量。关于人力资源规划，其基准法包括了解本行业中其他成功组织在预测什么以及他们怎样获得预测结果，然后，把自己的预测和方法与它们的进行比较。可以雇佣咨询顾问或类似行业协会的专业组织来帮助制定这种基准法。基准法的一个主要优点是它能促进人力资源专业人员考虑其他的做事方法。

## 确定追加的（净）人力资源需求

管理者一旦确定了所需员工的种类和数量，就要根据组织目前或预期的人力资源来对这些估计进行分析。这个过程包括对当前所雇佣人员进行一个彻底的分析，对预期的变化做出一个预测。

表 5.3　用于预测人力资源需求的统计模型技术

| 技术 | 描述 |
|---|---|
| 1. 时间序列分析 | 用过去的人员安排水平（而不是工作负荷指标）来估计未来的人力资源需求。研究过去的人员安排水平以得出季节性和周期性变化、长期趋势和不规则变动。然后，用移动平均数、指数平滑或回归技术来推断或估计长期趋势。 |
| 2. 人员比率 | 研究过去的人员数据以确定在各种职位或职位类别中员工数量之间的历史关系。然后，用回归分析或生产率比率来估计总的或关键组别的人力资源需求，并用人员比率把总需求分配到各个职位中或估计非关键组别的需求。 |
| 3. 生产率比率 | 用历史数据检查过去的生产指标水平。<br>$P$ = 工作负荷 / 人员数量<br>在发现有恒定或系统关系的地方，人力资源需求就可以通过用 $P$ 值除预测的工作负荷来计算。 |
| 4. 回归分析 | 研究过去各种工作负荷指数水平，如销售额、生产水平和增加值，以得出员工安排水平的统计关系。在相关性足够显著的地方导出回归（或多元回归）模型。把预测到的相关指数数值输入所得到的模型中，就可以计算出相应的人力资源需求。 |

资料来源：Kendrith M. Rowland and Gerald R. Ferris, *Personnel Management*, 1st edition, p. 59 © 1982. Reprinted by permission of Pearson Education, Inc., Upper Saddle River, NJ.

## 技能清单

**技能清单**（skill inventory）是指把组织的人力资源信息合成一体，以最简单的形式提供所有员工的基本信息，包括一份关于员工的姓名、特定特征和技能的清单。由于技能清单中的信息是做晋升和调动决策时要考虑的因素，因此它应该包含有关每一个员工技能的整套信息，而不仅仅是那些与员工目前工作有关的信息。在大多数情况下，技能清单应包括七大类信息：

1. 个人数据：年龄、性别、婚姻状况。
2. 技能：教育经历、工作经验、培训。
3. 特殊资格：专业团体中的成员、特殊成就。
4. 薪水和工作历史：现在和过去的薪水、加薪日期、承担的各种工作。
5. 公司数据：福利计划数据、退休信息、资历。

6. 个人能力：在心理或其他测试中的测试成绩、健康信息。
7. 个人的特殊偏爱：地理位置、工作类型。

由于计算机的广泛使用，技能清单的普及程度迅速地增加了。尽管在传统上大多数想要得到的信息都可以从个人的人事档案中获得，但在能方便地使用计算机之前，编辑它们是很费时的。今天的内联网甚至可以处理综合的技能清单，然后，安排员工进行培训以适应组织的需要。内联网将在本章稍后讨论。

技能清单的主要优点是它能迅速和准确地估计组织内可利用的技能。除了帮助作出晋升和调动决策外，这种信息通常对做其他决定也是必要的，如是否争取一份新合同或引进一个新产品。技能清单也有助于规划未来的员工培训和管理开发，以及招募和甄选员工。图 5.3 介绍用于 PPG 行业中的技能清单表格。

### 管理人员清单

由于所需管理人员信息种类有时不同于非管理人员，因此，有些组织保持一份单独的管理人员清单。除传记数据以外，**管理人员清单**（management inventory）通常包含对管理者过去的绩效、优缺点和提升潜力的简要评估。从本质上看，管理人员清单是一种只针对于管理人员专门技能的清单类型。

### 人员的预期变化

除了通过技能清单评价当前的人力资源以外，管理者必须考虑将来的变化。管理者能够确切和容易地估计某些变化，但对其他一些变化预测起来却没有这么容易。然而，几乎总是有可利用的信息来帮助进行这样的预测。

如退休这样的变化可以利用技能清单中的信息充分准确地预测出来。其他的变化，如调动和晋升，也能通过考虑如个体在具体职位上的年龄和组织要求这样的因素来进行估计。具有提升潜力的个人能够也应该能够被确定出来。其他因素，如死亡、辞职和解雇，则更难预测。然而，过去的经验和历史记录常常能为此提供有用的信息。

在估计预期变化时，也应该考虑计划的培训和开发经验。通过把对所需人力资源的预测与来自技能清单和预期变化的信息结合起来，管理者就可以对特定时期内的净人力资源需求作出合理的预测。

PPG

PERSONAL HISTORY PROFILE

PRINTED FOR　　　　　　　　　　　　DATE

PPG JOB HISTORY

| DATE ASSIGNED | JOB TITLE | BUSINESS/CORPORATE DEPARTMENT | ORGANIZATIONAL UNIT |
|---|---|---|---|
| | | | |
| | | | |
| | | | |
| | | | |
| | | | |
| | | | |
| | | | |

PRE-PPG JOB HISTORY

| COMPANY AND LOCATION | JOB TITLE | FROM | TO |
|---|---|---|---|
| 1. | | | |
| 2. | | | |
| 3. | | | |

FUNCTIONAL PREFERENCES

1.
2.
3.

EDUCATION

| LEVEL | YEAR | SCHOOL | STATE | SUBJECT |
|---|---|---|---|---|
| 1. | | | | |
| 2. | | | | |
| 3. | | | | |

| DEGREE IN PROGRESS | CREDITS EARNED | CREDITS REQUIRED |
|---|---|---|
| | | |

OTHER ACHIEVEMENTS, ACTIVITIES, TRAINING

1.
2.
3.
4.
5.
6.
7.
8.
9.
10.

LANGUAGES

| | PROFICIENCY LEVEL |
|---|---|
| 1. | |
| 2. | |
| 3. | |

PPG TRAINING COURSES

| | YEAR |
|---|---|
| 1. | |
| 2. | |
| 3. | |
| 4. | |
| 5. | |
| 6. | |
| 7. | |
| 8. | |
| 9. | |
| 10. | |

| PROFESSIONAL SOCIETIES AND ORGANIZATIONS | MEMBER STATUS | YEAR |
|---|---|---|
| 1. | | |
| 2. | | |
| 3. | | |

PROFESSIONAL LICENSES AND CERTIFICATES

| | ISSUING AUTHORITY | YR. RECD./EXP. |
|---|---|---|
| 1. | | |
| 2. | | |
| 3. | | |

RELOCATION INTEREST

POTENTIAL INTEREST:　YES ☐　NO ☐

GEOGRAPHIC PREFERENCE:

ANY AREA ☐　U.S. ☐　CANADA ☐

LATIN AMERICA ☐　EUROPE ☐　ASIA PACIFIC ☐

WORK EXPERIENCE AND KNOWLEDGE

| CATEGORY | DESCRIPTION | FUNCTIONAL AREA | YRS. EXP. | LAST YR. | ACTION | YRS. EXP. | LAST YR. |
|---|---|---|---|---|---|---|---|
| | | | | | | | |
| | | | | | | | |
| | | | | | | | |
| | | | | | | | |
| | | | | | | | |
| | | | | | | | |
| | | | | | | | |
| | | | | | | | |
| | | | | | | | |

MAILING CODE　ID　FLSA　CATG　ORIGINAL HIRE DATE　LATEST HIRE DATE　CONTINUOUS SERVICE

图 5.3　PPG 行业使用的技能清单表

## 开发行动计划

一旦确定了净人力资源需求，管理者就必须开发实现预想结果的行动计划。以下部分讨论可以增加人力资源的行动。

### 增加人力资源

许多环境因素会影响是长期雇佣、临时雇佣还是外包的决策。这些因素包括需求的永久性、合格招募的可得性以及工会合同（如果适用）。如果净需求表明需要追加人力资源，那么就必须做出是否长期雇佣、临时雇佣或者对工作进行外包的决策。如果决策是进行长期雇佣，就必须制定出所需特定数量和种类人员的招募、甄选、上岗引导和培训计划（第 6、7、8 章涉及这些内容）。

### 应急工和外包

应急工和外包的优点是允许组织轻松应对人力资源需求的波动。应急工通常与长期雇佣员工享受不一样的福利，因此用工成本可以更少。应急工和临时机构，尤其是临时机构的另一潜在优点是：这些机构经常在员工被雇佣前提供测试和培训。应急工的最后一个优点是，他们能为组织带来新的观点，因为他们有各种不同的经验。

如果决定是进行外包，则必须确定和估价外包的潜在主顾。由于工作常常能以更低的成本承包出去，因此外包在许多情况下变得很吸引人。造成这种成本节省的一个原因是：提供这种服务的公司提供给其员工的福利，可能不像母公司那样诱人。利用外包的另外一个原因是可以让母公司把重点集中在它的核心业务上。

### 减少人力资源

如果有必要减少人力资源，就必须做出计划来实现必要的调整。如果时间不是问题，则可以用自然消耗来减少工作人员。然而，如果组织负担不起这种奢侈的自然消耗，它就可以通过减少员工总数或者通过不使员工离开组织的其他调整来减少多余人员。

***裁员***　如同在第 1 章中所提到的，减少员工总数称为裁员。裁员有四种基本方法：（1）临时解雇，（2）解职，（3）鼓励提前退休，（4）鼓励自动辞职。临时解雇与解职相反，它是假定在以后的某个时间上可能重新召回。大多数提前退休和自动辞职计划都会为之提供某些金钱上的刺激。

***降低人力资源成本的其他方式***　不导致员工离开组织的方法包括：（1）重新分类，（2）调动，（3）工作分担，（4）职位分担。重新分类包括员工的降职或工作责任的降级，或者是两者的结合。重新分类通常伴随着工资的减少。调动是指把员工调动到组织的其他部门。工作分担是通过按比例地减少员工的平均工作时间以减少临时解雇和解职（例如，一个部门的所有员工可以把每周的工作时间由原来的 40 小时减到 35 小时）。如第 4 章讨论的，职位分担是两个或更多的兼职员工完成一项通常由一个全职员工来完成的工作。职位分担可以用于在裁员中保留有价值的员工。

## 对人力资源规划过程进行综合

图 5.4 描述组织计划与人力资源规划之间的关系。就像我们看到的那样，组织目标受到许多历史和环境因素的影响。环境因素包括诸如经济、利率、竞争、劳动力的可获得性和技术等各种变量。一旦组织目标建立起来，就要把它们转化成部门目标。然后，各个管理者确定实现他们的预期目标所必需的人力资源。人力资源专员综合这些不同的需要，并为组织确定总的人力资源需求。类似地，人力资源专员基于组织中的各单位依据可获得的资源和预期的变化提交的信息，确定追加的（净）人力资源需求。如果净人力资源需求是正的，组织就进行招募、甄选、培训和开发（见第 6、7、8、9 章）。如果这个需求是负的，就必须通过裁员或使用不导致员工离开组织的方法以降低人力资源成本。裁员可以通过人员自然缩减、临时解雇、解职、提前退休或自动辞职来实现。

## 人力资源规划的工具和技术

许多工具可用来协助人力资源规划过程。前面讨论的技能清单是最常用的人

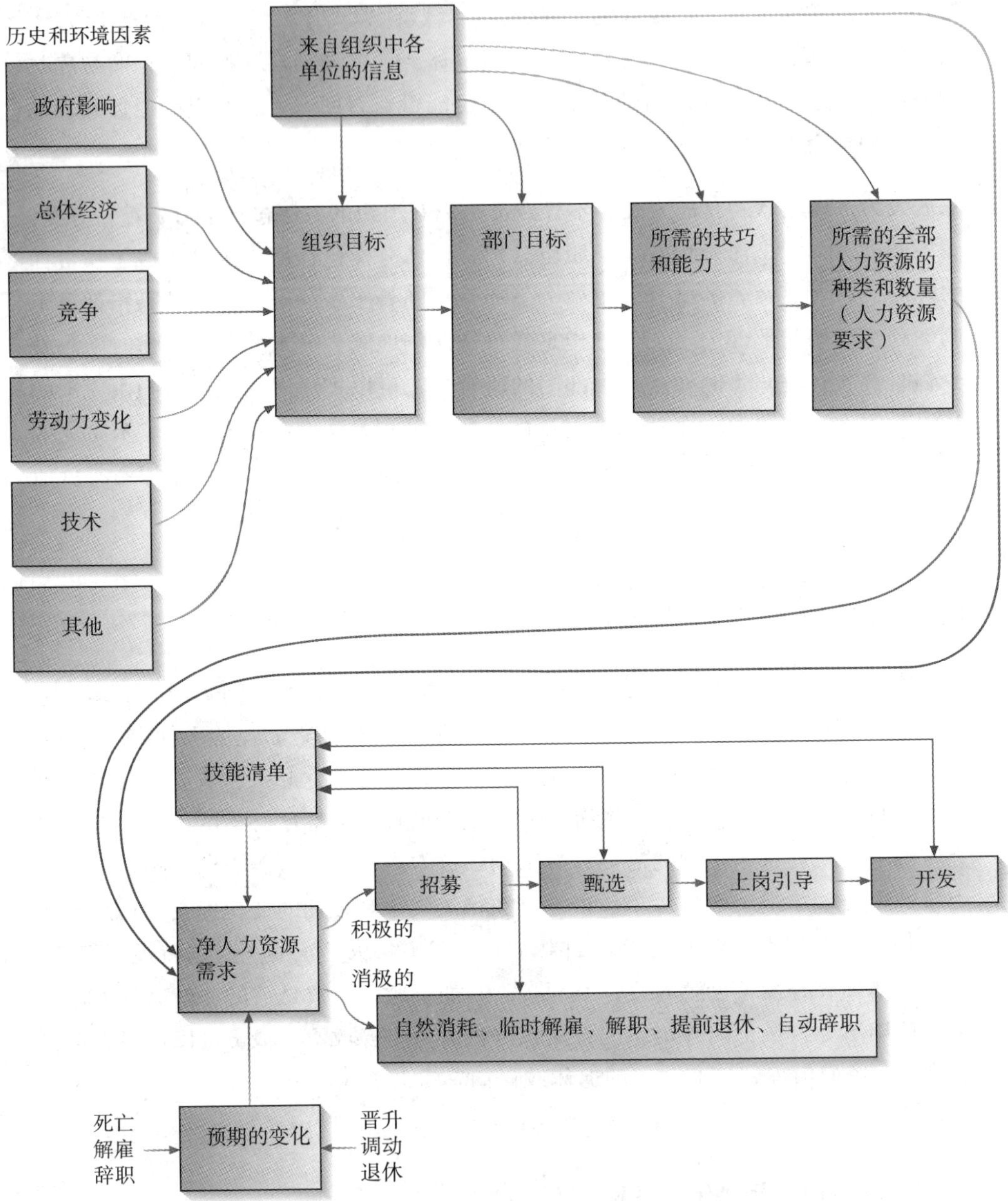


图 5.4 组织及人力资源规划

力资源规划工具之一。经常使用的工具还包括接续计划和比率分析。

## 接续计划

**接续计划**（succession planning）确定填补整个组织中关键职位的具体人员。接续计划几乎总是包括替代图的使用。尽管存在着许多变种，但一个基本的**组织替代图**（organization replacement chart）则要显示任职者和给定职位的潜在替换者两方面的内容。图 5.5 是一个简单的替代图的例子。要使替代图有效，它必须定期更新以反映情景和潜在需求两方面的变化。在一个理想的接续计划系统中，经管理层提名，个体首先被确定为提升的候选人。然后，检查绩效评价数据、估计发展潜力、制定开发方案以及规划职业发展路径。复杂的接续计划有助于确保合格的内部候选人不被忽略。

许多接续计划的一个问题是“王储”综合征（“crowned prince” syndrome），特别是非正式计划和那些大型组织的接续计划。当管理层认为只考虑提升那些设法让高管层看得见的人员时，就会出现这种综合征。接续计划的另一个问题是必须追踪的信息太多，以至于用手工做非常困难。在这种情况下，主要利用人力资源专员手中已有的可用数据，而且应该实现计算机化。实践中的人力资源管理 5.1 讨论通用电气的接续计划。

## 比率分析

**比率分析**（ration analysis）是有助于进行人力资源规划的另外一种工具。在比率分析应用于人力资源规划时，有两个基本前提。第一个前提是从人力资源角度来看,组织的“活力”是根据它所拥有的在当前或不久的将来极有可能晋升的人员，以及已确定可以代替他们的后备人员等这样的人力资源充沛程度来确定的。第二个前提是组织的“停滞”是根据员工不可能晋升和没有确定代替任职者的后备人员等这样的人力资源匮乏程度来确定的。 比率分析的最终产品是一个总体的**组织活力指数**（organizational vitality index，OVI），可以用它来作为组织人力资源活力的一个大概的测量指标。这个指数以组织中可晋升人员的数量和现存的后备人员数量为基础来计算。正如第 1 章所讨论的，信息系统的使用渗透了人力资源的大部分领域，在人力资源规划中尤其如此，接下来的部分将讨论信息系统的使用。

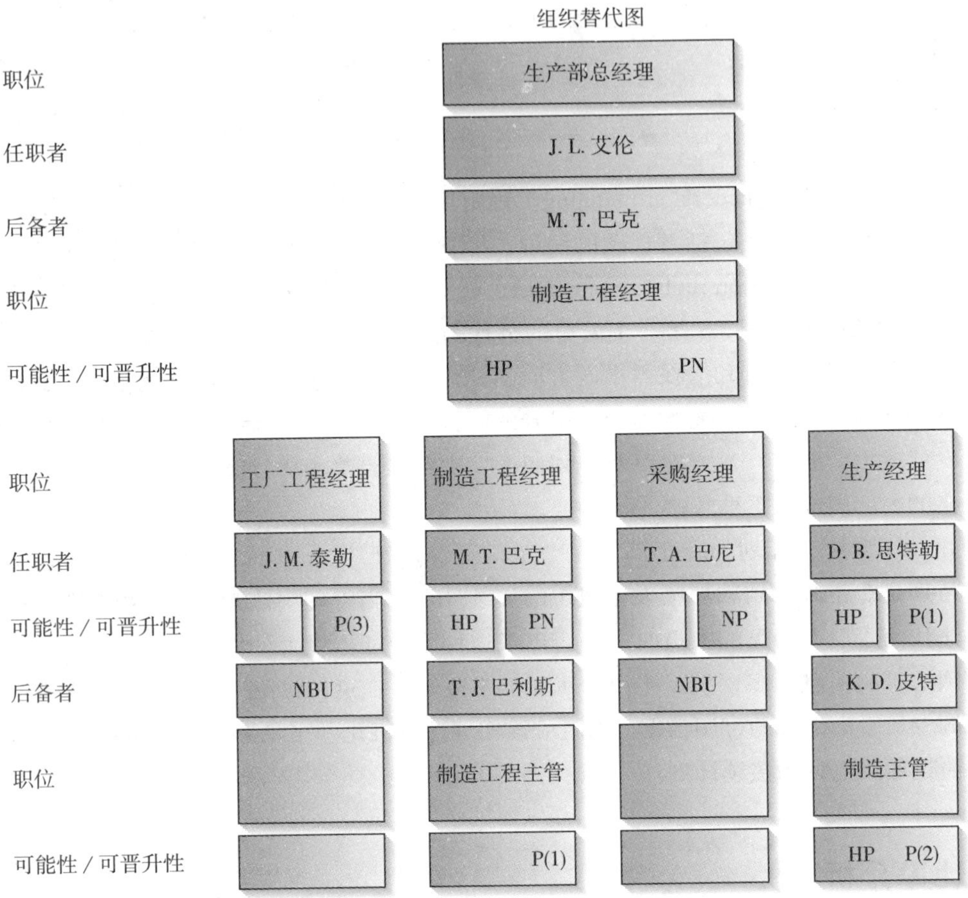


图例定义：

HP（高可能性）= 平均以上或突出的人，具有在五年内至少在当前职位基础上提升两级的可能性。

PN（现在可晋升）= 现在就可晋升到比当前职位高一级的某个确定职位上的人。

P（年数）= 在“x”年内可以晋升到比当前职位高一级的某个确定职位上的人。

NP（不可能晋升）= 不可能晋升到当前职位以上的人（例如，个人希望保持在当前职位上，等待退休，已被提升到最大的能力限度之内，等等。）。

NBU（无后备者）= 没有人被确定为这个职位的后备者。

**图 5.5 组织替代图样本**

资料来源：D.L. Chicci, “Four Steps to an Organization/Human Resource Plan,” *Personnel Journal*, June 1979, p.392.

## 实践中的人力资源管理 5.1

### 通用电气的最高层继任

1995 年 5 月，通用电气（GE）的首席执行官杰克·韦尔奇做了一次血管成形手术，10 天后接受了选择性三叉路分流手术。《商业周刊》报道“韦尔奇没有任何明显的继任者”。而且问道：“老板去世会出现什么情况？”《华尔街杂志》把通用电气描述为正在遭受“匆忙寻找新领导人”从而使自己处于“一种继任紧张不安的情形”。

由于通用电气一直被描述为“北美高级管理人才的第一开发者”，因此媒体对此感到吃惊。事实是没有一个高级经理人员被确定为韦尔奇的职位继任者。然而，在一个信封里有两三个高级经理人员的名字，董事会和韦尔奇认为他们有能力立即接任这个最高职位。2000 年晚些时候，杰夫·伊梅尔特被选为韦尔奇的继任者。

与其他公司的接任制度不同的是，通用电气的董事会成员密切参与到公司 130 名最高级管理人员的不断发展中。每年有两次，董事们研究大约 15 名最高层管埋人员的档案（每次 15 名，每年 30 名）。从与高级管理人员、他们的老板、以前的同事和下属的大量访谈中精炼这些档案。董事们获得对高级管理人员优缺点的感受，提出对他们发展的建议，并讨论未来的安排。当这一天来临时，董事们将会做出深思熟虑的决定，而不是不加思索地批准一个内部人员的推荐或做一个仓促的决策。

资料来源：Linda Grant, “GE: The Envelope, Please,” *Fortune*, June 26, 1995, pp.89-90; Diane Brady, “The Education of Jeff Immelt,” *Business Week*, April 29, 2002.

# 人力资源信息系统

对人力资源需求的增长、政府法规的增多和个人计算机功能的扩展，都帮助证明了在人力资源部门中建立信息系统的必要性和可行性，这样的信息系统称为人力资源信息系统。**人力资源信息系统**（human resource information system, HRIS）是一个包括所有相关的人力资源信息并提供维护与访问这些信息的数据库系统。

HRIS 的一个主要优点是，能够为运营、控制和计划提供比手工或以工资册为基础的系统更加精确、及时的信息。HRIS 的速度和精度实在是手工系统无法比拟的。HRIS 也使得人力资源人员和组织的其他领域无须再保存大量的纸张文件。

从历史角度来看，HRIS 的主要缺点是它的财务成本和运行这个系统对劳动力的需求。幸运的是，随着计算机软件的发展，这些问题已经大大减少了。如今，可以以比几年前低得多的价格得到许多现成的人力资源信息系统软件包，而且这些软件包的界面更加友好，所需要的培训和时间也更少。

下列领域代表了 HRIS 的某些潜在的具体应用：

1. *办公室事务上的应用*。某些日常办公室事务性工作自动化将避免使用额外的职员、加班和临时帮忙。
2. *节约搜寻求职者费用*。HRIS 能很容易地存储求职者的申请信息，并且随后为特定职位搜寻候选人，可以帮助公司避免求助于就业代理机构。
3. *风险管理*。如今的许多行业中，要求从事特定工作的人必须拥有许可证、接受安全培训，甚至还要进行身体检查。HRIS 可以监测这些要求并报告任职者所存在的任何不相符情况。
4. *培训管理*。HRIS 能够把工作培训需要与工作承担者的实际培训经历进行比较，还可以确定个人和组织二者在培训上的需要。
5. *培训练习*。HRIS 能提供组织范围内的培训开发和实际培训，特别是对于使用计算机的职位。
6. *财务计划*。通过使用 HRIS，人力资源管理者能模拟工资和福利变化带来的财务影响。然后，人力资源管理部门就有可能建议在总体预算目标下做出一些策略调整。
7. *流动率分析*。可以通过 HRIS 密切监控流动率，从中识别流动的特点并对可能的原因进行分析。
8. *接续计划*。HRIS 可以识别晋升所需要的逻辑发展路径和步骤，然后，可以监控个人的进步。
9. *弹性福利管理*。HRIS 能够对弹性福利方案进行管理。没有人力资源信息系统，这些方案的执行和管理可能是昂贵的。
10. *遵从政府法规*。HRIS 能够用来保持与当前公平就业机会以及政府所要求的相关法规相一致。通过更全面地审查满足特定需要的工作申请者，使管理人员对情况有更加详细的了解，HRIS 还可以帮助公司更好地遵从政府法规。
11. *出勤报告及分析*。病假、休假、事假和迟到的文件如果用手工记录可能要花费一笔可观的费用，而 HRIS 可以容易地记录这些信息。

12. 意外事故报告和预防。HRIS 可以记录意外事故的细节，并作相应的分析，有助于预防意外事故再次发生。
13. 战略规划。今天的客户 / 服务器系统正在把人力资源人员从单纯的行政管理者，改造成能影响首席执行官决策的战略规划者。
14. 人力资源规划。能以当前劳动力为基础做出预测的信息系统，可以在很大程度上帮助进行人力资源规划。

HRIS 的一个主要间接好处是它可以帮助人力资源管理者更具战略性。之所以能实现这一点，是由于它能使许多事务处理过程自动化，并且能为管理层制定战略决策提供高质量的信息。因此，HRIS 提供的这样一个媒介不仅能帮助人力资源专业人员更有效地完成工作，而且还能支持战略决策的制定。

## 人力资源与互联网

互联网是寻找多种与人力资源管理有关的信息和跟上这个领域新发展的极好来源。今天，越来越多的人力资源经理利用互联网进行人员招募、行为研究、访问电子数据库、发送电子邮件、培训，以及与同事通过网络进行联系。互联网对人力资源专业人员的真正价值在于它能够提供和生成有用的信息。通过互联网，管理者可以获得海量信息。图 5.6 提供了一批与人力资源相关的网址。

## 人力资源与内联网

内联网是一种内部计算机网络，它利用互联网的产品和技术在组织内提供多媒体应用。内联网把组织内的人与人、人与信息及知识联接起来，起到整个组织的“信息中心”的作用。网络门户与内联网类似，但是门户可以使其他特定群体进入组织的内联网，比如商业伙伴、顾客或供应商。第 1 章讨论过的 eHR 系统就是内联网的一个例子。内联网类似于一个内部的人力资源信息系统，最初它被视为一种奢侈品，因为只有当它能为数以千计的员工服务时才显得物有所值。随着众多软件公司提供可被购买或以合理价格租赁的多种内联网应用组合，它已不再

图 5.6 **人力资源相关网址**

- **SHRM**（**www.shrm.org**）人力资源管理协会有一个便于检索的有序的数据库。
- **美国国家事务出版公司**（**www.bna.com**）包括与人力资源管理和商务主题相关的新闻和其他材料。
- **IHRIM**（**www.ihrim.org**）一个从事人力资源信息系统和技术的重要组织。其他一些有用的信息也可以获得，例如，技术在多种人力资源操作和实践中扮演的角色。
- **人力资源规划协会**（**www.hrps.org**）这是一个包括主要的大型组织高级人力资源专业人员群体，处理与人力资源发展职业以及商务相关的问题。
- **美国劳工部劳动统计局**（**www.bls.gov**）联邦政府提供人力资源主题的相关信息，包括薪资、福利、就业、人口统计资料与安全。
- **美国全国劳资关系委员会**（**www.nlrb.gob/nlrb/home/default.asp**）介绍与工会成员相关的联邦法律。
- **康奈尔大学高级人力资源研究中心**（**www.ilr.cornell.edu/depts/cahrs/**）一流大学进行的多种人力资源主题的研究。
- **人力资源网络向导**（**www.hrguide.com**）链接至许多人力资源相关网站，包括公平就业机会、人员编制和甄选、奖励计划、工作分析以及培训与发展。
- **人力资源软件**（**www.hrsoftware.net**）链接至许多供应商。
- **人力资源博客**（**HR Blogs**）新近出现的一种在线传播方式，涉及更加宽泛主题的讨论。这样的博客有：**HR for the leader in you (hrleaders.blogspot.com); Kevin Eikenberry Group (www.kevineikenberry.com/blogs/index.asp); BNET (blogs.bnet.com/hr/index.php?cat=),** which contains links to many other HR blogs and resources; and **HR Megablog (www.hrmegablog.com),** which has lists of HR blogs and resources.

资料来源：Adapted from "How to Enrich and Expand Your Internet Searches," *HR Focus*, June 2006, pp. 7-8, and "Progressive Business Publications PBP; Progressive Business Publications' New E-Newsletter Division Targets Advertisers Marketing to Business Executives," *Marketing Business Weekly*, July 14, 2008, p. 21.

是奢侈品。先前提到的人力资源信息管理国际协会（www.ihrim.org）同样列出了许多内联网软件包资源。图 5.7 提供了与人力资源相关的内联网的普遍应用。毫无疑问的是，内联网重新定义了人力资源信息在许多组织中的应用方式。

## 服务软件

**服务软件**（software as a service）或“按需定制软件”是一种较新的软件开发

图 5.7 内联网使用

**基本用途**

- 员工沟通
- 公司目录
- 公司手册，包括政策和方针
- 天气
- 新闻
- 股票信息
- 公司内各部门间的联系
- 讨论室或聊天室

**中级用途**

- 与外部利益提供者的联系
- 员工援助计划
- 以网络为基础的电子邮件
- 电子学习
- 在线工作公告
- 日历、地址簿和项目进度表
- 在线旅行预订
- 文件管理
- 员工引导
- 实践演示

**高级用途**

- 福利登记
- 绩效管理
- 薪资检查
- 与技能 / 能力管理方案相联系的接续计划
- 在线招募和雇佣
- 提交电子表格
- 电子化的工资信息，包括工资存根和 W-2s 表格
- 商业情报
- 音频和视频会议

资料来源：Samuel Greengard, "Evolution of a Portal: The Basics of HR Portal Development," Adapted from *Workforce* (April 2002) Crain Communications, Inc.

方式，它是使用者通过网络访问的标准商业应用软件。传统上，软件公司通过磁盘和光盘卖他们的软件，随后安装在顾客自己的电脑上。软件同样也需经常维护和定期更新。基于服务软件，软件制造商通过互联网提供基于现收现付制的产品，通常是每月一次的会员费。服务软件的主要优势是购买和安装装备不再需要花费高额资金，并且管理相关系统也减少了很多麻烦。由于有了服务软件，故不用再等待数月并且花费高额金钱，使用者只需花费几天或几小时签订合同就可以使用。因为这些优势，服务软件对人力资源应用有特别的吸引力。2009 年市场调查公司互联网数据中心（IDC）表明，服务软件从 36% 增长至 40%。互联网数据中心同时也预测来年大约 45% 的美国公司将花费至少四分之一的 IT 预算在服务软件上。世界领先的信息技术搜索和咨询机构高德纳公司预测，服务软件的销售额将在 2013 年达到 140 亿。

# 总　结

1. **对人力资源规划（HRP）进行定义。**

   人力资源规划是使合适数量的合格人员在合适的时间进入合适的工作岗位的过程。用另一种方法来解释，人力资源规划是把人员的供给——内部的（现有的员工）和外部的（要雇佣或在寻找的员工）——在给定的时间范围内与组织预期的空缺匹配起来的系统。

2. **概括人力资源规划与组织规划之间的关系。**

   任何人力资源规划要做到有效，都必须来源于组织的长期规划和运营计划。从本质上看，人力资源规划的成功主要取决于人力资源部门如何把有效的人员规划与组织的经营规划过程紧密地整合起来。

3. **解释与战略相连的人力资源规划。**

   与战略相连的人力资源规划是以人力资源专员和直线经理之间密切的工作关系为基础的。人力资源经理在涉及到与经营目标和战略相关联的人员管理方面问题时，对直线经理起到顾问的作用。反过来，直线经理又有责任对与人力资源目标和战略相关联的事务作出回应。最高管理层也必须对人力资源规划过程承担责任。

4. **确认人力资源规划的步骤。**

   人力资源规划由四个基本步骤组成：（1）确定组织目标对组织中具体单位的影响；（2）确定为实现组织和部门目标所需要的技能、专长和员工总数；（3）确定追加的人力资源需求；（4）制订行动计划以满足预期的人力资源需求。

5. **描述预测人力资源需求的不同方法。**

   预测人力资源需求的方法可以以判断为基础，也可以以数学为基础。以判断为基础的方法包括管理估计法、德尔菲法和情景分析。以数学为基础的方法包括各种统计和模型方法。

6. **讨论技能清单的目的。**

   技能清单巩固了组织人力资源的信息，它提供所有员工的基本信息，最简形式是一份包括员工姓名、特定特征和技能的清单。

7. **描述接续计划和比率分析。**

   接续计划确定填补整个组织关键职位的具体人员。比率分析产生组织活力指数，一种关于组织人力资源活力的大概的测量指标。这个指数是以组织中可晋升人员的数量和现存的后备者数量为基础来计算的。

8. **定义人力资源信息系统（HRIS）。**

   专门为人力资源应用而开发和使用的信息系统称为人力资源信息系统。

9. **区分互联网和内联网。**

   内联网是一种内部计算机网络，它利用互联网的产品和技术在组织内提供多媒体应用。互联网是联通电脑上独立操作的全球集合。

10. **定义“服务软件”概念。**

    服务软件也称为“按需定制软件”，是一种较新的软件开发方式，是指使用者通过网络访问的标准商业应用软件。

第 6 章

# 员工招募

**招募**（recruitment，也译作招聘）是指寻找和吸引能够从中挑选出胜任空缺岗位的合格候选人群的过程。大多数组织都有招募（有时候称为雇佣）职能，通常由人力资源部门行使。在大多数组织都把重点放在有效运营的时代，为工作招募到合适的人员就成了最重要的事情。实践中的人力资源管理 6.1 介绍一个创造性的招募计划。

一个组织的招募努力程度和在招募中使用的方法，取决于人力资源规划进程和所要填补的特定工作的要求。如第 5 章所述，如果预测的人力资源需求超过了净人力资源需求，组织通常会积极地招募新员工。如果所要填补的职位没有定义清晰，招募就很难成功。不管所要填补的职位是已经存在的还是新设立的，为了有效地招募，都必须尽可能准确地对它的要求进行界定。

为了完成某项工作，组织除了招募新人员外，确实还有其他选择。这些选择包括利用临时工，让现有员工加班，把工作外包给别的组织（这种方法通常用于建筑项目或者必须在某一固定时间内完成的项目），或者采用员工租赁。最后一个选择是将工作外包给在国外的公司。

## 工作分析、人力资源规划和招募

图 6.1 说明工作分析、人力资源规划、招募和甄选过程的关系。工作分析提供特定工作的性质和要求，人力资源规划确定了所要填补工作的具体数量。招募则是关于提供用于填补这些空缺职位的合格人群的过程。在招募过程中所涉及的问题包括：到什么地方寻找合格的人员？如何招募这些合格人员？哪些人会参与招募？组织有什么吸引合格人员的诱因？甄选过程是关于从合格的候选人群中选

## 实践中的人力资源管理 6.1

### 电子招募

近些年来，许多公司在削减传统的员工招募预算的同时，开始在使用电子招募技术方面增加时间和金钱的投入。在许多情况下，这一新趋势在降低成本和节约时间方面都十分有效，但由于这是招募中淘汰求职者的新形式，因此在电子招募领域仍存在一些需要改进的地方。

对于某些公司需要填补的空缺职位，电子招募可能无效。例如，对于销售员这一岗位来说，性格是影响有效性的一个重要因素，因此雇主可能想要在传统的面试情境下与可能录用的销售员工会谈。然而，在初步审查中，在线性格测评可能有助于招募者筛掉许多应聘者。由于应聘者数量众多，传统的面试程序可能既费时又无成本效益。

电子招募的第二个缺陷是对系统作弊。我们担心应聘者会让其他人来填写在线申请。一个纠正此缺陷的方法是让雇主表明在线测评部分仅仅是第一步，还需要对每个人进行进一步的测试。许多年轻的应聘者乐意完成详细的测试，但是许多年纪较长的求职者可能不乐意在电子招募的流程上花费时间。解决这一问题的一个办法是雇主向求职者承诺：无论求职者有没有收到公司的录用通知，雇主都会将测试结果告知这些求职者。通过这种方法，候选人至少可以学到如何在电子招募过程中更好地展示自己。

对于公司来说，电子招募是使公司更具成本效益的一个好办法，并且随着高科技产品的价格不断下降，电子招募将会变得越来越普遍。对于那些对电子招募持反对态度的求职者来说，随着电子招募的流程变得越来越普及以及缺陷越来越少，并且随着这些求职者意识到这一流程的轻松和便捷，他们将更加赞成这一途径。

资料来源：Adapted from Nick Martindale, “The Pros and Cons of Online Assessment,” *Personnel Today*, October 20, 2009, p.12.

择对于一种给定的工作最有可能成功的个人或群体。这个问题将在下一章详细讨论。

## 人员请求表

大多数组织使用**人员请求表**（personnel requisition form），正式要求人力资源

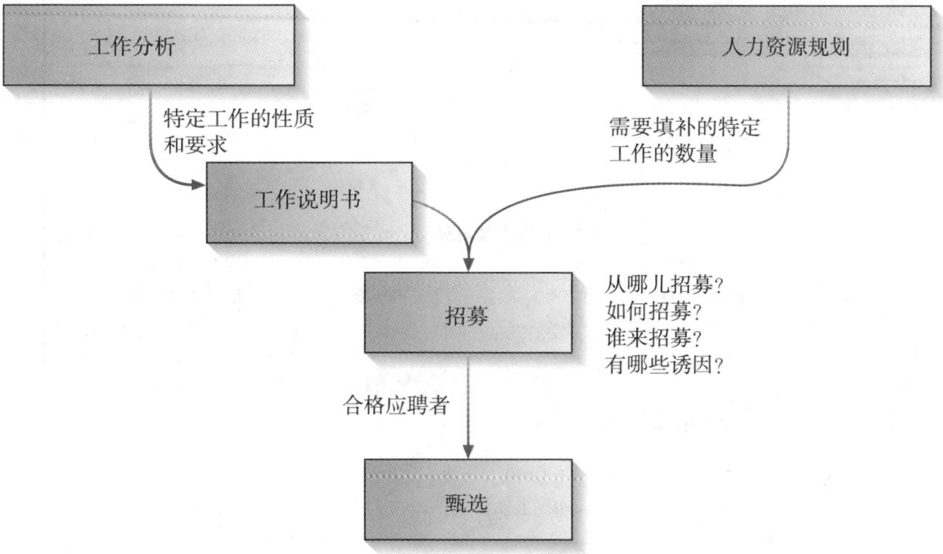


图 6.1　工作分析、人力资源规划、招募和甄选过程的关系

管理者采取行动以填补特定的职位。人员请求表描述需要招募新员工的原因和工作要求。图 6.2 展示了一个人员请求表的样本。在人员请求表上附加工作说明书是一个好主意。

# 合格人员的来源

组织可以用自己的现有人员来填补某项特定的工作，也可以从外部招募。每种来源各有利弊。

## 内部来源

如果一个组织的员工招募和甄选在过去是有效的，那么人才的最好来源之一就是自己的员工。内部来源有几个优点。首先，组织对自己员工的优缺点比较了解。组织拥有一份员工技能清单，可以以此作为内部招募的起点。另外，员工的绩效

PREPARE IN DUPLICATE, SEND ORIGINAL TO PERSONNEL

## 人员请求表

To Requisitioner: The Civil Rights Act of 1963 prohibits discrimination in employment because of race, color, creed, religion, sex or national origin. Federal law also prohibits other types of discrimination such as age. The laws of most States also prohibit some or all of the above types of discrimination as well as some additional types such as discrimination based upon ancestry, marital status or physical or mental handicap or disability. Any expression of limitations in these areas expressed in this requisition should be warranted by a bona fide occupational qualification or legally permissible reason.

日期 ______________

FROM ______________ (姓名) ______________ (部门)

### I. 工作需要说明

| 需要日期 | 需要人数 | 工作名称 | 工作分类编号 | 雇佣工资幅度 | 工作工资幅度 |
|---|---|---|---|---|---|
| | | | | | |

永久 ________ 临时 ________ 如果临时，需要时间 ________ 哪个班次？ ________

兼职 ________ 全职 ________ 如果兼职，需要工作时间 ________

### II. 工作需要的理由

替换：是__否__ 如果是，替换的人 ______________

增补：是__否__ 如果是，说明需要替换的理由 ______________

### III. 对候选人的要求

学历：初中______ 高中______ 大学______ 商业______ 其他______

经验：（请详细说明必要的先决条件）

必须具备的条件 ______________

合适的条件 ______________

其他条件：______________

日期 ______________ 批准人 ______________

以下项目不填

招募日期 ______________ 招募人 ______________

 Form 116

图 6.2 人员请求表

资料来源：Human Resources: *Documenting the Personnel Function* by Victor W. Eimicke, p. 23, Copyright © 1987, with permission from Elsevier.

评价也是可得的。可以对被考虑员工的现任及前任管理者进行访谈，从而获得对他们的提升潜力的评价。总的来说，可以得到现有员工的更为准确的资料，从而减少作出错误决策的可能。

不仅组织了解自己的员工，员工也知道组织的更多情况，知道它如何运行。因此，当从内部招募时，员工预期的不准确和对组织不满意的可能性显著降低。

内部招募的另外一个优点是，创造晋升的机会和防止解雇，从而对员工的动机和士气产生重大的、积极的影响。当员工知道组织会考虑用他们填补空缺后，他们就会有动力努力工作。反之，如果总是优先考虑外部人员来填补重要岗位空缺的话，将会产生相反的效果。

内部招募的最后一个优点与这样的事实有关：许多组织对人力资源的投资很大，充分利用现有员工的能力能够提高组织的投资回报率。

然而，从内部招募也有一些缺点。一种危险是内部提升将会引起异常激烈的明争暗斗，并对员工的士气和未被晋升员工的工作表现产生消极的影响。另一个危险涉及到思想的近亲繁殖。当只从内部招募时，必须谨慎，以确保新的思想和革新不被诸如“我们以前从不这样做”“没有它我们一样能做好”等观念所窒息。

如果一个组织从内部提升人员，还涉及到两个主要问题。首先，组织需要能干的员工和强有力的管理开发计划，以保证它的员工能承担更大的责任。第二个问题涉及到以资历为提升基础的合宜性。工会通常更愿意以资历作为提升的基础。然而，许多组织更愿意提升有出色表现和潜力的人员从事新的工作。

## 工作职位公告

**工作职位公告**（job posting and bidding）是一种内部招募方法，它把关于工作职位空缺的通知在组织的中心地点进行公告，并让员工在给定的时间内申请这些工作。其他公布工作职位空缺的方法包括给主管们发备忘录、在员工出版物上列示工作空缺清单。通常，工作职位公告详细说明工作名称、报酬级别以及必要的资格。通常的程序是先将所有的申请表送到人力资源部做最初的审定，下一步便是管理者的面试。接着，根据申请人所具备的资格、工作绩效、服务期长短和其他相关的标准作出决定。

一个成功的工作职位公告计划需要形成具体的执行政策。下面是相关的一些建议：

- 无论是晋升还是调任都应该公告。
- 在开始外部招募之前，应在一段特定的时间内公布工作空缺。
- 需要制定和讨论有关工作职位公告系统的合格规则。比如，一个合格规则可能是：如果一个员工在现在的岗位工作不满六个月，就不能申请公告的工作。
- 公告中应写明甄选的具体标准。
- 应要求工作申请人写出有关资格和要求调任或提升的原因。
- 人力资源部门应该通知那些最终未被选中的申请人，并且说明他们没有被选中的原因。

当然，对工作职位公告程序的详细说明必须依据特定的组织需要而定。

在有工会的组织中，工作职位公告程序通常在集体谈判协议中加以详细解释。因为考虑到管理者的主观判断和偏好，工会通常坚持在选择员工填补空缺时，资历是一个主要的决定因素。

## 外部来源

组织从外部招募人员的渠道有很多。那些快速成长的组织，或者需要大量有技术、熟练工人或者有管理才能的人的组织，通常都需要进行外部招募。

外部招募的一个根本优点是能找到的人才要比内部招募多得多。另一个优点是：从外部雇佣的员工会给组织带来新的见解和观念。另外，从外部雇佣有技术的、熟练的、有管理才能的人，往往要比在内部培训和开发这些人员成本低，而且简单容易，在组织急需要这类人才时尤其如此。

外部招募的一个缺点是吸引、联系、评价潜在员工比较困难。第二个可能的缺陷是从外部雇佣的员工需要更长的调整或定位期。因为，即使这项工作对组织来说并不显得那么独特或唯一，也需要员工对所在组织的人员、程序、政策和组织特征十分熟悉，而在这方面往往会出现问题。最后一个问题是，从外部招募员工往往会影响组织内那些认为自己可以胜任空缺职位的员工的士气。

### 招聘广告

一种更为广泛使用的外部招募方法是**招聘广告**（job advertising）。招聘广告通常刊登在日报和专业出版物上。其他一些较少采用的广告媒体包括广播、电视和广告牌。

人力资源经理应该保证招聘广告准确描述了工作空缺和满足工作空缺的要求。然而，通常认为，人们对形象好的公司的反应要比对形象差的公司的反应更强些。

招聘广告的广泛使用更可能是因为它是一种便捷工具，但不是有效的手段。如果把广告作为招募的主要来源，广告节目的策划和评价应是人力资源管理人员首要关心的问题。

### 就业服务组织

美国的就业服务组织主要是公共和私人职业介绍所，它们对组织招募新员工都是很有帮助的。在人口达到 10 000 或 10 000 以上的美国大多数城市，都有州立职业介绍所。虽然各州管理各自的介绍所，但这些介绍所必须遵从美国劳工部职业培训机构的政策和指导方针，这样才能获取联邦基金。《社会保障法》( The Social Security Act ) 要求所有合格的个人在获得失业救济金前都要在州立职业介绍所登记，这样，州立职业介绍所一般就会有最新的失业人员名单。州立职业介绍所为找工作的个人和寻找雇员的商业组织提供免费服务。

美国有两种类型的私人职业介绍所。高级管理人员搜寻公司 ( 又称**猎头公司**，headhunter ) 为高层职位寻找候选人 (“猎头” 这个术语显然来自于为组织招募头目的概念，比如说招募首席执行官或首席运营官 )。第二种类型的职业介绍所是为低层职位寻找候选人。这类职业介绍所的顾客是那些寻找工作的申请者或寻找普通员工的商业企业。私人介绍所的介绍费由个人或者需要招募员工的组织支付。如果职业介绍费由公司支付，私人介绍所很可能宣布这项工作为“已付费”的工作。

### 临时性帮手介绍所和员工租赁公司

发展最快的招募领域之一是通过职业介绍所招募**临时性帮手** ( temporary help )。由职业介绍所付给临时性帮手薪水和福利，组织则为临时帮手的服务向职业介绍所支付一笔商定的费用。是否雇佣临时性帮手并不取决于组织的经济状况。当组织扩张时，采用临时性帮手可以增加现有人员；当组织紧缩时，他们就成为灵活的人员储备，不需要时比较容易辞退，需要时可以重新找回。使用临时性帮手的一个明显缺点是他们对组织缺乏承诺。

临时性帮手介绍所通常安排人员在不同的公司从事短期工作。**员工租赁公司**（employee leasing company）和**专业雇主组织**（professional employer organization, PEO）则与此不同，它向公司客户提供永久性人员，解决员工薪金，处理人事问题，确保人员服从工作场所的规章制度，以及提供各种员工福利。另外，它还根据公司和技术服务企业的合同，为长期工程提供高度熟练的技术人员，比如工程师和信息技术专家等。

### 员工推荐和上门申请

许多组织让它们的员工参与到招募过程中。这种招募系统可能是非正式的，仅靠口头来执行，或者通过规定一些必须遵守的指导方针来建立。公司有时会给那些推荐了以后被雇佣的候选人的员工鼓励和奖金。因为员工往往会推荐自己的朋友和亲戚，所以采用员工推荐方法的弊端是可能会在组织内部形成帮派。

上门申请和自荐也是合格人员的一个来源。在这个问题上，公司形象对应聘者的数量和质量有重大影响。薪酬制度、工作条件、劳工关系和对社会活动的参与，都是一些能够对公司形象产生积极或消极影响的众多因素中的一部分。

### 校园招募

在大学校园招募是公共及私人组织的一种普遍做法。**校园招募**（campus recruiting）活动通常由校园就业中心协调。一般而言，组织会派一个或多个招募人员到校园进行初步面试。在作出最终雇佣决定之前，最有希望的应聘者会被邀请参观办公室或工厂。

如果人力资源部门采用校园招募，它应该采取措施保证招募人员对组织或需要填补的工作职位有充分的了解，并且保证他们能理解和使用有效的面试技巧。本章的后面部分将会讨论招募面试。

另一种获取大学、技校、职业学校和高中的人才方法是利用相互合作的工作计划。按照这些计划，学生可以部分时间学习，部分时间工作；或者学生可以在一年中的一段时间学习，一段时间工作。因为这些计划既能为学生提供接受正规教育的机会，又能提供增加工作阅历的机会，所以很吸引人。为了鼓励学生完成正规教育后为组织工作，当他们完成正规教育后，通常会得到提升。

### 网上招募

利用互联网招募潜在员工在持续快速增长，并且已经成为许多大公司进行人员招募的主要方法。大学毕业生和专业人员就像发送传统纸质文件那样发送电子简历。网上招募的例子包括如下：IBM 的 CyberBlue 网站（www.cyberblue.ibm.com）提供可搜寻的工作公告、大学生工作洽谈会信息和福利信息。其他的公司利用如 Job Options（www.joboptions.com）、Career Builder（www.careerbuilder.com）、Vault（www.vault.com）和 Monster.com（www.monster.com）等这样的互联网服务在网上发布工作公告。使用网上招募可能会导致不合格的候选人和低质的工作申请。然而，网上招募的速度和节约的时间似乎抵消了这些潜在的问题。

## 招募方法的有效性

组织设计招募程序是为了吸引一批有才能的人群到组织工作，组织希望从这些人群中选出最合适的人从事相应的工作。人力资源部门面临的一个明显并且非常重要的问题是，哪一种招募方法更能够吸引有才能的人群。

许多研究都在探索这个问题。一项研究得出结论认为，与报纸广告、私人职业介绍所介绍和上门申请相比，员工推荐是最有效的招募来源。这项研究发现，通过员工推荐雇佣的员工流动率低于通过其他方式雇佣的员工。

另一项研究分析了员工绩效、旷工、工作态度和招募方式之间的关系。结果表明，通过校园就业中心招募的人员，以及在较小范围内通过报纸广告招募的人员，其工作绩效（比如质量和可信赖度）要比自荐或者通过专业杂志和传统广告招募来的人员差些。该研究认为，与杂志和传统广告、毛遂自荐相比，校园招募和报纸广告是较差的员工招募方式。

可以这么说，研究还没发现一种最优的招募来源。因此，每个组织都应该积极探索适合自己的最有效的招募来源。比如说，人力资源部门可以按照员工流动率、旷工和工作表现来控制最新雇佣的有效性。通过对不同招募来源员工有效性

## 实践中的人力资源管理 6.2

### 对雇主进行公平性监控

由 XpertHR 实施并公布的调查显示，现在许多公司在进行人员招募时都会监控公平性。调查涉及了 104 名雇主，这些雇主代表着有 232 000 名雇员的劳动力大军。该调查旨在确定雇主在招募工作中是如何避免歧视和促进多样化的。

调查结果总体乐观。80% 的公司会监控招募活动和劳动力的公平性；98.1% 的公司在实践中具有公平的机会和多样的政策；61% 的公司认为，多样化政策其实已使公司接触到了一个更广阔的人才库。

资料来源：Adapted from Nadia Williams, "Equality Monitoring Now the Norm for Employers," *Personnel Today*, November 10, 2009, p.23.

表 6.1　外部和内部招募的优缺点

| 来源 | 优点 | 缺点 |
| --- | --- | --- |
| 内部 | • 公司对候选人的优缺点有很好的了解。<br>• 员工候选人很了解公司。<br>• 会增强员工的士气和动力。<br>• 会提高组织目前劳动力的投资回报率。 | • 人员可能会被提升到一个他不能胜任的工作岗位。<br>• 由于内部提升而导致的明争暗斗会对员工的士气产生消极的影响。<br>• "近亲繁殖"会窒息新的思想和革新。 |
| 外部 | • 可得到更多的人才。<br>• 会给组织带来新的见解和观念。<br>• 从外部雇佣有技术的、熟练的或有管理才能的人才往往比较便宜、容易。 | • 吸引、联系和评价外来员工较困难。<br>• 调整和定位期较长。<br>• 会影响那些认为自己可以胜任空缺职位的内部员工的士气。 |

的比较，确定哪一种招募来源能招来最好的员工。

表 6.1 概括了内部和外部招募各自的优缺点。实践中的人力资源管理 6.2 描述了企业是如何监控招募的。

## 工作现实预览

提高所有招募方法有效性的一种方法是利用工作现实预览。**工作现实预览**

（realistic job previews，RJPs）是指向工作申请人提供完全的工作信息，包括正反两方面的信息。

按传统做法，组织总是通过粉饰组织和工作以吸引应聘者。通常，这样做会得到满意的选择比率，也就是相对于一定数量的工作空缺，会有大量的申请人。当然，公司可以从中选择最优秀的。但不幸的是，有时这些努力会使新员工在最初产生过高的工作期望，也就会形成不满和高流动率。图 6.3 对采用传统的做法和利用工作现实预览的不同结果进行了对比。

对工作现实预览有效性的研究表明，它使求职者能够自己排除那些不符合他们期望的工作。另一方面，如果提供给求职者某一工作，并且他接受了这一工作，

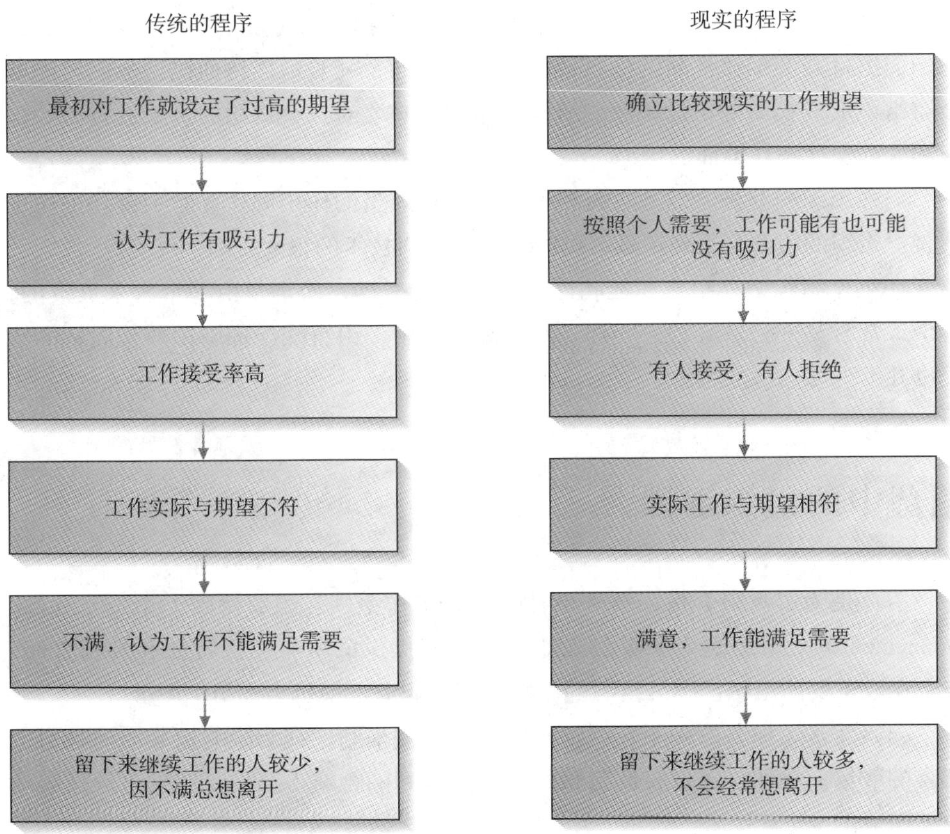


**图 6.3　工作预览程序的典型结果**

那么工作现实预览就能够使他们更努力工作。可以这么说，通过工作现实预览招募到的员工通常具有更高的工作满意度。

## 谁来进行招募和如何招募

在大多数大型或中型组织中，由人力资源部门负责招募。这些组织通常在人力资源部门内设有一个招募机构。招募机构中有负责招募的人员、负责面试的人员和处理组织内外招募事务的办事人员。

招募机构工作人员的作用是相当关键的。上门申请者和广告应聘者通过与招募机构的接触，形成对组织的印象。如果一个申请者受到冷遇或无礼对待，他可能就会对组织形成长期的负面印象；相反，如果招募人员能够热情问候申请者，向他们提供有关工作空缺的信息，并且尊重他们，礼貌地接待他们，他们可能就会对组织形成长期的正面印象。所以，非常有必要对招募机构的员工进行有效沟通和人际交往技巧方面的培训。

当在组织的办公室以外进行招募时，招募人员的作用同样非常关键。工作申请者对组织的印象会受到招募人员的知识和专门技术的很大影响。

在小型组织中，招募职能和许多其他职能一样，通常是由一个人来负责的，这个人常常是办公室经理。同样，在小型组织中，由直线经理来招募和面试的情况也并不少见。

## 招募中的组织诱因

招募是为了吸引合格人员来填补特定的工作空缺。**组织诱因**（organizational inducement）是指组织为了吸引工作申请者而提供的所有积极特征和有利方面。三个比较重要的组织诱因是组织的薪酬制度、职业发展机会和组织声誉。

起始薪水、加薪的频率、激励制度和组织的福利，都会影响招募活动吸引申请者的数量。例如，支付较低起薪的组织招募到的合格人员，要比支付较高起薪的组织更困难。

具有提供员工职业发展机会声誉的组织，通过他们的招募活动可能吸引更多的合格候选人。员工和管理发展机会使现有的员工在个人和专业上取得进步，也会吸引人才到组织中工作。帮助现有的员工进行职业规划，会形成公司比较关心员工的感觉，这也是吸引申请者的一个诱因。

最后，组织整体声誉或形象也是吸引应聘者的一个诱因。影响组织声誉的因素包括员工的总体待遇、产品和服务的特性和质量，以及对社会公益活动的参与。不幸的是，一些组织认为，差的形象是我们工商业固有的一部分。但不管是何种类型的工业或商业组织，都应该努力树立良好的形象。

## 公平就业机会与招募

公平就业机会立法和与该立法相关的法院判决，使得整个有关招募面试的问题更加复杂。比如说，如果一个面试人员在面试过程中问一些有关种族、性别、年龄、婚姻状况和孩子数目等问题，那么这个公司就可能面临雇佣歧视诉讼的危险。在雇佣之前，面试人员不应该问那些可能会造成偏见的问题，除非公司准备好证明（如果必要，在法庭上证明）所问的问题与工作有关。

公平就业立法对招募活动有重大影响。应该认真分析和检查每一类工作的所有招募程序，以确认和消除歧视障碍。比如，公平就业机会委员会鼓励组织尽量避免主要通过员工推荐和上门申请来招募员工，因为这些做法会导致组织现有员工结构固定化。如果组织的各个层次没有很好地代表少数族裔和女性，采用这种招募程序就会被法院裁定为歧视行为。

公平就业机会委员会同时建议，招募广告的内容不应该暗含种族、性别或工作年龄偏好，除非年龄或性别是实际职业资格（BFOQ）的要求。它同样鼓励组织在媒体上专门针对少数族裔和女性做招募广告。广告应该说明，本组织提供公平就业机会并且不存在歧视。

应该在有大量少数族裔和女性学生的大学里安排校园招募。公平就业机会委员会还建议，雇主应形成并保持与少数族裔、女性和社会团体的联系，以此作为招募的来源。

委员会鼓励雇主与非传统的招募来源进行联系，如安置生理和精神上有障碍的人的组织。女性和少数族裔人群的雇佣问题很可能继续受到关注，并越来越被重视。

更有可能的是，招募者将必须更关注被雇佣人员的配偶，无论是男性还是女性。帮助其配偶寻找工作很可能成为必需。如果雇佣一个妇女，特别是让她来从事管理或专业性工作，有必要考虑同时雇佣她的丈夫。

# 总 结

**1. 对招募进行定义**

招募是指寻找和吸引能够从中挑选出胜任工作空缺的合适候选人群的过程。

**2. 论述工作分析、人力资源规划和招募**

工作分析提供特定工作的特性和要求，人力资源规划确定所要填补工作的具体数量，招募提供填补空缺的合格人群。

**3. 解释人员请求表的目的**

人员请求表描述需要雇佣新员工的原因和工作要求。

**4. 描述内部招募的利弊**

优点：公司对工作申请人的优缺点比较了解，工作申请人也比较了解公司；会增强员工的动力和士气；会提高公司人力资源的投资回报率。

缺点：员工可能会被提升到一个他们不能胜任的职位；由于内部提升而引起的员工之间的明争暗斗会对员工的士气产生消极的影响；“近亲繁殖”会窒息新的思想和革新。

**5. 论述工作职位公告**

工作职位公告是一种内部招募方法。这种方法是指将有关工作空缺的通知在组织的中心地点进行公布，并让员工在给定的时间内申请这些工作。

**6. 描述外部招募的利弊**

优点：能够发现更多有才能的人；会带给组织新的见解和观念；从外部雇佣有技术的、熟练的、有管理才能的人通常比较便宜且容易。

缺点：吸引、联系、评价外部人员较困难；调整和定位期较长；从外部招募员工往往会影响那些认为自己可以胜任空缺职位的内部员工的士气。

**7. 对工作现实预览进行定义**

工作现实预览可以向工作申请人提供完全的工作信息，包括正反两方面的信息。

**8. 解释组织诱因**

组织诱因是指组织为吸引工作申请者而提供所有积极的特征和福利。

**9. 概括公平就业机会委员会（EEOC）关于工作广告的建议**

公平就业机会委员会建议组织尽量避免主要通过员工推荐和上门申请来招募员工。广告应该说明，本组织提供公平就业机会。应该在有大量少数族裔和女学生的大学里安排校园招募。

# 员工甄选

**甄选**（selection）是指从合格的候选人群中选择出能胜任工作的人。工作分析、人力资源规划以及招募都是甄选过程的必要前提条件。这些过程中的任何失误都会使最好的甄选系统失效。

## 甄选过程

对某一工作申请者进行筛选一般要包括一系列步骤。图 7.1 说明了一个典型的甄选过程所包括的步骤。组织的规模、空缺职位的类型、所要雇佣人员的数量及来自公平就业机会委员会和工会的外部压力，都会影响组织甄选过程的实质进展。大多数组织在甄选过程中都采用多重限定技术。在运用这种技术的过程中，必须通过一系列审查手段，诸如申请表、面试及测试，以此来证明申请者是令人满意的。如果采用其中的任何一种方法判断申请人不令人满意，则对其不予考虑。如果这些审查手段产生了不利的影响或不同的效果，必须对其有效性予以证实。

### 职位申请表

填写职位申请表一般是大多数组织甄选选择的第一步。这种申请表提供了可在以后的选择步骤中使用的基本就业信息，并能用来筛选不合格的申请人。例如，如果空缺职位需要申请人具有使用文字处理器的能力，但申请人不具备这种能力，就不必对其进一步考虑了。

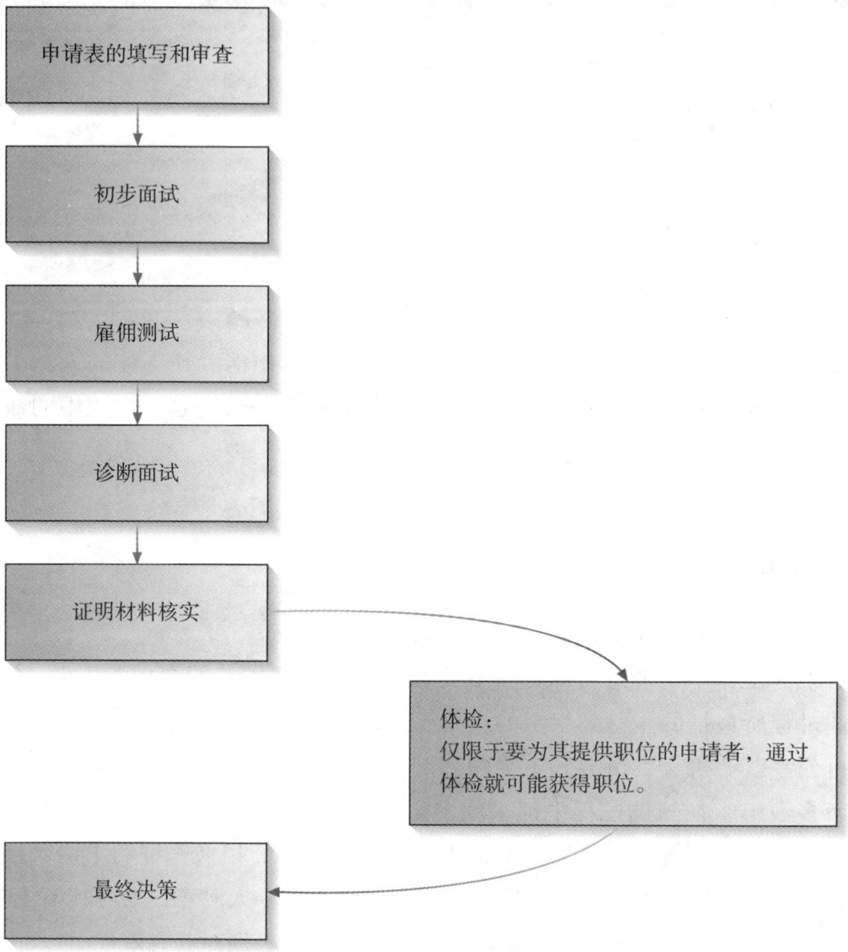


图 7.1 甄选过程中的步骤

## 公平就业机会委员会的要求

公平就业机会委员会及法院发现，许多工作申请及面试询问都按一种不恰当的比例将少数族裔与女性拒之门外，且经常与工作无关。有许多问题因此而被明文禁止。以下是一些在对申请人雇佣前调查（包括职位申请表及面试）中应该排除的主要问题，因为这些问题可能存在歧视：

1. 种族、肤色、出身国别及宗教信仰。询问种族、肤色、出身国别或宗教信仰是不合法的，一旦雇主被告发歧视，询问或记录这些雇佣记录中的信息会受到仔细的调查。
2. 拘捕与犯罪记录。法院规定，除非雇主能够证明职位申请者的拘捕记录与工作相关，否则根据拘捕记录拒绝申请者是不合法的。
3. 信用评价。法院还规定，除非制定一个政策表明信用评价的必要性，否则根据信用不佳而拒绝职位申请者是不合法的。除非调查职位申请者的财务状况、房屋及汽车的所有权是业务上的需要，否则这样做是不合法的。

## 过　程

一般情况下，人力资源部门的工作人员会审核申请表提供的信息，以确定申请者的资格与目前空缺职位的要求是否一致。另一种筛选方法是采用**加权申请表**（weighted applicant forms），这些表格对于不同问题赋予不同的权重。制定权重的方式是确定那些被证实表现较好的员工经常给出回答的问题而表现较差的员工较少给出回答的问题。加权申请表受制于本章前面所讨论的有效性要求。

## 信息的准确性

申请表提供信息的准确性是容易引起争论的。除非进行了某些核实，否则全然信赖申请表提供的信息是不慎重的。有些申请表中的信息可通过证明材料对其进行证实，这种方法将在本章后面予以描述。

为了确保提供准确的信息，许多雇主要求申请者签署类似于下文的一份申明：

> 我在此申明，我对前面问题的回答及陈述是真实和准确的，没有任何保留，没有试图隐瞒相关信息。对申请表信息的伪造一旦暴露立刻会受到解雇。

这种申明是否确实增加了信息的准确性不得而知。然而，雇主把伪造申请表看成是严重的冒犯，如果发现，一般都会解雇申请者。

## 实践中的人力资源管理 7.1

### 工作申请者和社会网络

某一工作的求职者不仅要提供他们的简历，可能还会被要求提供他们在任何一个社交或商业网站上的信息，比如脸谱网。

在蒙大拿州的博兹曼，要想成为这个城市某一工作的候选人，必须提交有关所参与的社交网络的所有信息。美国公民自由协会（ACLU）认为，这一举措侵犯了求职者的隐私。由于在公布了这一政策之后受到了媒体的公开报道，博兹曼市目前正在考虑改变该政策。

在博兹曼市的要求中，使人更难以接受的是它要求求职者同时提供这些网站的密码。求职者提供这方面的信息将会使他们的信息失窃或者被滥用。

资料来源：Adapted from Anonymous, "Apply Here, and Give Us Your Passwords," *Information Management Journal*, September/October 2009, p.12.

### 申请者流动记录

在填写申请表的同时，申请者经常还要填写申请者流动记录。**申请者流动记录**（applicant flow record）是公司从工作申请者那里获取信息的一种表格，该信息可能用于非法歧视。申请者自愿填写该记录。从申请者流动记录中获取的资料和信息可用以向公平就业机会委员会（EEOC）或联邦合同执行计划办公室（OFCCP）提供统计报告，或者用于对雇主在招募和甄选活动中的歧视指控进行辩护。

## 初步面试

初步面试将判定申请者的技能、能力、工作偏好是否与组织内的职位空缺相匹配，并向申请者解释职位空缺及其申请要求，以及回答申请者对职位空缺或雇主的任何问题。初步面试一般在申请者完成了申请表后进行，一般是由人力资源部门的专家与申请者进行简短的、初步的面谈。初步面试排除不合要求或不感兴趣的申请者。面试所谈的问题必须与工作有关且受制于有效性的说明。实践中的人力资源管理 7.1 描述在某一城市中对求职者信息的异乎寻常的要求。

## 正式测试

在阿尔勃马尔与穆迪案中，最高法院裁定，任何用于制定甄选决策的程序都可理解为测试。如果测试用于甄选过程，并且甄选过程对受法律保护的群体有负面影响，公平就业机会委员会就要求雇主采用《员工甄选程序统一指导方针》规定的程序，从而建立和保证甄选程序及测试的有效性及可靠性。这些内容将在本章后面部分予以描述。

组织对甄选过程可采用多种类型的商业测试，其中多种测试都经过了有效性及可靠性研究。《心理测验年鉴》是检查这些测试的有用来源。这本手册概括了多种商业测试，并提供了部分专家对这些测试的评价。

接下来的部分研究五种测试类型：能力倾向测试、运动能力测试、工作知识和熟练程度测试、兴趣测试及个性测验。此外还将讨论多种波动描记器测试、笔迹分析、药物及艾滋病检查的使用。

### 能力倾向测试

**能力倾向测试**（aptitude test）测量一个人学习和完成工作的能力或潜能。比较常用的一些测试是测量语言能力、计算能力、知觉速度、空间能力及推理能力。语言能力测试测量一个人在思考、计划和交流中运用文字的能力。计算能力测试测量加、减、乘、除运算的能力。知觉速度测试测量辨别相似及差异的能力。空间能力测试测量想象空间物体及确定它们之间关系的能力。推理能力测试测量分析口头或书面事实并在逻辑推理的基础上对它们作出正确判断的能力。

在公平就业机会法案通过以前，一个最古老也是最常用的能力倾向测试之一是智力测验。公平就业机会委员会不赞成这种测试，因为这种测试通常包含一些与成功完成工作无关的问题。因此，雇主在选择员工时一般不采用智力测验。

### 运动能力测试

**运动能力测试**（psychomotor test）测量一个人的力量、灵活性及协调性。运动能力测试的内容包括手指灵活度、手的灵活度、手腕的运动速度、手臂的运动速度。雇佣装配线操作工可采用这种能力测试。

### 工作知识和熟练程度测试

**工作知识测试**（job knowledge test）测量申请者拥有的与工作有关的知识。这种测试采用口头或文字形式。申请者必须回答这些问题，以区分有经验和熟练工人与经验较少、技能较差的工人。**熟练程度测试**（proficiency test）测量申请者能将代表某项工作的样本完成得如何。对申请秘书工作的申请者测试其文字处理能力就是采用熟练程度测试的一个例子。

### 兴趣测试

**兴趣测试**（interest test）意在将申请者的个人兴趣与那些在特定工作中成功的员工的兴趣进行比较。这些测试可以表明一个人最感兴趣的工作或岗位。采用兴趣测试的基本假设是，一个人从事他感兴趣的工作更可能获得成功。采用兴趣测试选择员工的主要问题是：人们对这些问题的回答并不总是认真的。

### 个性测验

**个性测验**（personality test，也译作人格测验）试图测量个性特点。一般说来这些测验的有效性值得怀疑，而且可靠性较低。目前在甄选过程中采用这些方法受到限制。两种比较知名的个性测验是罗夏克墨迹测验（Rorschach inkblot test）和主题统觉测验（Thematic Apperception Test, TAT）。采用罗夏克墨迹测验时，向申请者出示一系列含有不同大小和形状的墨迹卡片，然后让申请者辨别这些墨迹像什么。至于TAT测验，则是向申请者出示一些真实生活场景的图片，让他们对此进行解释。这两种方法都鼓励个人述说他们的第一反应。对这些反应的解释需要主观判断和专业心理学家的服务。而且，对个性测验问题的回答很容易编造。由于这些原因，目前在甄选决策中个性测验的应用很受限制。

迈尔斯－布里格斯类型指标（Myers-Briggs Type Indicator, MBTI）是最广泛使用的工具之一。由于它没有正确答案和错误答案之分，所以不算是一个测验。迈尔斯－布里格斯类型指标使个人能够很好地了解自身的性格或心理特征。

## 多种波动描记器测试

**多种波动描记器**（polygraph）通常称为测谎仪，是一种记录受试者回答一系列问题时生理状况变化的仪器。测谎仪在一卷移动的曲线图上记录受试者血压、呼吸及流汗的波动情况。测试者通过纸上记录的关于受试者生理变化的情况来判定其回答是真实的还是虚假的。

测谎仪的使用建立在一系列因果假设之上：压力引起人体内的某些生理现象变化；害怕或内疚会产生压力；说谎导致害怕和心虚。采用测谎仪的理论依据是：假设受试者对问题的回答与记录在测谎仪上的生理反应有直接关系。但是，测谎仪本身并不能查出谎言，它只能查出受试者生理上的变化，操作仪器的人必须对测谎仪记录的资料做出解释。因此，真正的测谎仪是操作员，而不是仪器。

1988 年通过的《员工测谎保护法》（Employee Polygraph Protection Act）规定，除个别特殊情况，禁止对所有申请者及大多数员工进行测谎测试，而且禁止使用声音压力分析及类似方法测试员工的诚实性。纸笔测试及化学测试，如药物和艾滋病检查，未被禁止。

不受法律限制的测谎测试主要包括下列内容：（1）虽然一些州可能通过法律限制使用测谎仪，但所有的地方、州及联邦雇员不在此范围内；（2）签有国防以及安全合约的行业允许使用测谎仪；（3）与能源部门签有涉及原子能合约的公司可使用测谎仪；（4）有机会接触高度机密信息的公司及顾问机构可使用测谎仪。

当雇佣私人保安人员和有机会接触毒品的人时，以及在雇主调查经济损害和损失期间里，私人公司也可使用测谎仪。

## 笔迹分析

**笔迹分析**（graphology，或 handwriting analysis）是指分析人员通过研究个人笔迹中的线、圈、笔画、曲线和花边，来评价人的个性、行为、情感问题及诚实性。如同采用测谎仪一样，使用笔迹分析依赖于分析人员（称为笔迹学者）接受的培训及拥有的专门技术。

在美国，组织采用笔迹分析的方法很有限。但是，因为已通过的《员工测谎保护法》没有禁止使用这种方法，所以对笔迹分析法的接受可能性有较大幅度的增加。

## 药物和艾滋病检查

组织越来越多地采用药物检查。最常见的做法是，当目前员工的绩效显示其有滥用毒品的迹象时，就对他们和所有新来的人员进行药物检查。大多数公司不会雇佣滥用药检呈阳性的申请者。

药物检查最常见的方式之一是尿检。此外，比较常用的一种检查方法是测量个人头发里的药物分子来确定其服药程度。有些专家相信，测试头发毛囊比尿检结果更准确。大多数专家则认为，在现有员工中仅仅对滥用药物进行检查，不是解决问题的理想办法。员工会尽力避免雇主对他们的检查，从而使双方产生不利的关系。教育和援助员工可以建立更为积极的关系，这种方法要求建立员工援助方案，这方面的内容将在第 19 章进行更详细的描述。

《职业康复法》及《美国残疾人法》保护那些患有艾滋病以及 HIV 抗体药检呈阳性的员工。一些主要的健康组织不但允许而且鼓励在工作场所进行自愿检查。而且，这些法律允许在某些确定的情况下采用 HIV 抗体检查。由于员工与感染 HIV 的患者接触的可能性很大，健康医疗机构更多地使用 HIV 检查。

在某些情况下，工作场所中的艾滋病患者在员工和同事之中引起恐慌，他们通常设法与感染艾滋病毒的人隔离。要想使 HIV 检查方案不被视为侵犯员工的基本权利，雇主必须能够证明检查带来的利益超过员工的个人预期。实践中的人力资源管理 7.2 描述了工作中药物检查的使用。

## 遗传基因检测

近期，一些公司考虑对潜在雇员进行**遗传基因检测**（genetic testing）。这些复杂的医疗测试是利用遗传基因代码来识别带有容易使人患病的遗传基因结构的人。雇员和雇主共同关心的是遗传基因信息的合法用途是什么，以及如何对待通过遗传基因检测所获得的信息。尽管有一种舆论认为限制保健福利不是遗传基因检测的目的，但所有方面都关心谁将可以使用这些信息。雇主关心的另一个问题是，如果一项有效的测试和进行检测的原因存在，那么他们不使用遗传基因检测会有什么责任。

实践中的人力资源管理 7.2

**工作中的药物检查**

近期似乎有一些雇主在没有事先通知的情况下，使用药物检查来淘汰员工。这对雇主来说是一个非常冒险的做法。

公司必须有一个明确的落实到位的政策。特别是当一个人的工作影响到公司方面的安全时，公司会使用药物检查。如果公司想要进行更普遍的检查，比如对年轻的雇员，那么公司则面临着触犯年龄歧视法的可能。同样，一个公司对员工进行药物检查数量的大量增加可能会被解释公司试图因为其他原因而淘汰员工，比如降低成本或者裁员。这不仅会影响员工士气，还会引起诉讼。

资料来源：Adapted from Tracey Lacey-Smith, "Testing Times over Drug Use at Work," *Personnel Today*, June 16, 2009, p.7.

## 第二次或追踪面试

大多数组织把第二次或追踪面试作为甄选过程的一个重要步骤，其目的是补充从甄选过程的其他步骤中所获得的信息，以决定申请者是否符合特定空缺职位的要求。面试中问到的所有问题必须与工作有关。公平就业机会立法对面试中可能问到的问题类型有一定限制。

### 面试的种类

组织通常会采用几种方式进行面试。**结构性面试**（structured interview）是指以彻底的工作分析为基础预先确定面试提纲，然后完全根据面试提纲来进行的面试。通过使用提纲，面试者可以控制面试过程，从而能系统地覆盖关于申请者的所有相关信息。结构性面试的优点是，它提供了所有被面试者的同类信息，系统地包括了组织认为有必要了解的所有问题。

面试者也可以进行**非结构性面试**（unstructured interview），这种方式没有预先确定的问题清单，而是采用开放式的问题，比如"告诉我你的工作经历。"这种面试产生许多问题，比如无法系统地了解有关申请者的信息，容易受面试者个人偏见的影响。但是，这种面试确实提供了比较宽松的氛围。

在一定程度上，组织也可采用其他三种面试方法。**压力面试**（stress interview）意在把受试者置于压力之下。在压力面试中，面试者对受试者采取一种不友好和敌对的态度。这种面试的目的是发现高度情绪化的人。在**委员会或小组面试**（board or panel interview）时，两个或更多的面试者共同对一位求职者进行面试。有时也采用**集体面试**（group interview），即若干名申请者在小组讨论中被一起提问。小组面试和集体面试都可以采用结构性面试或非结构性面试两种方式。

## 面试中存在的问题

虽然面试在甄选过程中广泛运用，但也存在许多问题。第一个当然也是最主要的问题是，它和甄选过程的其他步骤一样，受到可靠性与有效性的法律约束。但是，大多数面试的可靠性与有效性是值得怀疑的。一个最主要的原因似乎是，面试者很容易因为他们的**第一印象**（initial impression）对申请者留下有利的或不利的印象。面试者往往在面试的最初 10 分钟就对申请者得出结论。如果这种情况发生，就会有意或无意地忽视申请者任何更进一步的相关信息。

另一问题是**晕轮效应**（halo effect）。当面试者被申请者的某一突出特点影响了对其他方面的判断时，就发生了晕轮效应。例如，如果某个人性格很好，面试者很容易忽略其他方面的特性。但是，仅仅有好的性格并不能保证这个人将会是一个好员工。

**过于依赖面试**（overgeneralizing）是另一个常见问题。申请者工作中的表现不可能与他在面试期间的表现完全相一致。例如，面试者必须记住面试期间申请者在承受压力，有的人在面试中自然而然地变得很紧张。

在面试安排中，个人喜好、成见、偏见也会导致一些问题。有偏见或成见的面试者倾向于寻找与自己偏见一致的行为。外貌、社会地位、衣着、种族和性别对许多招聘面试产生了负面影响。

## 有效地进行面试

经过周密的计划可以克服与面试有关的这些问题。下列建议可以提高面试过程的有效性。

首先，重视面试者的选择和培训。他们必须是外向的、能很好调节情绪的人。面试技巧是可以通过学习获得的，负责面试的人必须全面接受有关这些技巧的培训。

其次，面试计划必须包括一些提纲，明确需要获得的信息和要提出的问题。计划应包括面试地点的安排，面试场所应该安静又舒适。如果不能安排在安静的地方，面试也应该安排在其他申请者听不到的地方。

其三，面试者应尽量使申请者感到轻松。不应该与申请者争论，也不应把申请者置于困境。简短地谈论一个普遍感兴趣的话题，或给申请者倒一杯咖啡，都有助于舒缓这种紧张的气氛。应鼓励申请者发言，但是面试者必须控制面试情境。记住面试最主要的目的是获得有助于决策的信息。

其四，面试结束后应立刻将获得的资料记录下来。通常，在面试过程中应当做记录。

最后，评价面试过程的有效性。一种评价有效性的方法是将已雇佣员工的绩效评价与面试期间的评价相比较。这种交叉核对法可用以评价个人面试和整体面试方案的有效性。

## 证明材料核实

证明材料核实可在第二次面试前或后进行。许多组织认识到核实证明材料的重要性，在申请表中留出空白，以便列示证明材料。大多数未来的雇主通过下列三种方式中的一种或多种与个人联系：本人、学校或过去工作证明。在大多数情况下，由于申请者都出示对其持肯定态度的工作证明材料，所以证明材料的价值有限。由于类似的原因，与在中学、学院或大学教过求职者的人联系，其价值也有限。很明显，前任雇主是常用证明材料的来源，他能够提供最客观的信息。

与前任雇主电话联系核实证明材料是最常用的一种方法。但是，除非这些问题以书面形式提出，否则许多组织不愿意回答有关前任员工的问题。前任雇主愿意泄露信息的数量和类型随组织的不同而不同。核实申请表上的信息是最不常用的方法，然而，大多数雇主由于担心诽谤罪的威胁而不愿回答有关以前雇员的情况。

政府立法明显影响了证明材料的核实过程。1974 年通过的《隐私法》（Privacy Act）禁止政府机构在未经员工许可的情况下把该员工的记录转给其他组织。1971

年通过的《公平信誉及报告法》( Fair Credit and Reporting Act, FCRA ) 要求私人组织给申请者提供机会，使其可以从报告服务获取信息。同时规定，必须让申请者知道组织正在对他进行核实。由于这些法律的颁布，现在大多数求职申请表都含有申请者签署的声明，授权雇主核实其证明材料并进行调查。

## 身体检查

身体检查一般仅限于获得职位的人，求职者是否最后被录用，视其是否通过体检而定。体检不但决定申请者在身体上能否从事该项工作，而且决定他是否有资格享有集体生活、健康和残疾保险。由于费用问题，体检一般是甄选过程中的最后一步。体检费用使许多组织要求申请者在填完申请表时再填写健康问卷调查表。如果健康问题调查表表明申请者没有严重的健康问题，一般不要求申请者进行体检。

1973 年通过的《职业康复法》及 1990 年通过的《美国残疾人法》都使许多雇主重新检查许多工作对身体的要求。这些法律并不禁止对员工进行身体检查，但是，它们确实鼓励雇主对申请者完成与工作直接相关的能力进行医疗调查，并要求雇主进行合理的调整，帮助残疾人胜任工作。此外，《美国残疾人法》要求，除非工作申请者已获得工作，否则不能对其进行体验。

## 做出最后选择决策

甄选过程的最后一步是为某项工作选择某人，它的假设是符合条件的人不止一个。如果真是这样，必须根据前面几个阶段收集的所有信息作出价值判断，以选出最合适的人。如果前面的步骤实施得当，作出成功判断的可能性会极大地提高。

不同的组织赋予不同的管理层作出最后选择决策的职责。在许多组织中，人力资源部门负责处理完成申请表，组织初步面试，测试及核实证明材料以及安排体检。诊断面试及最后的选择决策一般留给职位空缺部门的管理者负责。这种制度将管理者从筛选不合格和不感兴趣的申请者这些费事的责任中解脱出来。

在另外一些组织中，人力资源部门处理所有的步骤直到最后的决策。在这种制度下，人力资源部门给职位空缺部门管理者提供 3~5 个合格的申请者名单，该部门经理根据人力资源部门提供的所有信息，挑选他认为最好的员工。许多组织在得到更高管理层的认可的情况下，将最后的选择交给职位空缺部门的管理者。

在一些组织中，人力资源部门处理甄选过程的所有步骤，包括最后的决策。在小规模组织中，常常由所有者作出最后选择。

另外一种方法是让同事参与最后决策。同事参与决策主要用于高层管理者及专业人员的选择。同事参与决策很自然地使新员工更易于为工作小组所接受。

在选择管理者及监督者时，有时也可依靠评价中心。评价中心采用一些正式的程序，包括面试、测试、个人及小组练习，其目的是评价申请者担任管理者的潜能，以确定其发展需要。第 9 章将更详细地描述评价中心。

# 甄选过程的有效性

甄选决策要求决策者知道在空缺职位上成功的绩效与不成功的绩效之间的区别，并能预测个人在此岗位上的未来绩效。因此，工作分析在开发成功的员工甄选制度中是必不可少的。如第 4 章讨论的，通过工作分析可建立工作说明书及工作规范。工作说明书有利于确定如何测量成功的工作绩效，这些衡量标准称为**工作成功判别标准**（criteria of job success）。工作成功判别标准可能包括绩效评价、生产数据（比如工作量）及个人资料（如缺勤及迟到率）。

工作规范有利于确定能用来预测工作中取得成功绩效的因素，这些因素称为**判别标准预测因子**（criterion predictors）。判别标准预测因子可能包括教育、以前的工作经历、测试分数、申请表中的资料、以前的绩效评价以及面试结果。

效度和信度是十分重要的概念，这一点不仅体现在新员工的甄选过程中，还体现在晋升决策的制定和任何其他需要作出甄选决策的方面。例如，假设一个公司针对某一特定单位或部门的全体员工实施一个测验。进一步假设，挑选出来的能够参加某一培训项目的员工是那些在测验中得分最高的员工。为了使用这些分数来挑选能够参加培训项目的员工，公司必须能够证明该测验是有效的和可靠的。两个涉及到甄选程序里程碑式的法庭案例是格里格斯与杜克电力公司诉讼案和阿尔勃马尔纸业公司与穆迪诉讼案，这两个案例在第 2 章已做了详细论述。

**效度**（validity）是指判别标准预测因子如何准确地预测工作成功判别标准。**信度**（reliability）是指如果重复测量的话，判别标准预测因子所提供结果的一致程度。需要着重注意的是，例如一个判别标准预测因子测试分数可能可靠，但有可能是无效的。如果它不可靠，就一定无效。信度是判别标准预测因子效度的必要但非充分条件。因此，判别标准预测因子的信度在决定其效度方面起着重要的作用。本章后面部分将会更详尽地讨论信度。

有些判别标准，如绩效评价结果，既可视为工作成功判别标准，也可视为工作成功预测因子。例如，如果用过去的绩效评价来预测某个人在完成一份不同工作时的成功程度，绩效评价结果就是工作成功预测因子。另一方面，如果测试分数是判别标准预测因子，那么绩效评价结果就是工作成功判别标准。

图 7.2 展示了工作分析、信度和效度之间的关系。有三种方法可以说明判别标准预测因子的效度。它们是与标准相关的效度、内容效度和结构效度。

## 与标准相关的效度

与标准相关的效度是通过收集资料，采用相关分析（用来测量两组变量之间关系的一种统计方法）来确定工作成功的预测因子与判别标准之间的关系。相关系数（r）表明了某一预测因子的有效程度。它在 +1 到 –1 之间，+1 与 –1 表示两个变量完全相关，0 代表完全不相关或缺乏效度。相关系数为正号（+）表明这两个变量同方向变动，反之，负号（–）意味着这两个变量反方向变动。

预测因子与工作成功判别标准从来也不会完全相关。因此，为了建立效度，工作成功预测因子与判别标准预测因子之间所要求的相关程度是效度的一个重要问题。将在本章后面部分描述的《员工甄选程序统一指导方针》(通常称为《统一指导方针》) 认为，不存在一个最小的相关系数适用所有的雇佣情形。相关系数很少超过 0.50，通常认为系数为 0.40 就很好了，相关系数为 0.30 或更高是可接受的。一般来说，可以有把握地认为，相关系数低于 0.30，判别标准预测因子是无效的。

建立与标准相关的效度的两种主要方法是预测效度与一致效度。

### 预测效度

**预测效度**（predictive validity）是指通过确定预测因子，比如某种测试，对所有的申请者实施测试，然后雇佣他们填补空缺岗位而不考虑测试分数。一段时间

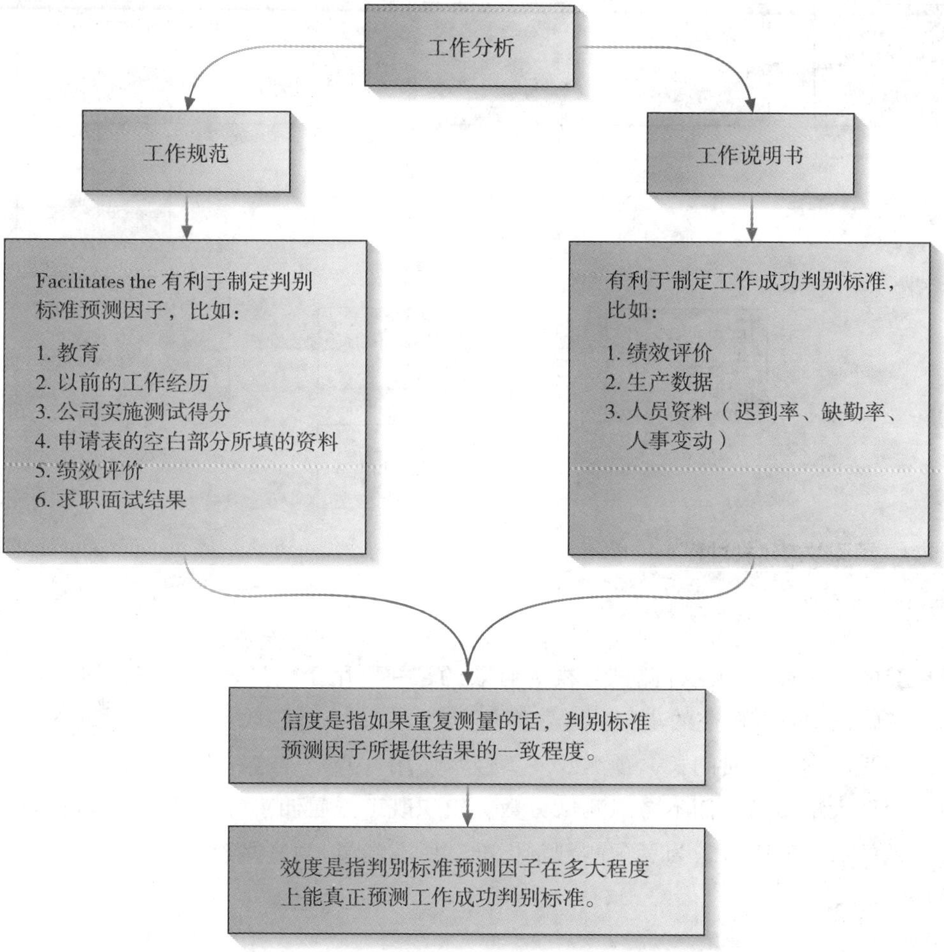


**图 7.2 工作分析与效度之间的关系**

后，将测试分数与工作成功判别标准相联系，看看得分高的人是否明显比得分低的人做得好。

例如，假如一家公司希望确定生产工人未来绩效的某种测试的有效性。在这个例子中，测试分数将是预测因子。再假设公司保留着每个工人的产量记录，并以此作为工作成功判别标准。在预测效度研究中，公司对所有的申请者实施测试，但是在雇佣员工时不考虑其测试得分，公司为新员工提供同样的基本上岗引导和培训。一段时间后（例如一年），将测试分数与产量相联系。如果二者之间存在

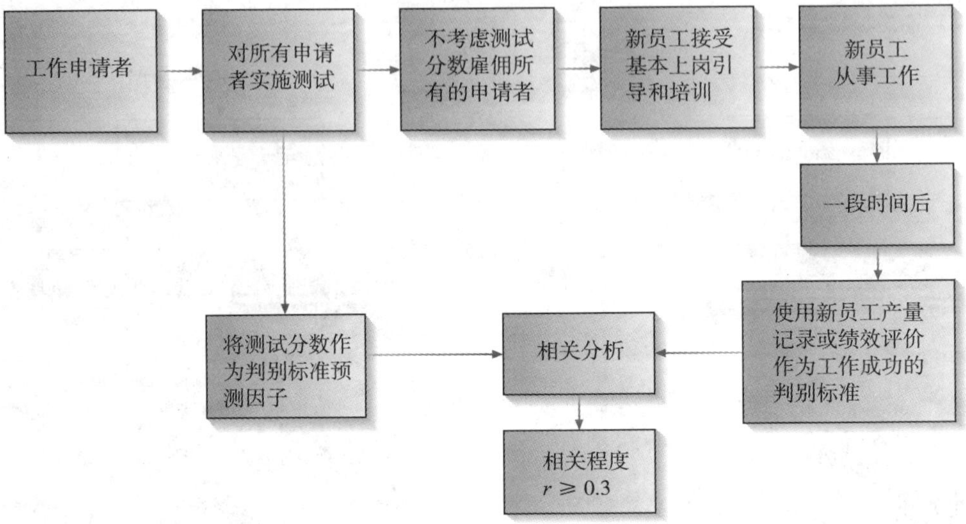


图 7.3 **预测效度建立过程**

可接受的相关性，则这种测试可视为有效的，并可用于选择未来员工。图 7.3 概括了实施预测效度研究的步骤。

因为成本高和时间长，预测效度不经常使用。要采用这种方法，必须在同一时间雇佣大量新员工而不考虑测试分数。组织既可能雇佣了好的员工，也可能雇佣了差的员工。而且，为了预测判别标准，所有新员工必须接受同样的上岗引导及培训。

## 一致效度

**一致效度**（concurrent validity）是指通过确定预测因子，比如某种测试，对目前的员工实施测试，然后将测试分数与目前员工的工作绩效相联系起来而决定的。如果两者存在可接受的相关性，这种测试可用于选择未来员工。图 7.4 概括一致效度的运用程序。

一致效度的一个缺点是，在过去存在种族和性别歧视的情况下，对少数族裔与女性并不是很有代表性的。另一个潜在缺点是，对于从事某项工作的在职员工来说，工作较差的员工更有可能被解雇，而工作最好的员工更有可能经常得到晋

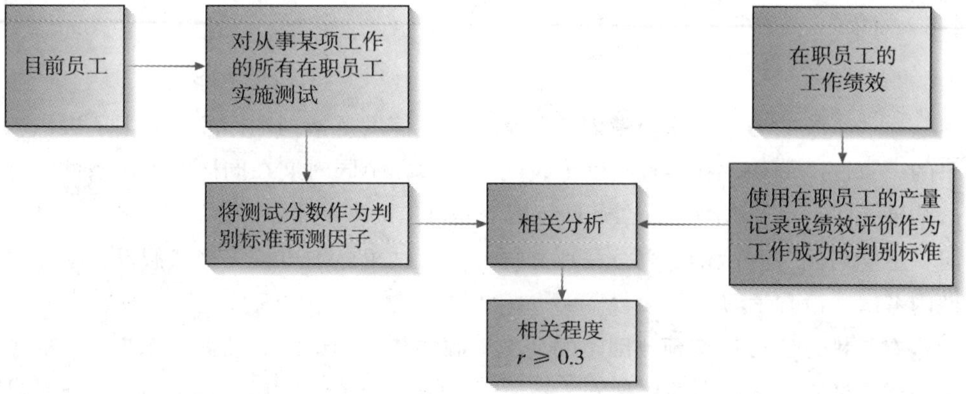


**图 7.4　一致效度建立过程**

升。显而易见，在这种情况下得出的相关系数会产生误导作用。

在效度研究中，与标准相关的效度程序（或者预测效度，或者一致效度）得到公平就业机会委员会（EEOC）的赞同。但是，由于与标准相关的效度存在费用和困难问题，使得组织经常采用内容和结构效度方法。公平就业机会委员会同样接受这些有效性测试的方法。

## 内容和结构效度

**内容效度**（content validity）是指甄选程序的内容或甄选方法，如某种测试是否代表了工作表现的重要方面。在申请者人数不多，不适宜采用依赖经验的效度测试法时，采用内容效度测试方法是非常有用的。采用这种方法时，雇主必须制定某项具体工作准确的绩效要求，并围绕需要完成的工作样本，制定甄选程序或甄选方法。

**结构效度**（construct validity）是指甄选程序或方法在多大程度上能测量出对申请者成功工作表现起重要作用的公认特性。与工作有关的结构可能包括语言能力、空间想象力、以及感知速度。例如，如果某项工作要求识图能力，在作出雇佣决策时，空间想象力测试就是结构有效的。

内容和结构效度测试方法都取决于对测试的判断。但是，在许多效度情境中，它们可能是唯一的选择。

## 信 度

甄选系统的另一个重要考虑因素是信度。信度是指判别标准预测因子提供结果的一致性。例如，在某种程度上，同一个人在不同时期在同样的工作条件下测试结果大体一致，这种测试在某种程度上是可信的。如果某人某一天测试不及格，但一星期后同一测试得了高分，那么这种测试结果就不可信（当然假设在这一星期内考试者没有学习）。

有三种方法可证实预测因子的信度。假如某一测试的成绩被用作判别标准预测因子，证实测试可靠的一种方法是**重测**（test-retest）。这种方法是对一组员工进行测试，随后，大约 2~4 周以后，再对这些人进行同样的测试。采用相关分析来确定这两组分数之间的相关程度。相关系数越高，测试的信度越高。显然，参加测试的人在两次考试之间是否进行了学习会影响相关性的结果。

第二种确定信度的方法是**复本**（parallel forms 或 alternative forms）。在这一方法中，将会构建两种独立但是相似的测试形式。同一组员工将会在两个不同的时间接受复本测验。同样，采用相关分析来确定这两组分数之间的相关程度。相关系数越高，测试的信度越高。

第三种确定信度的方法是**分半法**（split halves）。这是确定信度最简单和最容易的方法。在这一方法中，对一组员工进行测验。将测验的结果随机分成相等数量的两组。这两组的分数是相关的。同样，相关系数越高，信度越高。

## 员工甄选程序统一指导方针

公平就业机会委员会、人事管理办公室、司法部以及劳工部采用并颁布了《员工甄选程序统一指导方针》，通常称为《统一指导方针》。《统一指导方针》为任何雇佣决策中适当使用测试及其他选择程序提供了框架。雇佣决策包括雇佣、提升、降职、成员资格（例如在工会组织中）、推荐、保留、许可证和认证、培训选择及调动，但不仅限于此。

《员工甄选程序统一指导方针》同样包含了选择程序有效性的技术标准及文件性要求。指导方针从广义上定义了选择程序，它不但包括雇佣决策，还包括晋升决策、培训方案选择以及组织作出的几乎每项决策。指导方针意在与普遍公认的评价选择程序的专业标准相一致。《统一指导方针》允许对与标准相关的效度、内容效度及结构效度进行研究。进行效度研究时，鼓励雇主考虑采用能实现经营目标且产生较少不利影响的可替代方案。

所有的有效性研究必须详细记录。《统一指导方针》详细规定了在任何研究中都必须保留的记录类型。因为工作分析是研究有效性必不可少的部分，因此进行工作分析时也必须提供具体指导方针。

## 不利影响

《统一指导方针》的基本原则是，除非证明与工作有关，否则任何由于种族、性别、宗教信仰、原始国籍对就业机会带来**不利影响**（adverse impact）的政策和做法都是不合法的。一般认为，没有不利影响的选择程序是合法的。但是，如果产生了不利影响，只有当其与工作有关时才是合法的。一般来说，这就意味着要通过有效性来证明选择程序与员工工作绩效存在关系。

《统一指导方针》采用经验方法来判断不利影响。这条规定称为 **4/5 法则或 80% 法则**（4/5ths or 80 percent rule）。这条法则并非是法律上对歧视的定义，而是确定在雇佣、晋升或其他雇佣政策中是否存在严重不平等的一种实用的方法。例如，假定某位雇主在某一地区从事商业活动，那儿 25% 的劳动力是非洲裔美国人。此外，假设雇主雇佣了 1000 名员工，其中 100 人（10%）是非洲裔美国人。由于 25% 的 4/5 等于 20%，雇佣非洲裔美国人的比率低于 20% 则说明存在不利影响。非洲裔美国人员只占雇主劳动力的 10%，这就存在不利影响。（见图 7.5。）

图 7.6 介绍在员工雇佣决策中如何评价不利影响。假设有 25 名男性申请某一空缺职位，其中 15 名被雇佣。又假设只有 20 名女性申请，其中 5 名被雇佣。因为 60% 的 4/5 等于 48%，对女性的选择比例低于 48% 就表示存在不利影响。

## 不利影响存在的领域：基本的选择权

确定存在不利影响后，《统一指导方针》要求采用什么措施呢？首先，雇主有权修改或淘汰产生不利影响的选择程序。如果雇主没有这么做，必须在证明程序与工作有关的基础上，使程序的使用合法化。这一般意味着，选择程序中的绩效分数与其实际工作中的绩效有明确的关系。用工业心理学的话来说，雇主必须

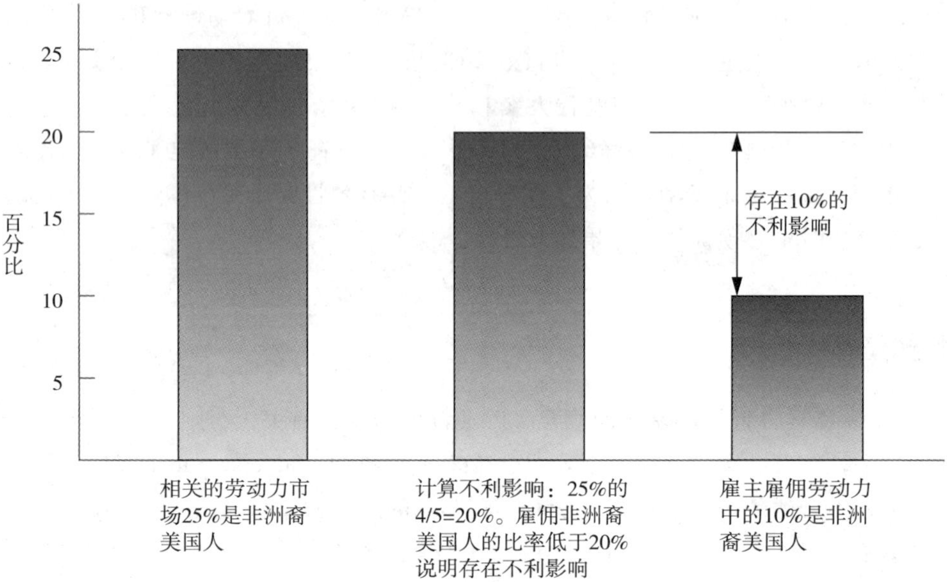


图 7.5 **确定雇主的劳动力中的不利影响**

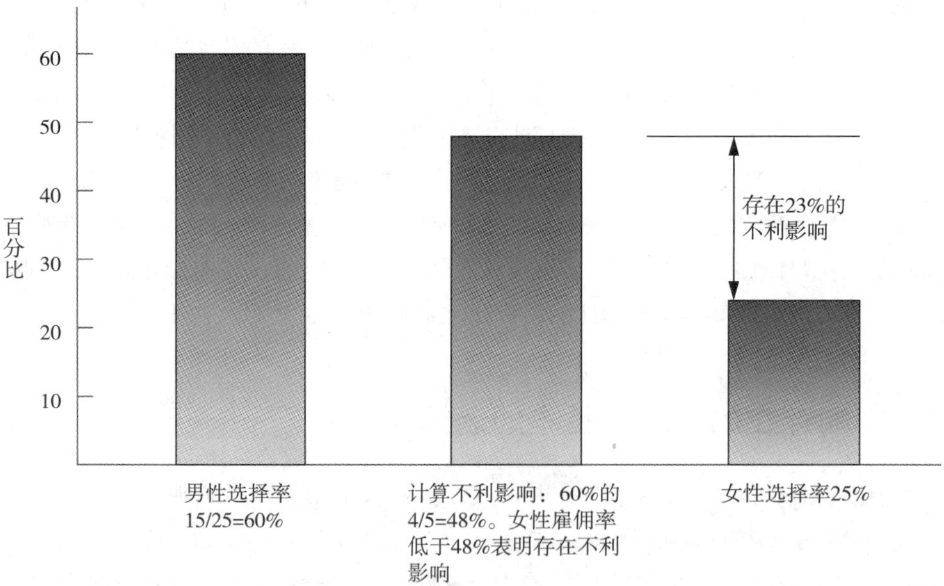


图 7.6 **确定雇主雇佣决策中的不利影响**

使选择程序具有效度。

## 总 结

1. **概括甄选过程的步骤。**

   甄选过程的步骤包括填写申请表、初步面试、正式测试、第二次或追踪面试、证明材料核实、身体检查、作出最后选择决策。

2. **描述能力倾向、运动能力、工作知识、熟练程度、兴趣及个性测试。**

   能力倾向测试测量一个人学习或完成工作的能力及潜能。运动能力测试测量个人的力量、灵活性及协调性。工作知识测试测量申请者拥有与工作有关的知识。熟练程度测试测量申请者能将代表某项工作的任务完成得如何。兴趣测试旨在将个人兴趣与那些在特定工作中的成功员工的兴趣进行比较。个性测验试图测量人格特点。

3. **解释测谎仪测试**

   测谎仪记录受试者在回答一系列问题时生理状况的变化。测试人通过研究受试者回答问题时所记录其身体发生的生理变化，以此来判断其回答是真实的还是虚假的。

4. **描述结构性与非结构性面试**

   结构性面试是使用预先确定的提纲进行面试。非结构性面试在实施测试时没有预先确定的问题清单。

5. **对效度进行定义**

   效度是指判别标准预测因子如何实际准确地预测工作成功判别标准。

6. **解释预测效度**

   预测效度是通过确定判别标准预测因子，比如某种测试，对所有的申请者实施测试,然后雇佣申请者填补空缺岗位的工作而不考虑测试分数。一段时间后，将测试分数与工作成功判别标准相比较，判别得分高的人的绩效是否明显比得分低的人的绩效好。

7. **解释一致效度**

   一致效度是通过确定预测因子，如某种测试，对目前的员工实施测试，将测试分数与目前员工的工作绩效联系起来而决定的。

**8. 描述内容效度**

内容效度是指选择程序的内容或选择方法，比如某种测试，是否代表了工作表现的重要方面。

**9. 讨论结构效度**

结构效度是指选择程序或选择方法在多大程度上能衡量出对申请者成功工作表现起重要作用的公认特性。与工作有关的结构包括语言能力、空间想象力及知觉速度。

**10. 对信度进行定义**

信度是指如果重复测量的话，判别标准预测因子所提供结果的一致程度。

**11. 对不利影响进行定义**

大多数团体在作出雇佣、晋升、调动、降职以及其他雇佣决策时，若女性或少数族裔的选择率低于对多数人群的选择率的 80%，就产生了不利影响。

# 第三编

# 员工培训与开发

第 8 章

# 上岗引导和员工培训

在甄选过程完成以后，必须对新员工进行组织和职位上岗引导。另外，所有员工必须定期更新他们的技能以及学习新技能。新员工的上岗引导和培训，以及老员工的培训，都是人力资源部门的主要职责。

为使上岗引导和培训活动有效，以前讨论过的所有人力资源职能必须有效实施。图 8.1 表明了人力资源职能间的关系。通过观察和学习进行的工作分析是确定某一特定岗位性质的过程。如第 4 章详细讨论的那样，工作分析确定了成功从事该项工作所需要的知识、技能和能力。因此，在执行其他人力资源职能之前，工作分析是必要的。工作分析的结果是工作描述和工作规范。工作描述主要说明该工作目前做些什么，它解释了工作名称、工作内容、工作场所以及如何从事该项工作。另一方面，工作规范主要说明成功从事该项工作所需要的特性。人力资源规划是指把恰当数量的合格人员在恰当的时间配置到恰当的岗位上。人力资源计划必须支持组织计划。例如，如果一个组织正打算解雇员工，人力资源部门就不可能招募新员工。同样，上岗引导和培训也只有建立在组织需求的基础上才能获得成功。

## 上岗引导

**上岗引导**（orientation）是向新员工介绍组织、工作部门和职位。员工从同事和组织那里接受上岗引导。从同事那里获得的上岗引导通常是无计划和非正式的，并常常向新员工提供误导和不准确的信息，这成为组织提供正式上岗引导的重要原因之一。有效的上岗引导计划对新员工能产生即刻的和持久的影响，甚至决定他们的成败。

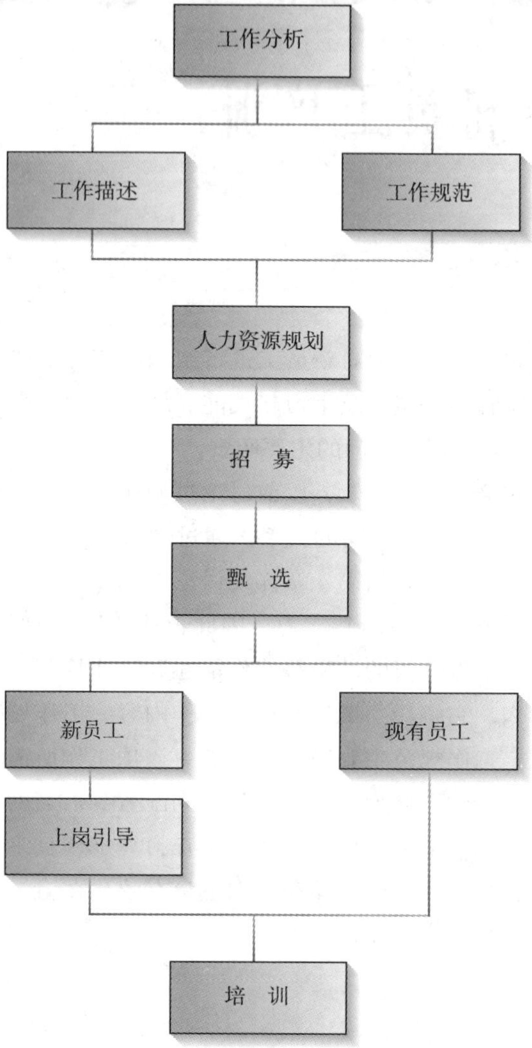


图 8.1 有效绩效所需的人力资源诸职能间的关系

甚至在工作申请人被雇佣之前，就已获得了组织的某些上岗引导。组织在雇主类别和所提供的产品或服务类型上拥有一定的声誉。在甄选过程中，新员工通常也了解到组织的其他方面以及职责、工作条件和报酬将会如何等情况。

员工被雇佣之后，组织开始正式实施上岗引导计划。不管什么类型的组织，上岗引导通常应该在两个不同的层次上进行：

1. 组织上岗引导——向所有员工介绍相关内容和利益。
2. 部门和职位上岗引导——描述新员工所在特定部门和工作岗位的具体内容。

## 责任分担

由于有两种不同层次的上岗引导，人力资源部门和新员工的直接管理者通常都要承担上岗引导职责。人力资源部门负责发起和协调两个层次的上岗引导活动，对承担部门和职位上岗引导的部门经理在程序上进行培训，进行公司整体上岗引导，并对新员工最初的上岗引导进行追踪。新员工的管理者通常负责部门和职位上岗引导。有些组织建立了一种新老员工的“搭档体系”，即由新员工的一名老员工搭档来进行上岗引导。如果要使伙伴式体系有效地发挥作用，必须认真挑选担任这一角色的员工，并为履行这种上岗引导职责进行恰当的培训。

## 组织上岗引导

**组织上岗引导**（organizational orientation）中所展示的内容应以组织和员工两方面的需要为基础。总的来讲，组织感兴趣的是盈利、向顾客提供优质服务、满足员工的需要和健康需求，以及承担社会责任。另一方面，新员工通常对报酬、福利、具体工作条件和就业环境更感兴趣。如果上岗引导计划要收到积极的效果，就必须在企业需求和员工需求之间实现良好的平衡。图 8.2 提供了一份可能包含在组织上岗引导计划中一些建议内容的清单。

## 部门和职位上岗引导

**部门和职位上岗引导**（departmental and job orientation）的内容取决于部门的特定需要和新员工的技能和经验。尽管有经验的员工可能需要较少的职位上岗引导，但也需要一些基本的上岗引导。无论是有经验的员工还是缺乏经验的员工，都应就部门工作接受彻底的上岗引导。图 8.3 提供了一份为部门和职位上岗引导计划而开发的清单。

图 8.2 组织上岗引导计划的可能内容

1. 公司简介
   - 欢迎辞
   - 组建、成长、趋势、目标、重点和问题
   - 传统、习俗、规范和标准
   - 组织当前的具体职责
   - 产品或服务及面向的顾客
   - 产品或服务送达顾客的步骤
   - 业务范围和活动的多样性
   - 组织、结构及与企业分支机构之间的关系
   - 主要管理人员情况
   - 社区关系、期望和活动
2. 主要政策和程序简介
3. 报酬
   - 工资率和范围
   - 加班
   - 节假日报酬
   - 不同班次的报酬差别
   - 工资如何发放
   - 扣除额：规定扣除与随机扣除，均有具体数额
   - 购买破损产品权利及其花费
   - 折扣
   - 预支工资
   - 来自信贷协会的贷款
   - 工作花销的补偿
4. 福利
   - 保险
   - 医疗 / 牙科
   - 人寿
   - 伤残
   - 工伤赔偿
   - 节日和假日
   - 请假：本人生病、家庭成员生病、丧亲、产假、服役、应征工作、突发事件、休假延长
   - 退休计划和选择
   - 在职培训机会
   - 咨询服务
   - 自助餐厅
   - 娱乐和社会活动
   - 企业提供给员工的其他服务
5. 安全和事故预防
   - 突发事件数据卡的完成（也可作为雇佣程序的一部分完成）
   - 健康和急救诊所
   - 健身和娱乐中心
   - 安全预防措施
   - 危险上报
   - 火灾预防与控制
   - 事故程序与上报
   - OSHA（主要部分回顾）
   - 体检要求
   - 工作中酒精和药品的使用
   - 税收减免的选择方案
6. 员工和工会关系
   - 就业条款与条件回顾
   - 任务分配、重新分配和晋升
   - 试用期和期望的工作行为
   - 生病和上班迟到上报
   - 员工权利与责任
   - 管理者与监督人员的权利
   - 与监督人员和工人代表之间的关系
   - 员工组织和选择自由
   - 工会合同条款和（或）企业政策
   - 监督和绩效评估
   - 纪律和惩戒
   - 申诉程序
   - 雇佣关系的终止：（辞职、停职、解雇和退休）
   - 人员记录的内容和测试

图 8.2 （续）

- 沟通：沟通渠道（自上而下和自下而上），提案制度，在公告牌上发布信息，共同分享新的看法
- 卫生与清洁
- 安全装备，标识和服装的使用
- 从企业的场地中拿入和拿出物品
- 现场政治活动
- 赌博
- 谣言的处理

**7. 物质设施**

- 设备的参观
- 食品服务和自助餐厅
- 限定的用餐区域
- 员工入口
- 限定区域（如汽车禁停区）
- 停车场
- 急救
- 休息室
- 日用品和设备

**8. 经济因素**

- 在为实现平衡所要求的销售额内对挑选出的项目所规定的破损成本
- 边际利润
- 劳动成本
- 设备成本
- 缺勤、迟到和事故成本

资料来源：W. D. St. John, "The Complete Employee Orientation Program," *Personnel Journal*, May 1980, pp. 376–77. Adapted from Personnel Journal, Costa Mesa, California.

## 上岗引导全套材料

每个新员工都希望获得**上岗引导全套材料**（orientation kit），或者称为信息套餐，它是指对口头上岗引导计划进行补充的一套书面材料。这套材料通常由人力资源部门准备，能提供多方面的内容。在设计上岗引导全套材料时，应注意要确保包括一些基本的信息，但不要包含太多的信息。一些可能包括在上岗引导全套材料中的内容有：

企业组织图。

企业设施图。

政策和工作手册副本。

节假日和福利状况清单。

绩效评估表格的副本、日期和程序。

其他一些需要的表格副本（如费用补偿表格）。

紧急情况和突发事件的预防程序。

图 8.3 部门和职位上岗引导计划的可能内容

1. 部门职能
- 目标和当前的重点
- 组织和结构
- 运营活动
- 与其他部门的职能关系
- 部门内工作关系

2. 工作职责和责任
- 以当前工作说明书和预期结果为基础对工作进行详细说明
- 解释该工作为什么重要以及这项工作与部门内和企业内其他工作的关联
- 讨论共同问题以及怎样避免和克服这些问题
- 绩效标准和绩效评估的基础
- 日工作小时数和次数
- 加班要求
- 额外的职责分配（如变换职责以接替一个缺勤员工）
- 要求的记录和报告
- 检查使用的设备
- 对从哪里，怎样获得工具以及怎样保养和维修设备进行解释
- 能够获得的帮助的种类、什么时候和怎样请求帮助
- 与州和联邦检查员的关系

3. 政策、程序、规则和制度
- 工作和／或部门的特有规则
- 突发事件的处理
- 安全预防和事故预防
- 危险和事故的报告
- 清洁标准和卫生状况（如大扫除）
- 安全、盗窃问题和成本
- 与外部人员的关系（如司机）
- 在办公区吃东西、吸烟及嚼口香糖等
- 从办公区拿走物品
- 伤害控制（如对吸烟的限制）
- 上下班计时钟和记录卡
- 休息时间
- 午饭时间
- 接打私人电话
- 对日用品和设备的使用
- 员工绩效的监控与评估
- 工作招标和要求重新分配任务
- 工作时间的用车

4. 部门的参观
- 休息室和淋浴室
- 火警盒和取火器放置地点
- 上下班计时钟
- 衣物柜
- 准许的出入通道
- 水源及洗眼系统
- 管理人员办公区
- 供应室和维修部
- 卫生与安全办公室
- 吸烟区
- 向有关员工提供服务的区域
- 急救箱

5. 部门员工介绍

资料来源：W. D. St. John, "The Complete Employee Orientation Program," *Personnel Journal*, May 1980, p. 377. Adapted from Personnel Journal, Costa Mesa, California; 

公司简报或杂志样本副本。

公司关键人物的电话与住址（如安保人员）。

保险计划副本。

许多组织要求员工签署一份证明他们已经得到并读过上岗引导全套材料的表格，这在已成立工会的组织中成为普遍要求，目的是为了在员工声称自己对企业政策和工作程序不清楚从而提出申诉的情况下保护企业。另一方面，在未成立工会的组织中，签署这种表格也同样重要，特别是在非法解雇的诉讼不断上升的条件下。但签署这样一份文件是否能鼓励新员工阅读上岗引导全套材料是值得怀疑的。

## 上岗引导长度和时间安排

在企业上岗引导计划中，通过召开一次冗长的会议让新员工吸收所有信息几乎是不可能的。召开不超过两个小时的简短会议，并分散在几天内进行则能提高新员工理解并保留这种信息的可能性。很多企业的上岗引导计划以半天或一天的时间敷衍了事，这种性质的计划会导致部分新员工态度消极。

不幸的是，很多部门和职位上岗引导计划产生同样的结果。通常新员工一去部门报到，先领到一份部门工作程序手册，然后，被告知阅读材料并就此提问。部门和职位上岗引导经常使用的另一个方法是，分派给新员工一些无关紧要的工作。这两种方法都可能产生不利后果。

部门上岗引导也应简短且分散在几天内进行。职位上岗引导应详细规划，并在实施中使用恰当的技巧。

## 追踪与评估

对初期上岗引导进行正规系统的追踪是必要的，不应该在出现问题时才告诉新员工如何处理。管理者应定期检查新员工的工作状况，并回答初期上岗引导后产生的任何问题。人力资源部门应该在新员工就位后一个月，进行一次有计划的追踪。

人力资源部门也应对整体上岗引导计划进行一个年度评估。评估的目的是确定现有上岗引导计划是否满足公司和新员工的需求，并找到改进这些计划的方法。

来自新员工的反馈是评估组织上岗引导计划有效性的方法之一，这种反馈可以通过下列方法获得：

由所有新员工完成的匿名的问卷调查。

与随机挑选的新员工进行深度访谈。

与那些已适应工作的新员工进行小组讨论。

这种形式的反馈使组织的上岗引导计划符合实际参加者的特定要求。

最后，组织应意识到新员工从同事或公司那里接受的上岗引导将影响其工作绩效。制定一份规划详尽、实施有效的上岗引导计划，显然符合企业的最大利益。

# 员工培训

**培训**（training）是一个获取必要的知识、技能和能力（KSA）以便成功从事一项工作的学习过程。组织培训员工有很多理由，下面总结的是其中一些理由。

1. 经济、社会、技术和政治的变化都可能使今天学会的技能在将来变得过时。
2. 有计划的组织变化（如新设备的引进）也使员工更新技能或获取新技能成为必然。
3. 组织的绩效问题如低生产率或大量琐碎问题都可能通过培训得以减少。
4. 法律条文、合同、专业性或是检验证书等也要求雇主对员工实施培训。

通常来讲，新员工的管理者主要负责岗位培训。有时，培训也由部门内的高级员工承担。不管谁来培训，初始培训的质量对员工的生产效率和工作态度会有很大的影响。

一个成功的培训计划包括下列步骤：

1. 进行工作分析；
2. 进行需求评估；
3. 确立培训目标；
4. 实施培训计划；

5. 评估培训结果。

每个步骤将在下文详细讨论。工作分析确定了一项工作所需的知识、技能和能力。培训计划应以提高参与者的知识、技能和能力为目标进行设计。

## 需求评估

培训必须针对组织目标的实现来进行，如更有效率的生产方法、产品或服务质量的改善或是生产成本的降低。这意味着组织应致力于把资源运用到那些最有助于实现企业目标的培训活动当中。**需求评估**（needs assessment）是组织为实现目标要求对特定培训活动进行的一种系统分析。总体上可以采取五种方法收集需求评估信息：访谈法、调查或问卷法、观察法、核心小组法和公文测验法。

与员工访谈，可由人力资源部门的专家或外请专家进行。通常可以提出的基本问题如下：

1. 员工从事工作时有什么问题?
2. 员工需要其他什么样的技能和知识才能更好地工作?
3. 员工认为什么样的培训是必需的?

当然，在访谈中，每个组织都有一些有关具体内容的其他问题。除此之外，如果访谈要提供有用的信息，员工必须确信他们所说的对评估有用，并且不会被用来攻击他们。

调查或问卷法在需求评估中使用得也很频繁。通常这种方法包括开发出一份有效从事某项工作所需的技能清单，要求员工选出他们认为需要进行培训的技能。图 8.4 列出了需求评估问卷可能包括的典型问题。也可以使用员工态度调查法确定培训需求。通常大多数组织都请外面的机构或组织进行员工态度调查和分析。客户调查也能揭示出对组织员工而言可能并不显而易见的问题，对客户调查的答复可以表明组织作为整体或特定职能单位的培训领域。

使用观察法确定培训需求要在受训员工中进行才能有效，即观察员工行为，由此推断出具体的培训需求。人力资源部门在工作分析方面受过训练的专家应特别擅长通过观察确定培训需求。

核心小组由组织中不同部门、不同层级的员工组成，人力资源部门的专家或

图 8.4 **需求评估问卷（节选）**

说明：仔细阅读培训领域清单后回答问题。如果你认为那项技能需要培训，这项技能或在现职工作中使用或者为晋升到更好的职位做准备，在“是”上画圈。如果不确定，在“？”上画圈。如果你认为不需要培训，在“否”上画圈。

| | | | |
|---|---|---|---|
| 1. 如何更有效地管理时间 | 是 | ？ | 否 |
| 2. 如何处理工作中的压力 | 是 | ？ | 否 |
| 3. 如何提高书面沟通技巧 | 是 | ？ | 否 |
| 4. 如何提高口头沟通技巧 | 是 | ？ | 否 |
| 5. 如何提高倾听技巧 | 是 | ？ | 否 |
| 6. 如何提高个人生产率 | 是 | ？ | 否 |

外请专家主持小组会议。会议的议题应该涉及如下内容：

1. 若组织要在未来五年内保持竞争力，我们的员工需要什么样的知识和技能？
2. 在组织中什么样的问题可以通过培训解决？

公文测验法是通过检查组织的缺勤率、流动率和事故发生率方面的记录，确定是否存在问题，任何确认的问题是否可以通过培训解决。检查的另一个有用的来源是通过组织的绩效评估系统收集的绩效评估信息，许多员工共有的绩效问题通过培训可能得到解决。不管采取什么方法，系统的、准确的需求评估要在培训开始之前进行。

## 确立培训目标

确定培训需求以后，必须确立满足这些需求的目标。不幸的是，许多组织的培训计划没有目标。“为培训而培训”成为组织的箴言，这种理念使评估一项培训计划的优点和缺点几乎成为不可能的事。

有效的培训目标应当显示出培训完成后，对组织、部门和个人将会产生什么样的结果，这种结果应以书面形式描述。对培训目标可以进行如下分类：

1. 指导性目标。
   - 在培训计划中要学习的原理、事实和概念是什么？

- 谁将接受培训？
- 他们何时接受培训？

2. 组织和部门目标。
   - 培训对组织和部门的运行，如缺勤、离职、成本降低和生产率提高将产生什么影响？
3. 个人绩效和成长目标。
   - 培训对受训员工个人的行为和态度将会产生什么样的影响？
   - 培训对受训员工的个人成长将产生什么样的影响？

当缺少这些清晰界定的目标时，就不可能有效评估一项培训计划。更进一步说，选择适当的材料、内容或指导方法也就失去了基础。

# 培训方法

可以使用许多培训方法来满足组织的培训需求并实现组织目标。经常使用的一些方法包括：在职培训、工作轮换、学徒培训和课堂培训。实践中的人力资源管理 8.1 描述了思科公司的培训设施。

## 在职培训和工作轮换

**在职培训**（on-the-job training, OJT）通常由一位高级员工或管理者提供，他们向员工演示如何工作，并允许受训者在他们的监督之下操作。

在职培训的一种形式是**工作轮换**（job rotation），有时也称为**交叉式培训**（cross training）。在工作轮换中，员工在一个工作单位或部门学习几种不同的工作，并且在一段特定时间内将每项工作都要做一遍。工作轮换的最大优点是使部门内的灵活性成为可能。例如，当一个工作岗位的某一成员缺勤时，其他人可以从事该项工作。

在职培训的优点是不需要特别的设施，新员工在学习过程中从事生产性的工作。在职培训比课堂培训更有效，因为课堂培训在人们返回工作岗位后就很少使用了。在职培训的主要缺点是工作现场的压力使得员工的培训指导变得混乱或被

## 实践中的人力资源管理 8.1

### 思科公司的培训设施

每年思科公司都通过它的网络学院对世界各地的 60 万名学员进行信息和传播网络技能的培训。该项目以网络为基础，并把它与指导教师主导的讨论和实验室经历结合起来培训学员，教会他们如何设计、建立和维护计算机网络。现在学院在 165 个国家开设课程，超过 200 万学员从该项目毕业。

网络学院的目标不是为思科公司招募。马库斯是学院负责思科公司中欧和东欧地区的管理者，他说："学生们可以在思科内部申请职位，很多都被雇佣了，但我们的目标更广阔。我们不是给 IT 界培养人才，但我们的很多学员甚至在毕业前就在 IT 行业找到了工作。"

学院是一个非营利性组织，目标之一是帮助那些与思科公司有业务往来的地区获得发展。学院希望能够帮助这些地区的小企业和中型企业变得强大。

资料来源：Adapted from Fay Jansen, "Cisco Global Training Machine," *Workforce Management*, November 17, 2008, p.30.

忽视。

在职培训员工过程中，培训者会采取许多步骤保证培训是有效的。表 8.1 总结了培训过程的步骤，每一步骤在下文都有更详细的解释。

***受训者为学习一项工作做准备：***员工几乎都愿意学习一项新工作，培训者要对受训者表现出兴趣，向他们解释工作的重要性，以及为什么要正确操作以提高员工的学习意愿。确认受训者从前在类似职位中的工作经验，能使培训者在解释现在的工作时利用那些经验或减少不必要的说明。

***对工作进行分解并确认关键点：***对工作进行分解能够确定整体工作的几个组成部分。在每一部分中，一些内容的完成可以使整个工作提前完成。分解可以看成是一个详细的路线图，它以理性的容易理解的方式指导员工完成整个工作流程，不发生人员伤害或设备损坏。

关键点是指帮助员工正确、简练、安全地从事每个工作部分的指南或信息。关键点是"操作小窍门"，它帮助员工减少学习时间。对关键点的观察与掌握有助于员工获得所需的技能，更有效地从事工作。

***操作和知识的演示：***仅仅简单地告诉员工如何从事一项工作通常是不够的。不仅要告诉员工，而且还要向他们示范如何去做。必须演示工作的每一个组成部分。在演示每一部分的同时，还要解释各部分的关键点，鼓励员工就每一组个成部分提问。

***效果展示：***员工应在培训者的指导下操作。一般来说，应该要求员工对他们将要

表 8.1 **使在职培训有效的步骤**

A. 确定培训目标及为培训领域做准备：

1. 决定要教受训者什么内容才能使工作有效、安全、经济和明智。
2. 提供适当的工具、设备、日常用品和材料。
3. 像受训者期望的那样妥善安排工作场所。

B. 提供指导

步骤 1. 受训者为学习一项工作做准备：

a. 让受训者放松。

b. 了解受训者对工作已经知道哪些内容。

c. 使受训者感兴趣并想要学习这项工作。

步骤 2. 对工作进行分解并确认关键点：

a. 确定构成整体工作的几个组成部分。

b. 确定关键点或“操作小窍门”。

步骤 3. 操作和知识的演示：

a. 通过告知、示范、说明和提问传授知识和操作方法。

b. 缓慢、清晰、完整、耐心地指导，一次一点。

c. 检查、提问和重复。

d. 确保受训者理解。

步骤 4. 效果展示：

a. 从工作中考察受训者。

b. 询问以为什么、怎么样、什么时候和在哪里作为开头的问题。

c. 观察工作表现、纠正错误，如有必要，进行重复指导。

d. 反复进行上述步骤直到受训者胜任工作。

步骤 5. 追踪：

a. 让受训者完全发挥自己的作用。

b. 频繁检查以确保受训者遵循指导。

c. 逐渐减少额外监督和密切追踪，直到受训者能在正常的监督下胜任工作。

从事工作的每一部分进行解释。如果解释正确，就允许他们从事那一部分工作；如果解释不正确，纠正错误后再从事那一部分工作。在这一阶段中，赞扬和鼓励是必不可少的。

**追踪**：当培训者有理由确信员工工作无须监督时，就应鼓励他们在工作中开发技能的同时，按照自己的进度独立工作。培训者应定期返回回答问题，检查是否一切正常，不要对员工放任自流或把他们遗忘了。员工会提出问题，如果培训者愿意回答问题并帮助解决，他们会取得更大进步。

## 学徒式培训

**学徒式培训**（apprenticeship training）是向新员工提供高技能的工作所要求的理论和实践方面的综合培训。学徒计划把在职培训和课堂培训结合在一起，可为800多种技术职位培训人员，如砖匠、机械师、计算机操作员和实验室技术人员。大约三分之二的学徒岗位是在建筑和制造领域，学徒也在诸如电子、服务行业、公共管理、医疗和保健等多种领域中工作。学徒的时间长短因职位而异，由行业采用的标准决定。表8.2列出了一些职位的学徒期限。

熟练的有经验的员工在学徒期间采用在职培训，目的是为了学习工作的实际

表8.2　几种学徒期的时间长度

| 职　位 | 学徒期长度（年） |
|---|---|
| 飞机机械师 | 3~4 |
| 汽车机械师 | 3~4 |
| 理发师 | 2 |
| 酿酒师 | 2~3 |
| 屠户 | 2~3 |
| 木匠 | 4 |
| 乐器技师 | 3~4 |
| 摄影师 | 3 |
| 无线电技师 | 4~5 |
| X光技师 | 4 |

资料来源：OATELS, U.S. Department of Labor.

技能。学徒在课堂上学习有关他们工作的理论知识，课堂培训的一些科目包括数学、蓝图阅读和特定职位要求的技术性课程。

付给学徒的薪水通常开始只有那些完全受训的员工的一半。然而，这些薪水通常每六个月就猛涨一次。

美国劳动部学徒培训办公室雇主和劳动服务局（OATELS）负责为那些已有学徒计划的组织提供服务，并为那些希望制定计划的组织提供技术支持。雇主和劳动服务局为学徒计划制定了以下最低标准：

1. 对申请学徒的人给予完全公平的机会。
2. 制定学徒接受培训并在工作中获得经验的工作时间表。
3. 经过有组织的培训指导设计，向学徒工提供相关领域的技术课程知识（通常认为一年最低 144 个小时）。
4. 累进提高的工资计划。
5. 对在职培训进行适当监督，使用恰当的设施培训学徒。
6. 使用适当的记录对学徒在工作绩效和相关指导上取得的进步进行定期评估。
7. 在选择、雇佣、培训的任何一个阶段不得存在歧视。

## 课堂培训

**课堂培训**（classroom training）是脱岗进行的，可能是人们最为熟悉的培训方法。课堂培训是迅速向对所要介绍的内容只有有限了解或者一点也不了解的一大群人传递信息的一种有效手段。在教授事实材料、概念、原理和理论上很有用。上岗引导计划的某些部分、学徒式培训的某些领域和安全计划，通常都使用课堂指导的某些形式。但是，课堂指导更频繁地用于技术、专业和管理人员。

## 虚拟课堂

互联网技术发展迅速，因此，员工培训也在发生变化。在有些公司里，员工培训已经从课堂转移到了互联网。虚拟课堂是一个在线讲授和学习的环境，它把聊天室、台式电脑视频会议、网站和电子邮件分发整合为一个典型的以授课为基础的系统。虚拟课堂通过局域网采用自我控制进度的课程或是实时的课程来提供培训，或者采用真正的视频会议进行培训。在典型的虚拟课堂中，教授能对本地课堂和几千英里之外的远程课堂讲授。本地课堂和远程课堂的学生都可以向教授提问。不断发展的技术可能会给员工培训带来其他变化。

## 评估培训

对培训计划的结果进行评估可以产生许多益处。它可以取消不太有效的计划以节省时间和精力，也可确认已制定计划的缺点并做出修正。

培训评估可分为四个领域：

1. 反应：受训者在多大程度上喜欢这项计划?
2. 学习：在培训计划中学到了什么原理、事实和概念?
3. 行为：受训者的工作行为因计划而改变了吗?
4. 结果：计划的结果是什么，如成本或流动率是否有所降低?

即使设计评估程序相当用心，也难以确定培训对学习、行为和结果的确切作用。因此，培训评估依然有限且常常流于形式。

### 反　应

反应评估涉及的内容广泛，包括培训项目的内容、项目结构和格式，指导技巧、指导者能力和风格，学习环境的质量、培训目标实现程度和改善建议等。图 8.5 列出了一份典型的反应评估问卷。

反应评估问卷一般在培训后立即使用，也可在几个星期后进行。单一使用反应评估的主要问题是，不能把受训者的热情必然看做能力提高和绩效提高的证据。

### 学　习

学习评估是评估受训者对所教原理、事实和技能的理解和掌握情况如何。在教授技能时，受训者的课堂示范是确定学习了多少内容的一种相当客观的方法。在教授原理和事实的地方，可使用书面测试。可以购买标准化试卷在许多领域对

图 8.5　反应评估问卷样本

培训计划名称：____________________
指导者：____________________
日期：____________________

1. 你如何评价整个培训计划？
   □ 非常好　□ 很好　□ 好　□ 一般　□ 差
   说明：____________________
2. 会议设施、午餐安排等如何？
   □ 非常好　□ 很好　□ 好　□ 一般　□ 差
   说明：____________________
3. 将来你愿意参加同类计划吗？
   □ 是　□ 不是　□ 不确定
   说明：____________________
4. 该计划与你现在工作的相关程度有多大？
   □ 在很大程度上相关　□ 在某种程度上相关　□ 几乎不相关
   说明：____________________
5. 你如何评价教师的能力和风格？
   □ 非常好　□ 很好　□ 好　□ 一般　□ 差
   说明：____________________
6. 对未来计划的其他说明和建议：____________________

   签名（可选项）：____________________

学习进行测试。在另外一些领域，培训者必须开发自己的考试。为获得学习内容的准确资料，在项目培训前和项目培训后都应测试受训者。

## 行　为

行为评估是对受训者工作行为变化特征的评估，它比反应评估和学习评估要难得多。下文是为评估行为变化所提供的准则。

1. 系统评估应该由前后测的在职绩效组成。
2. 绩效评估应由以下一个或几个评估人（越多越好）进行：
   a. 受训者。
   b. 受训者的上司（一个或几个）。
   c. 受训者的下属。
   d. 受训者的同事或其他完全熟悉他/她工作绩效的人。
3. 在培训前后应做绩效对比的统计分析，以及这些变化与培训计划相关性的统计分析。
4. 培训后评估应在培训结束的几个月后进行，以便使受训人有机会把学到的东西应用于实践。
5. 使用控制小组（该小组没有接受培训）。

### 结　果

结果评估是指测量一些变量的变化，例如流动率降低、成本降低、效率提高、抱怨减少、生产质量和数量提高。与行为评估一样，进行一项准确的结果评估也要求预先测试、事后测试和使用控制小组。

## 学习原理

本章的前一部分不仅讨论了如何确定培训需求，还讨论了怎样满足需求。在这些计划的开发和实施过程中，使用恰当的学习原理有助于计划的成功。下面部分讲述几条学习原理。

### 实现个人目标的激励

人们总是力求实现他们为自己定下的目标，经员工确认的最常见的目标有工作安全、物质上和精神上都有回报的工作、承认、地位、责任和成就等。如果培训计划帮助员工实现这些目标，学习进程将会得到极大的促进。例如，如果一个非技术员工得到学习一门技术的机会，他将会受到很大的激励，因为他认为可能会赚更多的钱，更有工作安全感。

## 对结果的了解

对结果的了解（反馈）影响学习进程。让员工知道他们针对一些标准取得的进步有助于为后面将要学习的内容确立目标。这种分析和确立新目标的连续过程极大地促进了学习。但也要采取预防措施保证目标不要太难实现，以免受训人丧失信心。

培训者的口头解释、示范和书面考试，都是为培训者和受训人提供反馈经常使用的工具。另外，个人或小组的进步可以用图表的形式绘制出来，称为学习曲线。使用学习曲线的最初目的是提供有关受训者取得进步的反馈，它也有助于决定何时增加或减少培训，或何时改变方法。图 8.6 展示了两条不同的学习曲线。虽然报酬递减曲线最为常见，但也有可能有许多其他形状的曲线。

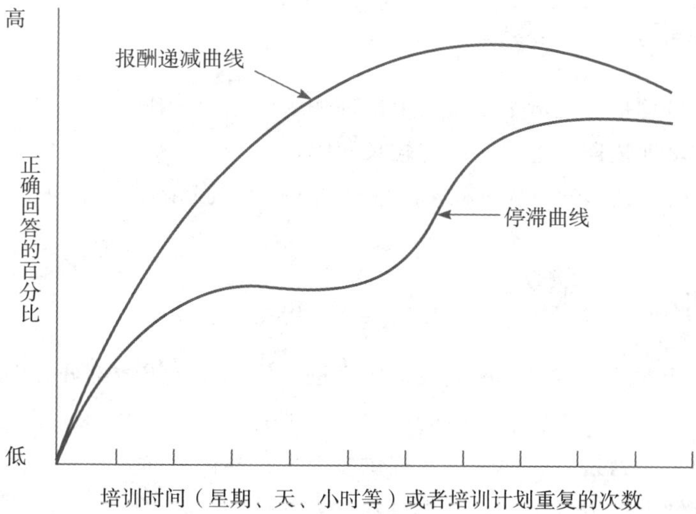


**图 8.6　学习曲线的样本**

## 强　化

强化的基本思想是产生积极后果的行为倾向于重复发生，而产生消极后果的行为倾向于不再出现。积极的后果就是报偿。表扬与认同是培训中使用的两种典型报偿。例如，受训人由于绩效卓著而被表扬，他可能继续努力以获得其他赞扬。

## 培训计划的连贯性

培训的每一部分内容都要经过组织，以便使员工不仅清楚培训目标，还知道该部分内容是如何与计划的其他部分内容相匹配的。另外，后面的内容要建立在前期已提出内容的基础之上。材料的差异和不连贯都不利于有效学习。

## 练习和重复

“熟能生巧”的古老谚语同样适用于学习。让受训人从事一项特定的操作有助于他们把精力集中到培训内容上，多次重复同一项任务则在工作中开发了技能。练习和重复几乎都能促进有效学习。

## 培训间隔安排

管理人员总是想让员工尽快结束培训加入到实际工作中来。然而，折衷的方案在于确定培训是连续进行还是有较长间隔地进行。一般来说，把培训分散到一段时间内进行有利于学习的进程，但最有利于学习的间隔长度取决于培训的种类。

## 整体培训或部分培训

一项工作的培训应该一次完成，还是按工作的每一组成部分分别培训？这个决策是以具体工作的内容、教授的资料和受训者的需要为基础进行的。获得成功的一个常用方法就是首先向受训者提供一个工作整体的简要介绍，然后再把它分成几个部分做进一步指导。

# 总　结

1. **定义上岗引导。**

   上岗引导是向新员工介绍组织、工作部门和职位。

2. **描述上岗引导全套材料。**

   上岗引导全套材料是给新员工的信息套餐，以便对口头上岗引导计划进行补充。

3. **定义培训。**

   培训是一个包括获取技能、观念、规则和态度以提高员工绩效的学习过程。

4. **描述需求评估。**

   需求评估是组织为实现目标要求对特定培训活动进行的一种系统分析。

5. **概述培训目标的三种类型。**

   培训目标可以分为指导性目标、组织和部门目标、个人绩效和成长目标。

6. **描述工作轮换。**

   在工作轮换中，员工在一个工作单位或部门学习几种不同的工作，并且在一段特定时间内将每项工作都要做一遍。

7. **解释学徒式培训。**

   学徒式培训是为从事技能、工艺或贸易领域工作的员工，以在职和脱岗的形式提供工作所要求的理论和实践方面的指导和经验的系统。

8. **定义虚拟课堂。**

   虚拟课堂是一个在线讲授和学习的环境，它把聊天室、台式电脑视频会议、网站和电子邮件分发整合为一个有代表性的以授课为基础的系统。

9. **概述七条学习原理。**

   这七条原理是实现个人目标的激励、对结果的了解、强化、培训计划的连贯性、练习和重复、培训间隔安排，以及整体培训或部分培训。

10. **列出培训评估的四个领域。**

    培训评估包括反应、学习、行为和结果评估。

# 第 9 章

# 管理和组织开发

前一章重点放在了新员工的上岗引导和培训以及老员工的培训上。此外，组织必须考虑开发管理人员，包括基层管理人员、中层管理人员和高层管理人员的能力。制定和执行计划以提高管理的有效性是人力资源部门的一项主要职责。

## 管理开发过程

**管理开发**（management development）是指对成为或继续做一名有效管理者所必需的经验、态度和技能的开发。为了使开发获得成功，必须获得组织最高层管理者的全力支持。管理开发应该在组织目标、被开发管理人员的个人需求以及组织管理人员预期变化的基础之上来进行设计、实施和评估。图 9.1 总结了管理开发的全过程，下面对其中的每一个步骤进行深入讨论。

## 确定管理人员净需求

### 组织目标

组织目标在确定组织对管理人员的需求上起着举足轻重的作用。例如，如果组织正在执行一项快速扩张计划，在各个层次上都需要新管理者。另一方面，如果组织正处于有限成长阶段，对新管理者的需求就会很少，但现职管理人员的技能可能需要提高。

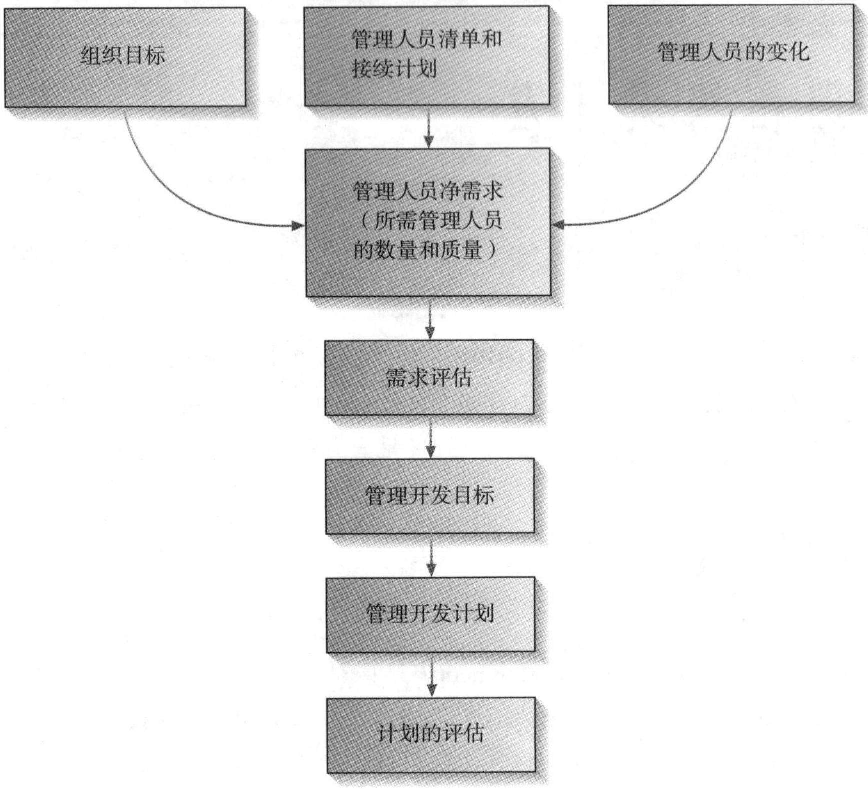


图 9.1 **管理开发过程**

## 管理人员清单和接续计划

**管理人员清单**（management inventory）是一种专门类别的技能清单，它提供关于一个组织的现有管理人员的某类信息。管理人员清单通常包括诸如现职位、服务时间、退休时间、替代职位、培训和以往的绩效评估。表 9.1 列出一张简化了的管理人员清单。

管理人员清单用于填补未预料到的空缺，如辞职或死亡。另外还可用于规划管理人员的个人开发需求，并且使用这些规划指明整个组织的开发活动。

管理人员清单也用于制定管理人员接续计划，有时把它称为“人员替代图”或“人员替代表”。**管理人员接续计划**（management succession plan）记录了组织

表 9.1　**一份简化了的管理人员清单样本**

| 姓名 | 现职位 | 服务时间 | 退休时间 | 替代职位 | 以前曾接受的培训 |
|---|---|---|---|---|---|
| 詹姆士·伯奇 | 格林威尔工厂行业关系经理 | 5 年 | 2007 | 企业行业关系职员 | 南卡罗来那州立大学 BBA 学位，哈佛大学中层管理人员计划 |
| 朱迪·切克 | 工程部学员 | 9 个月 | 2017 | 工厂工程部经理，企业工程部职员 | 佐治亚州立技术学院 BEE 学位 |
| 托马斯·莱克 | 接收部晚班主管 | 15 年 | 2009 | 装运和接收部经理 | 高中文凭，主管技能培训 |
| 布兰德·萨伯 | 东部地区营销经理 | 8 年 | 2010 | 营销副总裁 | BBA 学位，UCLA 学位，MBA 学位，NSC 学位；斯坦福大学高级管理人员开发计划 |

中每一位管理人员潜在的继任者，在格式上通常与组织图相似。简单地说该计划就是一份职位与潜在的替代人员清单。其他信息如服务期限、退休日期、以往的绩效评估和薪金也可以在替代图中列出。图 9.2 是一个企业行政部门替代图的范例。

管理人员清单和接续计划通常秘密保存，并可以输入计算机，人力资源部门也保留一份以供组织高层管理人员使用。

## 管理人员的变化

评估管理人员的某些变化相当准确和容易，而有些变化就不那么容易确定。诸如退休这样的变化，可以根据管理人员清单上的信息来预测；而诸如调职和晋升等变化，可以根据特定岗位上的人员退休计划和组织目标等因素来估计。当然，很难预测死亡、辞职和解雇。然而，一旦确实发生了这些变化，可以使用管理人员清单和接续计划帮助填补这些空缺。分析组织目标、研究管理人员清单和接续计划以及评估管理人员变化，可以给人力资源部门提供有关组织未来需要的管理者数量和质量的清晰蓝图。

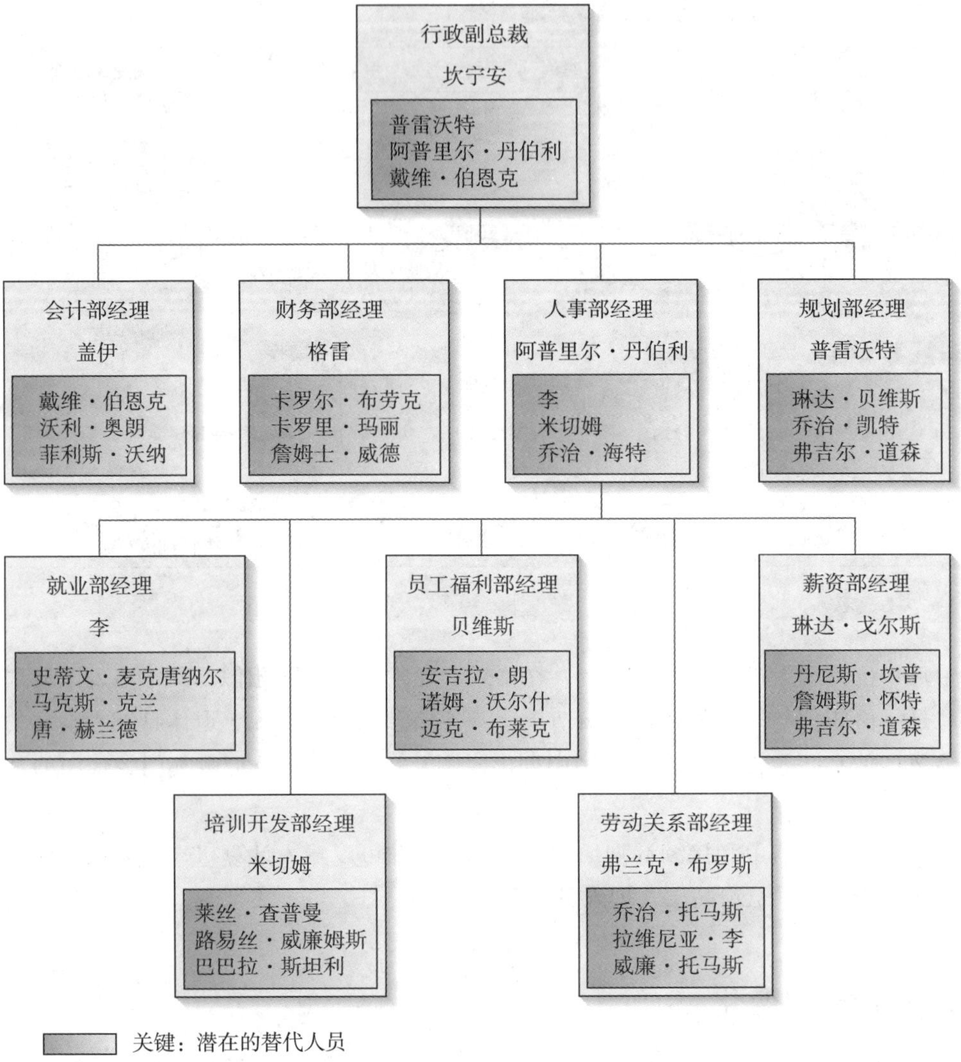


**图 9.2 一个典型组织行政部门的替代计划**

# 需求评估

每个组织都有实物需求、财务需求和人力资源需求，这些需求与组织为实现目标必须拥有的资源相关。对有效管理人员的需求是任何组织的一种基本需求，满足这些需求的一种方法是使用合理的管理开发计划。但在管理开发活动实施之前，一定要确定组织中管理人员的具体开发需求。因此，**需求评估**（needs assessment）是组织为实现目标，对所需要的特定管理开发活动的一种系统分析。任何组织的管理开发需求，都源自于组织的整体需求和管理人员的个人开发需求。

确定管理开发需求基本上有四种方法：培训需求调查、能力研究、任务分析和绩效分析。培训需求调查重点放在从事一项工作需要的知识和技能上。图 9.3 提供管理人员需求调查方法的一个范例，该方法列出了管理人员所需技能 / 知识的 18 个领域。能力研究是考察从事管理工作所需的能力，任务分析是指从事管理工作需要完成哪些任务，绩效分析是指从事管理工作的绩效要求。表 9.2 总结上述各种确定管理开发需求方法的一般做法及其优点和缺点。

**图 9.3　管理开发计划需求评估问卷**

员工________________　社会保障编号________________

职位名称________________________________

组织________________　地点________________

监督员（姓名和职位）________________________

**员工**：请检查每一项“监督 / 管理职能”，通过适当的发展机会评价你提高相关技能的需求。你的评估将显示在“开发需求”栏中的“员工”部分。下列代码之一应该填写到每个空格中：0 = 没有需求，S = 一些需求，N = 需求

**直接上级**：请检查员工评价，以便把你的结果填写在相应空格中（“开发需求”栏中的“管理人员”部分）

| **监督 / 管理职能** | **开发需求** 员工 | **开发需求** 管理人员 |
|---|---|---|
| **A. 帮助员工解决问题** | | |
| 1. 帮助员工解决工作调整问题 | □ | □ |
| 2. 帮助下属改善绩效 | □ | □ |
| 3. 帮助员工解决个人问题 | □ | □ |
| 4. 倾听技能开发 | □ | □ |
| 5. 解决冲突 | □ | □ |
| 6. 员工辅助工作分派技术 | □ | □ |
| **B. 向员工提供信息** | | |
| 1. 让员工了解这些信息 | □ | □ |
| 2. 召开有效率的会议 | □ | □ |
| 3. 对员工建议作出反应 | □ | □ |

图 9.3 （续）

| | 开发需求 | |
|---|---|---|
| | 员工 | 管理人员 |
| **C. 从员工那里得到信息** | | |
| 1. 对生产率的概念作出反应 | □ | □ |
| 2. 鼓励员工参与 | □ | □ |
| 3. 与员工商讨有关工作程序和活动以改善工作条件 | □ | □ |
| **D. 劳动关系管理** | | |
| 1. 协议下的员工权利 | □ | □ |
| 2. 处理员工投诉 | □ | □ |
| **E. 领导** | | |
| 1. 参与式管理的概念 | □ | □ |
| 2. 鼓励员工对工作绩效承担个人责任 | □ | □ |
| 3. 促进员工合作 | □ | □ |
| **F. 安全和健康** | | |
| 1. 促进员工对健康服务和职业健康危险的理解 | □ | □ |
| 2. 促进遵守安全条件 | □ | □ |
| **G. 代表企业进行管理** | | |
| 1. 对企业目标进行界定与维护 | □ | □ |
| 2. 与员工就企业管理进行沟通 | □ | □ |
| 3. 为工作小组的问题承担责任 | □ | □ |
| **H. 员工开发** | | |
| 1. 提供详细的工作指导 | □ | □ |
| 2. 介绍变化 | □ | □ |
| 3. 教授和训练技能 | □ | □ |
| 4. 鼓励员工技能开发 | □ | □ |
| **I. 员工使用** | | |
| 1. 评价个人能力以便更有效地分配工作 | □ | □ |
| 2. 使个人与工作相匹配 | □ | □ |
| 3. 考虑个人利益 | □ | □ |
| 4. 理解员工对工作的想法 | □ | □ |
| **J. 规划、安排和组织** | | |
| 1. 劳动任务的分解 | □ | □ |
| 2. 规划、战略和政策 | □ | □ |
| 3. 时间管理 | □ | □ |
| 4. 建立优先顺序 | □ | □ |
| 5. 对工作进行追踪以确保完成 | □ | □ |

图 9.3 （续）

| | 开发需求 | |
|---|---|---|
| | 员工 | 管理人员 |
| **K. 控制工作进程** | | |
| 1. 评价每日工作进展 | □ | □ |
| 2. 回顾在执行订单过程中的个人进展 | □ | □ |
| 3. 纠正员工工作中的问题 | □ | □ |
| 4. 及早发现生产效率问题 | □ | □ |
| 5. 员工参与制定目标和与目标相关的最后期限 | □ | □ |
| **L. 评估绩效** | | |
| 1. 建立工作绩效标准 | □ | □ |
| 2. 有效的员工讨论技巧；对良好或不良绩效的反馈 | □ | □ |
| 3. 建设性的批评 | □ | □ |
| **M. 合作** | | |
| 1. 确保员工通过与企业其他部门的合作得到所需的设备和材料 | □ | □ |
| 2. 与其他管理人员有效合作解决问题 | □ | □ |
| **N. 资源利用** | | |
| 1. 有效的预算技术 | □ | □ |
| 2. 财务管理 | □ | □ |
| **O. 行政管理** | | |
| 1. 及时恰当准备日常工作文书 | □ | □ |
| 2. 行政政策与程序 | □ | □ |
| 3. 记录的准备与保持 | □ | □ |
| 4. 新员工面试技术与选拔标准 | □ | □ |
| **P. 公平就业机会和反优先雇佣行动计划的实施** | | |
| 1. 在工作中平等对待员工 | □ | □ |
| 2. 在晋升决策中平等对待员工 | □ | □ |
| **Q. 惩罚性措施** | | |
| 1. 口头和书面的惩罚性措施 | □ | □ |
| 2. 处理员工的行为问题 | □ | □ |
| **R. 个人资料** | | |
| 1. 心理概念——理解人类行为 | □ | □ |
| 2. 为提高有效性进行的自我分析 | □ | □ |
| 3. 处理压力 | □ | □ |
| 4. 提高沟通技能（口头和书面） | □ | □ |

签名：＿＿＿＿＿＿＿＿＿＿　日期：＿＿＿＿＿＿＿＿＿＿

监督员：＿＿＿＿＿＿＿＿＿＿　日期：＿＿＿＿＿＿＿＿＿＿

资料来源：Axel R. Granholm, *Human Resource Director's Portfolio of Personnel Forms, Records, and Reports* (Fig. 9.3, pp. 237–239, © 1998 Pearson Education, Inc.). Reproduced by permission of Pearson Education, Inc. All rights reserved.

表 9.2 确定管理开发需求的四种方法的比较

| 出发点 | 培训需求调查：需要什么样的知识／技能？ | 能力研究：需要什么样的能力？ |
|---|---|---|
| 一般方法 | 1. 询问关键人员他们认为／觉得受训人／执行人从事他们的工作需要什么样的知识／技能。<br>2. 优先考虑推荐的知识／技能，并以问题清单、培训日程、课程表等的形式总结出来。 | 1. 询问关键人员他们认为／觉得受训人／执行人从事他们的工作需要什么样的能力。<br>2. 确定为获得所规定的能力需求的知识／技能。<br>3. 优先考虑推荐的知识／技能，并以培训日程或课程表的形式总结出来。 |
| 该种方法的优点 | • 快速，花费不多。<br>• 包含广泛。<br>• 低风险。<br>• 低可视性。 | • 相当迅速，花费不多。<br>• 包含广泛。<br>• 意见一致。<br>• 除了培训需求，它与执行人的成功个人的能力测试相关并相一致。<br>• 确定包括主要人员在内的普通培训需求（基层监督者、基层管理者等）。 |
| 该种方法的缺点 | • 不够准确、具体。<br>• 以主观看法为基础，虽然是“专家的看法”。<br>• 难以证明有效。<br>• 难以排出优先顺序。<br>• 难以与结果相关以便评估培训的重要性。<br>• 当你问别人他们觉得什么样的培训重要时，你得到的是含蓄不明的期望。 | • 难以与结果相关以便评估培训。<br>• 难以评价能力的相对重要性，因而难以为投入的知识／技能排出优先顺序。<br>• 意见一致也未必确定出示范绩效和平均绩效的显著区别。<br>• 未提到影响绩效的其他因素。 |

# 确立管理开发目标

确定组织的管理开发需求后，就必须确立整体管理开发计划目标和个人计划目标以满足这种需求。这两类目标应以书面形式表示，并应是可测量的。正如上一章我们讨论的那样，把培训目标分为三大类：指导性目标、组织和部门目标、

表 9.2 （续）

| 出发点 | 任务分析：需要完成哪些任务？ | 绩效分析：需要什么样的工作绩效？ |
|---|---|---|
| 一般方法 | 1. 确定受训人／执行人保证正确／成功地从事工作需要完成哪些任务。<br>2. 确定需要的知识／技能以正确地完成指定的任务。<br>3. 优先考虑任务，知识／技能，并以培训设计文书、培训日程或课程表的形式总结出来。 | 1. 确定需要什么样的绩效。<br>2. 确定关键的工作结果或“成就”。<br>3. 确定为取得工作结果或“成就”，受训人／执行人需要什么样的任务。<br>4. 确定需要的知识／技能以正确完成指定的任务。<br>5. 确定除知识／技能外影响工作绩效的其他因素，如工作设计、资源、结果和反馈。<br>6. 按照对工作绩效的影响，优先考虑所需要的知识／技能，并以培训设计文书、培训日程或课程表的形式总结出来。<br>7. 对这些建议进行总结以便修正它们对绩效产生的负面影响，正如上述第 4 条所认定的那样。 |
| 该种方法优点 | • 对任务和所需要的知识／技能的准确识别。<br>• 以结果的形式出现并且能测量。<br>• 包含广泛。<br>• 客观，并被观察所证实。 | • 把知识／技能要求与工作绩效相联系<br>• 评估有效度。<br>• 提到影响绩效的其他因素。<br>• 确定对工作成果的影响，因而能优先考虑投入的知识／技能。 |
| 该种方法缺点 | • 花费时间技能。<br>• 难以评价任务的相对重要性，因而难以为投入的知识／技能排列优先顺序。<br>• 未提到影响绩效的其他因素。 | • 花费时间和技能。<br>• 可视性。 |

资料来源：© 1998 CCH Incorporated. All rights reserved. Reprinted with permission from *Training and Development: A Guide for Professionals*, pp. 148–49.

员工个人绩效和成长目标，这种分类方法也可用于管理开发目标。

指导性目标可以由受训员工数量、培训时间、受训者人均成本和受训人要达到一种标准的知识水平所需要的时间等组成。而且，管理开发计划中将要学习的原理、事实和概念也需要这些目标。

组织和部门目标是指计划将会对组织和部门产出产生的影响，如缺勤率、流动率、安全和抱怨。个人成长目标是指计划对个人行为与态度的影响，也包括对参与计划的员工个人成长的影响。

在确立整体管理开发目标以后，必须确立个人目标，详细说明由此产生的技能、观念和态度。在确立这些目标以后，才能具体指明课程内容和指导方法。

# 管理开发中使用的方法

在评价企业需求、描述企业目标以后，才能执行管理开发计划。这部分内容考察一些较常使用的管理开发方法，在这一点上回忆前一章讨论过的有效学习原理清单，这些学习原理也适用于管理开发计划。

本章结尾处的“在工作中”的范例，对在管理开发和员工培训课程中使用的培训方法的利弊进行解释并做了总结。与员工培训一样，管理开发既可在职进行，也可脱岗进行。表 9.3 概括了一些最为常见的管理开发方法，这些方法在下文予以讨论。

## 角色接替安排

一般而言，**角色接替安排**（understudy assignment）用来开发个人的能力以填

表 9.3　**在管理开发中使用的一些方法**

| 在职 | 脱岗 |
|---|---|
| 角色接替安排 | 课堂培训 |
| 教练法 | 　授课 |
| 经验法 | 　案例研究 |
| 工作轮换 | 　角色扮演 |
| 特别项目和委员会工作安排 | 文件筐技术 |
|  | 探险式学习 |
|  | 商业模拟 |
|  | 大学和专业协会研讨班 |
|  | 网络培训 |

补一项特定的职位。最终将被赋予某项职位的个人现任者工作。继任者的职位名称通常是经理助理、行政助理或某一特定经理的助理。

角色接替安排的优点是继任者清楚培训目的，可以在一个真实的环境下学习而不必直接对操作后果负责。消极方面是继任者从现任者那里学习到好的做法，也学习了不良的做法。另外，角色接替安排持续时间长，花费也很大。如果使用角色接替安排，通常应该以其他一种或几种管理开发方法作为补充。

## 教练法

**教练法**（coaching）是由有经验的管理人员来进行的，强调所有管理人员对开发员工的责任。在这种管理开发方法中，有经验的管理人员对受训者在管理问题的解决方面提出建议和进行指导。教练法的思想应该是允许受训人与富有经验的管理人员进行协商来开发自己的管理方法。

教练法的一个优点是受训者能获得实践经验，并能看到他们决策的结果。但也存在教练忽视培训责任，或把不恰当的管理实践传授给受训者的危险。教练的技能和经验在这种方法中是至关重要的。

## 经验法

许多组织通过经验开发管理技能。使用这种方法，员工晋升到管理岗位时，让他们自己从日常经验中学习。这种方法的主要好处是当员工从事一项特定工作时，可以认识到管理开发的需求并寻找满足需求的方法。但是让员工仅通过经验来学习管理是会犯错误的，从而产生严重问题。而且没有相应的背景和知识去从事管理也会令人沮丧。如果在使用经验法时补充运用其他管理开发技术，就能避免上述严重问题。

## 工作轮换

工作轮换是指员工通过到组织的许多不同领域工作从而获得丰富的经验。在角色接替安排、教练法和经验法中，受训者通常为一项特定工作接受培训和开发。在工作轮换中，受训者在组织内从一个岗位换到另一个岗位，通常在每个岗位工作半年或一年的时间。大型组织经常使用这种技术培训新来的大学毕业生。

工作轮换的一个优点是，受训者能了解管理原理在跨部门的环境中是如何运用的。这种培训也具有实践性，并且让受训者熟悉企业的整体运作。这种方法的一个严重缺点是受训者在每个岗位上往往被分派一些杂活，另外一个缺点是倾向于让受训者在每个岗位的停留时间长于需要的时间，这两个缺点都会导致态度消极。

## 特别项目和委员会工作安排

特别项目要求受训者学会一项特定的内容。例如，通知受训者要开发一项安全培训计划，这就要求了解组织现有的安全政策和存在的问题，以及其他企业使用的安全培训程序。受训者还要学会工作及与他人相处。然而，至关重要的是特别工作安排为受训者提供了开发和学习的经验，而不仅仅是为避免时间空闲而布置工作。

委员会工作安排与特别项目相似，如果组织已经正式组建委员会或特设委员会，可能会使用这种方法。在该方法中，员工与委员会就正常分配的职责和责任共同工作，因此，员工在与他人的工作中开发了技能并从委员会的活动中学到东西。

## 课堂培训

课堂培训是人们最为熟悉的培训形式，可以使用多种方法。课堂培训不仅用于管理开发计划，也用于上一章讨论过的上岗引导和培训活动。因此，这一部分的内容也适用于上述活动。另外，本章下文将要讨论的组织开发中使用的一些方法也涉及课堂培训。

### 授　课

最常见的指导方法之一是授课，或以言语的形式教授。当然授课可以包括其他媒介的使用如幻灯片、录像带。授课这种指导方法的优点如下：

1. 授课能够传达学科真正令人感兴趣的东西，教师可以表达自己对学科的热情，这会激发听众的学习兴趣。
2. 授课中所涉及的资料是从其他渠道不能获得的。
3. 教师可以同时接触到多个学习者。
4. 教师可以为听众树立一个有效的典范。一位有效的教师不仅传递信息，还包括介绍在不同环境下什么发挥作用，什么不发挥作用。
5. 授课方式允许教师安排讲授内容、讲授顺序和每一个问题将花费多长时间。
6. 授课给学习者造成的压力最小。

授课方法的缺点如下：

1. 授课通常不考虑听众的反馈。
2. 听课人通常是被动的。
3. 授课的时间长度与听课人感兴趣的时间长度常常不一致。
4. 授课不考虑个人在能力或经验上的差异。
5. 授课不适用于某种较高层次的学习，如分析和诊断。
6. 授课部分地取决于教师的公众表达技巧与能力。

### 案例研究法

**案例研究法**（case study）是由哈佛商学院推广普及的，它为学习者提供一个真实或虚拟的情境以供分析。从理想的角度来看，案例研究法应该迫使学习者仔细思考问题，提出解决办法，从中进行选择，并分析决策的结果。

案例法的主要优点如下：

1. 案例强调的是管理领域中具有代表性的情境分析。
2. 案例研究法提高了学习者的口头和书面沟通能力。
3. 案例把广泛真实的管理问题展现给学习者。
4. 案例激发起对其他理论性的、抽象的培训资料的兴趣。

案例研究法一些可能的缺点如下：

1. 案例往往把重点放在过去和静态分析上。

2. 案例分析时学习者角色往往缺乏感情投入，考虑到学习者在真实情境下的所作所为，这并不真实。
3. 案例分析有时使习惯于得到确切答案的学习者感到困惑。

此外，案例研究法的成功在很大程度上依赖于教师的技巧。询问指导性的问题并让每个人都参与到案例分析中来，这对成功地使用这种方法是至关重要的。

**事件法**（incident method）是案例研究法的一种变型，它最初只给学习者提供情境的概要，然后，当学习者提出要求时教师再提供其他信息。从理论上看，事件法使学生们分析情境并寻找其他信息，正如在现实中要求他们所做的那样。

### 角色扮演法

在这种方法中，参加者被分派不同的角色，要求他们在真实的情境下扮演这些角色。这种方法的思想是使参加人从指定扮演的角色中学到东西。该方法的成功有赖于参加者逼真地扮演角色的能力。可以考虑使用录像带回放和评价这种练习，以提高有效性。

## 文件筐技术

**文件筐技术**（in-basket technique）通过要求每一位参加者回复一位管理人员的信件或电话来模拟一种真实情境。它的重要作用是练习应对日常事务。比如，可能是一位重要的、正在生气的客户打来的电话，可能是本地市民俱乐部寄来的要求捐赠的信件。参加者分析这些情境并提出几种备选行动方案。根据决策的数量和质量评估这些方案，并按优先顺序分配到每种情境中去。文件筐技术不仅应用于管理开发，也应用于评估中心。评估中心将在本章的后一部分讨论。

## 网络培训

许多企业正在求助于**网络培训**（Web-based training，WBT）。员工能够通过国际互联网或是企业自己的局域网进入在线课程。参加人既可以独立听课也可以通过网络连接与教师实时互动。在线课程常常与教师占主导的课程配合使用，所以如有必要，员工依然可以享有目睹实际操作演示的好处。网络培训所带来的时间、地点和项目的灵活性吸引了那些经常必须在学习、工作和家庭责任之间寻求平衡的员工。网络培训在虚拟课堂上利用一切可利用的技术手段。虚拟课堂可以同步或不同步进行。不同步的课堂允许学生和指导者在不同时在线的情况下也能进行学习。同步课堂则允许学生和指导者同时进行在线学习。网络培训将来很可能会在大型和小型组织继续发展。

## 商业模拟

**商业模拟**（business simulation）通常提供一种公司环境和背景，并要求一组参加游戏的人在与其他小组的竞争中就公司的运营问题作出决策。指导者可以在其中添加经济事件和人力资源挑战以增加错综复杂性。这种方法迫使个人不仅要与小组其他成员合作，而且要在行业竞争的气氛中发挥作用。商业模拟的优点是对现实进行模拟，在竞争的环境中作出决策，提供有关决策的反馈，以及使用不完整的信息来制定决策。主要缺点是许多参加人仅就获胜的关键之处进行决策。当这种情况发生的时候，商业模拟作为一种学习工具没有充分发挥它的潜力。

## 探险式学习

**探险式学习**（adventure learning）或**体验式学习计划**（experiential-learning programs），运用许多挑战性的户外活动，通常包括身体上的冒险，来帮助参加人实现他们的目标。探险式学习的目标通常分为两种：

1. 小组重点目标：这些目标包括更好地沟通、更有创造性地解决问题、更有效地进行团队工作以及提高领导能力。探险式学习中经常包括的一项活动中叫做“屏障”，小组必须通过合作越过一个 12~14 英尺高的建筑物。屏障被视为事业挑战的象征。
2. 个人成长目标：这些目标包括提高自尊、提高风险承担能力、增强自我意识以及更好地管理压力。绳索项目是实现个人成长目标的最受欢迎的方法，它的一个例子是“电绳”游戏。小组必须使每个成员通过高悬在两棵树之间的绳索，小组成员必须设法不与绳子触碰，并且他们不能使用支撑物。电绳被视为小组在工作中面临的艰难的事业挑战。

### 大学和专业协会研讨班

许多学院和大学都提供学分课程和不计学分的课程，以满足不同组织管理开发的需求。这些课程从管理原理到高级经理人员管理开发计划等。一些专业协会，如美国管理协会，也提供广泛的管理开发计划。这些计划使用前面讨论过的许多课堂技术。

## 管理开发活动的评估

评估管理开发活动有四种方法可以选择。每种方法的重点如下列问题所示：

方法 I：受训人对课程感兴趣吗？
方法 II：培训课程教授概念吗？
方法 III：这些概念在工作中使用吗？
方法 IV：概念的应用对组织有积极影响吗？

对于这四种方法中的每一种，组织必须确定评估内容以便回答上述方法提出的问题。表 9.4 对可供选择的评估方法、可能的评估内容和数据资料进行了总结。

## 评估中心

**评估中心**（assessment center）是一种由受过训练的观察者以被评估者在专门选定练习中的绩效为基础，对被评估者的各种性格特征进行评估的方法。评估中心用于制定晋升、评估和管理人员培训方面的决策。

制定一份需要评估的性格特征清单是任何评估中心的关键因素，这些性格特征应该与被评估人正在被评估的一项特定工作的良好绩效直接相关。只有当这些性格特征被确认后，才能选择使用评估中心的某些练习。调查显示，这些练习与其他练习相比与性格特征测试更加相关。评估中心中使用的练习包括文件筐技术、商业模拟、小组讨论、案例、访谈和多种书面测试。这些练习把被评估人置于需要制定决策、领导、书面与口头沟通、计划和组织等各种情境中，在被评估人参

表 9.4　**评估矩阵**

| 我们想知道的内容 | 可能评估的内容 |
| --- | --- |
| I. 受训者高兴吗？如果不高兴，为什么？ | 受训者在专题讨论会中的反应 |
| a. 概念不相关 | |
| b. 演讲的结构安排 | 受训者在专题讨论会后的反应 |
| II. 这些材料教授了概念吗？如果没有，为什么？ | 受训者在专题讨论会上的表现 |
| a. 概念太复杂 | |
| b. 例子不相关 | 受训者在专题讨论结束时的表现 |
| c. 练习不相关 | |
| d. 演讲的结构安排 | |
| III. 使用这些概念了吗？如果没有，为什么？ | 绩效改进方案 |
| a. 概念 | |
| • 不相关 | |
| • 太复杂 | |
| b. 环境不支持 | |
| IV. 概念的运用对组织有积极影响吗？如果没有，为什么？ | 绩效改进方案 |

与这一活动时，评估人观察他们依据被评估的性格特征评估他们的表现。被评估人通常以六人小组的形式被评估，这六个人被评估的性格特征相近，而且他们在组织中承担相似的职务。

评估人员的选择是评估中心的另外一个重要因素。受过训练的专家，如工业心理学家通常作为评估人。另外，成功的管理人员也常常作为评估人，人们相信这些人对成功要求具备的品质最清楚。一般在评估过程中使用多个评估人。

评估人在各种练习的过程中观察被评估人，每个评估人各自评估一个被评估人。然后，评估人聚到一起并对每个被评估人的性格特征进行深入讨论，每个被评估人按相应级别如“优于可接受、可接受或不可接受”进行排序。

评估中心最初作为在某一职位上被评估人的成功预测器使用，但这种方法也可用来辨别被评估人所要求的特殊培训。实践中的人力资源管理 9.1 显示了评估中心的一种使用方法。

## 实践中的人力资源管理 9.1

### 评估中心

现在，评估中心正被消防部门用于晋升决策。评估中心使用角色扮演与模拟的方式，评估待晋升的候选人对事件如何反应，比如一位洛杉矶市的消防队长在日常工作中面临的问题。人们认为模拟比传统的书面测试和面试更有效。例如，对候选人来说，在面试中宣称自己拥有人际关系技能是一回事。而在评估中心，招募者实际上能够通过角色扮演和模拟测试出一名候选人是否具有人际关系技能。

为评估中心做准备要求候选人在取得成功之前克服很多障碍。很多本该成为优秀的消防队长的消防员由于各种原因没能成功，一个原因就是精神压力太大。晋升失败会造成候选人绩效降低。其他原因很有代表性，如是否愿意接受消防队长职位上的新增职责，以及是否愿意花时间接受比所要求的最低限度的培训更多的培训。

资料来源：Adapted from Anthony Kastros, "Fire Service Assessment Centers: Beyond the Books," *Fire Engineering*, October 2009.

# 组织开发

组织开发寻求改善小组、部门和整个组织的绩效。具体地讲，**组织开发**（organizational development，OD）是在整个组织范围内由最高层所控制的有计划的努力活动，它以通过有计划地干预和培训来提高组织绩效为目标。组织开发尤其重视组织的人力资源，它寻求改变态度、价值、组织结构和管理实践，以改善组织绩效。组织开发的最终目标是构建一个使管理者和员工能充分发挥他们已被开发的技能和才智的组织环境。

组织开发活动的最初阶段是，管理人员对组织绩效能够并且应该得到改善的确认。在最初确认之后，大多数组织开发活动包括下列阶段：（1）诊断；（2）战略计划；（3）教育；（4）评估。

诊断是通过收集和分析组织信息确定组织需要改进的领域。通常使用员工问卷或态度调查从员工那里收集信息。战略计划是指基于这些资料制定一个改善组织绩效的计划，找出组织中具体的问题，并概述解决这些问题的步骤。干预/教育阶段包括使用外部咨询人员与员工个人或群体共同工作。该阶段也包括管理开发计划的使用。评估阶段在功能方面与诊断阶段重合。换句话说，在诊断、战略计划和教育阶段之后，收集信息以确定组织开发活动对整个组织的影响。这些信息会带来更多的规划和教育活动。

## 诊　断

组织开发过程的第一项决策是就组织是否具备实施诊断所必需的人才和是否有足够的时间进行诊断作出的。如果没有，替代方案是雇用一名外部咨询人员。一旦确定下来谁将实施诊断，下一步就是收集和分析信息。下面是一些使用最频繁的信息收集的方法。

1. 可用的记录。第一步是回顾一下任何可以使用的相关记录或文件。通常人员记录和财务报告是两种可利用的信息。
2. 调查问卷。收集信息的最常用的方法是通过员工填写问卷。通常这些问卷是用来测量员工对某些与工作相关因素的态度和认知。
3. 私人访谈。在这种方法中，对员工就其观点、认知和某些与工作相关的因素进行个别访谈。与调查问卷相比，这种方法花费时间较多，但是会带来更好的信息。
4. 直接观察。在这种方法中，实施诊断的人观察组织成员在工作中的直接行为。此方法的优点之一是它能够看到人们实际做的事情而不是他们说他们做的事情。

## 战略计划

在诊断阶段收集到的信息必须进行认真解释，才能确定组织改进的最佳计划。如果过去做过类似的诊断，比较这些数据并寻找显著差异会给人以启发。因为收集的很多信息都是建立在个人观点和认知的基础上，因此经常会在某些方面存在意见不一。解释这些数据的关键在于找出趋势和大体意见一致的地方。战略计划的最终结果是明确具体的问题并且概述解决这些问题的步骤。

## 教 育

教育阶段的目标是与受影响的员工分享诊断阶段获得的信息，并帮助他们意识到变革的需要。在变革规划阶段进行的彻底分析会使我们认识到什么是最恰当的干预 / 教育方法。一些使用得最频繁的干预 / 教育方法会在后面讨论。

### 直接反馈

**使用直接反馈**（direct feedback）方法，变革的代理人要与相关各方就诊断阶段和变革计划阶段收集到的信息进行沟通。变革代理人向大家描述所发现的事情并建议进行哪些变革，然后通常使用专题研讨会开始实施所期望的变革。

### 团队建设

**团队建设**（team building）的目标是增强群体的凝聚力和群体精神。团队建设强调共同工作的重要性，一些具体的行动包括:（1）阐明员工所扮演的角色;（2）减少冲突；（3）改善人际关系；（4）提高解决问题的技能。

### 敏感性训练

**敏感性训练**（sensitivity training）的目的在于使一个人更好地认识自己及自己对他人的影响。它是指一组人员（通常称为培训小组或 T 小组）聚集在一起，既没有议事日程，也没有特定的话题。通常小组由 10~15 人构成，他们可能认识，也可能不认识。没有事先计划好的讨论结构，也没有共同的经历，试图解决结构缺失的个人行为就成为了议程。成员忙于参加小组讨论，他们也受到鼓励在非结构化的环境中了解自己和他人。

敏感性训练对组织的相对价值受到激烈抨击和大力抵制。调查显示，参加了敏感性训练的人们倾向于表现出更多的敏感性、更开放的沟通和更多的灵活性。但是，同样的研究也表明，尽管敏感性训练的结果总体上是有帮助的，但是难以预测它对每个人的结果如何。

## 评　估

在组织开发过程中最困难的阶段可能就是评估阶段了。要回答的基本问题包括：组织开发过程是否产生了我们想要的结果？不幸的是，很多组织开发活动的目标极好，但也极度模糊，比如改善全体员工的健康状况，提升组织文化或氛围。在评估任何组织开发活动之前，必须确定组织开发的确切目标。组织开发活动的目标应该是结果导向的，并且应制定出可衡量的标准。

评估组织开发活动的另一个要求是评估应该具有方法论的合理性。从理论上看，应该使用客观数据评估组织开发活动。一种方法就是对组织开发干预之前收集到的数据和组织开发干预之后的数据进行比较。更好的方法是与控制组进行开发之前和之后的数据比较。使用这种方法时，首先要确定两个类似的小组，一个是控制组，一个是实验组。然后对实验组实施组织开发活动，对控制组不实施开发活动。在组织开发干预完成之后，对实验组开发前和开发后的数据与控制组开发前和开发后的数据进行比较。这种方法能够排除非组织干预因素带来的变化。

从实践的角度看，使用各种人员评估组织开发活动，要比使用那些实施组织开发活动的人员更合适。实施开发活动的人员可能不能客观地进行评估。

## 总　结

1. **定义管理开发。**

   管理开发是指对成为或继续做一名有效管理者所必备的经验、态度和技能的开发。

2. **描述管理人员清单。**

   管理人员清单提供关于一个组织中现有管理人员的某类信息，包括现职务、服务时间、退休日期、教育和以往的绩效评估。

3. **描述管理人员接续计划。**

   管理人员接续计划记录了组织中每一位管理人员潜在的继任者。

4. **定义文件筐技术。**

   文件筐通过要求受训者回复一位管理人员的信件或电话来模拟一种真实情境。

**5. 描述商业模拟。**

商业模拟要求一组参加游戏的人在竞争的环境中就公司的运营问题作出决策。

**6. 描述探险式学习。**

探险式学习使用多种具有挑战性的户外活动，通常要冒身体上的风险，以帮助参加者实现他们的目标。

**7. 描述评估中心。**

评估中心是以评估员工成为管理者的潜力及其开发需求为目的的一种正规方法。

**8. 描述组织开发。**

组织开发是在整个组织范围内由最高层所控制的有计划的活动，它以通过有计划地干预和培训来提高组织绩效为目标。

**9. 概述组织开发的四个阶段。**

四个阶段是诊断、战略计划、教育和评估。

# 第 10 章

# 职业发展

在过去，人们加入一个组织后，通常会在其中度过自己的整个职业生涯，组织常常授予员工金表和表明服务期限的徽章，以表彰他们的忠诚。然而，组织忠诚的理念在第二次世界大战以后的几十年中已经淡化了。自 20 世纪 60 年代中期开始，平均年龄 20 岁的员工在其一生中预计要变换工作六七次。根据美国劳工部 20 世纪 90 年代中期的统计数据，大学毕业生将在他们的一生中平均从事 8~10 份工作，且多达三种职业。最近的数据表明，在婴儿潮后期出生的普通人，从 18 岁到 40 岁拥有的工作超过 10 个。

其他来源的数据显示，虽然大多数员工在他们的工作中感到愉快，但是，他们对自己目前在公司中的前途越来越担忧。结果，许多员工不是考虑停留在某一个组织中，而是期望从事不同的职业。公司重组和裁员使得许多员工在他们不想换工作的时候也得改换工作。因此，不断提高的员工流动性和相关的环境因素使得职业发展对今天的组织来说变得日益重要。**职业发展**（career development）是组织进行的一种持续的正规化努力，重点是根据员工和组织双方的需要来开发和丰富组织的人力资源。

## 为什么职业发展是必需的

从组织的观点看，职业发展能降低员工流动带来的成本。根据人力资源管理协会（SHRM 和 CarerrJournal.com）2005 年的一项调查，超过四分之三（76%）的员工都在找工作。如果企业帮助员工制定职业规划，这些规划可能与组织密切相连，因而员工就不大可能离开。重视员工的职业发展同样能鼓舞士气，提高生产率，并帮助组织变得更有效率。事实上，组织对员工的职业发展感兴趣对员工

## 实践中的人力资源管理 10.1

### IBM 的职业生涯改善计划

几年以前，IBM 意识到它的“高级管理人员资源”计划存在问题，问题在于被提名参加该计划的人员在超过五年的时间里没有获得晋升，他们有时会变得失去了动力。IBM 试图解决这一问题，它开始把该计划的合格候选人范围缩小到有可能在 18 个月内晋升到高级管理层的人身上。在此之前，这家拥有 33 万名员工的公司，经理及以上职位的领导有 5 000 名，公司依赖高级管理人员提名候选人加入“高级管理人员资源”计划。这种办法的缺陷在于有时会把这种提名作为一种奖励提供给那些绩效平稳的员工，而不是因为其具有近期成为高级管理者的潜力。新规则所规定的 18 个月是想要帮助高级管理人员作出更好的选择。

在对“高级管理人员资源”计划进行限制的同时，IBM 还扩展了其他优秀员工计划的范围。公司有针对那些新晋升的管理人员（也叫作下一代）的导师计划，以及为那些未来的技术人员设置的职业发展计划。“优才”计划正在酝酿当中，可能包含经营管理人员和技术人员在内，这项计划专为那些绩效虽高但还未被考虑成为高级管理职位继任者的员工而设。

资料来源：Ed Frauenheim, “Firms Walk Fine Line with High-Potential Programs,” *Workforce Management*, September 25, 2006, pp.44-46.

也有积极的影响，在这种情况下，员工认为企业把他们看作整体计划的一部分而不仅仅是一些数字。重视职业发展对员工看待他们工作和雇主的方式也有积极的影响。实践中的人力资源管理 10.1 讨论了 IBM 公司采用的一些帮助高绩效员工改善职业生涯的计划。

从组织的观点看，职业发展有三个主要目标：

- 及时地满足组织近期和未来对人力资源的需求；
- 更好地让组织和员工了解组织内潜在的职业道路；
- 通过把甄选、安排、开发以及管理个人的职业活动与组织计划结合起来，最充分地利用现有的人力资源计划。

**职业规划**（career planning）是个人形成职业目标并制定计划以实现这些目标的过程。因此，职业发展和职业规划应相互支持。职业发展从组织的角度来看待员工个人的职业，而职业规划则从员工个人的角度来看待职业。

现实的职业规划迫使员工个人寻找与其能力相符的可获得的工作机会。例如，一个人可能非常渴望成为历史老师，但却发现每一份这样的工作都有两个历史老师在等待。

有了职业规划，当员工在职业道路上前进时就更有可能体会到工作满足感。好的职业道路在前进过程中确定了某种里程碑。当员工清醒地认识到并达到这些里程碑时，他就更可能获得成就感。更进一步说，这种成就感增强了员工的个人满足感和动力。

# 谁对职业发展负责

在职业发展中，组织和个人各负什么责任？哪一方负主要责任？答案是成功的职业发展要求来自三方面的努力：组织、员工和员工的直接管理者。

## 组织的责任

如前所述，职业发展是组织进行的一种持续的正规化努力，它的重点集中在根据员工和组织双方的需要来开发和丰富组织的人力资源上。组织是一个实体，它对激发和确保职业发展的实施负主要责任。特别是，组织的责任是开发并在组织内部向员工通告职业选择权。组织应该慎重地对员工就其实现职业目标可能的职业道路提出建议。一般来说，人力资源人员的责任是，当新的岗位设立、旧的岗位被取消时，他们一直持有最新的工作信息。通过与员工和他们的管理者在工作中紧密合作，人力资源专家应该看到，准确的信息已被传达下去，不同职业道路之间的相互关系已被员工理解。因此，组织的重要责任不是准备个人职业规划，而是应该改善条件并创造一种便利于员工个人职业规划开发的环境。

## 员工的责任

制定个人职业规划的主要责任在于员工个人。职业规划并不是可以由一个人替另一个人去做的事，它必须由员工自己做。只有员工个人才知道自己从职业生涯中真正想得到什么，而这些愿望当然会因人而异。

职业规划要求员工自觉的努力，这是艰苦的工作，它不会自动发生。虽然员工个人可能相信开发一个好的职业规划将是自己最大的兴趣，但抽出时间开发这样一个计划常常是另一回事。组织可以通过提供训练有素的专家来帮助鼓励和指导员工。每个季度花几个小时的工作时间就可以很好地完成这类规划。

员工个人最终要对制定个人职业规划负责。经验表明如果员工没有获得鼓励和指导，他们就不会取得什么进展。

## 管理者的责任

人们常说“职业发展的主战场在承担管理职责的人的头脑里”。虽然不能期望管理者成为一个专业的顾问，但是他能够并且应该在帮助下属的职业发展中起到关键作用。第一位而且最重要的是，管理者应该充当催化剂和回音壁，应该引导员工如何进行职业发展，然后帮助他们评估结果。

表 10.1 列举管理者在帮助下属发展职业时可能扮演的几种角色。不幸的是，很多管理者并不认为职业咨询是他们管理职责的一部分。他们并不反对这种角色，但是他们从不认为这是他们工作的一部分。为帮助克服这个问题及相关问题，许多组织制定了培训计划，帮助管理者开发这方面的必要技能。

图 10.1 例举了康宁公司在职业发展中所扮演的角色。如图中所示，成功的职业发展来自组织、员工及其直接管理者的共同努力。组织提供资源和结构，个人制定计划，直接管理者给予指导和鼓励。

# 实施职业发展

职业发展规划的成功实施包括四个基本步骤：(1）个人对其能力、兴趣和职业目标进行评估；(2）组织对个人的能力和潜能进行评估；(3）在组织内对职业选择和职业机会进行沟通；(4）为确立现实可行的职业目标以及实现这些目标的计划进行职业咨询。

表 10.1 管理者在职业发展中可能承担的角色

| | |
|---|---|
| **沟通者**<br>与员工进行正式或非正式的讨论。<br>倾听并理解员工真正关心的事情。<br>与员工进行清晰、有效的互动。<br>营造一个利于开放互动的环境。<br>确定不受干扰地会见员工的时间。 | **导师**<br>安排员工参加组织内外举行的高度可视的活动。<br>通过展示成功的职业行为为员工的职业发展树立榜样。<br>支持员工与组织内外的其他人交流员工有效性问题。 |
| **顾问**<br>帮助员工明确与职业相关的技能、兴趣和价值。<br>帮助员工明确各种职业选择。<br>帮助员工评估各种职业选择的适合性。<br>帮助员工设计 / 计划实现已达成一致的职业目标的策略。 | **建议者**<br>与员工沟通组织正式的和非正式的职业发展的进展情况。<br>提议有益于员工合适的培训活动。<br>为员工职业进步提出合适的策略。 |
| **评估者**<br>明确关键的工作要素。<br>与员工商讨一套评价绩效的目标。<br>评估员工与目标相关的工作绩效。<br>与员工就绩效评价进行沟通。<br>围绕未来的工作目标制定发展计划。<br>强化有效的工作绩效。<br>不断回顾已制定的发展计划。 | **经纪人**<br>帮助员工团结那些在他们的职业生涯中需要相互帮助的人。<br>帮助员工获得合适的受教育机会或工作机会。<br>帮助员工确定那些改变现状的障碍。<br>帮助员工确定那些改变职业发展的资源。<br>**推荐人**<br>指出员工存在的问题（如职业、个人或健康问题）。<br>指出能够解决员工所面临问题的恰当的资源。<br>向员工提供和帮助寻找推荐人。<br>追踪所提供证明材料的有效性。 |
| **教练**<br>教授特定的、与工作相关的或技术上的技能。<br>强化有效绩效。<br>提出改进的具体行动。<br>明晰并传达工作小组和组织的目标。 | **支持者**<br>与员工一起设计存在于更高管理层的具体问题的修正计划。<br>如果管理层的修正策略不成功，与员工一起设计替代策略。<br>代表员工利益与更高管理层修正具体问题。 |

资料来源：Copyright © July 1981 from *Trading and Development*, p.74 by Zandy B. Leibowitz, and Nancy K. Schlossberg. Reprinted with permission of American Society for Training and Development.

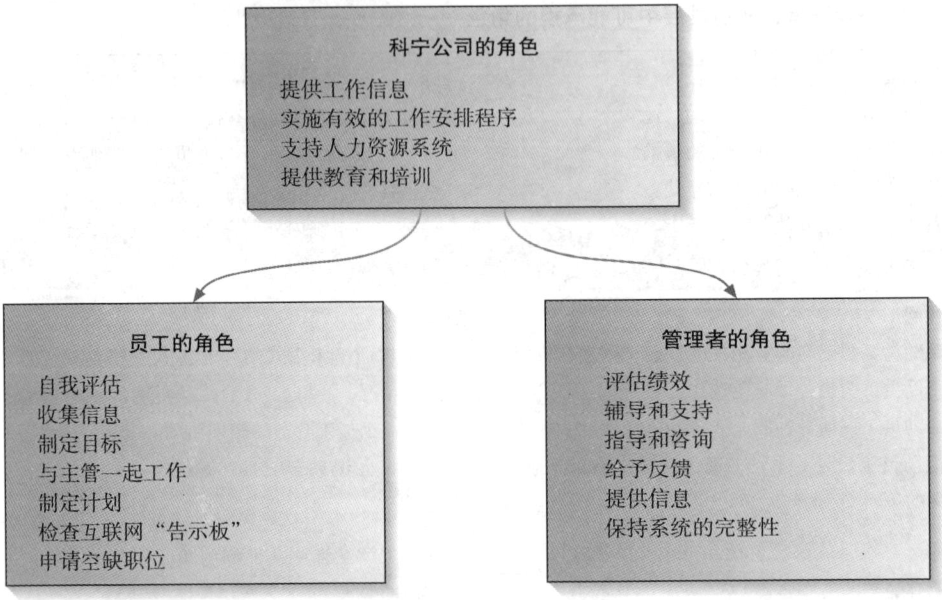


图 10.1 **康宁公司的职业规划角色**

资料来源：*Personnel* by Z.B. Liebowitz, B.H.Feldman, & S.H.Mosley. Copyright 1990 by American Management Association. Reproduced with permission of American Management Association in the format Textbook via Copyright Clearance Center.

## 个人评估

很多人从未停止过分析他们的能力、兴趣和职业目标。大多数人并不是不想分析这些因素，而是他们从来没有为此花过时间。虽然这并不是组织所能替代个人做的，但组织可以提供动力和结构。各种各样的自我评估材料可以通过互联网和其他商业渠道获得，有些组织开发了适合自己的表格和培训计划供员工使用，另一种可选择的方法是采用一些心理测试形式。

个人的自我评估不必受到目前资源和能力的限制，职业规划一般要求个人获得进一步的培训和技巧。然而，这种评估应该立足于现实。对个人而言，这包括明确个人的实力——不仅是个人已具备的能力，而且包括能获得的财务资源。

一旦个人了解了自己的兴趣和能力，制定出一份个人的**愿景描述**（vision

statement）是很有帮助的。憧憬描述能够帮助员工继续留在确定的发展轨道上，并能够避免任何不与自身职业发展积极相关的事件。有效的愿景描述简洁扼要（不超过一两句话），并以可衡量的语言表达出来。愿景描述的一个范例是，“我想通过获得所需要的知识、技能、能力和资格证书进行职业发展，到 2010 年成为美国西部一家中型制造公司的质量经理，年薪 8.5 万美元。”一旦草拟出憧憬描述，与重要的利益相关者（如现有员工、潜在员工和家庭成员）分享是个好主意。根据收到的反馈，员工可能要对愿景描述进行修改；也可能当员工经历了职业发展进步时再对愿景描述进行修改。

## 组织评估

组织评估员工时可以采用几种潜在的信息来源。传统上，使用最频繁的来源是绩效评估方法。评估中心是一个极好的信息来源。其他潜在的来源包括反映教育状况和以前工作经历等信息的人员记录。对组织来说，不依赖于任何单一的信息来源而是要利用尽可能多的容易获得的信息来源通常是一个好的想法。这样的方法是一种利于检查和平衡的自然而然的体系。

组织对员工个人的评估通常应该由人力资源人员和员工的直接管理者共同进行，员工的直接管理者担任导师。

## 对职业选择进行沟通

为确立现实的职业目标，个人必须知道可以获得的选择和机会。组织能够通过几种途径帮助员工意识到这些选择和机会。张贴职位空缺广告是帮助员工了解职业选择的一种活动，明确组织内可能的职业发展道路对员工同样有所帮助，这可作为绩效评估过程的一部分来进行。另一种好的想法是与员工共同制定人力资源规划预测。

## 职业道路引导

**职业道路引导**（career pathing）是一种表明组织内从一种职位发展到另一种职位的具体途径的技术，可定义为一系列包括正式与非正式教育、培训及工作体验的开发活动，这些开发活动有助于员工从事更高一级的职位。几乎所有组织的职业道路都是以非正式的形式存在的。但是，如果给职业道路以正式的定义和记录，它就有用得多了。这种规范化的结果就是对连续的工作体验，以及不同的结果之间如何彼此相关进行具体的描述。表 10.2 列出了职业道路引导的基本步骤。实践中的人力资源管理 10.2 描述了指南针集团 PLC 是如何进行职业发展的。

职业道路引导作为整个职业规划过程的一部分使用时是最实用的。图 10.2 概括了影响职业规划过程的主要因素，并说明了职业道路引导如何适应这一过程。

## 职业自我管理

职业自我管理与职业道路引导的概念密切相关。**职业自我管理**（career self-management）是一种跟上组织及所在行业变化的速度以及对未来做好准备的能力。职业自我管理是一个相对较新的概念，它强调个人不断学习的需要，因为今天还存在的工作可能明天就发生了变化，甚至可能完全消失了。职业自我管理也包括明确与获得新的技巧与能力，以使员工可以转到新的岗位上。职业自我管理的结果是获得更多高技能和高灵活性的员工，并保留住这些员工。职业自我管理要求

**表 10.2 职业道路引导的基本步骤**

1. 确定或再次确认目标岗位所需的能力和最终行为。因为岗位通常随着时间的变化而不断变化，所以确定或确认各项要求的变化，并对这些要求进行定期回顾是很重要的。
2. 保护好员工背景信息并进行复核以确保其准确性和完整性。因为人们的兴趣和职业目标总是在变化，必须对这些变化情况进行核实。另外，更新个人的技能、经验等的记录通常也是必要的。
3. 把个人和目标职位结合起来考虑，以此进行需求分析比较。确定员工个人与其目标职位是否匹配。令人惊奇的是，当员工的背景、潜能及兴趣出现问题时，很多组织忽略了询问员工本人。
4. 将员工的职业期望、发展需求与目标职位要求和组织的职业管理协调起来。员工个人应使自己的职业目标正规化，或者在条件允许的情况下对职业目标进行修正。
5. 采用时间—行动导向开发员工培训工作及教育需求。明确员工为目标职位取得进步而必需的个人行动（如工作、教育和培训经历）。
6. 制定职业道路蓝图活动的计划。绘制一份时间导向的计划或图表以便对个人进行引导。

资料来源：E. H. Burack and N. J. Mathys, *Career Management in Organizations: A Practical Human Resource Planning Approach* (Lake Forest, Ill.: Brace-Park Press, 1979), pp. 79–80. Used by permission.

实践中的人力资源管理 10.2

### 指南针集团的职业发展

指南针集团 PLC 是一家提供食品和膳宿服务的国际承包商。人力资源执行副总裁克里斯·阿什克劳夫特估计公司一年在员工培训上的花费高达 300 多万美元。“通常在一年中，有大约 2 000 个晋升机会，80% 都从内部提拔。”阿什克劳夫特说，“每年六月，我们查看我们的人才库，看看如何能够在组织内部调动人员。”指南针公司也制定一些计划激励员工并使他们在岗位上感到愉快。一个可行的职位报告（PAP）通过电子邮件和公司的局域网址“我的指南针”送达所有部门的所有管理者手中。员工在培训小组和定期张贴的培训机会清单的帮助下，每年都做年终述职，为他们在公司内的未来两年做准备，这些培训机会从烹饪技术到管理技能多种多样。公司使用一个监控计划，要求所有高级员工至少监督三名低级员工。虽然该计划是为晋升妇女和少数民族专门制定，但任何人都能参与。指南针公司也希望与美国烹饪学院共同实施一个食品技能计划。“这个计划适用于所有员工，”阿什克劳夫特说，“即使那些工作在辅助岗位的人，像秘书或会计也适用。目的就是使人们获得提升。”

资料来源：Amanda Chater, “A Two-Way Street: Career-Based Training Hones Retention Effort,” *Food Service Director*, June 15, 2002, p.36.

认同这样的观点，即员工的自我发展是企业管理的一部分，并要为员工提供自我发展计划和经验。

## 职业咨询

职业咨询是指整合职业规划过程中不同步骤的活动。职业咨询可以由员工的直接管理者、人力资源专家或二者一起来实施。在大多数情况下，由员工的直接管理者和人力资源部门的适度结合来进行职业咨询，效果会更好。一般而言，直接管理者的优势是具有实践经验、熟悉公司的情况、所处的位置使他能对组织内部的机会作出现实的评价。

有些管理者因为自己没有在这方面受过培训而不愿尝试提供咨询。但是，一位受过训练的心理学家并不一定能成为成功的职业顾问。事实上，行为研究和实践表明，受人欢迎而又有效率的特征与成功的职业顾问所需的素质基本上是相同

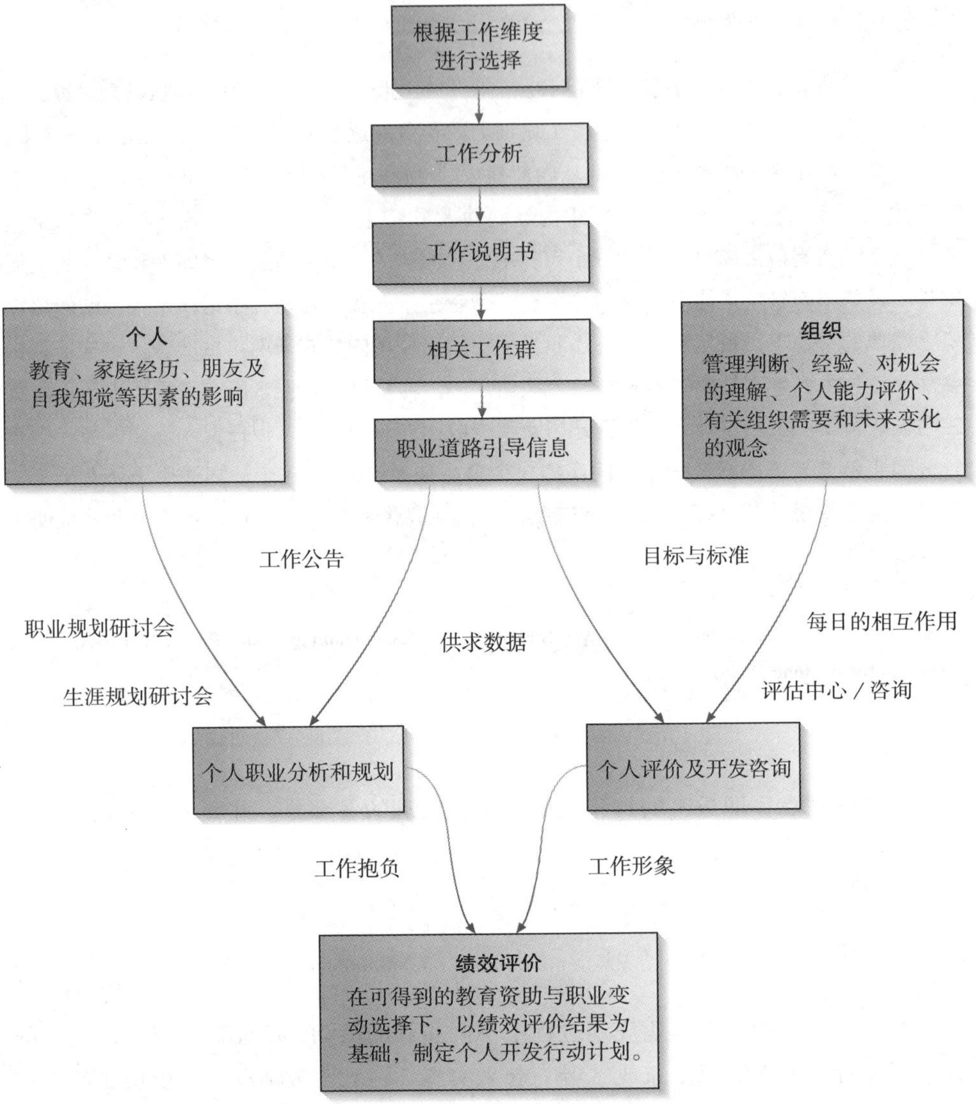


**图 10.2　影响职业规划的主要变量**

资料来源：*Personnel*. Copyright © 1985 American Management Association. Reproduced with permission of American Management Association in the format Textbook via Copyright Clearance Center.

的。当然，恰当的培训形式对完成职业咨询是十分有益的。

总的来说，擅长人际关系的管理者当职业顾问是成功的。培养对员工及其职业的关心态度是最重要的，另一方面要求善于倾听员工的担忧和所面临的问题。以下是帮助管理者成为更好的职业顾问的一些具体建议。

1. 认识到职业咨询的局限性。记住管理者与组织在职业发展过程中只充当催化剂的作用。制定职业规划的主要责任在于员工个人。
2. 尊重员工的秘密。职业咨询是很个人化的，具有道德、保密和隐私的基本特点。
3. 建立联系。对下属要诚实、公开和真诚，尽量与员工心灵相通，并从员工的角度看问题。
4. 有效地倾听。学会做一名真诚的倾听者。人天性喜欢多说，成为一名好的倾听者通常需要有意识地努力。
5. 考虑替代方案。职业咨询的一个重要目标是帮助下属认识到他们通常有许多选择。帮助下属扩展他们的思维，而不必局限于过去的经历。
6. 寻求并分享信息。确信员工和组织已经分别完成对员工的能力、兴趣和愿望的评估。确信已把组织的评估同员工进行了明确的沟通，并使员工意识到组织内部潜在的职位空缺。
7. 帮助员工确定目标与规划。记住员工必须自己做最后的决定，管理者应该充当回音壁，并确保员工个人计划是有效的。

实践中的人力资源管理 10.3 描述德勤公司是如何使用咨询手段留住员工的。

## 回顾职业进步

个人的职业生涯很少与计划完全一致。环境在变化，个人愿望在变化，还会发生一些其他的事情。但是，如果员工个人定期地回顾职业计划和形势，他们就能做出调整，以使职业发展不受破坏。另一方面，不能迅速适应现状的职业计划是毫无用处的。一旦职业计划制定后，最大的危险就是沾沾自喜。计划必须随着形势和个人的变化而更新。

### 德勤公司如何使用咨询手段留住员工

作为四大会计师事务所之一的德勤公司实施了三年的德勤职业联系计划（DCC）。该计划用于帮助那些不满意的员工找到他们真正的兴趣和能力所在，以及他们在组织中可能更适合哪个岗位。这种史无前例的理念更好地留住了公司的优秀员工而不是失去他们。

德勤职业联系计划的特色是一个有各式各样自我评估工具和一对一辅导训练的网站。该计划建立在一个由三部分内容构成的人才管理方案的基础上：（1）给需要精通一项工作的员工提供真实的开发和学习经验；（2）与员工一起工作以确定他们真正的技能、兴趣和知识，并帮助他们在组织中找到最适合的岗位；（3）帮助员工与那些有助于他们实现目标的人交往。

德勤联系计划成功的关键在于保密性以及给予员工考察各种工作机会的自由。鼓励管理人员辅导员工并帮助他们在组织中找到最合适的职位。在该计划中公司有14名专业教练，他们分布在德勤的各地分支机构。

德勤宣称有28 600名美国员工进入了德勤联系计划的网站，超过2 700人获得了一对一的辅导，另外的1 260人获得了团队形式的辅导。按照人员流动成本是员工平均年薪76 000美元的两倍来计算，公司估计因此节省了8 340万美元。德勤公司连续十年入选《财富》杂志评选的“你愿意为之工作的100家最好的企业”名单。

资料来源：“How Coaching Helps a ‘Big Four’ Accounting Firm Retain Staff,” *HR Focus*, January 2006, pp. 5–6, and “How Deloitte Uses Coaching to Build Staff Retention,” *Partner's Report*, May 2006, pp. 1–3.

## 有关职业的错觉

员工与管理者对职业发展与进步存在很多错觉。通常，这些错觉会误导并阻碍职业发展与进步。以下部分研究这些错觉，并提出证据进行反驳。

### 员工的错觉

***错觉1：高层职位总是为别人留有机会。***这种错觉与事实矛盾，在现今绝大多数组织结构中，当一个人在组织内部晋升时，他可获得的职位会变少。坚持这种错

觉形成了不现实的抱负，并产生了永久性的自我挫折感。想成为组织的总裁并没有错，但是一个人必须意识到达到这一职位的可能性是很小的。例如，福特汽车公司有数十万员工，但只有一个总裁，从错觉 1 中我们汲取的重要教训是选择现实的能实现的职业道路。

***错觉 2：成功的关键是在恰当的时候处在恰当的位置上。***与所有关于职业的错觉一样，这种错觉有足够的理由让人相信。人们总可以发现，非常成功的人总把自己的成功归功于在恰当的时候处在恰当的位置上。坚持这种错觉的人抛弃了职业规划的基本原理：一个人通过周密的设计能够影响未来而不仅仅是接受未来。坚持错觉 2 是危险的，因为这样会导致自满和失败的态度。

***错觉 3：好的下属会成为好的上司。***这种错觉的基础是，人们认为那些在目前工作岗位上表现最优秀的人应该成为被提升的对象。这并不是说不应该奖励员工良好的工作绩效，当然应该奖励。但是，在提拔员工的时候，决策者除了考虑员工目前的工作绩效以外，还应仔细考虑新岗位的要求。有多少次一位明星工程师或推销员被提拔到管理职位后，悲惨地仅以失败告终！同样地，出色的运动员经常被任命为主教练，而当以前的明星不能胜任主教练之职时，似乎人人都感到诧异。当运动员和做教练需要不同的才华和能力。有些人擅长某一项工作并不意味着他们擅长所有的工作。

***错觉 4：职业发展和规划是人力资源人员的职责。***职业发展和规划的最终职责属于员工个人，而不是人力资源人员或员工的管理者。人力资源专家能够帮助个人并回答某些问题，但是他们并不能为员工制定职业规划，只有员工个人才能做出有关职业的决定。

***错觉 5：所有的好事都会落到那些长时间努力工作的人身上。***被这种错觉左右的人通常一天工作 10~12 个小时，力图给管理者留下深刻的印象，从而在组织中获得快速晋升。但是，加班工作的结果与管理者所看重的、个人工作的有效性或（这是本节中最重要的一点）个人长期的职业进步，没有多少关系或根本没有关系。不幸的是，很多管理者通过设计“使人人忙于工作”的做法，强化了这种错觉。

***错觉 6：职业道路上的快速发展主要是管理者的责任。***管理者能够影响下属快速发展的速度。但是，坚持这种错觉的人通常处于被动的角色，忽视了他们自己行

动的重要性。迷信这种错觉给自己的失败提供了现成的借口。把失败归咎于管理者是很容易和方便的。

***错觉 7：进步的方法是确定缺点然后努力改正。***成功的销售人员并不强调他们产品的缺点，相反，他们强调产品的优点。职业发展和规划也应如此。实现职业目标的员工也这样做，他们强调干得特别出色的那些事情。秘密是首先利用自己的优势，然后改进其他方面的不足。

***错觉 8：不论什么工作，总要尽最大努力。***这种错觉来源于清教徒的职业道德规范。问题是迷信这种错觉的人忽略了这样一个事实：不同的任务有轻重缓急之分。因为时间是有限的，一个人应该按照优先顺序使用时间。在实现个人职业目标中，对重要性很高的任务和工作个人应该付出最大努力。也应该完成那些重要性不高的任务，但不必付出最大努力。这种观点就是对不重要的任务不用尽全力，从而留出时间全力以赴去做那些重要的事情。

***错觉 9：把家庭生活和工作生活分开是明智的。***如果没有配偶的全力理解和支持，员工就不可能做出明智的职业决策。就业中的夫妇应该彼此分享他们内心对工作的感受，这样配偶就会理解在职业决策中一些重要的基本因素。

一个健康的人除了工作之外通常还有其他的兴趣。在设计职业策略时对这些兴趣应给予认可和支持，而不应抵触。职业目标应是个人生活目标的一个子集，但是职业目标通常并不支持生活目标而是与之矛盾。

***错觉 10：栅栏那边的草总是更绿些。***不管个人遵循什么样的职业道路，另一种职业道路似乎更有吸引力。但是，乌托邦并不存在。比较可能的是，约翰·多尔从事的工作包括许多每个工作者都可能面临的相同问题。随着个人承担越来越多的自身责任，鉴于可能不得不进行重新定位，形成一种全新的社会生活并学习新的责任，从事那些“有吸引力”的工作的代价会变得越来越高。这不是说不应该作出工作及其相关变化的决定，而是应该避免仓促地作出这种改变。

## 管理者的错觉

***错觉 1：职业发展会提高期望。***许多管理者担心强调职业发展会把员工的期望提高到不现实的水平上。职业发展恰恰与之相反，应公开员工的抱负，使他们的技能、

兴趣、目标与现实可获得的机会相匹配。

***错觉 2：我们将会被要求所压倒。***这种错觉基于这样的担心，即管理者将会被员工要求提供组织内部其他部门工作信息的要求所困扰，员工期望组织提供大量的工作机会。虽然这种担心在许多管理者的头脑中是很现实的，但是从根本上讲，这种担心是无根据的。

***错觉 3：管理者将无法应付。***管理层通常担心，引入职业发展和规划后，将会置管理者于顾问的角色，他们对担任这种角色准备不足。虽然教练和顾问应该是管理者工作的重要组成部分，但是职业发展与规划的关键是将这种责任主要放在员工身上。

***错觉 4：我们没有合适的必要的系统。***这种错觉基于这种迷信，即在组织引入职业发展之前，首先必须有一整套其他的人力资源规划机制，如工作岗位公告和接续计划。在现实中，许多组织除了向员工提供进行有效职业规划的基本工具以外，很少采用正规的职业发展机制就已经成功实施了职业发展计划。

## 处理职业发展停滞

**职业发展停滞**（career plateau）可定义为“进一步晋升的可能性很小的职业发展阶段。”当员工到达某一职位，不太可能进一步晋升时，就出现了职业发展停滞问题。几乎所有的人在职业生涯中都经历过职业发展停滞，但是有些人较其他人经历得更早。处于职业发展停滞状态的员工是指那些早在退休之前就达到晋升顶点的员工。

现今的工作环境中某些因素表明，职业停滞变得越来越普遍了。雇主更多地依赖于老员工这一事实，可能引发职业发展停滞问题。另外，员工一般是受过教育的，因此他们进入组织时就处于一个较高的职位，这些情形最终意味着晋升的机会较少。

当一个人沿着等级阶梯向上攀升时，由于可能获得的位置本来就会越来越少，所以职业发展停滞并不一定表明失败。但是，正如这部分所表明的，职业发展停滞的员工与那些在组织中仍然处于上升阶段的员工要区别对待。

表 10.3 列出了一种职业分类模型，四种重要的职业类型是：

- **学习者**（learners）指其绩效低于标准但具有较大进步潜力的个人（如一个新的受训者）。
- **明星员工**（stars）指其目前工作表现优异且有很大潜力继续进步的个人，这些人处在职业发展的快通道上。
- **牢靠型成员**（solid citizens）指其目前的绩效令人满意，但未来发展机会小的个人。在大多数组织中，这类人都占员工的大多数。
- **无效的员工**（deadwood）指其目前的绩效已下降到令人不满意水平的个人，他们进一步发展的潜力很小。

组织自然喜欢所有的员工都是明星员工和牢靠型成员。但是，面临的挑战是把学习者培养成明星员工或牢靠型成员，并且不使现有的明星员工和牢靠型成员沦为无效员工。而且，存在一种忽视牢靠型成员的倾向。在职业发展计划和激励性任务的分配中，学习者、明星员工和无效员工通常吸引组织的大部分注意力，对牢靠型成员的忽视有可能使他们沦为无效员工。

有三种做法有助于处理职业发展停滞过程：（1）防止处于职业发展停滞状态的员工变得无效（防止问题产生）；（2）整合与职业有关的信息系统（改进监控以尽早发现和处理产生的问题）；（3）更有效地管理处于职业发展停滞状态的无效员工以及受挫折的员工（问题一旦出现就给予解决）。第一种做法基本上包括帮助把处于职业发展停滞状态的员工调整为牢靠型的成员，认识到他们并不一定失败。必须指出个人发展与成长的可行性途径。第二个建议可以通过一个全面的绩效评估系统在很大程度上予以实施。这种评估系统应该鼓励在管理者和被评估

表 10.3　**管理类职业的分类**

| | 未来提升的可能性 | |
|---|---|---|
| **目前的绩效** | **低** | **高** |
| 高 | 牢靠型成员<br>（有效的停滞者） | 明星员工 |
| 低 | 无效的员工<br>（无效的停滞者） | 学习者<br>（新来的人） |

人之间进行公开的沟通（绩效评估系统在本书的下一章讨论）。以下部分讨论如何管理处于职业发展停滞状态的无效员工。

## 使无效的停滞恢复活力

使无效的、处于职业发展停滞状态的员工恢复活力是困难的，但也是可能的。管理者可能会问的第一个问题是“我们为什么要试图帮助这些无效的、处于职业发展停滞状态的员工，他们通常不是对组织有负面影响吗？”当然，无效员工对组织可能有负面影响，但也有一些好的理由帮助这些员工。

- 工作知识。处于职业发展停滞状态的员工通常从事这项工作很长时间，并积累了相当多的工作知识。
- 组织知识。处于职业发展停滞状态的员工不但熟悉自己的工作，而且了解组织。
- 忠诚。处于职业发展停滞状态的员工一般不会跳槽，并且通常对组织表现出高于常人的忠诚。
- 关注处于职业发展停滞状态的员工的福利。如果组织将要终止与这类员工的关系，这将会对其他员工产生非常不利的影响。另外，处于职业发展停滞状态的员工可能数量很多。

假设一个组织的管理层想要恢复处于职业发展停滞状态员工的活力，他们能做些什么呢？至少有五种可能的做法：

1. 提供认可员工的替代方法。如果通过将来的提升以使员工得到认可的机会很小，那么寻找认可员工的其他替代方法。这些可能的做法包括赋予员工从事一项任务的权力或分配给员工其他特殊的工作，让其参加头脑风暴法的讨论会，对外代表组织参加活动和培训新员工。
2. 开发新的途径使员工对目前的工作更满意。目前的工作使员工感到越兴奋，他们在工作中无效的可能性就越低。一些可能的做法包括把员工的绩效与整个组织的目标联系起来，以及在工作中创造竞争。
3. 通过重新安排使员工恢复活力。这里的意思是实施系统的同级别间的职位轮换。同级别职位是指该职位需要许多与目前职位要求相似但不完全相同的技能和经验。

4. 利用立足于现实的自我发展计划。这并不是把处于职业发展停滞状态的员工分配到帮助他们转向未来工作的发展计划中（大多数职业发展计划都这么做），而是把他们分配到能够帮助他们在目前工作中表现得更好的职业发展计划中去。
5. 改变对处于职业发展停滞状态的员工的管理态度。放弃、忽视处于职业发展停滞状态的员工的管理者并不少见，这种做法很快被受影响的员工发现，其后果只能使问题复杂化。

因为处于职业发展停滞状态的员工中通常有很多值得帮助使其恢复活力的员工，所以大多数组织如果能认真对待这个问题，将是有好处的。

## 双就业夫妇的影响

自第二次世界大战以来的几十年中，夫妇双方就业变得越来越普遍。今天，72% 子女年龄低于 18 岁的母亲参加工作。而在 1947 年，只有 47% 子女年龄低于 18 岁的母亲参加工作。

2005 年劳工统计局的数据显示，67% 的已婚妇女被雇佣，66.8% 子女年龄低于 18 岁的母亲被雇佣。经济和社会的双重压力都鼓励这种趋势。

双就业夫妇通常可分为双职业夫妇与双收入夫妇。双职业夫妇都非常投入他们的工作，把工作视为他们自我心理感觉的必需及构成完整的个人身份之所需。他们把工作视为职业道路的一部分，这条道路包括逐渐增加的责任、权力和报酬。至于双收入夫妇，他们中的一方或双方认为工作是与报酬相联系的，如用于支付账单的钱、保持忙碌的机会，或为摆脱困境的另外一条途径。双收入夫妇并非都把职业视为自我肯定的一个组成部分。

双就业夫妇最大的挑战在于双方在平衡个人生活和职业生活的矛盾时缺少时间。对他们来说，最大的好处在于收入的增加，其次是收入增加带来心理上的满足感。

双职业夫妇的情形会使双方各自的职业发展过程复杂化。有的职业机会要求其中一人的工作地点发生变化，这就给夫妇双方和各自的组织带来了明显的问题。

双职业夫妇的另一些潜在问题包括需要照顾孩子、平衡时间安排和情感压力。进行职业规划肯定能够帮助双职业夫妇在潜在问题变成现实问题之前就解决好这些问题。

许多组织通过制定家庭友善政策和计划来满足双就业夫妇的需求。积极主动的公司计划包括儿童和老人护理服务、弹性工作时间安排、工作分担、兼职工作、远程办公、照顾父母的休假和个人事务时间。

## 重新就业安置

**重新就业安置**（outplacement）是指“由雇主提供的帮助员工解除工作关系并在其他地方找到工作的一种福利”。重新就业安置是对组织和员工都有益处的一种解除员工工作关系的方法。在员工成为无效员工之前，与其终止工作关系，组织因此而受益。通过寻找新的工作并同时保持了自己的尊严，员工也获得益处。而且，重新就业安置计划对员工士气能够产生积极的影响。

重新就业安置计划一般提供技能评估、确立新的职业目标、准备简历、面试培训、创造工作面试机会等服务。其他服务项目可能包括培训那些处理辞退事务的人、提供办公支持、解决配偶的相关问题及提供个人心理咨询。

大多数公司的重新就业安置计划依靠重新就业顾问或再就业公司进行，其通常程序是在辞退员工之前，管理者向重新就业顾问简要介绍被辞退人员的情况。在这段时间内，重新就业顾问应该了解清楚为什么公司必须与员工终止工作关系。在管理者通知员工被辞退后，重新就业顾问立即向该员工提供帮助。在第 1 章和第 5 章我们已讨论过，外包活动的增长也增加了重新就业安置服务的需求。

## 打破“玻璃天花板”

**玻璃天花板**（glass ceiling）这个术语是指存在于许多组织结构中的看不见的，但却真实的或可以感觉到的障碍，这种障碍阻碍了妇女和少数族裔管理者的晋升机会。

作为 1991 年《民权法》的一个组成部分，玻璃天花板委员会成立。《民权法》

授权该委员会把公众的注意力更多地集中到消除障碍的重要性上并促进劳动力的多样化。该委员会的工作人员来自于美国劳工部，其任务是具体调查工作场所目前采用的报酬制度、报酬结构以及如何填补公司管理层和决策层的职位空缺，培养和发展员工以取得进步。

根据该委员会最初的一份报告，形成玻璃天花板的三种最常见的做法是：（1）口头招募员工（或利用高级管理人员招募代理机构，但没有表明对候选人的多样化感兴趣）；（2）妇女和少数族裔获得发展的机会不多；（3）高级管理层缺乏为员工提供平等工作机会而努力的责任。因此，该委员会（1995年解散）正式提出了以下打破工作晋升障碍的建议：

- 做出承诺。最高管理层应该表达其致力于员工多样化的决心，并制定开展这项工作的政策。
- 通过实施多样化的战略经营计划使直线管理者对员工的职业进步负责。绩效评估、薪酬激励和其他评估措施应该反映这种优先权。
- 采取平权行动以保证所有合格的员工依据其能力和长处展开竞争。
- 扩大候选人范围。从非传统渠道寻找可能的候选人，这些候选人可能没有传统意义上的背景和经历。
- 向所有员工传授有关性别、种族、民族以及文化差异的优点和不足的知识。
- 启动友好家庭计划，帮助男性和女性平衡他们的工作和家庭责任。

因为玻璃天花板形成的很多因素源于"按照自己的想象雇佣员工"的普遍定式，所以只有在对所有员工根据他们的优点进行评估、雇佣和晋升时，玻璃天花板才能被消除。如果玻璃天花板继续存在，前文讨论的玻璃天花板委员会的建议，即形成消除玻璃天花板的文化还有很长的一段路要走。劳工统计局和家庭与工作研究所的数据显示，在过去的几年里女性取得了很多胜利。例如，2005年的数据表明，几乎38%被雇佣的女性处于管理职位或专业技术职位，1997年这个数据是36%，1977年是24%。但是，同样的数据也表明，女性平均周工资仍然落后于男性19%（女性周工资为585美元，男性周工资为722美元）。

其他数据显示，2005年在《财富》500强公司的高级职位（至少是副总裁级别的岗位，并且要求董事会批准）中，女性所占比例为16.4%。《巴伦周刊》预计，到2020年，在美国公司中每七个权力性的岗位就有一个被女性占据。

## 在线职业发展

今天，很多公司正在开发综合性的在线职业发展中心，这些中心提供多种服务帮助员工管理他们的职业，在某些情况下，甚至帮助员工在其目前任职公司之外寻找工作。在线职业发展可以根据员工需要提供多种与职业相关的信息，例如，员工能在线寻找到他们期望获得的工作所需要的能力和技巧。中心提供的一些在线职业规划资源包括：

- 就业趋势和工作机会方面的信息。
- 自我评估工具，如个性测试和兴趣指示器，员工能够运用这些工具确定他们最好寻求哪类工作。
- 把在线就业资源联结起来，如列出空缺职位和职业发展信息。
- 个人在线工作咨询，包括准备面试方面的建议。

除了公司资助的在线服务之外，互联网上的很多资源也能帮助员工进行职业开发。这些资源包括，工作寻求指导、简历准备指南、空缺职位清单、与职业有关的资料及其他类似的服务。

# 总　结

1. **定义职业发展并概述其主要目的。**

   职业发展是组织进行的一种持续的正规化努力，它的重点集中在根据员工和组织双方的需要来开发和丰富组织的人力资源上。从组织的角度看，职业发展有三个主要目标：（1）及时地满足组织近期和未来对人力资源的需求；（2）更好地让组织和员工了解组织内潜在的职业道路；（3）通过把甄选、安排、开发以及管理个人的职业活动与组织计划结合起来，最充分地利用现有的人力资源计划。
2. **说出决定一项成功职业发展计划所必需的三方面本质内容，并简要描述它们各自的责任。**

   成功的职业发展要求来自三方面的努力：组织、员工和员工的直接管理者。组织提供资源和结构，员工制定计划，直接管理者给予引导和鼓励。

3. **描述实施一项职业发展计划所包括的步骤。**

职业发展计划的成功实施包括四个基本步骤：（1）个人对其能力、兴趣和职业目标进行评估；（2）组织对个人的能力和潜能进行评估；（3）在组织内对职业选择和职业机会进行沟通；（4）为确立现实可行的职业目标以及实现这些目标的计划进行职业咨询。

4. **定义职业道路引导和职业自我管理。**

职业道路引导是一种表明组织内从一种职位发展到另一种职位的具体途径的技术。职业自我管理是一种跟上组织及所在行业变化的速度以及对未来做好准备的能力。

5. **列出员工有关职业规划与进步的几种错觉。**

员工常常对有关职业规划及进步存在许多错觉：（1）高层职位总是为别人留有机会；（2）成功的关键是在恰当的时候处在恰当的位置上；（3）好的下属会成为好的上司；（4）职业发展和规划是人力资源人员的职责；（5）所有的好事都会落到那些长时间努力工作的人身上；（6）职业道路上的快速发展主要是管理者的责任；（7）进步的方法是确定缺点然后努力改正；（8）不论什么工作，总要尽最大努力；（9）把家庭生活和工作生活分开是明智的；（10）栅栏那边的草总是更绿些。

6. **列出管理者有关职业发展的几种错觉。**

管理者常常对有关职业发展存在某些错觉：（1）职业发展会提高期望；（2）管理者将会被要求所压倒；（3）管理者将无法应付；（4）管理者没有合适的必要的系统。

7. **定义职业发展停滞及处于职业发展停滞状态的员工。**

职业发展停滞可定义为“进一步晋升的可能性很小的职业发展阶段。”处于职业发展停滞状态的员工是指那些早在退休之前就达到晋升顶点的员工。

8. **描述四种主要的职业类型。**

四种重要的职业类型是学习者、明星员工、牢靠型成员和无效员工。学习者指其绩效低于标准但具有较大进步潜力的个人；明星员工指其目前工作表现优异且有很大潜力继续进步的个人，这些人处在职业发展的快速通道上；牢靠型成员指其目前的绩效令人满意，但未来发展机会小的个人；无效员工指其目前的绩效已下降到令人不满意的水平的个人，他们进一步发展的潜力很小。

9. **区别双职业夫妇和双收入夫妇，描述组织可能帮助双就业夫妇的一些可行做法。**

双职业夫妇都非常投入他们的工作，把工作视为他们自我心理感觉的必需及构成完整的个人身份之所需。他们把工作视为职业道路的一部分，这条道路包括逐渐增加的责任、权力和报酬。至于双收入夫妇，他们中的一方或双方认为工作是与报酬相联系的，如用于支付账单的钱、保持忙碌的机会，或为摆脱困境的另外一条途径。双收入夫妇并非都把职业视为自我肯定的一个组成部分。许多组织通过更新他们的人力资源政策以适应双职业夫妇的需要。这些政策可能包括儿童和老人护理服务、弹性工作时间安排、工作分担、兼职工作、电子通信、照顾父母的休假和个人事务时间。

10. **定义重新就业安置。**

重新就业安置是指由雇主提供的帮助员工解除工作关系并在其他地方找到工作的一种福利。

11. **解释什么是玻璃天花板。**

玻璃天花板是指存在于许多组织结构中看不见的，但却真实的或可以感觉到的障碍，这种障碍阻碍了妇女和少数族裔管理者的晋升机会。

12. **列出几种当前使用的在线职业发展资源。**

如今在线职业发展可利用的一些资源包括就业趋势和工作机会方面的信息、自我评估工具、把在线雇佣资源联结起来以及个人在线工作咨询。

# 第11章

# 绩效管理制度

绩效管理制度是与组织的报酬制度直接相连的，它向员工提供强有力的激励，促进员工勤奋、富有创造性地工作以实现组织目标。恰当地设计和实施绩效管理制度，不仅可以让员工知道他们当前干得怎样，而且向员工详细阐明为提高绩效他们需要做些什么。

## 理解绩效

**绩效**（performance）是指员工完成职位任务的程度，它反映了员工能在多大程度上实现职位要求。绩效往往与努力相混淆，努力是指耗费的能量，而绩效是以结果来衡量的。例如，一个学生可能非常用功地准备考试，但仍然得了低分。在这个例子中，所尽的努力虽然很大，但绩效却是低的。

## 绩效的决定因素

工作绩效是员工受其能力及角色（或任务）认识的影响而付出的努力的结果。因此，既定情况下的绩效可视为努力、能力及角色认识相互作用的结果。努力来源于所受到的激励，是指个人在完成任务时所运用的力量（体力上的或心理上的）。能力是指个人工作时的个性特征，通常在短期内不会有大的波动。角色（任务）认识是指个人认为在工作中应努力的方向。人们认为完成自己的工作所必需的活动和行为就被定义为他们的角色认识。

为了达到一种可接受的绩效水平，对绩效的每一个组成部分都必须掌握其最低限度要求。同样，对绩效的任一组成部分的掌握水平，也决定了绩效所能达到的上限。如果员工尽了极大的努力，且有出众的才能，但缺乏对工作角色的清晰理解，在管理者看来其绩效可能并不好。员工做了很多工作，但被误导了。同样，员工尽了很大努力，并理解工作的要求，但由于其缺乏能力，其绩效的评价可能也是低的。最后一种可能是员工具备良好的能力，并理解工作角色，但却懒惰不努力，这种员工的绩效很可能也是低的。当然，员工可以通过在其他一两个方面的超平均水平来弥补其某一方面的弱点。

## 绩效障碍的环境因素

员工控制之外的其他因素同样也能阻碍绩效。尽管有时这些障碍仅被视为借口,但它们往往是客观存在的,应予以承认。比较常见的一些潜在的绩效障碍包括:缺乏对员工工作时间的要求，或者对员工工作时间的要求有冲突，缺少工作所需的仪器设备，影响工作的限制性政策，缺乏团队合作，以及管理风格、温度、照明、噪声、机器设备性能、轮班甚至运气等。

不能将环境因素视为个人绩效的直接决定因素，但应将它视为影响员工努力程度、能力和方向的因素。例如，通风条件不好或设备陈旧肯定会对员工付出的努力产生影响，模糊的政策或糟糕的管理还会误导一个人的努力。同样，缺乏对员工的培训可导致不能充分利用员工的能力。管理者最重大的责任之一是为员工提供令人满意的工作条件和有利的工作环境，以消除绩效障碍或使其降至最低程度。

## 在绩效管理中人力资源部门的责任

绩效管理制度要求人力资源部门和组织中负责进行绩效评估的管理者一起共同努力。一般而言，人力资源部门的责任是：

1. 设计绩效管理制度并选择用于评估员工的方法和形式。
2. 对管理者进行实施绩效评估的培训。
3. 维护报告系统以确保及时地进行评估。
4. 保存员工个人的绩效评估记录。

在绩效评估中管理者的责任是：

1. 评估员工的绩效。
2. 填写用于评估员工的表格并把它们返回给人力资源部门。
3. 与员工一起对评估进行回顾。
4. 与员工一起制定绩效改进计划。

## 绩效评估：定义和用途

**绩效评估**（performance appraisal）是指一个评估并与员工沟通其工作干得怎么样，以及制定绩效改进计划的过程。如果绩效评估进行得恰当，那么它不仅可以使员工知道自己表现得怎么样，而且还能影响他们未来的努力程度和工作方向。如果员工得到适当的鼓励，他们就会更加努力。通过制定绩效改进计划，员工对任务的理解应该会更加清晰。

绩效评估的一个最常见的用途是，为制定与提升、解雇、临时解雇和绩效加薪有关的管理决策提供依据。例如，一名员工当前的工作绩效通常是决定其能否得到提升最重要的考虑因素。虽然在当前职位上的成功业绩并不一定意味着员工将胜任更高一级的职位，但绩效评估的确提供了某些预测信息。

绩效评估信息还能为确定个人和组织对培训和发展方面的需求提供必要的依据。例如，这种信息可以用来鉴别员工的优缺点，然后可以用这些数据资料帮助确定组织的总体培训和发展需求。对员工个人而言，一项完整的绩效评估应包括一个简要说明具体培训和发展需求的计划。

绩效评估的另一个重要作用是鼓励绩效改进。就此而言，绩效评估是一种与员工沟通他们目前的绩效水平，并建议他们在行为、态度、技能或知识等方面所需改进的手段。这种反馈向员工清晰地阐释了管理者对工作的期望。通常在这种反馈之后，管理者还必须通过辅导和培训来引导员工努力工作。本章稍后将对制定绩效改进计划进一步讨论。

最后，绩效评估信息的其他两种重要作用是：（1）用于确定甄选程序的有效性；（2）用于人力资源规划。前面的章节已对这两方面内容进行了详细的阐述。实践中的人力资源管理 11.1 介绍了绩效评估在新泽西州的三家主要医院的应用。

## 实践中的人力资源管理 11.1

### 医生的绩效评估

大约五年前，在新泽西州的三家主要医院，包括梅里第安健康医院，医生和管理人员都担心根据健康计划及其他一些计划开发的计分卡可能没有公正地反映医生的工作。所以，梅里第安的成果测量经理杰弗里·博雷尔，以及泽西海岸大学医学中心的梅里第安教学医院的医务人员从一开始就开发了他们自己的计分卡。计分卡将医生的绩效与其团队成员、在同一医院从事相同专业领域工作的成员以及治疗相似病症的其他医生的绩效进行对比。为保证计分卡易读以及使用方便，博雷尔和他的团队将彩色编码的计分卡限制在一页纸的篇幅。在下一年，梅里第安的计分卡打算纳入病人满意度评价。计分卡的一个目标是比以往更快地推进医疗操作标准化。尽管一些梅里第安的医生支持必要的医疗标准化，但是他们却反对用于评估他们的方法。

资料来源：Adapted from Maureen Glabman，"Keeping Score: Scorecards, Profiles and Report Cards Rapidly Expanding to Track Physician Performance," *Physician Executive*, November/December 2005, pp. 26-32.

组织关心的一个问题是多长时间进行一次绩效评估。对于绩效评估的频率应是多少似乎没有达成一致的意见，但总的来说应尽可能经常地让员工知道他们在从事什么样的工作，以及如果绩效令人不满意所必须采取的改进措施。对于很多员工，这不是通过每年一次的绩效评估就能完成的。因而，建议对于大多数员工在每年一次的正式绩效评估之外，再进行两三次非正式绩效评估。

## 绩效评估方法

无论组织采用何种绩效评估方法，这种方法必须与工作有关。因此，在选择绩效评估方法前，组织必须进行工作分析，并制定工作说明书，然后再使用以下一种或多种绩效评估方法。

本节将对下列每一种绩效评估方法进行讨论：

1. 目标管理法（MBO）。
2. 多方评价者评价法（或 360 度反馈法）。
3. 图表等级评价法。

4. 行为锚定等级评价法（BARS）。
5. 关键事件评价法。
6. 文字叙述评价法。
7. 核对表格法。
8. 迫选法。
9. 排序法。
10. 工作标准法。

## 目标管理法

**目标管理法**（management by objectives, MBO）更常用于专业人员和管理人员的评估。它还可叫做成果管理、绩效管理、效果管理、工作规划与检查方案。

目标管理法通常包括以下步骤：

1. 清晰并准确陈述员工要完成的工作目标。
2. 制定指明如何实现这些目标的行动计划。
3. 让员工实施行动计划。
4. 衡量目标的实现程度。
5. 必要时采取修正措施。
6. 为未来确立新的目标。

成功的目标管理系统必须满足几个要求。首先，目标应该是可以量化和衡量的，并应尽可能避免无法衡量或至少不能核实的目标。此外，目标还应具有挑战性，但又是可以达到的，而且应把这些目标以清晰、简洁、无歧义的文字描述出来。

表 11.1 列举了如何把一些描述不佳的目标陈述得更好的例子，表 11.2 列举了主管人员可能设立目标的一些常见领域。

目标管理法同样要求员工参与目标确定的过程。员工的积极参与对制定行动计划也是必不可少的。管理者在没有员工参与的情况下设立了工作目标，然后问员工，“你同意这些目标，是吗？”这样的管理者是不可能得到员工高度支持的。

成功使用目标管理法的最后一项要求是，目标和行动计划必须作为管理人员与员工之间定期商讨员工绩效的基础。这些定期商讨为管理人员和员工提供了讨论员工绩效进步以及在必要时修正目标的机会。

表 11.1 如何改进工作目标示例

不好：使产量最大化。

较好：在以后的三个月中增加 10%的产量。

不好：减少缺勤现象。

较好：使每位员工平均每年缺勤不超过三天。

不好：减少原材料浪费。

较好：浪费的原材料不超过 2%。

不好：提高产品质量。

较好：每 100 个单位产品中的次品不超过 2 个。

表 11.2 设立监督目标的常见领域

1. 产品或产量：

通常用每单位时间生产的数量来表示。

例如：我们明年的目标是每小时平均产量为 20 个单位。

2. 质量：

通常用废品数、顾客投诉量及废料量来表示。

例如：我们的目标是在接下来的六个月中每星期生产的废品少于 10 个。

3. 成本：

通常用生产每单位产品或提供每单位服务所花费的金额（美元）来表示。

例如：我们的目标是在接下来的三个月中生产每件小部件的平均生产成本低于 5 美元。

4. 人事：

通常以流动率、缺勤、迟到来表示。

例如：我们的目标是每年每位员工的缺勤平均少于三天。

5. 安全：

通常以员工因受伤而不能出勤的天数表示。

例如：我们的目标是今年将员工因受伤而不能出勤的天数降低 10%。

## 多方评价者评价法（或360度反馈法）

另一种绩效评价方法叫做*多方评价者评价法*，或称之为 *360 度反馈法*。采用这种方法，要求管理人员、同行、客户、供应商或同事填写有关被评价员工的问卷调查表，被评价的员工也要填写一份问卷调查表。这些问卷通常都很详细，常见的问题是："你行动敏捷、思维清晰、表达清楚吗？你容易受伤害吗？你能为工作废寝忘食吗？"人力资源部门向员工提供结果，员工由此可知自己的观点与实施测评小组的观点有什么不同。

## 图表等级评价法

**图表等级评价法**（graphic rating scale）是指评价者根据工作量、可信赖程度、工作知识、出勤率、工作准确性以及合作精神等要素对员工作出评价的一种绩效评估方法。这种方法包括数字排列和文字描述两种方式。表 11.3 列举了使用文字描述的图表等级评价法可能含有的一些项目的范例。

表 11.3　法图表等级评价法的样本项目

| **工作量**——员工每个工作日的工作量 | | | | |
|---|---|---|---|---|
| （　） | （　） | （　） | （　） | （　） |
| 达不到最低要求。 | 刚好达到要求。 | 工作量令人满意。 | 很勤奋，超额完成。 | 有非常优异的产量记录。 |
| **可信赖程度**——只需最少的监督就能做好指定工作的能力 | | | | |
| （　） | （　） | （　） | （　） | （　） |
| 需要密切监督，不可信赖。 | 有时需要督促。 | 通常在适当的督促下完成规定的工作。 | 需要很少的监督，可信赖。 | 只需要最低程度的监督。 |
| **工作知识**——为取得令人满意的工作绩效，员工应具备的有关工作职责的知识。 | | | | |
| （　） | （　） | （　） | （　） | （　） |
| 对工作职责认识不足。 | 缺乏某些方面的工作知识。 | 对工作职责有一定的认识，能回答有关工作的大多数问题。 | 对工作的所有方面都有理解。 | 对工作的所有方面都已完全掌握。 |
| **准确性**——履行工作责任的正确性 | | | | |
| （　） | （　） | （　） | （　） | （　） |
| 频繁地犯错误。 | 粗心，经常犯错误。 | 通常准确，只犯平均数量的错误。 | 只需很少的监督，在大多数时候是正确、准确的。 | 只需最低程度的监督，几乎总是准确的。 |

图表等级评价法存在一些严重的缺陷。一个潜在的缺点是，由于背景、经历和个性的差异，评价者不可能以同一方式对文字描述的内容作出解释。另一个潜在的问题与评价范畴的选择有关，评价者有可能选择与工作绩效无关的范畴，或者遗漏对工作绩效有重大影响的范畴。

## 行为锚定等级评价法

**行为锚定等级评价法**（behaviorally anchored rating scale，BARS）是指根据是否成功地完成某项工作所要求的特定行为，从而对员工进行绩效评估的一种评价方法。行为锚定等级评价法的重点，在某种程度上，图表等级评价法和核对表格法也是如此，不是落在绩效结果上，而是落在在工作中表现出来的职能性行为上。其假设是职能性行为将会产生有效的工作绩效。

绝大多数行为锚定等级评价法使用“工作维度”这个术语，来表示构成工作的任务和责任的那些宽泛的范畴。每种工作可能都有几个工作维度，对每个维度都必须制定独立的评分量表。表 11.4 举例说明了为某一工作维度而编写的行为锚定等级评价法，这个工作维度存在于许多像计划、组织、编制工作安排进度表以及期限等管理工作中。分值在表的左边，说明绩效的具体归类。锚在表的右边，是以文字形式对员工工作中的实际行为进行具体描述，这些行为表明与量表上绩效水平相对应的特定的锚。因为锚定陈述呈现在每一分值的旁边，所以称其为按量表上的每个分值的“锚定”。

采用行为锚定等级评价法评价绩效，要求评价者阅读每一个量表上的锚一览表，并找出对考核期内员工的工作行为作了最佳描述的锚定组。然后，就可查找出与该锚定组对应的分值。工作中所有可确定的维度都可遵循这一程序。将所有工作维度的考评分值汇总起来就可得到一个总的评价。

行为锚定等级评价法一般是由管理人员与在职者共同参加一系列会议后制定出来的，它通常遵循以下三个步骤：

1. 管理人员与在职者为工作确定相关的工作维度。
2. 管理人员与在职者为每个工作维度编写出行为锚定，应为每个工作维度编写尽可能多的行为锚定。
3. 管理人员与在职者对所采用的分值及每一分值对应的锚定陈述分类达成一致意见。

表 11.4 行为锚定等级评价法举例

| 分值 | 锚 |
|---|---|
| 7 [ ] 优秀 | 制定综合的工作计划，编制好文件，获得必要的批准，并将计划分发给所有相关人员。 |
| 6 [ ] 很好 | 计划、沟通并观察重大事件；每星期陈述有关计划的执行情况。编制最新的工作计划完成图及累计待办的工作，<br>采用这些方法使任何要求修改的计划最优化。<br>运行中偶尔会有一些小的操作问题，但能够有效地沟通。 |
| 5 [ ] 好 | 列出每项工作的所有内容，对每一项工作内容作出时间安排。努力提早完成计划，以留出富裕时间。<br>满足顾客的时间要求，超时和超支现象很少发生。 |
| 4 [ ] 一般 | 制定了到期日一览表，并随工作进展的情况修改日期，经常增加不可预见事件，经常激起顾客的抱怨。<br>可能制定一个不错的计划，但没有记载工作进展的重大事件，也不报告时间安排上的疏漏或者发生的其他问题。 |
| 3 [ ] 低于平均水平 | 计划制定得不好，编制的时间进度表通常是不现实的。<br>不能提前一两天制定计划，根本就不知道实际的项目到期日。 |
| 2 [ ] 很差 | 对所承担的工作没有计划或安排，对分配的任务很少制定计划或不做计划。 |
| 1 [ ] 不能接受 | 因不制定计划导致很少完成工作，而且对此似乎并不在乎。<br>因不制定计划导致总是失败，而且不去询问如何改进。 |

资料来源：C. E. Schneier and R. W. Beatty, from Review of Public Personnel Administration, p. 60, copyright © 1979. Reprinted by permission of Sage Publications, Inc.

采用行为锚定等级评价法有几个优点。第一，行为锚定等级评价法是通过管理人员和在职者双方的积极参与制定出来的，这就增加了接受这种方法的可能性。第二，锚定是由实际完成工作的员工根据其观察和经验制定出来的。最后，行为锚定等级评价法可用于为员工的工作绩效提供具体的反馈。

采用行为锚定等级评价法的一个主要缺点是其制定要花费相当多的时间和投入相当大的精力。此外，还必须为各种工作分别制定不同的表格。从技术角度而言，行为锚定等级评价法是为克服绩效评估错误而开发的一种图表等级评价法，本章稍后将对此加以讨论。

## 关键事件评价法

**关键事件评价法**（critical-incident appraisal）要求评价者对发生的事件做出书面记录。所记录的事件应该是有关说明被评价员工令人满意和令人不满意绩效的工作行为。随着时间的推移，记录的事件成为评估绩效和向员工提供反馈的依据。

这种方法的主要缺点是要求评价者定期记录关键事件，这种记录工作既繁重又耗时。而且，对关键事件的定义不明确，不同的人有不同的理解。此外，如果员工认为管理者老在记他们的账，使用这种方法还可能在管理者与员工之间引起摩擦。

## 文字叙述评价法

**文字叙述评价法**（essay appraisal）是指评价者以文字叙述的形式来描述员工绩效的一种绩效评估方法。通常对所涉及的话题做出说明。文字叙述评价法中的一个有代表性的问题可能是："用你自己的话描述这个员工的绩效，包括工作的数量和质量、工作知识以及与其他员工相处的能力。该员工有哪些优缺点？" 文字叙述评价法的主要问题是由于评价者不同，文字描述的长度和内容会有极大差异。例如，一个评价者可能用了大量篇幅描述员工的潜能，但很少涉及其过去的绩效；而另一个评价者可能集中描述该员工过去的绩效。因此，采用文字叙述评价法对员工的绩效进行比较是困难的。评价者的写作技巧也影响对员工的评价。一个擅长写作的评价者，能将一名普通员工的绩效描述得比其实际绩效好得多。可以采用关键事件评价法作为文字叙述法的辅助。

## 核对表格法

采用**核对表格法**（checklist），评价者对有关员工行为的一系列问题作出肯定或否定的回答。表 11.5 列举了一些有代表性的问题。这种方法还可以给每个问题赋予不同的权重。

核对表格法的评分标准一般由人力资源部门掌握，评价者通常并不知道每个问题的权重。但由于评价者能看出每个问题的正面或负面含义，所以在评价中就可能产生偏见。核对表格法的另一个缺点是为每种职位类型设计问题所花费的时

表 11.5 核对表格法问题样本

| | 是 | 不是 |
|---|---|---|
| 1. 该员工在公共场合发脾气吗? | ______ | ______ |
| 2. 该员工有爱好吗? | ______ | ______ |
| 3. 如果其他员工出色地完成了工作，该员工会当众表扬他们吗? | ______ | ______ |
| 4. 该员工自愿承担特殊的工作吗? | ______ | ______ |

间多，而且必须为每种职位类型制定单独的问题一览表，此外对不同的评价者而言，表格中的问题可能具有不同的意义。

## 迫选法

**迫选法**（forced-choice rating）有许多不同的做法，最常见的一般做法是要求评价者对描述员工如何履行工作的义务和责任的一组陈述进行排序。表 11.6 举例说明迫选法的一组陈述。通常赋予这些陈述以权重，但评价人一般并不知道这些权重。评价者对所有陈述进行排序后，人力资源部门利用权重计算得分。

迫选法试图通过强迫评价者对表面看来没有区别或无关的陈述进行排序来消除评价者的偏见。但是，据说迫选法激怒了评价者，因为他们感到自己不被信任。而且，迫选法的评价结果是很难与员工沟通的。

表 11.6 迫选法的陈述样本

说明：对下列描述员工如何履行义务和职责的陈述进行排列。排在第一的必须是最能描述员工特点的，排在第五的是最不能描述员工特点的，不允许并列选择。

| 排序 | 描述 |
|---|---|
| ______ | 易于打交道。 |
| ______ | 重视人本原则。 |
| ______ | 拒绝接受批评。 |
| ______ | 通常从钱的角度考虑问题。 |
| ______ | 迅速做出决策。 |

## 排序法

在有必要比较两个或两个以上的员工绩效时，可采用**排序法**（ranking methods）。经常使用的排序法有三种，它们是交替排序法、成对比较排序法和强制分布法。

### 交替排序法

采用交替排序法时，把被评价员工的姓名列在一张纸的左边。评价者从名单中选出最有价值的员工，将其名字从左栏的名册中划掉，然后把它列在这张纸的右栏的顶端。接着评价者从左栏选出并划掉最没价值的员工的名字，把它放在右栏的底部。评价者对纸上左栏的所有名字重复这个过程。结果是右栏员工的名字按从最有价值的员工到最没有价值的员工的顺序排列。

### 成对比较排序法

最好用一个例子来说明成对比较排序法。假定某个评价者要评价六名员工，这些员工的名字列于一张纸的左边，然后评价者根据选定的绩效标准，比如工作量，将第一个员工与第二个员工进行比较。如果评价者认为第一个员工的工作量超过第二个员工，就在第一个员工的名字下面做一个记号。接着，评价者根据同样的绩效标准将其与第三、第四、第五和第六个员工进行比较，在每对比较对象中评价者认为工作量最多的，就在其名字下做一个记号。这种程序一直重复，直到根据所选的绩效标准将每一个员工都与其他员工进行了比较。记号最多的员工被认为是绩效最好的员工。同样，记号最少的员工被认为是绩效最差的员工。成对比较排序法的一个主要问题是当进行比较的员工超过五六个时，就变得繁琐、不便使用了。

### 强制分布法

强制分布法要求评价者比较员工的绩效，并把一定比例的员工分布到不同的绩效水平中。这种方法假设一组员工的工作绩效水平将呈钟形或正态分布。图11.1 举例说明了如何运用强制分布法。这种方法要求评价者将 60% 的员工评为达

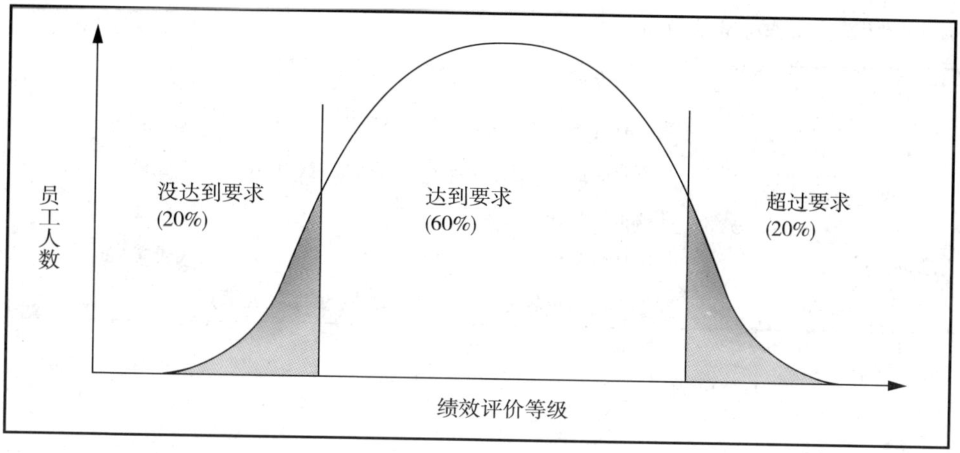


图 11.1　强制分布曲线

到要求，20% 的员工评为超过要求，20% 的员工没达到要求。

使用强制分布法的一个问题是绩效呈钟形分布可能不适用于人数少的员工组。即使员工绩效大体接近正态分布，也不可能是纯粹的正态分布。这就意味着对有些员工的评价可能会不准确。而且，排序法与其他方法最显著的区别是，对某一员工的绩效评价是工作中其他员工绩效的函数。此外，《公务员改革法案》（Civil Service Reform Act）不允许对联邦雇员采用排序法进行评价。

## 工作标准法

绩效评估的**工作标准法**（work standards approach）最常应用于对生产工人的评价，从根本上讲，是为这些员工确定工作目标的一种方式。总的来说，工作标准应该反映一名普通员工的平均产量，并试图确定合理的日产量。可以使用几种方法来确定工作标准，表 11.7 概括了其中一些比较常用的方法。

工作标准法的一个优点是绩效评估的高度客观性。当然，为了使其有效，被评价的员工必须认为评价标准是公正的。工作标准法最严重的缺陷是不同种类的工作标准缺乏可比性。

表 11.7　**确定工作标准常用的方法**

| 方法 | 适用范围 |
| --- | --- |
| 工作小组的平均产量 | 当所有的员工从事相同或大致相同的工作时。 |
| 特别挑选的员工的绩效 | 当所有的员工从事基本相同的工作，且采用小组平均法麻烦并费时时。 |
| 时间检查 | 涉及重复性任务的职位。 |
| 工作样本 | 员工从事各种非周期性的工作，并且没有固定的模式或周期时。 |
| 专家意见 | 除以上所描述的方法外，没有更直接的方法可采用时。 |

## 绩效评估中潜在的错误

在绩效评估中有几个常见的错误。**宽容**（leniency）是指对员工的绩效评价集中在正面的评估上而不是分散在各种绩效等级上所发生的情况。**居中倾向**（central tendency）是指当评价统计数据表明大多数员工的绩效水平被评价为接近中等水平时所产生的错误。**近期效应**（recency）是指当对员工的绩效评估仅依据其最近完成的工作，通常是评价前一至两个月完成的工作时所产生的错误。宽容、居中倾向、近期效应这些错误，使区分好员工与差员工产生困难，如果还是有可能区分的话。而且这些错误使不同评价者的评价结果难以比较。例如，一个好的员工被一个犯有居中倾向错误的管理者评价，一个差的员工被一个犯有宽容错误的管理者评价，前者得到的评价可能低于后者。

绩效评价中另一个常见的错误是晕轮效应。**晕轮效应**（halo effect）是指评价者让员工某一方面的显著特征影响了自己对绩效评价中各个项目的判断时所产生的错误。结果通常使员工在每一个项目上得到大体相同的评价。

个人偏好、偏见和歧视也会导致在绩效评估中犯错误。带有歧视或偏见的管理者倾向于寻找与他们的偏见相一致的员工行为。外表、社会地位、穿戴、种族以及性别对许多绩效评估产生影响。管理者的第一印象也影响着他们其后对员工的判断。第一印象仅是行为的一部分，但人们倾向于保留第一印象，即使是碰到了与第一印象相矛盾的情形。

# 克服绩效评估中的错误

前面的讨论表明，在绩效评估中犯错误的可能性是很大的，克服这些错误的一种方法是在设计绩效评估方法上进行改良。例如，有人认为绩效评估的强制分布法有助于克服宽容和居中倾向错误。此外，由于管理者有明确的绩效范例相对照来评价员工，所以行为锚定等级评价法旨在减少晕轮效应、宽容以及居中倾向错误。不幸的是，因为改良后的方法通常不能克服所有的障碍，所以用改良绩效评估方法完全克服绩效评估中的错误似乎是不可能的。

克服绩效评估中错误的一个比较可行的方法是提高评价者的技能。虽然在特定培训中向评价者提供的建议经常是含糊的，但这些建议通常都强调必须训练评价者，使之更准确地观察员工行为并对之作出更公正的判断。

在为评价者培训确定一组明确的主题之前，需要做更多的研究。但是，至少评价者应接受以下几方面的培训，如公司所采用的绩效评估方法，在整个绩效评估过程中评价者角色的重要性，绩效评估信息的使用，以及向员工提供反馈所需的沟通技巧。

# 通过绩效评估面谈提供反馈

在使用了前文讨论的评价员工绩效的其中某种方法之后，必须将评估结果与员工沟通。面谈要进行得恰当，否则会导致而且经常导致管理者与员工双方之间发生不愉快。

为了准备面谈，管理者必须回答下列问题：

1. 面谈应该取得什么样的效果？
2. 员工做了哪些有益的贡献？
3. 员工发挥其潜能了吗？
4. 员工清楚管理者的绩效要求吗？
5. 员工需要什么样的培训来提高绩效？
6. 员工有哪些优点可以培养或改进？

此外，在进行面谈时需要记住如下几个基本指导方针：

1. 管理者必须清楚员工的职位说明。
2. 评价必须基于员工的绩效而不是其个性。
3. 管理者必须肯定并信赖员工的优点。
4. 管理者必须是坦率、明确的。
5. 管理者必须倾听员工及其看法。
6. 管理者必须使员工说出如何提高绩效的反馈意见。

以下是影响绩效评价面谈成功与否的一些比较重要的方面：

1. 允许参与评估过程的员工越多，他们对评价面谈和管理者就越满意，就越可能接受和达到绩效提高目标。
2. 管理者采用的正面激励方法越多（例如认可并表扬好的绩效），员工就可能对评价面谈及管理者越满意。
3. 管理者与员工一起建立明确的绩效提高目标比泛泛地讨论与批评更能提高员工绩效。
4. 通过讨论并解决员工目前工作绩效的障碍问题来提高员工的绩效。
5. 在评价面谈之前，管理者和员工双方思考和准备得越多，面谈的收获就越大。
6. 员工越意识到绩效评价结果与组织报酬相关，面谈就越有益。

研究者已找到了很多变量，这些变量表现为行为和技巧，并与绩效评估面谈积极效果有关，可以供负责面谈的管理者学习。在开发与实施这些培训方案中，人力资源部门应担当关键角色。

## 制定绩效改进计划

在本章前面的内容里，我们指出了一个完整的绩效评估体系必须包括绩效改进计划，但这个重要的步骤经常被忽视。然而，管理者必须认识到员工开发是一个连续的循环过程：确定绩效目标，提供必要培训来实现这些目标，根据目标实现情况评价员工的绩效，然后确定新的、更高的目标。绩效改进计划包括下列内容：

1. 我们现在处于什么位置？在绩效评估过程中回答这个问题。
2. 我们希望到达何处？这个问题要求评价者与被评价者对能够和应该改进的方面达成一致意见。
3. 员工如何才能从目前所处的位置到达希望达到的位置？这个内容是绩效改进计划的关键所在。管理者和员工必须对所采取的具体步骤取得一致意见，这些步骤可能包括为了提高绩效需要对员工进行培训，还应该包括评价者如何帮助员工实现绩效目标。

## 绩效评估与法律

《民权法》第七条（Title VII）允许使用诚意的绩效评估制度。如果绩效评估制度的实施对少数族裔、女性或年龄较大的员工产生了不利影响，一般认为这种制度是无诚意的。

许多法庭案件裁定，组织所采用的绩效评估制度带有歧视性，并且与工作无关。在布里托对塞俄公司诉讼案中（*Brito et al*. v. *Zia Company*），涉及解雇问题。西班牙裔工人获得了赔偿，并恢复了原先工作，因为这家公司采用了一种效度无法控制且未经标准化的绩效评估制度。在米斯瑞特对桑迪公司诉讼案中（*Mistretta* V. *Sandia Corporation*），桑迪公司主要根据绩效评估做出解雇员工的决策，从而使公司中年龄较大的员工数量不合比例。法院判给原告双倍的损失赔偿金和所有诉讼费。

张伯伦对比斯尔公司诉讼案中（*Chamberlain* V. *Bissel, Inc.*），一位评价者表示了对某位员工绩效不满，但并没有告知这位员工他有可能失去工作。当这名员工被解雇时，他指控公司，声称他从来没被警告过他有可能被解雇。墨西哥州法院判决公司在告知员工其有可能被解雇上疏忽大意，并判给员工损失赔偿金 61 354 美元。

在普华永道对霍普金斯诉讼案中（*Price Waterhouse* V. *Hopkins*），原告安·霍普金斯（Ann Hupkins）提出指控，由于性别歧视，她被剥夺了普华永道公司的合伙人资格。虽然比起其他任何一位候选合伙人，她为该公司拓展了更多新的业务，并倾注了更多的宝贵时间，但因为合伙人认为她缺乏良好的人际交往技巧而拒绝考虑她的合伙人资格。法院裁决人际交往技巧是合法的绩效评估标准，但是对安·霍普金斯的某些评价带有性别歧视。例如，公司的一位成员建议霍普金斯走路、谈话和穿着应更女性化。在此案的判决中，高级法院裁定该公司违反了《民权法》第七条，并认为通过假设或坚持将员工与刻板印象相匹配的方式来评价员工是不合法的。

为制定更能被合法接受的绩效评估系统，已提出了很多建议，其中包括：(1)从工作分析中产生绩效评估系统的内容；(2)强调员工的工作行为而不是个人特征；(3)确保对评估结果与员工进行沟通；(4)在评估面谈时要确保允许员工对评估结果作出反馈；(5)对管理者进行如何作出正确评估的培训；(6)确保评估采用书面形式记录，并予以保存；(7)确保人事决策与绩效评估相一致。

# 总　结

1. **定义绩效。**

   绩效是指完成员工职位任务的程度。

2. **定义绩效评估。**

   绩效评估是一个确定并与员工沟通其工作干得怎么样，以及制定一个改进计划的过程。

3. **解释目标管理法。**

   目标管理法（MBO）包括以下内容：确定清晰的并准确陈述员工要完成的工作目标，制定指明如何实现这些目标的行动计划，让员工实施行动计划，衡量目标的实现程度，必要时采取修正措施，为未来确立新的目标。目标管理还要求员工参与目标确定的过程。

4. **描述多方评价者评价法。**

   多方评价者评价法是一种由管理人员、客户及同事实施绩效评估的评价方法。

5. **描述图表等级评价法。**

   采用这种方法，评价者根据完成的工作量、可信赖程度、工作知识、出勤率、工作准确性以及合作精神等要素对员工作出评价。

6. **解释关键事件评价法。**

   这种方法要求评价者对所发生的事件做书面记录。所记录的事件应该是有关说明被评价员工令人满意和令人不满意绩效的工作行为。

7. **描述文字叙述评价法。**

文字叙述评价法要求评价者以文字叙述的形式描述员工绩效。

8. **描述绩效评估的核对表格法。**

采用这种方法，评价者对有关员工行为的一系列题目作出肯定或否定的回答。

9. **解释绩效评估的迫选法。**

采用这种方法，要求评价者对描述员工如何履行工作义务和责任的一组陈述进行排序。

10. **描述绩效评估的工作标准法。**

工作标准法是指确定标准或期望的产出水平，然后将每个员工的绩效与标准进行比较。

11. **定义宽容、居中倾向、近期效应以及晕轮效应。**

宽容是指对员工的绩效评估集中在正面的评价而不是分散在各种绩效等级上所发生的情况。当评价统计数据表明大多数员工的绩效水平被评为接近中等水平时就产生了居中倾向。当对员工绩效的评价仅依据其最近完成的工作时就产生了近期效应。评价者让员工某一方面的显著特征影响了自己对绩效评估中各个项目的判断时，就产生了晕轮效应。

# 第四编

# 员工报偿

第 12 章

# 组织报酬制度

没有什么事情能像组织的报酬制度那样唤起人们如此多的情感。员工通常把组织报酬制度的设计及应用理解成是对管理态度、管理目的和整个组织氛围的一种反映，因为这一点，组织的报酬制度是管理者可以运用的最有效的激励手段之一。通常由人力资源管理者负责协调和管理这种制度。

## 定义报酬制度

**组织报酬制度**（organizational reward system）是指所提供的报酬类型及其分配。**组织报酬**（organizational rewards）是指因被组织雇佣而获得的所有种类的报酬，包括内在报酬和外在报酬。**内在报酬**（intrinsic rewards）是指对个人而言是内在的，并且通常是由对特定活动和任务的参与带来的报酬，例如工作满意度和成就感。大多数**外在报酬**（extrinsic rewards）由组织直接控制和分配，而且比内在报酬更为有形化，例如工资和医疗福利。表 12.1 例举了上述两种报酬形式。

尽管内在报酬与外在报酬不同，但二者还是密切相关的。通常，提供外在报酬的同时也向接受者提供了内在报酬。譬如，员工获得加薪这种形式的外在报酬，因为把加薪理解为工作出色的一种体现，可能也会感到一种成就感（一种内在报酬）。

## 报酬形式的选择

选择所提供的报酬形式是报酬制度能否发挥有效作用的关键。首先，管理人

表 12.1 内在报酬与外在报酬

| 内在报酬 | 外在报酬 |
| --- | --- |
| 成就 | 正式认可 |
| 成就感 | 额外福利 |
| 非正式认可 | 奖励工资 |
| 工作满意度 | 工资 |
| 个人成长 | 提升 |
| 地位 | 社会关系 |
|  | 工作环境 |

员必须认识到什么是员工觉得有意义的报酬形式。工资通常是大多数人首先想到的，有时可能是唯一想到的报酬。毫无疑问，工资是一种极为重要的报酬形式。然而，应从更为广泛的角度来看待这一问题，报酬应被视为员工所看重的任何东西，可以包括诸如办公室的位置、设备的分配、喜爱的工作任务的分配以及非正式认可等。

如果组织要分配报酬——所有组织都要这样做——为什么不使它的回报达到最大呢？只有了解到员工想要的，才能实现这样的回报。组织应该知道什么是员工觉得有意义的报酬，而这不一定是管理人员感到有意义的报酬。长期以来，管理人员一直自认为他们完全能够决定员工需要和想要什么样的报酬。不幸的是，事实通常并非如此。研究表明员工倾向于把缺乏认可列为最有可能导致优秀员工辞职的原因。在一项调查中，要求员工对工作激励进行排序。排在第一位的选择是个人的感谢，接下来是上司的书面谢函。令人吃惊的是金钱被排在第 16 位。

另外一种与此密切相关的，通常也是错误的假设，通常表现为这样的事实，即大多数组织向所有员工提供同样的报酬组合。研究显示许多变量，诸如年龄、性别、婚姻状况、赡养的人口数以及服务年限等，都可能影响员工对某种报酬形式的偏好。例如，老年员工通常比青年员工更关心养老金福利。

在选择所要提供的报酬形式时，应考虑的另一个因素是报酬可能产生的内在利益。但通常，管理人员和员工都同样只考虑报酬的有形利益。

除了刚才提到的内部因素外，外部因素也限制了组织的报酬制度。这些因素包括诸如组织规模、环境状况、所处产品生命周期以及劳动力市场。由于组织通常无法控制这些外部因素，所以本章将集中讨论内部因素。

## 把报酬与绩效联系起来

自由企业制度的前提是报酬应基于绩效。这种绩效—报酬关系不仅在组织或公司层面，而且在个人层面都是有价值的。其理论基础是只有当员工相信激励会带来所期望的报酬时，员工才会受到激励。不幸的是，组织所提供的很多正式报酬形式不能与绩效相关联。这类报酬形式，包括带薪休假、保险计划及带薪公假，几乎总是由在组织中的身份和资历决定的，而不是由绩效决定的。

其他的报酬，如晋升，可以并应该是与绩效相关的。然而，晋升的机会可能极少。且当机会来临时，较高的职位也可能是根据资历任命，或由组织外部的某个人来填补。

工资是用来付给员工报酬及提高绩效的基本组织变量。尽管很多美国公司都制定了某种按绩效付酬的方案，但是大多数公司在使报酬与绩效相关联方面做得并不好。调查一直表明，员工对在绩效与工资之间存在正相关关系不抱多大信心。例如，哈德森人才管理公司（Hudson Talent Management）是一家从事人员外包的公司，最近该公司进行的一项调查发现，在 10 000 名回答者中只有 35% 的人认为绩效是确定其工资的直接因素。57% 的人相信资历是工资的决定因素。几年前进行的一项调查发现，2 600 名美国工人中只有 29% 认为好的绩效得到了回报。但是有证据表明，现在很多公司对高层管理人员实行按绩效付酬。华信惠悦（Watson Wyatt）咨询公司 2006 年做的一项调查发现 CEO 的薪水与公司绩效直接相关。

如果把报酬与绩效联系起来是有价值的，那为什么在实践中没有得到广泛的应用呢？一种回答是不容易实施；而付给每位员工同样的报酬则更容易做到，这就是为什么全体加薪的做法仍常盛不衰的原因。把报酬与绩效联系起来要求能准确地评估绩效，但这通常不太容易做到（第 11 章探讨了绩效评估）。况且，真正地把报酬与绩效联系起来也需要使用惩处手段。另一理由是许多工会合同要求某些报酬完全建立在客观变量的基础之上，如资历。尽管至今还没有设计出一种成功实施按绩效付酬计划的方法，但已发现了一些有价值的并获得普遍认可的前提条件：

1. 信任管理制度。如果员工对管理制度有怀疑，实施按绩效付酬计划就很困难。
2. 消除绩效约束。因为按绩效付酬计划通常以员工的能力和努力为基础，所以工作必须是结构化的，以使员工的绩效不受其不能控制因素的左右。
3. 培训管理人员。管理人员必须接受有关设定和测量绩效标准方面的培训。

4. 良好的评估体系。绩效应建立在职位规范的准则基础上并以所要取得的效果为中心。
5. 付酬的能力。在加薪预算中，绩效加薪部分必须占到足够大的比例，以引起员工兴趣。
6. 明确区分生活费用、资历和绩效。由于缺乏充分的依据来说明与此相反的情况，员工必然会认为加薪是随着生活费用的上涨或资历的增加而增加的。
7. 对全部工资政策进行良好的沟通。员工必须清晰地理解绩效加薪是如何配合整体薪酬计划的。
8. 弹性报酬计划。如果不在同一时间对所有员工进行工资调整，那么建立一种值得信赖的按绩效付酬计划还是比较容易的。

## 工作满意度与报酬

**工作满意度**（job satisfaction）是指员工对工作的总体态度。组织的报酬制度通常对员工的工作满意程度具有重大的影响。除了这种直接影响外，外在报酬的分配方式也能对其接受者的内在报酬（和满意感）产生影响。例如，如果每个人都得到了 5% 的全面加薪，那就很难因报酬而产生成就感。然而，如果加薪直接与绩效相联系，获得合理加薪的员工也就更有可能体验到成就感和满意感。前文提到的 2002 年对 2 600 名美国工人的调查发现，在那些认为自己的绩效得到了回报的人中，90% 表示对其工作满意，88% 对其公司满意。而在那些认为自己的绩效没有得到回报的人中，只有 52% 的人对其工作满意，对公司满意的人只有 47%。2006 年人力资源管理协会（SHRM）针对 600 多名员工做了一项调查，调查表明 70% 的回答者认为薪水是工作满意度的重要因素，上一年这个数据是 61%。工作满意度包括以下五项主要组成部分：

- 对工作团队的态度。
- 通常的工作条件。
- 对公司的态度。
- 货币性福利。
- 对管理人员的态度。

其他的组成部分还包括员工对工作本身和生活的总体看法。员工对工作的态度可能是积极的，也可能是消极的。健康、年龄、期望水平、社会地位以及政治和社会活动都能影响工作满意度。

工作满意度与组织士气不是同义语。**组织士气**（organizational morale）是指被隶属于同一群体的员工所接受，并因坚持共同的目标、对这些目标的价值充满信心以及朝此目标奋进的愿望而产生的归属感。士气是一个团队的副产品，而工作满意度更属于一种个人的看法。士气是指个人对其所服务的组织的感觉，而工作满意度是指员工对其特定的工作的感觉。但是，这两个概念间存在着内在关系，即工作满意度有助于提高士气，士气也有助于增加工作满意度。

## 关于满意度—绩效的争论

许多年来，管理人员普遍认为一个感到满意的员工必定是一个表现好的员工。换言之，如果管理人员能够使所有员工感到快乐，良好的绩效就会随之而来。多年前查尔斯·格林教授（Charles Greene）指出，很多管理人员赞同这个观点是因为它代表了一种阻力最小的方法。格林的观点是如果存在绩效问题，增强员工的快乐感比与员工讨论失败以达到标准更令人愉快。在进行有关满意度—绩效的争论之前，应当指出在感到满意和感到快乐之间存在着微妙而真实的差异。尽管快乐感最终来自于满意，但后者比前者更深刻，却远不如前者细微。

下面的事件说明了有关满意度—绩效关系的两种观点：

> 当本面带微笑走着去他的办公室时，本的老板对一位朋友说："本真的喜欢他的工作，这就可以解释为什么他是我曾经有过的最好的工人，而且也是足以让我使本保持快乐的原因。"朋友回答说："不，你错了！本喜欢他的工作是因为他干得好。如果你想要本快乐，你应做你能帮他进一步提高绩效的任何事情。"

第一种观点是传统的观点，即满意度导致了绩效。第二种观点是满意度是绩效的结果而不是其原因。按照第二种观点，绩效带来报酬，报酬又引起某种程度的满意度。因而，报酬是这种关系中的一个必要的中间变量。另外一种观点认为满意度和绩效都是报酬引起的。该观点假定满意度是因报酬而引起的，但如果报酬建立在当前的绩效基础之上，那么当前的绩效也影响随后的绩效。

总的说来，研究证据不支持那种流行的观点，即满意度带来绩效。然而，这些证据的确为绩效带来满意度的观点提供了适度的支持。同时，证据也有力地表明：（1）报酬与绩效相比是满意度的一个更直接的原因；（2）基于当前绩效的报酬强化以后的绩效。

虽然在直觉上对工作满意度和工作绩效二者存在相关关系的假设是非常具有说服力的，但对这一领域的研究结果并不支持这种明显的关系。在已出版的有关工作满意度和工作绩效的100多种研究成果的文献综述中，作者声称："对总体的工作满意度和工作绩效的相关关系的最佳估计是，二者之间的相关性相当低。"尽管工作满意度和工作绩效之间的相关性是微弱的，但对于非专业人士而言，通常更倾向于认为感到满意的员工在工作中生产率更高。工作满意度的确对离职、缺勤、迟到、事故、抱怨和罢工有积极的影响，这种关系已被清楚地确立。研究还表明，经验、性别和绩效可以对这些关系产生适度的影响。另外，组织喜欢感到满意的员工，只不过是因为这样的员工使工作环境更加令人愉快。因而，尽管一位感到满意的员工并不一定是一位高绩效者，但仍有很多的理由去培养员工的满意度。

## 影响工作满意度的其他因素

如先前所谈及的，有多种内部和外部因素影响着员工的满意度。在整个20世纪90年代的员工工作满意度调查中通常发现，基本工资在影响工作满意度最重要的因素中排在第三位或第四位，或者更低。但是，在近几年里，这种状况有所改变。例如，2006年由人力资源管理协会（SHRM）进行的调查发现，员工工作满意度最主要的驱动因素是工资、福利、工作保障、平衡工作与生活的弹性以及工作场所的安全感。图12.1的左边部分简要列出了决定员工满意或不满意的各种因素。这些因素的共同影响导致了员工对其工作在总体上感到满意或不满意。图12.1的右边部分指明了对其工作感到满意的员工通常倾向于对组织负责任，这些员工很可能是很忠诚可靠的。对其工作感到不满意的员工倾向于采取不利于组织的行为，这些员工很可能会表现出较高的流动率、缺勤率、迟到率以及发生更多的事故、罢工和抱怨。

工作满意度和动机并非同义语。动机是行为的一种驱动力，而工作满意度反映了员工对工作环境的态度或者是对工作环境感到满意。正如图12.1所指出的，

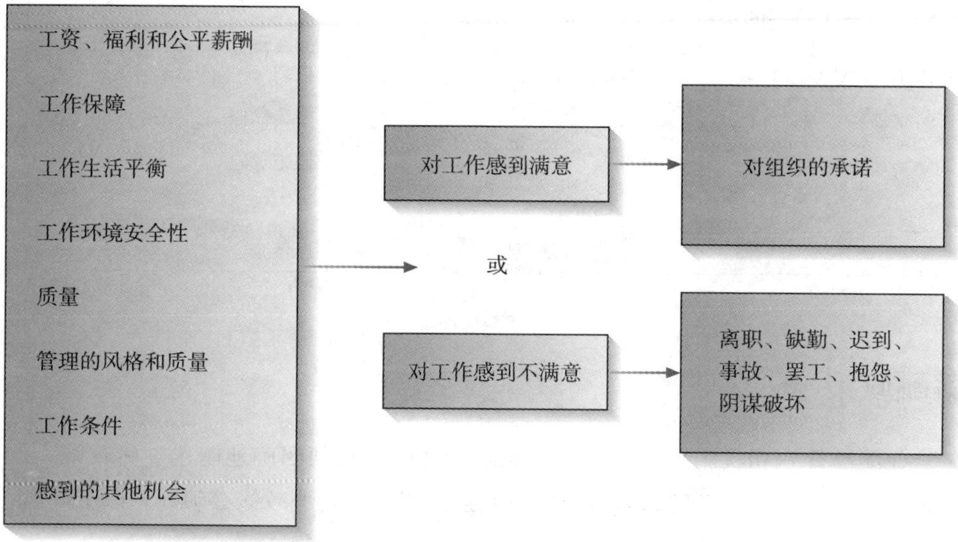


图 12.1　**员工满意和不满意的决定因素**

一位感到满意或“快乐”的员工并不一定是一位受到激励或富有生产率的员工。组织的报酬制度对工作满意度和员工动机二者都会产生影响。报酬制度是通过使员工因获得报酬而或多或少地感到舒心来影响工作满意度的。报酬制度主要是通过感觉到的报酬价值和因绩效而获得的意外收入来影响动机的。

# 员工薪酬

薪酬和工资不是具有相同涵义的术语。**薪酬**（compensation）是指员工因其工作而获得的所有的外在报酬。**工资**（pay）仅指员工因其工作而获得的实际货币收入。通常薪酬包括基本工资或薪金、任何形式的奖励或奖金以及福利。**基本工资或薪资**（base wage or salary）是指员工因其工作而获得的小时工资、周工资或月工资。**奖励工资**（incentives）是指除基本工资之外所支付的报酬，并通常直接与绩效相关。**福利**（benefits）是指员工因其被组织雇用及其在组织中的职位而获得的报酬。例如，带薪休假、健康保险和退休计划等。表 12.2 列举了一些不同类型的薪酬形式。后面的三章内容分别阐述了基本薪资、奖励工资和福利。

表 12.2 员工薪酬的组成

| 基本工资或薪金 | 奖励工资 | 福利 |
|---|---|---|
| 小时工资 | 奖金 | 带薪休假 |
| 周薪、月薪或年薪 | 佣金 | 健康保险 |
| 加班费 | 利润分享 | 人寿保险 |
| | 计件工资计划 | 退休金 |

## 薪酬政策

在能够开发和实施一种成功的薪酬制度之前，必须明确地阐述一些政策。这些政策必然要受到组织目标和组织环境的强烈影响。薪酬政策必须处理以下问题：

1. 最低工资和最高工资水平（要考虑职位对组织价值、组织付酬能力、政府法规、工会影响和市场压力等各种因素）。
2. 工资等级间的总体关系（例如，高层管理人员和运营管理人员之间，操作人员和基层管理人员之间）。
3. 全部货币薪酬的分配（也就是说，基本工资、奖励工资和福利在货币薪酬总额中各自所占的比例）。

除上述问题外，组织必须决定下一年度工资将增长多少、由谁提议涨工资、确定大体上将以怎样的方式加薪。另一项重要的决定是有关工资的信息是保密还是公开。

## 工资的秘密发放

许多组织采取不公开工资信息政策，包括有关工资制度和个人工资收入的信息。工资秘密发放的正当理由通常是为了避免员工因得知其他人的工资而可能产生不满。更进一步的正当理由是很多员工，特别是高成就者，强烈地认为他们的工资是与他人无关的事情。

但另一方面，工资的秘密发放使员工难以确定工资是否与绩效相关。而且，工资的秘密发放也不能消除工资比较；它还可能导致员工高估其同事的工资和低估其上司的工资。这两种情况并不一定会产生不满意感。还有，当管理人员拒绝透露工资信息时，员工自然会变得怀疑起来，并往往认为管理人员正在隐藏什么。在全国劳动关系委员会（NLRB）规定这种做法为非法之前，一些公司实际上禁止员工讨论和透露他们的工资。1992 年全国劳动关系委员会规定，禁止员工讨论他们的工资触犯了《国家劳动关系法》(《国家劳动关系法》将在第 18 章进行讨论)。最近，美国和英国的女性团体已经开始向工资秘密发放的规定提出了质疑，理由是这些规定使男女之间的收入差距会永远存在下去。

解决工资秘密发放问题的一个合理的折衷方法是在组织内部公开各类职位等级的工资范围。这一方法虽然清晰地公布了不同职位的总体工资范围，但是它没有确切地公开任何一位员工的工资。

## 政府和工会的影响

政府立法和工会合同可以对组织的薪酬制度产生重大的影响。以下就这两方面因素展开讨论。

### 公平劳动标准法

《公平劳动标准法》(Fair Labor Standards Act，FLSA)，通常称为《工资和工时法》(Wage and Hour Act)，于 1938 年通过，曾做过多次修订。该法案的基本要求是必须向从事州际贸易或在为州际贸易生产商品的组织中工作的人员支付某一特定的最低工资，以及为一周工作超过 40 小时以外的加班时间支付 1.5 倍的工资。(表 12.3 显示了多年来最低工资的演变状况。)《公平劳动标准法》的第 218 条允许州、地方和集体谈判协议设定略高于联邦最低工资的最低工资标准。此外，《公平劳动标准法》还禁止雇佣 14~18 岁的童工。该法案最为复杂的部分是关于可能的豁免问题。尽管对该法案的修订已减少了豁免条款的数目，但是对确定一个组织的义务进行认真的研究还是必要的。

在讨论薪酬制度时经常使用的术语是豁免和非豁免人员。非豁免员工受《公平劳动标准法》的保护；必须向他们支付加班费并且他们要受最低工资的约束。豁免员工不受《公平劳动标准法》的保护，他们是董事会成员、行政管理人员和专业技术人员。

表 12.3 历史上的最低工资率

| 日期 | 每小时工资率 | 日期 | 每小时工资率 |
|---|---|---|---|
| 1938 年 10 月 24 日 | $0.25 | 1976 年 1 月 1 日 | $2.30 |
| 1939 年 10 月 24 日 | 0.30 | 1978 年 1 月 1 日 | 2.65 |
| 1945 年 10 月 24 日 | 0.40 | 1979 年 1 月 1 日 | 2.90 |
| 1950 年 1 月 25 日 | 0.75 | 1980 年 1 月 1 日 | 3.10 |
| 1956 年 3 月 1 日 | 1.00 | 1981 年 1 月 1 日 | 3.35 |
| 1961 年 9 月 3 日 | 1.15 | 1990 年 4 月 1 日 | 3.80 |
| 1963 年 9 月 3 日 | 1.25 | 1991 年 4 月 1 日 | 4.25 |
| 1967 年 2 月 1 日 | 1.40 | 1996 年 10 月 1 日 | 4.75 |
| 1968 年 2 月 1 日 | 1.60 | 1997 年 9 月 1 日 | 5.15 |
| 1974 年 5 月 1 日 | 2.00 | 2007 年 7 月 24 日 | 5.85 |
| 1975 年 1 月 1 日 | 2.10 | 2008 年 7 月 24 日 | 6.55 |
| | | 2009 年 7 月 24 日 | 7.25 |

## 戴维斯—贝肯法

《戴维斯—贝肯法》（Davis–Bacon Act）是于 1931 年 3 月 3 日由国会通过的。该法案规定与联邦政府签订总额超过 2 000 美元建筑合同的承包商及转包商，要按项目所在地区通行的工资率支付工资。这个通行的工资率是由劳动部长确定的，并通常与该地区通行的工会工资率相同。每周工作超过 40 小时以外的加班时间须按正常标准的 1.5 倍支付。

## 沃尔什—希利公共合同法

《沃尔什—希利公共合同法》（Walsh–Healey Public Contracts Act）是于 1936 年 6 月 30 日由国会通过的。该法案规定那些为联邦政府制造或提供总额超过 10 000 美元的原材料、生活物资或设备的组织，至少要按劳动部长确定的行业最低工资率支付工资。最初，《沃尔什—希利公共合同法》要求在任何情况下只要每天工作超过 8 小时，就要支付加班费。然而，1986 年的《罢工授权法》（Defense Authorization Act）把该条款修改为加班时间为一周工作超过 40 小时。

### 公平工资法

《公平工资法》( Equal Pay Act ) 在第 2 章中作过介绍和讨论，是于 1963 年 6 月 10 日签署通过的，是《公平劳动标准法》的一个修正案，它削除了仅以性别为依据的工资差异。该法案规定向从事要求相同的技术、努力程度和责任的工作，并且在相似工作条件下工作的男子和女子支付不同的工资是非法的。该法案不禁止以下工资差异制度，包括基于资历的制度、通过生产质量和数量来衡量收入的绩效制度或以任何非性别因素为基础的制度。

### 联邦工资代扣法

**代扣** ( garnishment ) 是指一项法律程序，即授权雇主扣留雇员工资代其向债权人偿还雇员的债务。《联邦工资代扣法》( Federal Wage Garnishment Law ) 于 1970 年 7 月 1 日生效。该法案对在一周中可以代扣的雇员可支配收入数额作了限定，并且保护雇员不因代扣而被解雇。然而，在这个问题上该法案实际上没有改变州法律。例如，如果州法律比联邦法律禁止或提供更多的代扣限额，则按州法律执行。因此，人力资源管理者必须熟悉州法律有关代扣条款的应用。

### 工会合同

如果一个组织有工会组织，工资结构通常在很大程度上是通过集体谈判程序来确定的。因为工资是工会的一项首要事务，所以在制定薪酬政策时必须考虑当前的工会合同。工会合同甚至可以影响到没有工会的组织。例如，参加工会员工的工资率及其加薪往往影响到没有工会的组织对其员工的工资支付。第 18 章和第 19 章将讨论工会。

## 可比价值的影响

在第 3 章介绍的可比价值理论认为，就雇主而言，某些工作的真实价值可能相似时，对一些工作（尤其是由女性承担的）所支付工资率通常低于另一些工作（通常是由男性承担的）。与可比价值理论相关的一个主要问题是对如何确定工作价值存在疑问。应该怎样确定工作价值呢？美国法院一般不受理基于可比价值的索赔。尽管可比价值通常在法庭上举步维艰，但却一直是集体谈判桌上和政治舞台上的热门话题。

## 公平工资的重要性

正如在本章先前所讨论的，员工激励是与报酬的类型及其支付方式密切相关的。虽然关于工资的激励问题存在相当多的争论，但过低的工资会给组织带来非常不利的影响是毫无疑问的。图 12.2 给出了一个简单模型，这一模型概括了当员

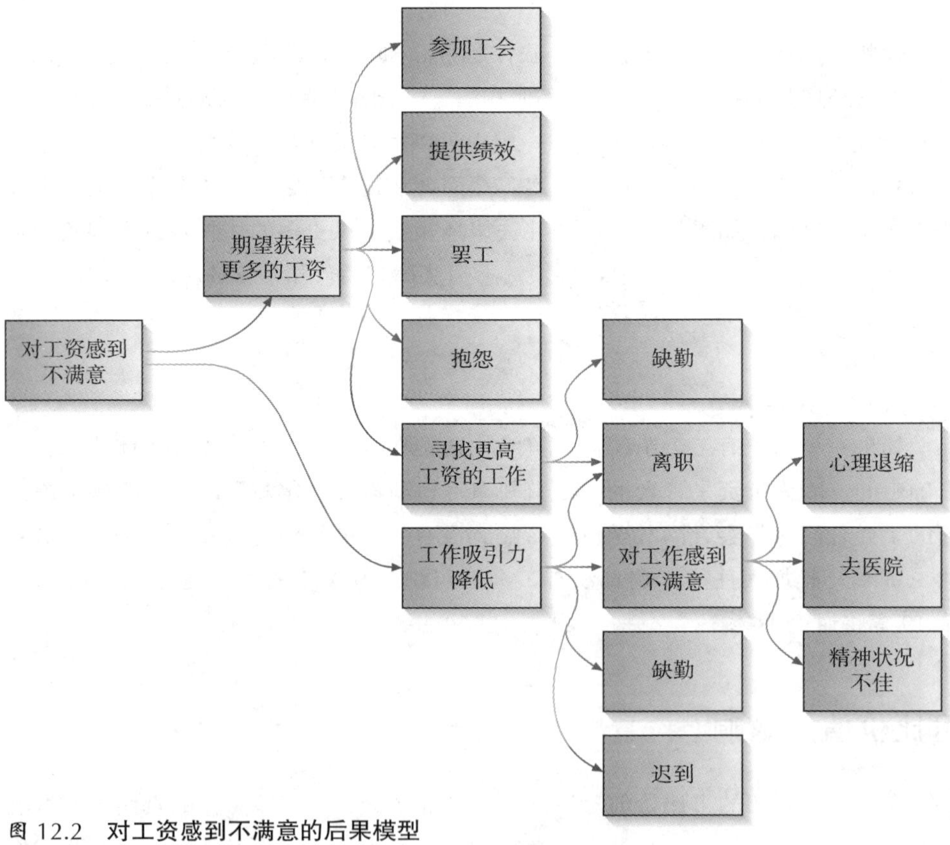


**图 12.2 对工资感到不满意的后果模型**

资料来源：Adapted from Edward E. Lawler III, *Pay and Organizational Effectiveness: A Psychological View* ( New York: McGraw-Hill, 1971 ) , p.233.

工对他们的工资感到不满意时的反应。根据这一模型，工资不满意度会从两方面影响员工对其工作的感觉：(1) 提高获得更多工资的期望；(2) 降低工作的吸引力。期望更多工资的员工可能采取能增加工资的行为。这些行为可能包括参加工会、寻找另一份工作、干得更好些、抱怨或罢工。除了干得更好些之外，其他所有行为的后果都是管理人员所不希望出现的。干得更好只有在感到工资与绩效直接相关时才会出现。另一方面，当工作的吸引力下降时，员工更可能出现缺勤、迟到、辞职或对工作本身感到不满。因而，尽管工资满意度的重要性可能因环境的不同而不同，但工资满意度能够并通常确实会对员工的绩效产生重大的影响。

## 工资公平

激励的公平理论的基本观点是，员工极为需要在自己所感觉的对工作的投入与从工作中所获得的报酬之间保持一种平衡。根据该理论，感到不公平的员工会采取措施来消除或减弱不公平感。例如，如果一位员工认为自己的工资低了，就可能通过拖沓、早退或缺勤的方式来减少努力的付出。类似的，如果一位员工认为自己的工资高了，就很可能会更加努力地工作或延长工作时间。

工资公平指员工是否相信付给他们的工资是公平的。在考虑工资公平时，要关注公平的几个方面。**内部公平**（internal equity）是指员工从事某项工作所获得的工资收入与同一组织的其他员工所获得的工资收入相比较。**外部公平**（external equity）是指同其他组织从事类似工作的员工所获得的工资收入相比较。**个人公平**（individual equity）是指对个人贡献进行奖励的问题，它与按绩效付酬问题有极其为密切的关系。**组织公平**（organization equity）是指在组织内部如何分配利润。换言之，员工相信组织的利润得以公平地分配了吗？认识到员工对工资公平的理解是以他们的感觉为依据的是很重要的。正因为员工对工资公平的理解是以感觉为依据的，所以组织应尽其所能使这些感觉尽可能地准确。而且，一位员工对公平的某个或某些方面感觉不错，对其他方面却感觉不佳，这也是常见的。例如，一位员工与在其他组织工作的朋友所获得的工资收入相比时，可能会对自己的工资感觉不错，而且也可能相信公司利润在公司内部得以公平地分配了。然而，同样这个人在与组织内的其他几个人相比时，对自己的工资或许会感到很不满意。

## 工资满意度模型

图 12.3 给出了工资满意度的决定因素模型。该模型是基于这种观点，即在员工对他们所得工资的感觉和他们认为应得工资的感觉一致时，员工会对他们的工资感到满意。当员工对其工资的内部公平和外部公平感觉良好时，这种情形也会出现。

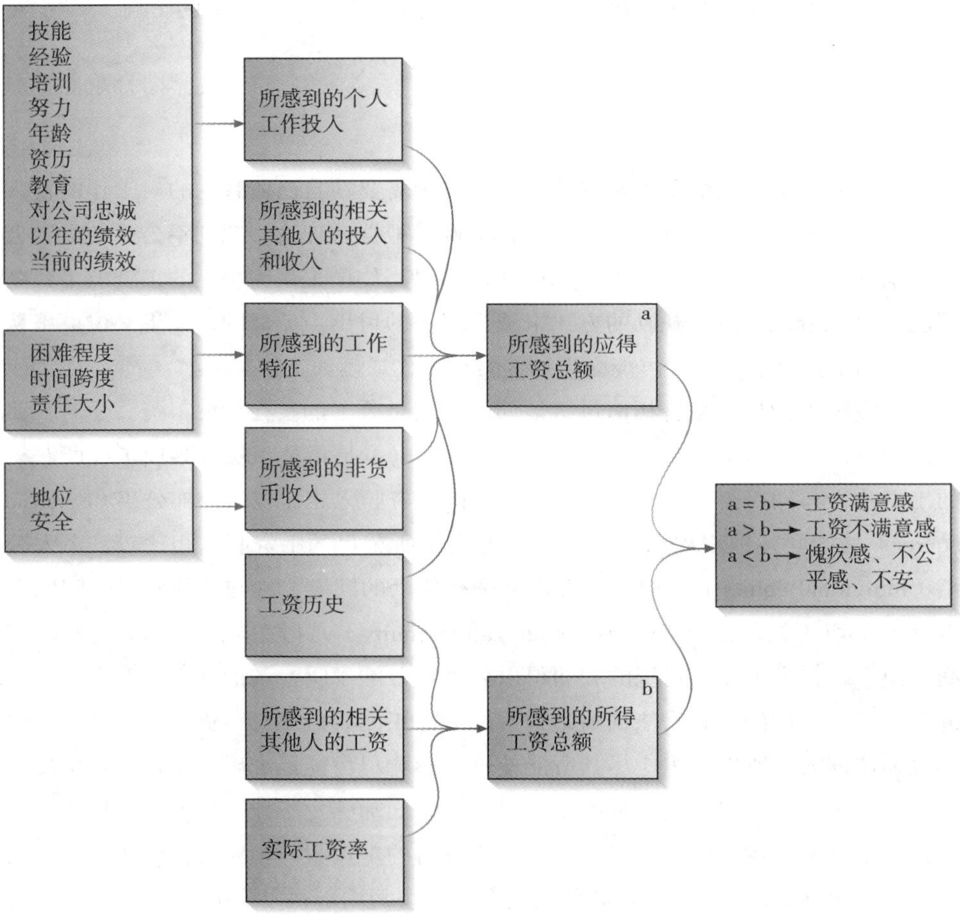


**图 12.3 工资满意度的决定因素模型**

资料来源：Edward E. Lawler III, *Pay and Organizational Effectiveness: A Psychological View*（New York: McGraw-Hill, 1971）, p.215.

当然，当前的工资是影响员工公平感的一个首要因素。然而，一个人的工资历史以及对其他人所获工资的感觉也对公平感有影响。例如，历史上获得高工资的员工倾向于对当前的工资感觉偏低。类似的，其朋友或同事的工资越高，对自己的工资就会感觉越低。这些因素说明了这样的事实，即两个人可能对相同的工资持不同的看法。

该模型也表明了员工对应当获得多少工资的感觉是基于一些其他因素的，包括工作投入、对朋友和同事的付出与收入的感觉以及非货币收入。工作投入包括员工投入工作的全部经验、技术和能力以及员工投入工作的努力。对付出与收入的感觉是指对朋友和同事对工作的投入及其所得何种报酬类型的个人感觉。获得的非货币收入是指至少在一定限度之内某些非货币报酬有时可代替工资。

该模型也考虑到那些认为他们的工资超过了他们应得的工资的员工。研究表明，在这种情况下，人们通常感到有愧疚感、不公平感和不安。

## 在报酬制度中人力资源经理的作用

在整个组织的报酬制度中，人力资源经理的职责是协助设计和管理报酬制度。对制度进行管理的必然职责是确保制度对所有员工都是公平的，并且与所有员工进行了明确的沟通。这要求人力资源经理肩负起将报酬的不公平性和员工对报酬的不公平感降至最小化的责任。毋庸置疑，组织必须在向员工解释并与他们沟通薪酬制度方面做得更好。人力资源管理协会（SHRM）2004 年进行的一项调查发现，30% 的员工对组织就其薪酬的沟通情况很不满意或有些不满意。同样这群受访者 24% 的人对组织就其薪酬的沟通情况无所谓满意不满意。

可以使用很多方法和技术来帮助人力资源经理设计和管理薪酬制度，其后的三章就讨论这样的一些方法和技术。

## 总　结

**1. 定义组织报酬。**

组织报酬是指因被组织雇佣而获得的所有种类的报酬，包括内部报酬和外部报酬。

**2. 区分内在报酬和外在报酬。**

内在报酬对个人来讲是内在的，并且通常是由对特定活动和任务的参与带来的。外在报酬是由组织直接控制和分配的，而且比内在报酬更为有形化。

**3. 列出实施按绩效付酬计划所需的几个前提条件。**

已经发现成功地实施按绩效付酬计划几个前提条件，包括：(1)信任管理制度；(2)消除绩效约束；(3)培训管理人员；(4)良好的评估体系；(5)付酬的能力；(6)明确区分生活费用、资历和绩效；(7)对全部工资政策进行良好的沟通；(8)弹性报酬计划。

**4. 定义工作满意度并列出其包括的五项主要内容。**

工作满意度是指员工对工作的总体态度。工作满意度包括如下五项主要内容：(1)对工作团队的态度；(2)通常的工作条件；(3)对公司的态度；(4)货币性福利；(5)对管理人员的态度。

**5. 概述满意度与绩效的关系。**

研究证据总的来讲不支持那种流行的观点，即满意度带来绩效。然而，这些证据的确为绩效带来满意度的观点提供了适度的支持。证据也有力地表明，报酬与绩效相比是满意度的一个更直接的原因，而且基于当前绩效的报酬影响以后的绩效。总之，对工作满意度和绩效的相关关系的最佳估计是，二者之间的关联性比较低。

**6. 定义薪酬、工资、奖励和福利。**

薪酬是指员工因其工作而获得的所有的外在报酬。工资仅指员工因其工作而获得的实际货币收入。奖励是指除基本工资或薪金之外的报酬，并且它通常直接与绩效相关。福利是指员工因其被组织雇用及其在组织中的职位而获得的报酬。

**7. 列出对组织薪酬产生重要影响的几项政府立法。**

很多政府立法已对组织薪酬产生了影响。其中影响最大的一些立法包括：《公平劳动标准法》(FLSA)《戴维斯—贝肯法》《沃尔什—希利公共合同法》《联邦工资代扣法》和《公平工资法》。

**8. 解释激励的公平理论。**

激励的公平理论认为员工极为需要在自己所感觉的对工作的投入与从工作中所获得的报酬之间保持一种平衡。根据该理论，感到不公平的员工会采取措施来消除或减弱不公平感。

**9. 讨论内部公平、外部公平、个人公平和组织公平。**

内部公平是指员工从事某项工作所获得的工资收入与同一组织的其他员工所获得的工资收入相比较。外部公平是指同其他组织从事类似工作的员工所获得的工资收入相比较。个人公平是指对个人贡献进行回报的问题，它与按绩效付酬问题有极其密切的关系。组织公平是指在组织内部如何分配利润。

第 13 章

# 基本薪资制度

**基本薪资**（base wages and salaries）是指员工因其工作而获得的小时工资、周工资和月工资。在大多数情况下，基本工资或薪金在员工总薪酬中所占比例最大。事实上，由于很多组织不支付奖励工资，而且很多员工低估员工福利的价值或视之为当然，所以在员工看来基本薪资往往是薪酬制度的核心。

大多数员工对工资制度的公平、合理的感觉是以基本薪资为基础的。正如前一章所讨论的，如果员工感到其所得工资是不公平的，那么可能会产生诸多消极后果（迟到、缺勤、离职和罢工等）。而且，基本薪资制度通常反映了整个组织的氛围。如果员工感到基本薪资制度是公平合理的，他们对组织通常会持相同的看法。当然，反之亦然。因而，组织开发并保持一种健全的基本薪资制度就成为关键。

## 基本薪资制度的目标

任何一种基本薪资制度的主要目标是建立一种基于员工职位及在其职位上的绩效水平合理的员工薪酬结构。尽管这一目标是浅显易懂的，但要成功地实现却并非易事。图 13.1 提出了建立基本薪资制度必须首先明确的一些基本政策问题。

大多数基本薪资制度是基于组织中职位的相对价值来为特定职位确定工资范围的。接下来，同一职位上某一员工的绩效会决定该员工的工资落在该职位工资范围的哪个点上。健全的基本薪资制度的关键是为组织内的各种职位确定不同的工资范围。某一给定职位的工资范围确定了在最低和最高工资之间允许变动的幅度。确定工资范围包括两个基本步骤：（1）确定组织中各种职位的相对价值（确保内部公平）；（2）给各种职位定价（确保外部公平）。职位评价是用于确定组织

图 13.1 设计和实施基本薪资结构的具体政策问题

1. 组织为吸引合格员工能够为某一职位支付的最低工资率是多少？
2. 为了确保留住员工，组织必须向他们支付的工资率是多少？
3. 组织想要在基本工资计划中承认资历和绩效吗？
4. 向从事完全相同的或类似工作的员工支付不同的工资率是明智或必要的吗？
5. 对要求具备不同的知识和技术水平以及承担不同责任和义务的职位，怎样才能在基本工资率上充分体现这些差异？
6. 组织希望在基本工资计划中承认危险和困难的工作条件吗？
7. 对于重要性不同的职位，基本工资递增的机会应该不同吗？
8. 员工明显有机会晋升至较高级别职位吗？如果有，在晋升至较高职位和基本工资变化之间的关系应是怎样的？
9. 政策和规则允许员工的工资率高于已确定的最高工资率和低于已确定的最低工资率吗？允许存在这种偏差的理由是什么？
10. 工资结构将如何适应全面的调整、生活费用调整或者其他方面的调整？这些调整与员工任职期限、绩效或责任和义务的变化无关。

资料来源：Henderson, Richard I, *Compensation Management: Rewarding Performance*, 2nd ed., pp. 98–102. 

中职位相对价值的基本方法。工资调查是给职位定价最常用的方法之一。以下部分讨论常用的职位评价方法、工资调查方法及其一些新的方法。

## 常用的职位评价方法

**职位评价**（job evaluation）是指系统地确定组织中每一职位相对于其他职位价值的过程。这一过程是用于设计工资结构，而不是用于评价任职员工绩效的。职位评价的一般思路是列举某一职位的要求和该职位对组织的贡献，然后按职位的重要性对其进行分类。例如，设计工程师的职位会比产品装配工的职位包括更复杂的要求并对组织的潜在贡献更大。虽然两个职位都重要，但必须确定每一职位的相对价值。尽管职位评价的最重要目的是确定职位的相对价值，但职位评价还可以服务于其他一些目的。图 13.2 列出了职位评价的其他作用。

职位评价程序的第一步是收集所要评价职位的信息。一般情况下，是从现行

图 13.2　**职位评价的其他作用**

- 为更简单、更合理的工资结构提供基础。
- 为新的职位或已发生变化的职位分类提供统一途径。
- 为与其他组织的职位和工资率进行比较提供一种方法。
- 为测量员工绩效提供基础。
- 通过缩小工资范围并提供一种统一解决争议的方法来降低对工资的不满。
- 激励员工向更高级别的职位奋斗。
- 为工资谈判提供信息。
- 提供职位关系数据以用于内部和外部选择、制定人力资源规划、开展职业生涯管理以及实施其他人事职能。

资料来源：David W. Belcher and Thomas J. Atchison, *Compensation Administration*, 2nd ed. Used by permission Economic Research Institute.

的职位说明中获得信息的。如果没有现行职位说明，通常有必要去分析职位并制定最新的职位说明。

职位评价程序中接下来的步骤是确定要素，或者说确定用于决定组织中各种职位相对价值的因素。一些经常使用的因素有：知识、责任和工作条件。职位评价程序还包括设计并实施一种使用所选择的因素来评价组织中各种职位相对价值的方案。这种方案应始终将要求较多因素的职位级别在职位等级中置于要求较少因素的职位之上。实践中的人力资源管理 13.1 描述了职位评价的一次简单应用及其给英国的一家小型组织带来的好处。

在转为使用各种新的评价职位和工作的方法（本章稍后讨论这些方法）后，有证据表明，在确定薪酬中运用以职位为中心的方法（主要是职位评价）重新引起人们的兴趣。最常用的职位评价方案是职位排序法、职位归类法、计点法和因素比较法这四种基本方法的变形或组合。

## 职位排序法

职位排序法是最简单的、最早的和最不常用的职位评价技术。**职位排序法**（job ranking method）是指评价者把职位从最简单到最困难进行排序的一种职位评价方法。通常评价者准备附有有关职位基本信息的卡片，然后依职位重要性的顺序来

实践中的人力资源管理 13.1

## 一家小型组织应用职位评价的好处

福西特协会（Fawcett Society）是英国的一家慈善组织，主要在政治和公共活动中的女性代表、公平工资以及司法体系中的女性待遇等领域推动性别平等。该协会的起源可以追溯到 19 世纪。

由于员工流动率高，部分原因是资金不稳定，福西特协会决定对所有人力资源管理活动进行检查，包括对全部 10 名员工的职位进行评价。多萝西•特尔弗，一位人力资源顾问，受邀前来监督这次活动。特尔弗从解释职位评价的概念开始，她清晰地阐述了职位评价与绩效评估的区别。从这点来看本次活动的目标是获得员工的支持，并对有关程序问题做出回答。接下来，要求员工以统一的格式撰写职位说明书。然后，由员工和理事会成员组成的委员会对每个职位进行评价。根据完成工作所需的技术和能力对职位进行分级。具体有五个评价要素：知识和专业技能；做出决策；思考能力；领导力；所承担的资源责任。

特尔弗认为，这次活动能够使每一位员工更好地理解，如果他们要出色地完成工作对他们的要求是什么，以及他们能够以何种方式提高自己的技能。协会主席凯瑟琳•雷克认为，这次活动使员工清楚地了解他们可以如何获得晋升，此外还为所评价的新职位确定了一个清晰体系。

资料来源：Matthew Little, "Case Study Job Evaluation," *Third Sector*, February 8, 2006, p.18.

给卡片排序。使用职位排序法得出的仅仅是职位的一种顺序，而没有表明职位间相对程度的差别。例如，排序为四的职位在困难程度上并不一定是排序为二的职位的两倍。

## 职位归类法

职位评价方案的第二种形式是**职位归类法**（job classification method），或称为职位分级法（job grading）。该方法是依据职位在义务、责任、技术、工作条件和其他与职位相关的要素等方面的差异，界定职位的特定类别或等级。然后，把某一特定职位的说明书与每一类别的职位说明书进行比较，并把该职位分派在合适的职位类别中来确定该职位的相对价值。这种方法具有简单易行的优点，但因为它是从总体上对职位进行评价的，所以并不总是精确的。所需要的职位类别或等级的数量取决于所评价职位的技术、责任、义务及其他要求的变化范围。通常，5 至 15 个职位类别就足够了。自 1949 年起，美国政府一直使用职位归类法来评价所有公务员职位。

## 计点法

**计点法**（point method）是美国历史上使用最为广泛的职位评价方案，具有使用比较简单及客观合理的优点。在使用计点法时，要为所评价的职位设计一种量化的点值量表。通常不能只使用一种量表来评价所有的职位。例如，办事员职位和生产性职位一般要求不同的量表。在评价管理职位和专业性职位时通常也需要另一种量表。通常由人力资源部门决定在特定的评价量表中应包括哪些职位。

### 关键职位的选择

在确定了每一特定量表上所要评价的职位后，就要选择关键（基准）职位。关键职位是指整个行业或在所进行研究范围内的常见职位。关键职位的内涵通常应当是清晰易懂的。如果对某一职位的说明或其工资应是多少存在任何混乱，该职位就不大可能被选为关键职位。选择关键职位的总体思路是选择数量有限的关键职位（20% 是一个不错的指标），这些职位将代表整个工资结构和所要评价工作的主要类型。关键职位的选择应当充分地体现所要评价职位的责任、义务及工作要求的范围。因为关键职位通常只需是要评价的所有职位中的一小部分，所以它们可能仅提供有限的数据资料。然而，对关键职位的普遍而广泛的认同为正确理解并取得共识提供了基础。就这点而言，目标就是为要评价的所有职位而选择的关键职位，足以代表工资结构中的每一个重要的内在变量。每个关键职位都必须配备一份全面而详尽的职位说明书。

### 选择薪酬要素

**薪酬要素**（compensable factors）是指组织认为重要性达到了一定程度而愿意为其付酬的那些职位要素或特征。某一特定职位拥有这些薪酬要素的等级决定该职位的相对价值。

早期的职位评价方法提出了一套通用的要素，认为一套既定的要素——通常为技术、责任及工作条件——应适用于所有的职位。这一理论已逐渐为这样一种假设所取代，即每一组织一定要制定满足自身特殊要求的薪酬要素。因此，不建议完全采用任何一套通用要素。例如，选择用来评价生产性职位的薪酬要素可以包括技术、努力及工作条件，而选择用来评价管理职位和专业性职位的薪酬要素可以是知识、责任及对决策能力的要求。在有工会的组织中，选择用来评价职位的薪酬要素必须让管理层和工会都能接受。

在计点法中，**职位子要素**（job subfactors）是指对薪酬要素更详细的说明。譬如，责任这一薪酬要素可以包括的子要素有：确定组织的政策、负责其他人的工作、负责开发并维护与客户良好的关系以及对组织资产承担责任等。**等级说明**（degree statements），有时称为特征说明（profile statements），用来描述每一子要素的具体要求，并以书面短语形式来表述。表 13.1 指出了责任这一薪酬要素可能包括的等级和子要素。把薪酬要素分解成子要素和等级是为了使职位的含义更精确以及为职位评价提供方便。

### 为要素确定权重

给每一薪酬要素、子要素和等级确定权重以反映它们的相对重要性。当然，确定的权重因职位的不同而不同。例如，技术可能是在评价机械工职位时使用的最重要的要素，而责任可能是评价管理者职位较为关键的要素。

尽管有一些系统和有用的方法来确定权重，但没有一种最好的方法。不管使用何种方法，过去的经验和判断在确定权重时起着重要的作用。一般而言，给任何一种职位确定权重都是依据该职位的最大点值来确定的；该数值通常是主观决定的。然后，基于每一薪酬要素、子要素和等级的相对重要性分别为它们分配点值。表 13.2 给出了对总点值 1 000 点进行的点值分配。在这个例子中，责任这个薪酬要素被认为是最重要的要素，给予了 360 点。责任要素被分成四个子要素：组织政策责任、其他工作责任、组织信誉与公共关系责任及组织现金支出责任。每一子要素又进一步被分成四个等级。注意每一子要素的最高等级的点值之和为该薪酬要素的点值最大值。在表 13.2 中，组织政策责任的 80 点，加其他工作责任的 160 点，加组织信誉与公共关系责任的 80 点，加组织现金责任的 40 点，总计等于 360 点。

表 13.1 样本职位的薪酬要素责任及其子要素和等级说明概要

| 子要素 | 第一等级（初级客户服务代表） | 第二等级（客户服务代表） | 第三等级（高级客户服务代表） | 第四等级（销售 / 服务经理） |
| --- | --- | --- | --- | --- |
| 确定组织的政策 | 可以向上级提出有关组织政策变革的建议，但多数通常是些次要方面的内容。 | 经常主要对部门内部事务程序的变革提出建议。 | 在上级的严密控制下可以确定不太重要的组织政策；可以向下属解释组织政策。 | 为广大员工确定组织政策；政策实施不当会导致相当大的损失。 |
| 其他工作；要求的管理能力 | 只对自己的工作负责，包括个人工作或“流程”作业。 | 少量的管理工作；机械地执行操作或可以控制某些工作。 | 管理很多员工或一个部门，组织并协调与其他管理者的工作。 | 负责部门的团队协调工作。 |
| 在客户和公众中建立与维护信誉 | 极少与客户或公众接触。 | 仅通过交流或偶尔的电话联系检查与客户或公众的联系。 | 通过书信或个人拜访与客户保持密切联系以避免潜在的信誉损失，这需要老练的人际交往技巧。 | 与客户、其他组织及公众有大量的联系；需要通权达变的人际交往技巧和外交手段。 |
| 组织的现金支出；需对组织资金支出作出判定 | 每月现金支出不超过 100 美元。 | 每月现金支出为 101 美元至 500 美元。 | 每月现金支出为 501 美元至 1500 美元。 | 每月现金支出为 1501 美元至 5000 美元。 |

资料来源：Adapt from J. L. Otis and R. H. Leukart, *Job Evaluation*, 2nd ed.（Englewood Cliffs, N. J.: Prentice Hall, 1959）, pp. 110-11.

## 为特定职位确定点值

就点值量表达成一致后，按以下三个步骤得出关键职位的点值：

1. 检查职位说明书。
2. 确定能最好地描述每一薪酬要素的每一子要素的等级说明。
3. 加总全部的点值。

总点值表示的关键职位与实际工资等级表示的关键职位应当显示出大体相同

表 13.2 **点值样本**

| 薪酬要素 | 最大点值 | 子要素 | 每一等级分配的点值<br>第一等级 | 第二等级 | 第三等级 | 第四等级 |
|---|---|---|---|---|---|---|
| 技能 | 260 | 工作知识 | 35 | 70 | 105 | 140 |
| | | 经验 | 20 | 40 | 60 | 80 |
| | | 创造力 | 10 | 20 | 30 | 40 |
| 努力 | 240 | 体力上的 | 20 | 40 | 60 | 80 |
| | | 心理上的 | 40 | 80 | 120 | 160 |
| 责任 | 360 | 组织政策责任 | 20 | 40 | 60 | 80 |
| | | 其他工作责任 | 40 | 80 | 120 | 160 |
| | | 在客户和公众中建立商誉责任 | 20 | 40 | 60 | 80 |
| | | 组织现金责任 | 10 | 20 | 30 | 40 |
| 职位条件 | 140 | 工作条件 | 20 | 40 | 60 | 80 |
| | | 危险 | 15 | 30 | 45 | 60 |
| 大概的总点值 | 1 000 | | | | | |

的关系。那就是说，按照总点值排列的关键职位顺序与按工资排列的关键职位顺序应大体是相当的，这可以用于检查为等级、子要素和薪酬要素所分配的点值是否适当。然后，可以用相同的方式，即根据点值量表通过为每一薪酬要素确定适当的点值并加总这些点值，来评价非关键职位。表 13.3 例举了几种银行业职位大致的总点值。

计点法的一个缺陷是开发点值量表需要大量时间。然而，一旦将关键职位的点值量表恰当、明确地表示出来，评价其余的职位就不需要花太长的时间了。而且，应一直努力使该体系简单化并易于员工理解。

## 因素比较法

尤金·本基（Eugene Benge）于 1926 年发明了职位评价的因素比较法，用以克服他认为计点法中所存在的不足。**因素比较法**（factor comparison method）与计

表 13.3 银行业关键职位大致的总点值

| 职位 | 点数 |
|---|---|
| 出纳主任 | 980 |
| 贷款出纳员 | 900 |
| 出纳员 | 870 |
| 客服代表 | 750 |
| 贵重物品保管员 | 500 |

点法相似，但它使用货币量表来代替点值量表。同使用计点法一样，使用因素比较法也要选择关键职位。而且，对所有要评价的那些职位而言，所选关键职位的工资率被认为是合理而公平的，这是绝对必要的。然后，像使用计点法一样，再找出薪酬因素。

然而，与计点法不同，因素比较法不把薪酬因素分解成子因素和等级说明。这两种方法的另一个不同是薪酬因素的排序。在使用因素比较法时，每一薪酬因素都是按其在每一关键职位中的重要性来排序的。它是通过每次按一项因素给每一种关键职位排序而不是每次按所有因素给一种职位排序来完成的。例如，表 13.4 给出了一家银行按因素排序的关键职位。注意表中是怎样为每一关键职位按每一薪酬因素排序的。因素比较法的许多倡议者都提议，为了使排序有效，在不考虑以前的排序情况下，在近期应进行一、两次排序。

在按因素给每一关键职位排序后，下一步是按照因素排序为每一职位分配工资或薪金。重要的是要记住关键职位的选择标准之一是，其工资率必须被评价者认为是合理而公平的。因素比较法的某些倡议者说工资应在不考虑因素排序的情况下来确定；而其他一些人认为在确定工资时评价者应考虑因素排序的情况。不管怎样，货币分配和因素排序最终必须是一致的。如果出现了难以消除的不一致，应从关键职位表中取消正在讨论的职位。表 13.5 给出了表 13.4 中关键职位的工资分配样本。注意表 13.5 中每一栏的数字是如何与表 13.4 中每一栏的排序相一致的。

使用因素比较法的最后一步是为每一薪酬因素准备一种货币量表。每一货币量表不仅表明了职位的排列顺序，而且也确定了它们在工资上职位的相对差异。表 13.6 例举了银行职位中责任这一薪酬因素的货币量表。

表 13.4 按因素排序的银行关键职位

| 职位 | 薪酬因素 | | | | |
|---|---|---|---|---|---|
| | 智力要求 | 技术 | 体力要求 | 责任 | 工作条件 |
| 出纳主任 | 1 | 4 | 5 | 1 | 5 |
| 贷款出纳员 | 2 | 1 | 3 | 2 | 3 |
| 出纳员 | 3 | 2 | 2 | 3 | 2 |
| 客服代表 | 4 | 3 | 4 | 4 | 4 |
| 贵重物品保管员 | 5 | 5 | 1 | 5 | 1 |

表 13.5 银行关键职位的工资分配样本

| 职位 | 薪酬因素 | | | | |
|---|---|---|---|---|---|
| | 智力要求 | 技术 | 体力要求 | 责任 | 工作条件 |
| 出纳主任 | $494.00* | $153.00 | $ 60.00 | $294.00 | $ 47.00 |
| 贷款出纳员 | $395.00 | $186.00 | $130.00 | $234.00 | $ 75.00 |
| 出纳员 | $377.00 | $177.00 | $153.00 | $200.00 | $148.00 |
| 客服代表 | $358.00 | $172.00 | $ 70.00 | $117.00 | $ 60.00 |
| 贵重物品保管员 | $182.00 | $ 62.00 | $278.00 | $ 31.00 | $106.00 |

表 13.6 银行职位中责任要求的货币量表

| 货币值 / 周 | 关键职位 | 货币值 / 周 | 关键职位 |
|---|---|---|---|
| $ 20.00 | | | |
| $ 40.00 | 贵重物品保管员 | $180.00 | |
| $ 60.00 | | $200.00 | 出纳员 |
| $ 80.00 | | $220.00 | 贷款出纳员 |
| $100.00 | | $240.00 | |
| $120.00 | 客服代表 | $260.00 | |
| $140.00 | | $280.00 | |
| $160.00 | | $300.00 | 出纳主任 |
| | | $320.00 | |

对其他职位的评价是通过研究这些职位各自的职位说明书，并确定每一职位的每种薪酬因素在货币量表上的位置进行的。然后，通过加总每一薪酬因素被赋予的货币量来确定某一给定职位的总价值。

### 职位评价方法的比较

因为最终要给每一个被评价的职位确定一个数值或货币值，所以计点法和因素比较法通常被称为定量化方案。所确定的数值或货币值是以职位所包含的预先确定的薪酬因素等级为基础的。职位归类法和职位排序法是对全部职位进行比较，被称为定性技术或非定量化技术。计点体系和职位归类体系具有一个共同特点，即它们在评价职位时是依照预先确定的量表或类别进行的，而因素比较法和职位排序法在评价职位时仅与组织中的其他职位进行比较。表 13.7 概括了每一种职位评价方法的优缺点。

## 给职位定价

职位评价的因素比较法是唯一把职位的价值与货币量表联系起来的常用技术，就连计算的结果也主要来自于组织当前使用的工资等级。一般而言，职位评价不能用于确定工资率，然而，它为工资率的确定提供了基础。为了保证在工资等级中反映诸如劳动力市场状况、通行的工资率及生活费用这些外部因素，必须收集有关这些因素的信息。

### 薪资调查

**薪资调查**（wage and salary surveys）是指从某一给定的地区或特定的行业中，收集有关所选定组织的工资支付政策、惯例和方法等具有可比性的信息。除了提供市场信息并保证外部公平外，工资调查还可以纠正员工对某些职位的误解。而且，工资调查可以对激励员工产生积极的影响。

工资或薪资调查信息可以从两个基本途径获得：（1）自己进行调查；（2）购买或获取由另外一方所做的工资 / 薪金调查。

表 13.7 各种职位评价方法的优点和缺点

| | 主要优点 | 主要缺点 |
|---|---|---|
| 职位排序法 | 1. 容易完成且速度快。<br>2. 因为通常几小时内就能完成，所以费用比较低。<br>3. 容易解释。 | 1. 仅适用于员工对各种职位非常熟悉的规模较小的组织。<br>2. 这种方法假设等级的间隔是相等的，而实际通常并非如此。<br>3. 这种方法具有高度的主观性。 |
| 职位归类法 | 1. 因为这种方法多年来为联邦、州和地方政府所采用，所以容易被员工接受。<br>2. 这种方法适合于机构众多、地理位置分散的大型组织。<br>3. 因为归类是宽泛而非特定的，所以该体系不必做很大的改动就能持续使用多年。 | 1. 类别说明过于宽泛以致它们与具体职位不相关；导致员工对他们各自的职位级别产生怀疑。<br>2. 因为类别划分是宽泛和一般的，职位评价者可能会滥用这一体系。 |
| 计点法 | 1. 这种方法是详细而具体的，依据构成要素来评价职位并根据预先确定的量表来比较职位。<br>2. 因为具有精确性，员工一般都接受这种方法。<br>3. 当职位发生变化时，该体系易于保持其适用性。<br>4. 因为具有量化的特点，所以容易为职位确定货币值。 | 1. 开发这一方法比较费时，费用也比较高。<br>2. 这种方法需要大量的相互合作，并要由进行工作评价所涉及的各方做出决策。 |
| 因素比较法 | 1. 这种方法是详细而具体的，依据构成要素来评价职位并比照其他职位来对职位进行比较。<br>2. 通常比计点法更容易设计。<br>3. 该方法与外部市场工资率挂钩。 | 1. 向员工解释该方法比较困难。<br>2. 当评价的职位发生变化时，该方法不容易对此做出调整。 |

## 进行工资 / 薪金调查

为了设计一项工资调查方案，必须确定所要研究的职位、组织和地区，同样也必须确定收集资料的方法。如果要结合计点法、因素比较法或职位评价一起进行工资调查，选出的关键职位一般是要调查的职位。一条好的经验法则是为了公平地评价组织的工资制度，一个组织最少应调查 30% 的职位。在使用职位归类法或排序法选择要调查的职位时，组织应采用与使用计点法和因素比较法选择职位时相同的指导原则。

工资调查可以调查某个地区、某个行业，或者既调查某个地区又调查某个行业。在划定调查范围时，必须考虑地区规模的大小、该地区的生活费用指数及类似的因素。被调查的组织通常是竞争对手或雇用员工类型相似的公司。当被调查的组织愿意合作时，通常最好是调查该地区最重要和最受人瞩目的组织。

获得工资调查数据资料有三种传统方法，分别是个人访谈、电话访谈和邮寄问卷调查表。个人访谈是最可靠但费用最高的方法。邮寄问卷调查表大概是最常用的方法，但应仅用于调查在全行业具有标准含义的职位。如果对某一职位的定义有任何疑问，通过邮寄问卷调查表得到的回答就可能不可靠。邮寄问卷调查表存在的另一个潜在问题是，问卷可能是由对工资结构并不完全熟悉的某个人回答的。电话访谈这种方法获得信息速度快，但得到的信息往往是不完整的，可以用于澄清对邮寄问卷调查表的回答。

互联网代表了工资调查的最新技术。使用互联网调查的好处是费用低且速度快。使用互联网进行工资调查的不足是并非所有公司都是互联网的积极参与者。图 13.3 列出了在工资调查中可能涉及的一些题目。

## 购买或获取薪资调查

工资调查数据可以从各种渠道购买或获取。从 20 世纪 50 年代早期起，美世

**图 13.3　在工资调查中可能涉及的题目**

| | |
|---|---|
| 工作日的长度 | 休假规定 |
| 正常的工作周 | 节假日规定 |
| 起始工资率 | 生活费用条款 |
| 基本工资率 | 由哪儿支付 |
| 工资范围 | 多久支付一次 |
| 激励计划 | 工资代扣政策 |
| 倒班费 | 工会合同说明 |
| 加班费 | |

图 13.4 **薪资调查数据网站样本**

| | |
|---|---|
| 美国劳工部 | http://www.dol.gov |
| 美国劳工部劳工统计局主页 | http://www.bls.gov |
| 美国薪酬协会 | http://www.worldatwork.org |
| 美国劳联—产联管理人员工资观察 | http://www.aflcio.org/paywatch/index.htm |
| 工资等级公司 | http://www.payscale.com |
| 薪酬公司 | http://salary.com |
| 工资网 | http://www.wageweb.com |
| 提供 150 多种薪金调查资料的求职指南 | http://jobstar.org/tools/salary |

（Mercer）、华信惠悦（Watson Wyatt）及普华永道（PricewaterhouseCoopers）等咨询公司就出售薪酬调查，但是这些调查通常是比较昂贵的。美国劳工部劳工统计局、州和地方政府、贸易协会和商会都是可以获得比较便宜的薪资调查数据的途径。有些薪资调查及其他调查信息还可以通过互联网获得。从互联网上得到的调查分为两大类：（1）联邦政府所做的调查；（2）私人研究机构、专业协会、员工协会和咨询公司所做的调查。图 13.4 列出了获得工资调查数据资料的一些网站。图 13.4 所列出的大多数非政府网站要求对其信息做出评价。

### 缺陷和指导原则

如果薪资调查做得适当并且解释合理，它可以是相当有用的工具。但如果做得不适当，薪资调查就会产生非常混乱和不准确的信息，并且往往由此引起许多批评。这些批评集中于以下几点：

- 调查做得太多了。
- 结论性数据的质量往往令人怀疑。
- 调查数据通常难以解释和使用。
- 调查数据对绩效工资计划会产生消极作用。
- 这类数据的使用可能会造成薪资膨胀。

图 13.5 概括了通常与薪资调查相关的具体问题。不论使用何种调查方式，为避免产生问题应遵循以下指导原则：

**图 13.5　使用薪资调查数据时遇到的问题**

职位类别太宽泛或很不准确。
行业类别太宽泛或很不准确。
对主要福利不做调整。
薪金类别太宽泛或很不准确。
公司类型 / 规模与本公司相关性差。
数据过时或未注明日期。
公司样本不具代表性。
公司样本太小。
调查是基于失业者和求职者进行的。
以其他方式进行的调查太宽泛或很不准确。

资料来源：*Personnel* by J. C. O' Brien and R. A. Zawacki. Copyright 1985 by American Management Association. Reproduced with permission of American Management Association in the format Textbook via Copyright Clearance Center.

1. 评估所调查公司的可比性。不仅应考虑规模和行业类型因素，声望、安全、增长机会和所在位置等无形因素也是重要的。
2. 进行比较的不只是基本工资或薪金。包括奖励和福利在内的一揽子总薪酬都应该考虑到。例如，公司可能几乎不提供福利，但以高基本薪资作为福利的补偿。
3. 考虑职位说明中的差异。薪资调查所存在的众所周知的缺陷是难以找到可直接进行比较的职位。为了与调查中的职位恰好相配，通常需要更多的信息而不是简略的职位说明。
4. 使调查数据与调整周期相连。在调查对数据的准确性产生影响之前，要搞清最近对薪资进行了怎样的调整。有些公司也许刚刚作了调整，而另一些公司可能没作调整。

在第 3 章和第 12 章讨论的可比价值理论认为，应当根据每一种职位对雇主和社会的价值来给予薪酬。在这一理论中，应不考虑获得合格的员工和其他雇主支付的工资率等因素。根据可比价值理论，薪资调查本来就没有任何价值。但是，在第 3 章讨论过的第九巡回上诉法院（Ninth Circuit Court of Appeals）判定某一特定职位对雇主的价值只是影响该职位薪酬率的众多因素之一。

## 薪资曲线

**薪资曲线**（wage and salary curves）是用图形来表示职位的相对价值与其工资率或薪金率之间的关系。另外，这些曲线可以用于表示职位的工资等级和工资范围。不论使用何种职位评价方法，工资曲线都是以横坐标（横轴）表示困难程度依次升高的职位，以纵坐标（纵轴）表示工资率。如果使用计点法评价职位，按照点值与其对应的工资率画出全部的点，从而得出一种总体趋势，如图 13.6 所示。

为了保证最终工资结构既与职位评价一致，也与工资调查数据一致，有时需要基于当前工资建立一种工资曲线，基于调查数据建立一种工资曲线，并将两种工资曲线进行比较。通过比较这两种曲线，可以快速地找出并纠正任何不一致之处。图中没有体现总体趋势的点表示该职位的工资率太低或太高，或者该职位评价得不准确。工资过低的职位有时被称为绿圈职位；工资过高的职位被称为红圈职位。这些差距可以通过给予有疑问的职位高于或低于平均水平的加薪来进行矫正。

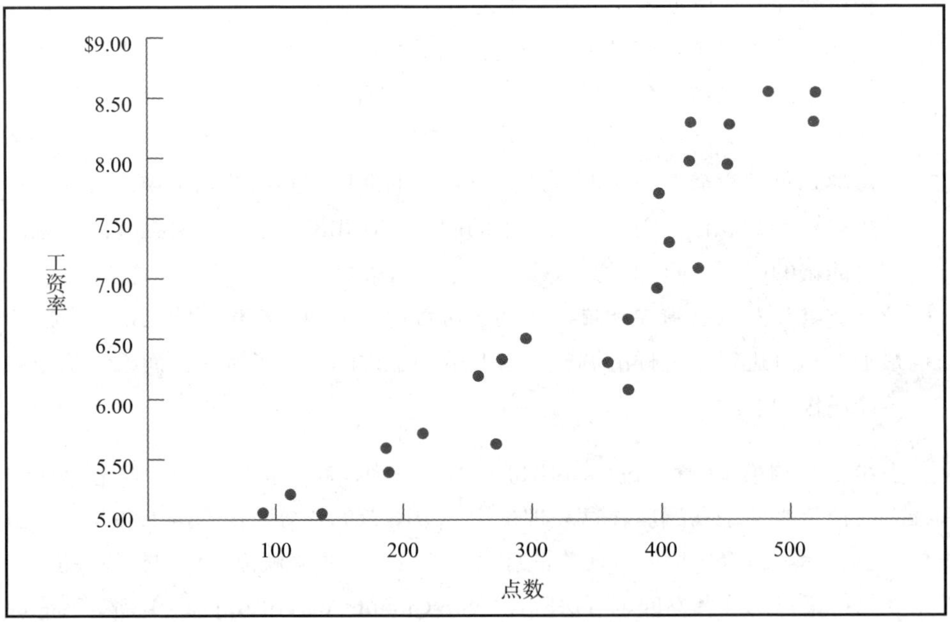


图 13.6 **基于计点法的工资曲线**

## 工资等级和工资范围

**工资等级**（pay grades）是指将组织中具有相似价值的职位归为同一类别，以简化工资结构管理。如果使用计点法评价职位，通常在某一特定计点区间内确定等级。类似地，如果使用因素比较法，可以使用某一货币范围确定等级。表 13.8 举例说明了可以如何给图 13.6 所示的职位确定等级。

通常，在确定工资等级的同时，就为每一等级确立了工资范围。**工资范围**（pay ranges）是指为每一工资等级确定一个具有最低和最高界限的可允许变动的工资支付范围。某一工资等级范围的最高工资限定了能支付给承担该等级职位的任何一位员工的最高工资率。同样，工资等级范围的最低工资限定了能支付的最低工资率。确立工资等级和工资范围有两种通用的方法：一种是工资等级比较多而在每一等级内所有职位都具有同一的工资率；另一种是工资等级比较少但每一等级的货币工资变动范围比较大。大多数工资结构介于这两种极端情形之间。

在工资等级内确立工资范围是为了能够区分同一等级中的员工。在理想的情况下，应当是基于表现或绩效来确定员工在工资等级中的位置。然而，在实践中这种区分往往只是基于资历。图 13.7 举例说明了可以如何构造图 13.6 中职位的工资范围。

当达到某一既定工资等级变动范围的顶点时，员工只能通过上升到较高一个工资等级来提高其工资。如图 13.7 所示，相邻工资等级范围内有部分重叠的情况并不少见。在这种情况下，较低工资等级中的优秀员工赚得的薪金收入超过较高工资等级中平均水平之下的员工是有可能的。

表 13.8　**确立工资等级**

| 等级 | 点值区间 |
|---|---|
| 1 | 0~150 |
| 2 | 151~250 |
| 3 | 251~350 |
| 4 | 351~450 |
| 5 | 451~550 |

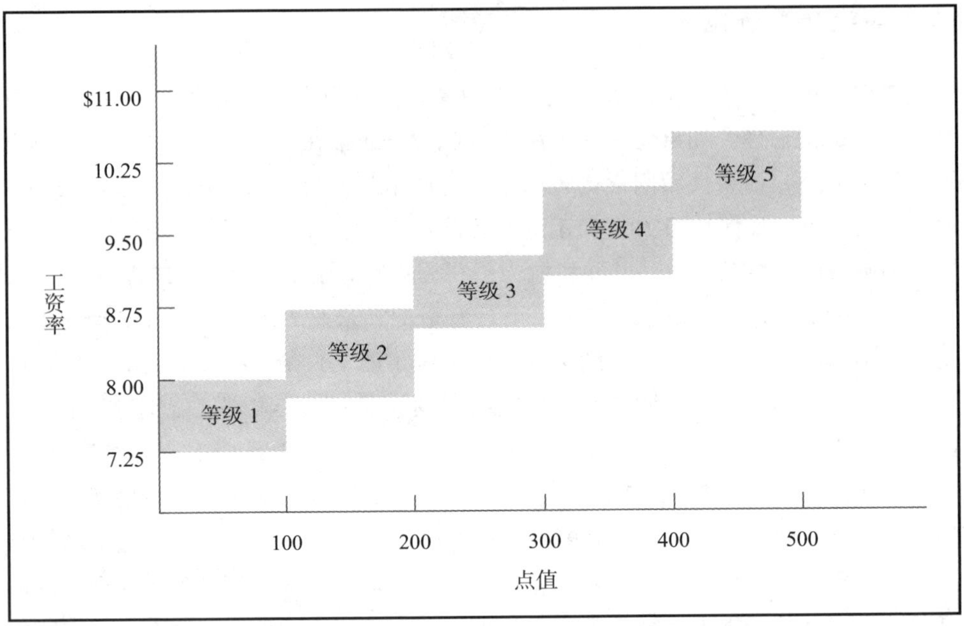


图 13.7 工资等级和工资范围的确定

# 基本薪资结构

图 13.8 举例说明薪酬过程的各个组成部分是如何相互配合从而为组织确立基本工资或薪金结构的。图上各方面所展示的薪酬价值强调了这一过程的每一步都要受到组织现行薪酬政策的影响。在理想状况下，组织薪酬制度应当创造出一种既具有内部公平又具有外部公平的基本薪资结构。职位评价过程应当确保内部公平，而工资调查应当确保外部公平。然后，第 11 章所讨论的绩效评估过程用于决定每个员工在已确立的工资范围中的位置。

# 基本薪资结构的新方法

正如本章先前所描述的，在传统的基本工资制度下，向员工支付薪酬的根据

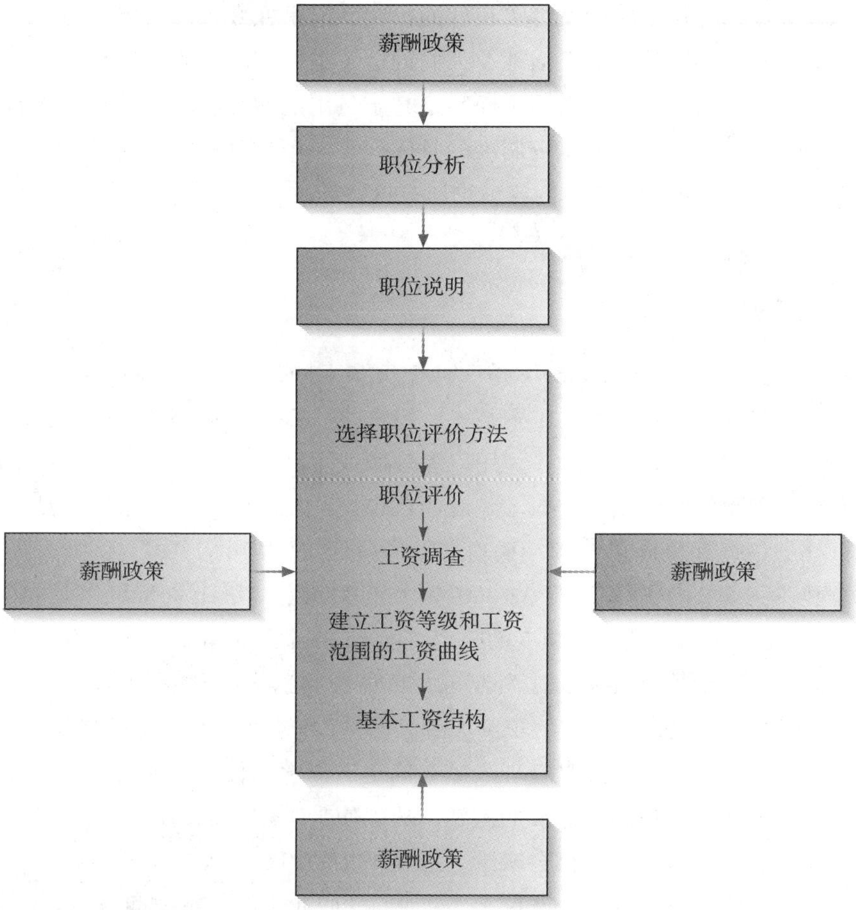


**图 13.8　开发基本薪资结构**

是由职位评价所确定的具体职位对工作的要求。翰威特公司（Hewitt Associates）是一家从事薪酬 / 员工福利咨询的公司，其合伙人迈克 · 古斯曼（Mike Guthman）是这样描述传统基本工资体系的："在过去，每件事情都围着职位转。我们将任务归类，将其称之为职位，然后评价该职位，把该职位置于工资等级中，而且该职位一直是不变的。人们从事这个职位，获得晋升，流动到另一个职位上，但这个职位总会待在那儿。"今天有些人认为，员工经常要重新调动他们的能量以面对新任务及运用各种技能，在这种特定工作场所里，甚至"职位"这个概念也是过时的。根据与此相同的观点，今天很多人认为，严密地界定职位说明和工资等级在过去工业化工作场所中发挥了很好的作用，但是在今天不再起作用了。为了增加传统的基本工资体系的灵活性，人们创造了宽带薪酬工资制。其他受到欢迎的新型工资模式是基于员工能力，而不是基于员工的职位特性。技能工资制和能力工资制是基于员工能力的工资制度的具体代表。第三种基本工资形式是几乎完全基于职位的市场定价。以下内容讨论所有这些新的基本工资形式。

## 宽带工资制

**宽带工资制**（broadbanding）是一种把很多不同的工资等级减少为几个具有很大变动幅度的工资带的基本工资技术。换言之，宽带工资制就是打破职位簇或职位等级，将其变为几个宽的带，用以管理职业生涯发展和支付工资。从本质上讲，宽带工资制使职位簇群变成了宽泛的职位类或职位组。工资带通常具有部分相互重叠的最低和最高工资额，平均宽幅为最低工资额的130%。例如，一级工资带中技术人员的工资可以是33 000~74 000美元，二级工资带可以是60 000~140 000美元。使用传统薪酬制度的公司可能有30个工资等级，每一等级都对应一种不同的职位头衔。在宽带工资制下，可能会将这30个工资等级减少为六个较宽的工资带，而且没有相应的职位头衔。

宽带工资制的主要优点是管理人员在确定工资率上拥有更多的自主权，因为宽带工资制消除了职位间不必要的差别，从而使员工在组织内部流动变得比较容易。第二个优点在当今提升机会减少、呈扁平化的组织中尤显重要。在传统工资制度下，即使员工横向流动或向下流动对他们的职业生涯和组织都是非常有利的，他们也不愿意这样做。而宽带工资制有助于克服这种抵触情绪。此外，宽带工资制还可以通过消除沟通和发展的许多常见障碍，即等级、职称和地位，从而有助于增进交流与合作。宽带工资制尤其适合于快速发展并且经历持续变革的组织。在这种情况下，宽带工资制具有较少的正式结构，允许组织做出更迅速的反应。

## 技能工资制

在今天的组织中，职位处于迅速变化中，因而通常需要具有多种技能的员工，技能工资制就是用于培养这种员工的。**技能工资制**（skill-based pay system，也称知识工资制）是指因员工带给职位的技术而补偿员工的一种工资支付体系。特别是，这类工资制度是根据员工的知识范围、所掌握的与业务相关的技能数量和这些技术或知识的水平，或者是技术知识水平与范围的某种结合来支付工资的。

在典型的技能工资制下，公司以低于市场的工资率来雇用员工。随着员工对技术和知识的掌握，他们的基本工资水平得以增长。一般而言，希望员工在二至五年间学会 5~10 种技术。当然，所要求的技能数量和要求掌握的时间因组织的不同而不同。在传统职位工资制下，员工在他们能够获得提升前必须等待某个职位有空缺。在技能工资制下，当员工学会一种新技术并证明他们能再次取得进步时，他们就有资格获得加薪。表 13.9 列出了技能工资制的潜在好处。

一定要把表 13.9 列出的富有吸引力的潜在好处与一些潜在的担忧进行权衡。较常提及的一些潜在担忧是：劳动力成本的增加、冗员、错误的预期及工会协议。直接劳动成本和培训成本的确经常是上涨的，然而通常通过减少劳动力来与之相抵，这也降低了总劳动力成本。冗员是指那些没有别处可去的员工。对管理人员来讲，冗员不是一个新问题，而且不论采用何种工资制度，在大多数组织中冗员数量都在上升。一种可供选择的方案是让冗员直接面对其他部门中较宽泛的职位。

**表 13.9 技能工资制的潜在好处**

| 技能工资制的潜在好处 |
| --- |
| 与劳动力的价值相一致 |
| 提高人员安排的灵活性 |
| 建立较精干的人员需求 |
| 支持扁平化组织结构 |
| 使生产率水平在质和量上得以进一步提高 |
| 拓宽了提高知识和技术的奖励方式 |
| 加强团体参与 |
| 在不能得到提升时加深了责任感 |
| 全面降低劳动力成本 |
| 增进对业务的理解 |
| 较高的生产率 |
| 对质量成果有利 |
| 降低废品率 |

资料来源：Earl Ingram II, "The Advantages of Knowledge-Based Pay," *Personnel Journal*, April 1990, p. 138, and Brian Murray and Barry Gerhart, "An Empirical Analysis of a Skill-Based Pay Program and Plant Performance," *Academy of Management Journal*, February 1998, pp. 68-78.

当没有空缺职位给新培训的员工时，就会出现预期错误的问题。解决这一问题的关键是要使组织目前和近期的需求切合实际。不切实际的预期甚至会因员工幻想破灭而导致辞职率的增加。通常认为在主要实行资历工资制的有工会的组织中，实行技能工资制的效果并不好。

技能工资制的应用一直很普通。最近的一项研究发现，技能工资制运行与实施的方式对该制度的成败至关重要。大多数技能工资制一直是针对从事制造业的非豁免员工。这主要是因为比较容易识别并衡量从事直接劳动的员工所需的整套技术。然而，目前正在开展把技能工资方法扩展到专业人员和管理人员领域的运动。这一运动的结果，称之为能力工资制。

## 能力工资制

能力（competency）是指“履职者胜任其职位所需的显著特征或特点”。一个与此类似的定义是“人们具有的可以证明能够完成工作的特点，包括知识、技能及行为”。

例如，一家销售组织的雇主对**能力工资制**（competency-based pay system）感兴趣，他会询问组织中最成功的销售人员并得知究竟是什么使那些销售人员表现出色。找出的要素可能是对账户进行管理、做竞争性研究或进行良好的技术展示。一旦找到预示销售成功的要素，就把这些要素归类为能力。然后，将根据各位销售人员在这些能力上的表现状况来支付他们的薪酬。

图 13.9 简略列出了在开发能力工资制时必须做出的关键性设计选择。这一过程包括了在图中所示的八个关键方面中相对立的两个设计要素之间进行选择。从直觉上来看，能力工资制正在使这样的做法有意义，即将金钱置于组织认为有价值的那些因素之后。能力工资制的一个主要问题是，衡量一种能力是在什么时候掌握的以及在何时表现出来可能是困难的。目前，虽然能力工资制还没有得到广泛应用，但对他们的使用正在增长。

## 市场工资制

**市场工资制**（market-based pay system）是指以外部公平取代内部公平，而不考虑传统的工资等级和工资范围的一种工资支付体系。市场工资制的倡议者认为，能力工资制由八个关键方面组成。每一方面提供了两种基本的设计选择，这两种选择处在相互对立的两极上。左栏的选择类似于传统工资制度，而右栏的选择则是较为新颖的设计。

狭义的 ←→ 广义的
现有的 ←→ 新颖的
自下而上 ←→ 自上而下
复杂的、精确的 ←→ 简洁的、灵敏的
看得见的 ←→ 抽象的
持久的价值 ←→ 临时的价值
永久性年金 ←→ 一次性分红
市场价值 ←→ 战略价值

**图 13.9　设计能力工资制**

资料来源：Gerald E. Ledford, Jr., *Compensation & Benefi ts Review*, p. 58, Copyright 1995 by Sage Publications. Reprinted with permission of Sage Publications, Inc.

当真实的市场能够公平地给职位定价时，就不需要组织来负担复杂费时的职位评价工作。市场工资制意味着投员工之所好，并有助于吸引和留住员工。其基本观点是通过营造一种员工感到他们的工资是合理的并与其技能的市场工资率相一致的氛围来建立员工的责任感。市场工资制使用同样的薪资调查形式，如本章前面所讨论的。为了使市场工资制实现公平感的目标，务必注意要仔细选择所使用的调查，从而准确地反映职位的定价。通常建议使用至少三种或更多的调查来源。一些专家建议，由于数据不可靠以及职位代表性不足，所使用的调查应以技能定价为中心而不是职位。

# 总　结

**1. 定义基本薪资并阐述基本工资制度的目标。**

基本薪资是指员工因其工作而获得的小时工资、周工资和月工资。任何一种基本薪资制度的主要目标是建立一种基于员工的职位及在其职位上绩效水平合理的员工薪酬结构。

**2. 定义职位评价。**

职位评价是指系统地确定组织中每一职位相对于其他职位价值的过程。

**3. 说出四种常用的基本职位评价方法并对之进行简要的论述。**

最常用的职位评价方案是职位排序法、职位归类法、计点法和因素比较法四种基本方法的变形或组合。职位归类法是依据职位在义务、责任、技术、工作条件和其他与职位相关的因素等诸方面的差异，界定职位的特定的类别或等级。在使用职位排序法时，评价者把职位从最简单到最困难进行排序。计点法为所评价的职位开发了一种量化的点值量表。职位被分解成特定的可识别因素，按照等级比较这些因素的总价值以确定职位的价值。因素比较法与计点法是相似的，但它使用货币量表而不是点值量表。

**4. 解释关键职位和薪酬因素的概念。**

关键职位是指整个行业或所进行研究范围内的常见职位。选择关键职位的思路是选择数量有限的职位，这些职位将代表所要评价职位有关责任、义务及工作要求的范围。只要对关键职位做出评价，就可以将其他职位与之相比较。薪酬因素是指组织认为重要性达到了一定程度因而愿意为其付酬的那些职位因素或特征。某一特定职位拥有这些薪酬因素的等级决定了该职位的相对价值。

**5. 区分子要素和等级。**

子要素用于更详细地说明薪酬要素。等级是用来描述每一子要素的特殊要求的特征说明。

**6. 解释薪资调查的目的。**

薪资调查是用于从某一给定的地区或特定的行业中，收集有关所选定组织的工资支付政策、惯例和方法等具有可比性的信息。

**7. 讨论薪资曲线。**

薪资曲线以图形来表示职位的相对价值与其工资率或薪金率之间的关系。工资曲线以横坐标（横轴）表示困难程度依次升高的职位，以纵坐标（纵轴）表示工资率。

**8. 定义工资等级和工资范围。**

工资等级是指为了发放工资将类似价值的职位进行归类。工资范围是指为每一工资等级确定一个可允许浮动的具有最低和最高界限的工资范围。

**9. 解释宽带工资制、技能工资制、能力工资制、市场工资制的概念。**

宽带工资制是一种把很多不同的工资等级减少为几个具有很大变动幅度的工资

带的基本工资技术。从本质上讲，宽带工资制使职位簇群变成了宽泛的职位类或职位组。技能工资制（或称知识工资制）是因员工带给职位的技术而补偿员工的一种工资支付体系。特别是，这类工资制度是根据员工的知识范围、所掌握的与业务相关的技能数量和这些技术或知识的水平，或者是技术知识水平与范围的某种组合来支付工资的。能力是指履职者胜任其职位所需的显著特征或特点。对能力工资制感兴趣的雇主会询问组织中最成功的员工并得知究竟是什么使那些人表现出色。一旦找到预示成功的要素，就把这些要素归类为能力。然后，将根据员工在这些能力上的表现状况来支付他们的薪酬。市场工资制是指以外部公平取代内部公平，而不考虑传统的工资等级和工资范围的一种工资制度。市场工资制几乎只使用工资调查来给职位定价。

第 14 章

# 激励工资制度

**激励工资计划**（incentive pay plans）试图把工资与绩效直接联系起来。大多数激励工资的目的是迅速而直接地对高于平均水平的绩效进行奖励。尽管可以通过在职位范围内给一个人加薪或通过提高一个人的工资等级，也就是说通过基本薪资结构来奖励好的绩效，但这些回报往往会延期并有其他的限制。因而，接受者通常不把这样的报酬看做是直接与绩效相连的。激励工资计划试图加强绩效—报酬的关系，进而激励与之相关的员工。其理念是通过风险共担、利益共享使员工把他们自己看成公司经营的伙伴。对员工而言，激励工资计划的一个主要好处是，它不同于基本工资的增加，激励工资不是永久性的，并且必须每年赚取。大多数激励工资方案将工资与盈利能力直接挂钩，因而允许公司根据经营状况增加和缩减其工资总额支出。此外，许多激励工资形式每年采取发放几次的形式，例如每个月或每个季度发放。相对于仅仅按年来发放，多次发放进一步加强了工资与绩效的直接联系。

由于最低工资法和劳动力市场的竞争，大多数激励计划包括保底小时工资。保底工资一般是由基本薪资结构确定的。因此，激励计划通常是起到第 13 章所讨论的基本薪资结构之外的作用，而不是取而代之。

激励工资制度可以按多种依据进行分类。大概最通行的依据是按计划应用于个人、集体或组织。另外，有时计划还按应用于非管理人员、专业人员或者管理人员来进行分类。本章把激励分成个人激励、集体激励或组织激励，并且在适当的地方，在这些分类中区分非管理人员激励和管理人员激励。某些计划同样适用于非管理人员和管理人员。

翰威特协会 2006 年的一项调查报告显示，80% 的受访公司采用某种与绩效相关的薪酬形式，并且薪酬一定是按年来计算的。这一数字是从 1991 年的 57%、1996 年的 61% 和 2003 年的 77% 持续上升。

# 激励计划的要求

有效的激励计划有两个基本要求。第一个要求是有关用于评价员工绩效的程序和方法。如果激励是基于绩效的，员工必须相信自己及他人的绩效得到了准确而公平的评价。当然，对绩效的衡量在有些情况下比在另一些情况下更容易。例如，一名代销人员的绩效通常是容易衡量的，而一名中层管理人员的绩效往往是较难评价的。绩效测量中的一个关键问题是对管理人员的信任程度。如果员工不相信管理人员，建立完善的绩效评估体系几乎是不可能的。（在第 11 章中对绩效评估进行了详细的讨论。）

第二个要求是奖励（报酬）必须以绩效为基础。看起来这可能是一个显而易见的要求，然而，这一要求经常得不到满意。员工必须相信在他们所做的和他们所得的之间存在着某种关系。正如第 12 章所讨论的，哈德森人才管理公司（Hudson Talent Management）最近进行的一项调查发现，在 10 000 名回答者中只有 35% 的人认为绩效是确定其工资的直接因素。个人激励计划要求员工感到在他们自己的绩效和其后的报酬之间存在某种联系。集体奖励计划要求员工感到在集体绩效和集体成员其后的报酬之间存在某种联系。而且，集体成员必须相信他们的个人绩效对集体的整体绩效有影响。组织激励计划与集体激励计划的要求基本相同。员工必须感到在组织绩效和他们的个人报酬之间存在某种关系，而且员工必须相信他们的个人绩效影响着组织的绩效。

# 个人激励

尽管个人激励计划有很多种类型，但所有的计划在某种程度上都是与个人绩效挂钩的。对于组织的非管理人员，个人奖励通常基于个人绩效，而不是集体绩效或组织绩效。然而，对于管理人员，个人奖励往往基于管理人员工作单位的绩效。

个人激励制度的主要优点是员工能够轻易地看出在他们所做的和他们所得的之间存在的关系。在集体激励计划和组织激励计划中，这种关系就没有那么清楚了。由于这个优点，个人奖励也会产生问题。员工之间的竞争可能会导致产生消极后果。例如，由于担心同事赢得最优秀销售员的奖金，销售人员可能不与别人分享销售理念。

## 计件工资计划

早在 1883 年，英国的很多纱厂就采用个人计件工资的奖励措施。计件工资计划是最简单和最通行的激励计划形式。在这种计划下，雇主按员工生产的每一个单位向其支付一定量的工资。换言之，员工工资是通过生产的单位数量乘以每一单位的工资率来计算的。每一单位的工资率通常是以平均水平员工应得的公平工资为基础的。例如，如果将平均水平机械操作员的公平工资确定为每天 150 美元，而且还确定该平均水平操作员每天应能生产 30 单位，其单位工资率就是每单位 5 美元。

人们已经开发了几种不同形式的直接计件工资计划。在 1895 年，弗雷德里克・泰勒（Frederick W. Taylor）提出了差别计件工资计划（differential piece rate plan）这种计算为达到某种标准或预先确定产量之内的所有可接受的生产单位支付一种工资率，尔后如果产量超过标准，就为所有的生产单位支付一种更高的工资率。因而如果标准是每天生产 30 单位，生产 30 单位或少于 30 单位的一名员工，每单位可以得到 4.25 美元。但是，如果员工生产 31 单位，该员工生产的所有 31 单位将按每单位 5 美元计算，这样总计可以得到 155 美元。其他的计件工资计划则仅仅为高于标准的那部分生产单位支付较高的工资率。

## 时间节省计划

标准工时制与计件工资计划相似，但它要为完成一项特定工作设定一个标准时间。时间节省激励计划是向在低于标准时间内达到既定产量或产出水平的员工发放奖金。例如，假定将一名车身修理厂的修理工完成一项工作的标准时间确定为 2 小时（保险公司就是这样来精确计算修理损坏汽车费用的）。如果修理工用了 1.5 小时就完成了该项工作，就按 2 小时向这名修理工支付工资。如果完成工作用了 2.5 小时，就按这一时间量来支付工资。如果修理工完成工作所需时间一直都比标准时间长，那么就需要调整标准时间，或者考察修理工的生产率。

## 佣金计划

前面讨论的激励计划主要适用于生产型的职位。然而，有些激励计划适用于其他类型的职位，其中最流行的一种形式是基于佣金的计划。许多销售人员是在某种形式的**佣金计划**( commission plan )下工作的。尽管这些佣金计划有多种形式，但它们都部分地根据销售量来奖励员工。有些销售人员是按直接佣金计划工作的，即他们的工资完全由销售量决定。其他销售人员是按底薪加佣金的组合计划工作的。在这种计划下，向销售人员支付一部分保底基本工资加一部分销售佣金。第三种佣金计划是每月向销售人员预付一笔佣金，其后再从佣金中扣除这笔预付佣金。预付佣金的目的是按月向销售人员提供足够的资金以保证他们的基本开支。预付佣金计划和保底工资加佣金计划的不同在于，预付佣金实际上是根据未来的佣金提前支付的一笔资金，因而是必须偿还的。预付佣金计划特别适合于销售量容易随月份或季节的变化而发生很大波动的销售人员。

佣金计划具有把报酬与绩效直接联系起来的优点。按直接佣金计划工作的销售人员知道如果他们没有销售量，就没有工资。佣金计划的一个主要缺点是销售人员无法控制的因素会对销售量产生不利的影响。例如，某种产品可能会因某种技术创新几乎在一夜之间被取代。其他环境因素，如国家经济、天气及消费者偏好，也会对员工销售量产生影响。

## 个人奖金

**奖金**( bonus )是向高绩效支付的一次性报酬。不应把奖金与绩效加薪相混淆。**绩效加薪**( merit pay increase )是基于绩效的报酬，但它还具有年复一年的连续性。奖金可以是现金或其他某种形式。例如，许多销售组织定期向顶级销售人员颁发奖金，譬如旅游。奖金的一个积极方面是其一定是按年来计算的，而且组织对此不承担长期义务。奖金的一个潜在问题是它可能成为工资的附属。由于奖金不与利润或某种其他绩效评价形式挂钩，或者由于在一段时间内一直保持高利润，这时发放奖金几乎变成有保障的了，奖金成为工资的附属这种情况就出现了。在这种情况下，接受者开始期盼奖金，他们不把奖金看做是个人绩效或组织利润的结果。如果由于利润下降或任何其他合理的理由，如经济衰退，而没有发放所期盼的奖金，接受者就会产生严重的不满意感。

## 提案制度

大多数**提案制度**（suggestion system）是指向对组织产生积极影响的员工提案提供现金奖励，例如提案使利润增加、成本降低或客户关系得到改善。除了组织可以获得显而易见的好处之外，提案制度还可以提供一种途径，从而使员工愈加感到自己是组织的一部分，以及增进管理人员与员工之间的沟通。建立成功提案制度的关键是要清晰地向员工说明提案制度究竟是如何运行的。员工必须相信，每一个提案都会得到公正的评价。现代提案制度一般包括提交提案的具体程序以及由委员会负责审查和评价提案。

员工参与协会（Employee Involvement Association，EIA），前身是国家提案制度协会（National Association of Suggestion Systems，NASS），设在芝加哥的非营利性团体，代表着实施员工参与制度（包括提案制度）的公司。EIA 拥有大约 6 000 个采用某种正式提案制度的成员公司。在 2005 年，员工参与协会估计其成员公司因实施每一种建议而节省了 7 369 美元。例如，由于对员工提议进行现金奖励，通用公司的底特律—哈驯马克工厂估计它在一个季度就收到 44 000 多名员工的提议并因这些提议而节省 900 000 多美元。与此类似，在伊利诺斯州皮奥里亚（Peoria）的瑞安勃保险公司（RLI Insurance Company）有 291 名员工，每年提出 1319 项新建议。其中，有一个瑞安勃公司的员工提出了 49 个新建议，另一个员工的新建议为公司节约了 14 500 美元。

## 管理人员的奖励

管理人员的奖励通常采用的形式有：年终分红、长期绩效计划或某种类型的股票期权。以下部分就来讨论这些形式。

### 年终分红

迄今为止，管理人员最常见的奖励形式是年终现金分红。尽管在管理人员中一直通行现金分红，但随着时间的推移，现金分红越来越受欢迎。大多数计划依据本年度的绩效发放年终分红，本年度的绩效通常是由利润来衡量的，有时也通过其他方式。即使管理人员分红通常是基于组织或集体绩效，但仍将分红视为个

表 14.1 有资格领取分红和／或其他现金薪酬的高级管理人员

| 职位 | 管理人员人数 | 有资格领取奖励 |
| --- | --- | --- |
| 首席执行官 | 1 326 | 90.0% |
| 首席运营官 | 628 | 85.3 |
| 子公司首席执行官 / 总裁 | 399 | 95.7 |
| 高级部门主管 | 346 | 95.4 |
| 执行副总裁 | 504 | 89.2 |
| 高级人力资源主管 | 482 | 82.6 |

资料来源：The 2006/2007 Survey Report on Top Management Compensation, Vol. 1 (Rochelle Park, N.J.: Watson Wyatt Data Services, 2007). Reprinted with permission.

人奖励，因为管理人员对组织经营成功起到了关键性作用。通常的做法是，在一个绩效年度结束后不久，以现金的形式一次性支付分红总额。但由于收入所得税的原因，管理人员一直推迟到较晚的时候才领取某一部分的现金分红，也是常见的。

沃森·怀亚特数据服务机构 2006 年进行的一项调查发现，分红平均来说是适任的首席执行官总薪金的 146%，大约是所有高管总薪金的 67%。表 14.1 表明分红对于不同级别的高级主管人员（包括高级人力资源主管）所具有的重要意义。

### 长期绩效计划

近些年来，与较普遍的年终分红计划相对照，有些公司已采用基于实现特定的公司长期财务绩效目标的管理人员激励计划，一般将其称为绩效分享计划。**绩效分享计划**（performance share plan），也称为**单位计划**（unit plans），是指在绩效周期的开始阶段授予高级管理人员一定数量的绩效单位，绩效单位的实际价值是由绩效周期内公司的绩效确定的，通常绩效期间为三至五年。

### 管理人员的股票期权计划

股票期权计划通常是指给予管理人员按某一事先确定的固定价格购买公司股

票的选择权。如果股票价格上涨，个人行使期权，按固定价格买入股票，并获得利润。如果股票价格下跌，就称股票期权“贴水”了，管理人员不购买股票。这种计划的理念是激励管理人员努力工作、增加公司利润，从而提高公司股票的价格。然而，尽管运用股票期权的最初目的是使公司管理人员的利益与股东的利益一致起来，但是有证据表明为了增加其个人财富，一些管理人员却变得更为关注股票价值的短期上涨。股票期权的另一个潜在不利影响是稀释了现有股东的股份。

在 1976 年的《税制改革法》通过前，主要有两种股票期权形式：限制性股票期权和非限制性股票期权。**限制性股票期权**（qualified stock options）是指经国内税收署（Internal Revenue Service，IRS）批准的获得优惠税收待遇的期权。直到行使期权时才对限制性股票期权征税，而在行使期权前的这段时间内，它是被当作资本资产对待的，而且通常把最终卖掉股票获得的收入当作长期资本收益进行征税。为了获得税收优惠的资格，股票期权计划及接受者必须遵守 IRS 规定的特定条件。这些条件主要集中于要求管理人员在买入和卖出股票前持有期权的期限以及确定管理人员所支付股票价格的基础。**非限制性股票期权**（nonqualified options）是指除了享有较少的优惠税率之外，与限制性股票期权相似的股票期权。非限制性股票期权不必遵从与优税股票期权相同的限制条件。

由于 1976 年的《税制改革法》，在 1976 年 5 月 20 日之后不再发行新的限制性股票期权（少数情况例外）。而且，该法案规定必须于 1981 年 5 月 21 日前行使在法案通过前存在的所有限制性股票期权。该法案通过延长必须持有行使股票期权的期限以享受长期资本收益税率，也对非限制性股票期权产生了影响。然而，随着 1981 年的《经济复兴税制法案》的实施，限制性股票期权以激励性股票期权这一新名字而恢复使用。**激励性股票期权**（incentive stock option，ISO）是指管理人员在卖出股票前无须纳税。激励性股票期权的主要缺陷是赠与期权的公司得不到减税的好处，但这种好处却能从非限制性股票期权中得到。由于税收细则的原因，接受者一般偏好激励性股票期权，而赠与期权的组织则通常偏好非限制性股票期权。

近年来，股票期权通常在一名高管总薪酬中所占比重最大。表 14.2 显示了 2008 年美国前 10 位报酬最高的管理人员的工资、分红、其他收入和股票收益状况。股票收益是指股票期权行权所获得的价值。表 14.2 的数据表明高级管理人员总薪酬通常是他们的工资和分红的很多倍。

表 14.2 薪酬最高的首席执行官

| | 工资（百万美元） | 分红（百万美元） | 其他 * | 股票收益 ** | 总薪酬 |
|---|---|---|---|---|---|
| 1. Lawrence J. Ellison | 1.0 | 10.78 | 1.45 | 543.75 | 556.98 |
| 2. Ray R. Irani | 1.3 | 3.63 | 33.32 | 184.39 | 222.64 |
| 3. John B. Hess | 1.5 | 3.50 | 36.66 | 112.92 | 154.58 |
| 4. Michael D. Watford | 0.60 | 1.75 | 1.10 | 113.48 | 116.93 |
| 5. Mark G. Papa | 0.94 | 1.00 | 18.86 | 69.67 | 90.47 |
| 6. William R. Berkley | 1.00 | 8.50 | 5.42 | 72.56 | 87.48 |
| 7. Matthew K. Rose | 1.18 | 1.68 | 20.70 | 45.06 | 68.62 |
| 8. Paul J. Evanson | 1.12 | 1.23 | 22.28 | 42.63 | 67.62 |
| 9. Hugh Grant | 1.29 | 3.33 | 9.32 | 50.67 | 64.60 |
| 10. Robert W. Lane | 1.44 | 3.59 | 15.24 | 41.04 | 61.30 |

* 其他的薪酬，如获得保留权的限制性股票以及其他津贴

** 股票收益是指股票期权行权所获得的价值

资料来源：Adapted from www.forbes.com/lists/2009

***股票互换*** 实施股票期权计划的大部分公司提供股票互换。**股票互换**（stock-for-stock swaps）是指允许用以前购买的公司股票份额代替现金来行使期权，其优点是这种安排推迟了对股票所带来的任何收益进行征税。

***股票增值权（SARs）*** **股票增值权**（stock appreciation rights，SARs）通常与股票期权计划一起使用。在股票增值权下，管理人员有权放弃股票期权而从公司获得一笔等同于自赠与期权之日起股票价格的增值额。在领取收益时，像一般收入一样要对该收益纳税。其好处是接受者不必像在标准股票期权计划下那样为行使期权而筹集资金。股票增值权的持有者可以有长达 10 年的时间来行使他们的权利。

***名义股票计划*** **名义股票计划**（phantom stock plans）可以有几种实施方式。一种方式是，公司将一般分红计划中的部分分红以股票发放。然后，接受者推迟到退休才接受这种名义股票，到时其可获得累积的股票份额或与之相等的价值。名义股票的另一种形式是，接受者拥有“名义”股，在规定的一段时间后，通常为

3~5 年，向接受者支付现金或等值的股份，其总额等于股票的增值额。名义股票的主要好处是接受者在这整个过程中都不必筹集资金，而且如果股票价格下跌了，持有者也没有损失一分钱。

***限制性股票计划***　**在限制性股票计划**（restricted stock plan）下，公司在遵从特定的限制条件下给予参与计划的管理人员股份。大多数这种计划的主要限制是只有到任满规定的连续服务期才能获得股份。如同股票增值计划和名义股票计划一样，接受者不必筹集资金或拿自有资金冒险。从组织角度来看，限制性股票计划的优点是向组织中留任的管理人员提供奖励。

***溢价期权和绩效既定期权***　**溢价期权**（premium-priced options）是指要求设定的期权行使价格要大大高于股票当前的市场价格的股票期权。它类似于标准股票期权，但标准股票期权通常的做法是以当前市场价格或接近于当前市场价格来设定期权行使价格。只有当市场价格超过期权行使价格时，持有者才能实现收益。

**绩效既定期权**（performance-vesting options），也称为价格既定期权，是指按市场价格定价的，而且只有当股票价格在限定的期限内达到或超过目标价格时，才能行使期权。如果在规定的期限内股票价格没有达到目标价格，期权就作废了。

### 高管的薪酬状况

正如表 14.2 所示，奖给首席执行官的分红和股票期权总计达 9 位数是常见的——甚至在公司经营状况并不好的时侯也是如此。最近的调查发现，总体上美国的首席执行官的收入是其员工平均工资的 500 倍。与此相比，这一比率在 1990 年是 85:1，而 1980 年是 42:1。

大多数股票期权计划所依据的主要思想是把工资和绩效联系起来。然而，当持续牛市时，把高管的报酬与股价挂钩可能是重大的缺陷。问题是当大多数股票价格上涨时，股票价格往往提供不准确的公司实力评估信息。

由于往往涉及巨额资金甚至是在公司股价走势不好的情况下，许多管理人员依然获得巨额薪酬，很多员工和股东对高管的薪酬愤愤不平。机构投资者也呼吁主管人员的薪酬和绩效之间有更密切的联系。实践中的人力资源管理 14.1 是对高管巨额薪酬不满的例子。

## 实践中的人力资源管理 14.1

### 疏远了家得宝公司的股东

罗伯特·纳德利（Robert L. Bob Nardelli）在与另外两人一起竞选继任通用电气传奇人物杰克·韦尔奇（Jack Welch）的职位中失利后，在 2000 年就任家得宝公司（Home Depot）的首席执行官。几乎是刚一上任，纳德利就开始实施一项激进的计划，以实现管理集权化并追究高管责任。在纳德利的领导下，利润从 2000 年的 26 亿美元上升到 2005 年的 58 亿美元。店铺数量从 2000 年的 1 100 家增加到 2006 年底的 2 100 家，几乎翻了一倍。每股收益从 2000 年到 2005 年大约增加了 150%。

尽管纳德利确实取得了一些财务上的成功，但同时他也远离了员工、顾客和股东。数以千计的全日制店员被非全日制店员取代。从 2001 年到 2007 年，家得宝 170 名高管中 98% 是新上任的高管，并且其中 56% 的高管来自公司外部。

人员的削减导致顾客经常投诉，因为人手不足顾客得不到帮助。在纳德利任职期间，家得宝的股票价格下降了将近 9%，而同一时期劳氏公司（Lowe's）的股票却上涨了 186%。2006 年 5 月纳德利在主持一场充满争吵的 30 分钟的股东大会时，严格限制股东发言，激怒了股东。股东大会后不久，《纽约时报》登载了一篇文章，指出纳德利在首席执行官任职期间获得了 2.45 亿美元的总薪酬。秘密协商了几周后，事情于 2007 年 1 月 2 日在董事会上到了头，家得宝宣布公司和纳德利就第二天纳德利的辞职取得了“双方共识”。然而，纳德利的离任带走了 2.1 亿美元的额外离职金，这进一步加剧了对他的批评。

资料来源：Brain Grow, with Dean Foust in Atlanta; Emily Thornton, Roben Farzad, Jena McGregor, and Susan Zegel in New York; and Eamon Javers in Washington. “Out at Home Depot,” *BusinessWeek*, January 15, 2007, p.56, and “Nardelli: Highlights, Lowlights,” *Home Channel News*, January 15, 2007, p.22.

## 非管理人员的股票期权

一提及股票期权，大多数人会认为股票期权只是针对高管和管理人员的。然而，非管理人员也广泛地持有股票期权。2004 年发布的民意调查报道，在全国私营部门中大约 13% 的员工获得某种形式的股票期权，而且大多数员工，即 94% 的员工职位是在高层管理以下。同样的调查报道，在非政府部门工作的每八个人中至少有一个持有股票期权。这一数字大大高于以前所想象的。2006 年大约有 900 万的美国员工拥有股票期权。

如果公司继续减少对股票期权的使用，很多人认为普通员工会比高管所遭受的伤害更大。有些人甚至呼吁立法鼓励公司扩大对普通员工提供股票期权。

## 集体激励

由于工作是相互依存的，所以有时难以把个人绩效分离出来进行评价。在这种情况下，设立基于集体或班组绩效的激励通常是明智之举。例如，一名装配流水线的操作员必须以流水线的速度工作。因而，在流水线上工作的每一个人都要依赖于他人。**集体激励**（group incentives）是指所有集体成员根据整个集体的绩效而不是个人绩效获得奖励工资。依据具体情况，集体可以是规模大至包括整个组织的劳动力，或者小至包括三五个成员的工作班组。很多集体激励计划是建立在诸如利润或降低经营成本的因素之上的。

集体激励计划旨在鼓励员工对集体成员施加同事间的压力去完成工作。例如，一位集体成员干得不好，从而使整个集体生产量下降，集体通常会对这个人施加压力使之进步，尤其是在实施集体激励计划的情况下。集体激励的一个不足是集体成员可能感觉不到在其个人绩效和集体绩效之间存在的直接关系。集体的规模和凝聚力是影响这种关系的两个因素。通常规模较小的集体更具凝聚力，因为更多的员工可能会感到在他们的绩效和组织的绩效之间存在着某种关系。另一个潜在的不足是各集体之间可能会过度竞争，从而有损于整个组织。

***自我管理工作小组*** 任何形式的工作小组所遵循的理念是通过找出和解决与工作有关的问题，小组可以对绩效的改进做出贡献，其基本观点是通过让员工参与对他们及其工作有影响的决策来激励员工。自我管理工作小组是指在没有直接监督的情况下完成职责范围内任务的员工小组。每一小组自行做出工作安排、工作规划、进行设备维护、做记录、获得供应及决定挑选加入工作小组的新成员。

尽管在欧洲，特别是在斯堪的纳维亚半岛已建立了完善的自我管理工作小组，但在美国自我管理工作小组相对而言还是新事物。在过去的 25 年里，自我管理小组急剧增加，并在今天的组织中得到广泛地运用。采用自我管理工作小组的大多数公司，通常结合使用基于各个工作小组绩效之上的某种集体奖励工资形式。

***组织全员奖励*** **组织全员奖励**（organizationwide incentive）是指根据整个组织的

绩效奖励员工。在这种计划下，奖励的多少通常依据个人的薪金。大多数组织全员奖励计划是以在各层级员工间确立的合作关系为基础的。第一个最为成功的组织全员奖励计划是詹姆斯·林肯（James F. Lincoln）开发的林肯电子公司计划。除了提供许多其他的福利之外，这一计划要求根据公司利润建立员工年终分红基金。因而，该计划鼓励员工协同管理人员一起降低成本、增加产量，以便使分红基金得以增长。

最常见的一些组织全员奖励计划包括收益分享计划、斯坎伦计划和员工持股计划（ESOPs）。以下就这三种计划形式展开讨论。

## 收益分享计划或利润分享计划

不同的公司给收益分享命以不同的名称。**收益分享**（gain-sharing），也称利润分享（profit-sharing）、绩效分享（performance sharing）或生产率奖励（productivity incentives）。这些方案通常是指员工共同努力以提高组织绩效的激励计划，当绩效提高时，便立即奖励员工。收益分享建立在员工和公司共同分享所产生的增量经济收益的观念之上。尽管收益分享计划有多种不同的形式，但它们都是建立在相同的原则基础之上的。首先，公司必须能衡量其产出；然后，当员工提高生产率并降低劳动力成本时，他们分享成本节省的好处。例如，如果确定把净生产成本的 25% 归因于劳动力成本，那么就把低于这一目标的任何改进放入分红基金由员工分享。这些收益或利润的分配，是除正常工资之外另发的，通常以员工的基本工资或职位等级为基础。然而，收益分享计划可能有多种变化形式，包括向所有员工发放相同分红数额的计划、基于资历的计划及基于个人绩效的计划。

最近对实证文献的回顾与总结得出“到目前为止的文献支持收益分享计划提高组织效率的论点。然而，需要进一步的实证研究来证明或反驳这一论点。”美国会计总署（U.S. General Accouting Office）称，采用收益分享方案的公司，其流动率和缺勤率更低、抱怨更少，并且劳资关系也得到了改善。收益分享 / 利润分享计划的一个潜在的缺陷是，普通员工可能感觉不到在个人产出和整个组织绩效之间存在的直接联系。然而，在管理人员和高级经理总薪酬中相当大的部分是以公司利润为基础的，这并不少见。实践中的人力资源管理 14.2 描述可口可乐公司对其董事实施的一项新的薪酬计划。该计划将董事的薪酬与整个公司的绩效直接联系起来。

### 可口可乐公司把董事的薪酬与公司绩效直接联系起来

2006 年 4 月，可口可乐公司对公司董事会采用了一项新的薪酬计划，即只有在公司达到特定的绩效目标时才能获得全部的基于普通股的报酬。董事们可以每年获得 175 000 美元的可口可乐公司股票收入，但是只有当三年中公司每年收入增长达到 8% 时才能授予股票（8% 是公司长期绩效目标的中间值）。如果在绩效期间的末期实现绩效目标，就支付股票。如果绩效目标没有实现，所有股票及其假定的股息就被没收了。

“股东们清楚只有公司运行良好他们才能得到回报，”公司董事和公司治理委员会主席詹姆斯·鲁滨逊三世说，“可口可乐公司董事会将执行同一标准。当公司经营好时，董事们将获得合适的报酬。”

可口可乐公司是世界上最大的饮料公司，拥有将近 500 种碳酸和非碳酸饮料品牌。通过全球最大的分销体系，200 多个国家的消费者一天饮用公司的饮料将近 16 亿份。

资料来源：“The Coca-Cola Company Announced New Compensation Plan for Directors; Compensation to be Entirely Based on Company's Performance over Three-Year Periods,” *PR Newswire*, April 5, 2006,and “The Board of Directors of the Coca-Cola Company Announces Two Officers Elections,” *Business Wire*, December 10, 2009.

## 斯坎伦计划

**斯坎伦计划**（Scanlon plan）是由约瑟夫·斯坎伦（Joseph Scanlon）于 1927 年开发的，应用于麻萨诸塞州哈德逊河的拉波因特机械工具公司（LaPointe Machine Tool Company）。斯坎伦计划根据劳动成本的有形节约向员工提供奖励，并旨在鼓励员工提出可能提高生产率的变革。公司建立由管理人员和员工代表组成的部门委员会，讨论和评价所提出的节约劳动成本的技术方法。通常，通过将实际生产率与事先确定的生产率标准进行对比来确定发放的奖金。公司通过把评价期内的实际工资总额与生产的销售值进行对比来衡量实际生产率。公司把实际生产率和标准生产率之间的差额汇集成奖励基金。员工和公司分享这一奖励基金。大多数斯坎伦计划把 75% 的奖励基金发给员工，25% 的奖励基金留给公司。在斯坎伦计划下，任何成本节约都要发放给所有员工，而不仅仅是提出建议的员工。有些公司发现，为了充分考虑所发生的变化，定期审查并修改斯坎伦计划是有益的。实际上，每个行业运用各种奖金方案成功地实施了斯坎伦计划。

## 员工持股计划

**员工持股计划**（employee stock ownership plan，ESOP）是指向员工提供公司股票所有权的计划。员工持股计划一般是以股票分红计划或杠杆计划的形式执行的。无论在哪种计划形式下，当公司设立一种称之为员工持股信托基金（employee stock ownership trust，ESOT）时，就意味着员工持股计划建立起来了。这种员工持股信托基金代表参与持股计划的员工获得一定数量的公司股份。在股票分红计划下，公司每年把股票转给员工持股信托基金或给员工持股信托基金现金用以购买股票。在杠杆计划下，信托基金借入一笔资金用以购买一定数量的公司股票。在通常情况下，公司为贷款提供担保。然后，公司每年把合同规定的分期偿还资金存入基金账户并支付贷款利息。无论在哪种计划下，当信托基金收到股票时，就把股票记入为每名员工设立的账户的贷方。股票的分配通常是以相对工资、服务年限或工资和服务年限的某种组合为基础的。当员工退休或离开公司时，把股票送给员工或者由信托基金按回购协议购回。

修订的数据表明，从 20 世纪 70 年代中期到 80 年代末期，员工持股计划的普及急剧增长。例如，在 1990 年，8 000 多家公司实施员工持股计划，覆盖近 500 万名员工。而在 1975 年实施员工持股计划的公司只有 1 600 家，覆盖员工人数不到 25 万。在 20 世纪 90 年代中期，员工持股计划呈缓慢稳定增长。2006 年，根据全国员工持股中心（National Center for Employee Ownership，NCEO）的估计，9 225 家公司拥有员工持股计划，覆盖员工人数为 1 001 万。这些最近的估计数据比之前报告的数字略低，但参与人数却比之前所想的略高。

员工持股计划的一个富有吸引力的特点是组织和员工都享有特定的税收优惠。例如，组织可以使用税前资金偿还用于购买股票的贷款。公司支付的由本公司员工持股计划持有的股票股息被当作利息对待，而且是可免税的。应用员工持股计划近来出现的一个好处是，利用员工持股计划抗拒敌意接管。员工持股计划持有的股票越多，公司就武装得越好，以便抵御不受欢迎的收购要约。直到实际分配股票时，员工都能够因享受递延资本收益而获益。员工持股计划还可以赋予员工拥有对公司经营一定的发言权。表 14.3 概括了员工持股计划对于组织、员工和股东的主要好处。

表 14.3　员工持股计划的主要好处

| 对组织的好处 | 对员工的好处 | 对股东的好处 |
| --- | --- | --- |
| 允许使用税前资金偿还财务负债。<br>加快现金流动。<br>给现有的购买者提供股票。<br>防御不受欢迎的收购要约。<br>帮助公司避免财产问题。<br>可以带来大量的税收节约。<br>可以通过让员工获得利益来对他们进行激励。 | 一次性分配的优惠税收待遇、直到分配时的延期纳税以及豁免赠与和遗产税。<br>员工可以分享公司的成功。<br>向员工提供一种资本收益的收入来源。<br>可以允许员工对公司经营享有一定的发言权。 | 为出售股票提供现有的市场。<br>为财产确定明确的股票价值。<br>保持公司的投票控制权。<br>保护公司避免不得不筹集一大笔资金用以解决财产问题。<br>可以获得政府担保贷款的优先考虑。 |

员工持股计划的一个基本假设是，通过让员工获益从而使员工更关心公司的成功运营。一些研究表明，把员工持股计划和员工参与决策结合起来的公司都出现了销售量和收入的大幅增长。大量的调查已经报道，随着员工持股计划的实施，大多数公司的财务数字和其他绩效评估都有提高。另一方面，作为奖励手段，员工持股计划所能产生的效果是有限的。在每一名员工仅拥有极少数量的股票时，尤其如此。而且，正如近些年来我们已清楚地看到的，股票价格可能是下跌而不是上涨。因而，有些员工谨慎地看待股票期权计划。

表 14.4 概括了最常用的非管理人员和管理人员激励计划。

# 可变工资

可变工资是一种试图通过把一定比例的员工工资与所实现的特定绩效联系起来以奖励员工的薪酬方法。跟很多激励工资方案一样，大多数可变工资对员工的基本工资没有影响，但它的确使一定比例的可能的总工资建立在绩效之上。可变工资方案与前面所论及的大多数激励方案的一个区别是，与特定群体的工资相对比，例如高级主管人员或销售人员，大多数可变工资方案使所有员工的工资成为可变的。第二个区别是，很多可变工资方案利用个人、集体和组织的绩效评价，或者个人、集体和组织绩效的某种组合，来确定个人的激励工资。例如，美国快

表 14.4 **最常用的激励计划概览**

| | 计划类型 | | |
|---|---|---|---|
| **人员** | **个人** | **集体** | **组织** |
| 非管理人员 | 计件工资计划<br>时间节省计划<br>佣金计划<br>个人绩效分红<br>提案制度<br>股票期权 | 基于集体绩效的分红 | 林肯电子公司计划<br>收益分享 / 利润分享计划<br>斯坎伦计划<br>员工持股计划（ESOPs） |
| 管理人员 | 基于组织绩效的分红计划（年度的和长期的）<br>股票期权计划：<br>股票增值权利（SARs）<br>名义股票计划<br>限制性股票计划<br>提案制度 | 基于集体绩效的分红 | 林肯电子公司计划<br>收益分享 / 利润分享计划<br>斯坎伦计划<br>员工持股计划（ESOPs） |

递公司（American Express）使用的可变工资计划把个人激励工资的 50% 建立在公司绩效之上，25% 建立在个人所在事业单位的绩效之上，25% 建立在个人成绩之上。

可变工资方案的真正好处在于，组织各级员工的薪酬与某种形式的绩效评价挂钩，并且员工感到在工资和绩效之间存在着直接的联系。

# 使激励工资计划发挥作用

激励计划以这样或那样的形式已存在了很长的时间。周期性地开发新计划，通常是由于税法的变化。正如本章的几个实例所证实的，激励薪酬可以构成个人总薪酬相当可观的部分，对于高管人员尤为如此。要使某一激励计划如期发挥作用并在员工中产生较高的绩效，就必须与员工进行明确的沟通，并且员工必须认为激励计划是公平的、与绩效相关的。此外，理解激励计划的员工越多，他们就越会对组织产生信心和信任感。

# 总　结

1. **描述有效激励计划的两个基本要求。**

   为了使激励计划有效，员工必须相信对他们及其他人的绩效进行了准确和公平的评价，而且奖励（报酬）是基于绩效的。

2. **列出并简略地讨论至少三种个人激励形式。**

   差别计件工资计划为达到某一标准的所有可接受的生产单位向员工支付一种工资率，如果产量超过标准，就为所有的生产单位支付一种更高的工资率。基于时间节省的激励计划向在低于标准时间内达到既定产量或产出水平的员工发放奖金。在佣金计划下，员工报酬的一部分是根据员工的销售量来支付的。

3. **区分奖金和绩效加薪。**

   奖金是向高绩效支付的一次性报酬。绩效加薪也是基于绩效的报酬，但它是年复一年具有连续性 的。

4. **讨论分红在管理人员薪酬中的作用。**

   显然，分红是最常用的管理人员的激励工资形式。2002 年的一项调查报道，分红在首席执行官的总薪酬中所占比重大约为 66%，在所有高管人员的总薪酬中大约占 36%。

5. **说明非限制性股票期权和激励性股票期权（ISOs）之间的区别。**

   股票期权计划通常是指给予管理人员按某一事先确定的固定价格购买公司股票的选择权。非限制性股票期权没有资格享受税收优惠待遇。激励性股票期权（ISOs）享有特定的税收好处。在激励性股票期权下，接受者在卖出股票前无须纳税。

6. **说明以下各种股票期权计划之间的区别：股票互换、股票增值权、名义股票计划、限制性股票计划、溢价期权和绩效既定期权。**

   股票互换允许用以前购买的公司股票份额代替现金来行使期权。股票增值权（SARs）通常与股票期权计划一起使用。在股票增值权下，高管有权放弃股票期权而从公司获得一笔等同于自授予期权之日起股票价格的增值额。名义股票的一种方式是，公司将一般分红计划中的部分分红以股票发放。然后，接受者推迟到退休才接受这种名义股票，到时其可获得累积的股票份额或与之相等的价值。名义股票的另一种方式是，接受者拥有“名义”股，而且通常在规定的一段时间后（通常为三至五年），向接受者支付现金或等值的股票，其总额等于股票的增值额。在限制性股票计划下，公司授予股份要遵照特定的限制条件。溢价期权类似于标准股票期权，但前者设定的期权行权价格要大大高于股票当前的市场价格。绩效既定期权，是按市场价格定价的，而且只有当股票价格在限定的期限内达到或超过目标价格时，才能行使期权。

**7. 讨论股票期权在非管理人员中的普遍实施。**

与公众的观念相反，非管理人员广泛地持有股票期权。最近的一项调查报道，在全美国私营部门中大约 13% 的员工获得某种形式的股票期权，而且 94% 的员工职位是在高层管理以下。最近进行的另一次调查报道所有员工的 14.4% 持有股票期权。

**8. 描述集体激励是如何运行的。**

在集体激励计划下，特定集体的所有成员根据整个集体的绩效获得激励工资。很多集体激励计划是建立在诸如利润或降低经营成本的因素之上的。

**9. 解释什么是收益分享计划。**

收益分享也称为利润分享、绩效分享或生产率奖励。收益分享计划通常是指使员工共同努力以实现公司生产率目标的激励计划。收益分享是建立在员工和公司分享产生的增量经济收益的观念之上的。

**10. 讨论斯坎伦计划。**

斯坎伦计划根据劳动成本上的有形节约向员工提供奖励，旨在鼓励员工提出可能提高生产率的变革。在斯坎伦计划下,任何成本节约都要发放给所有员工，而不仅仅是提出建议的员工。

**11. 解释员工持股计划（ESOP）是如何运行的。**

员工持股计划（ESOP）是指向员工提供公司股票所有权的计划。员工持股计划一般是以股票分红计划或杠杆计划的形式实施的。无论在哪种计划形式下，当公司设立一种称之为员工持股信托基金（ESOT）时，就意味着员工持股计划建立起来了。员工持股信托基金代表参加持股计划的员工获得一定数量的公司股份。在股票分红计划下，公司每年把股票交给员工持股信托基金或给员工持股信托基金现金用以购买股票。在杠杆计划下，信托基金借入一笔资金用以购买一定数量的公司股票。

**12. 确定可变工资计划与大多数其他激励工资计划有何不同。**

可变工资是一种试图通过把一定比例的员工工资与所实现的特定绩效联系起

来以奖励员工的报偿方法。可变工资方案与大多数其他激励方案的一个不同是，与特定集体的工资相对比，例如高级管理人员或销售人员，大多数可变工资方案使所有员工的工资成为可变的。此外，很多可变工资方案利用个人、集体和组织的绩效评价，或者个人、集体和组织绩效的某种组合，来确定个人的激励工资。

第五编

# 员工幸福

15. 员工福利
16. 员工安全与健康
17. 员工关系

第 15 章

# 员工福利

**员工福利**（employee benefits）又称为**额外福利**（fringe benefits），是指员工因其在组织中的成员身份及其职位而获得的报酬。福利与工资、薪金和奖励不同，它通常与员工绩效无关。美国商会（U.S. Chamber of Commerce）统计的数字表明，2005 年组织为员工平均支付的福利为 18 489 美元。最昂贵的单项福利支出是医疗支出（平均每位员工为 5 924 美元）。非工作时间的报酬（休假、公假和病假）超过全部福利的 1/4（平均每位员工 4 736 美元）。

额外福利这一术语是由战时劳工委员会（War Labor Board）在 40 多年前创造的。由于雇主提供的福利，如带薪休假、带薪公假和养老金是"工资之外"的，所以战时劳工委员会把它们从工资管制中剔除了。有人认为，这种做法的影响超过任何单一事件，使员工福利一经产生就急剧增长。然而，鉴于福利对总薪酬的重要作用，很多雇主已放弃使用"额外"这个词，唯恐它严重削弱福利的作用。

## 什么是员工福利

表 15.1 列出了潜在的员工福利。通常，可以将这些福利划分为并不全都互斥的五大类：（1）法定福利；（2）退休福利；（3）保险福利；（4）非工作时间的报酬；（5）其他福利。表 15.2 将很多最常见的员工福利进行了分类。表 15.3 表明了货币工资总额在主要福利中的分配情况。大多数福利惠及组织的所有员工，然而，有一些福利只有主管才享有。某些福利，如健康保险，通常包括员工的配偶。越来越多的组织福利范围惠及未婚员工的异性恋或同性恋伴侣。到 2006 年 6 月为止，半数以上（准确来说是 263 家）的《财富》500 强企业向家庭伙伴提供健康福利。实践中的人力资源管理 15.1 讨论 IBM 公司开始向家庭伴侣提供某些福利的原因，以及该计划所发生的一些变化。

表 15.1 **潜在的员工福利**

| 意外死亡、伤残保险 | 健康维护组织费 | 专业活动 |
| --- | --- | --- |
| 生日（休假） | 假日（额外的） | 精神健康服务 |
| 有分红资格 | 家庭健康保障 | 娱乐设施 |
| 商业和专业会员资格 | 住院手术医疗保险 | 度假胜地 |
| 现金利润分享 | 奖励增长基金 | 退休费 |
| 俱乐部会员资格 | 无息贷款 | 周期性带薪休假 |
| 佣金 | 解雇费 | 薪金 |
| 公司医疗援助 | 法律、资产规划及其他专业性援助 | 储蓄计划 |
| 公司提供的汽车 | | 向员工子女提供的奖学金 |
| 公司提供的住房 | 公司设备贷款 | 解雇费 |
| 公司提供或资助的旅游 | 长期伤残福利 | 较短的或弹性工作周 |
| 日托中心 | 配套教育捐助 | 疾病和事故保险 |
| 延期分红 | 服兵役假 | 社会保障 |
| 延期薪酬计划 | 托儿所 | 社会服务休假 |
| 延期利润分享 | 家庭护理 | 费用分摊人寿保险 |
| 牙科和眼睛健康保险 | 旅游机会 | 州伤残计划 |
| 公司产品打折 | 在外就医服务 | 股票增值权 |
| 教育活动（请假） | 支付参加商业、专业性及其他外部会议的费用 | 股票分红计划 |
| 雇佣合同 | | 股票期权计划 |
| 主管人员餐厅 | 停车设施 | 股票购买计划 |
| 免费查账 | 养老金 /401(k) 计划 | 遗属抚恤金 |
| 免费或补助午餐 | 个人事故保险 | 税收援助 |
| 团体汽车保险 | 个人咨询 | 培训计划 |
| 团体房主保险 | 个人信用卡 | 学费给付 |
| 团体人寿保险 | 个人支出账户 | 休假 |
| | 体检 | 工资 |
| | 政治活动（请假） | 每周补偿保险 |
| | 私人办公室 | |

资料来源：D. J. Thomsen, "Introducing Cafeteria Compensation in Your Company," *Personnel Journal*, March 1977, p. 125. Adapted from Personnel Journal, Costa Mesa, CA.

表 15.2　常见福利的主要类型示例

| 法定福利 | 退休福利 | 保险福利 | 非工作时间报酬 | 其他福利 |
|---|---|---|---|---|
| 社会保障 | 养老金基金 | 医疗保险 | 休假 | 公司产品折扣 |
| 失业补偿 | 年金计划 | 意外事故保险 | 公假 | 公司提供用餐 |
| 工伤赔偿 | 401(k) 计划 | 人寿保险 | 病假 | 交通费 |
| 州伤残保险 | 提前退休 | 伤残保险 | 服役假 | 解职费 |
| | 伤残退休 | 牙科保险 | 选举日 | 学费退还 |
| | 退休费 | 遗属抚恤金 | 生日 | 信用合作社 |
| | | | 葬礼 | 公司汽车 |
| | | | 私人时间 | 法律服务 |
| | | | 带薪休息时间 | 理财咨询 |
| | | | 午餐时间 | 娱乐设施 |
| | | | 洗漱时间 | |
| | | | 旅游时间 | |

表 15.3　货币工资总额中主要福利的支出状况

| | |
|---|---|
| 工资 | 55.9¢ |
| 医疗福利 | 14.5¢ |
| 非工作时间报酬 | 11.1¢ |
| 法定福利（雇主负担部分） | 9.3¢ |
| 退休和储蓄 | 8.6¢ |
| 其他福利 | 0.6¢ |
| | 100.0¢ |

资料来源：Based on fi gures from U.S. Chamber of Commerce Statistics and Research Center, *The 2006 Employee Benefi ts Study* (Washington, D.C.: U.S. Chamber of Commerce, 2006) p. 9.

# 员工福利的增长

《社会保障法》于 1935 年通过之前，员工福利并不普遍。该法案不仅规定了特定的福利，而且其实施也极大地提高了一般公众对员工福利的意识。在那时，工会的力量已经增强，并且开始在工会合同中要求更多的福利。因而，20 世纪

## 实践中的人力资源管理 15.1

### 家庭伴侣的福利

IBM 公司将健康保险扩展至同性恋员工的伴侣，自 1997 年 1 月 1 日起生效。该政策覆盖了 IBM 公司在美国的所有 110 000 名员工。当时，IBM 成为向这一群体提供福利的最大的美国公司。据公司官员说，该政策仅适用于同性伴侣，因为异性家庭伴侣有权选择合法结婚。IBM 的官员称他们实施这一政策是因为实施这种政策的高科技公司迅速增多，而 IBM 不想冒险失去才华出众的员工。"这是一项商业决策，" IBM 的人力资源副总监吉尔・克尼拉威斯说，"我们需要适时地吸引并留住各种各样的员工。" 微软、苹果、施乐和惠普是几家提供家庭伴侣福利的高科技公司。

在 1997 年 IBM 引入同性伴侣福利时，公司规定如果员工居住的所在州承认同性婚姻，公司的这一政策就终止。IBM 劳动力多元化全球计划经理布拉德・萨拉韦氏解释说，家庭伴侣福利 "是将福利均等化延伸到那些不能获得法律承认的同性恋员工身上。" 2004 年同性婚姻在马萨诸塞州合法化后，IBM 在其生效之日 2006 年 1 月终止了马萨诸塞州员工的家庭伴侣福利。

资料来源："IBM Becomes Largest Employer to Offer Domestic Partner Benefits," *Business & Health*, October 1996, p. 16; Kimberly Blanton, "Some Massachusetts Firms Dropping Benefi ts for Unmarried Gay Couples," *Knight Ridder Tribune Business News*, December 8, 2004, p.1, and Judy Greenwald, "Advent of Gay Marriage Alters Massachusetts Partner Benefi ts," *Business Insurance*, January 17, 2005, pp. 4–5.

30 年代一般被视为员工福利的诞生年代。

由于整个二战期间及战后生产率的持续提高，越来越多的员工福利出现了，尽管福利种类与上文描述的那些福利略有不同。美国商会于 2006 年进行的员工福利研究表明，379 家公司表示福利平均占到工资总额的 44.2%。以下部分阐述当今组织提供的一些较为普遍的福利形式。

## 法定福利

如前所述，法律规定了特定的福利。本节讨论以下三种福利类型：社会保障、失业补偿和工伤赔偿福利。

## 社会保障

**社会保障**（social security）是指由联邦政府管理的一种保险体系。在现行联邦法律下，雇主和员工都必须把钱存入该体系的账户中，并在最高限额下按员工工资的特定比例存入。表 15.4 表明社会保障费用过去若干年的变化过程。

社会保障对于雇主和员工都是强制性的，很少有例外。法律规定自由职业者

表 15.4 1978~2007 年社会保障费用的变化

| 年份 | 员工缴税率（%） | 最高纳税工资收入（$） | 最高纳税额（$） |
|---|---|---|---|
| 1978 | 6.05 | 17 700 | 1 071 |
| 1979 | 6.13 | 22 900 | 1 404 |
| 1980 | 6.13 | 25 900 | 1 588 |
| 1981 | 6.65 | 29 700 | 1 975 |
| 1982 | 6.70 | 32 400 | 2 171 |
| 1983 | 6.70 | 35 700 | 2 392 |
| 1984 | 7.00 | 37 800 | 2 646 |
| 1985 | 7.05 | 39 600 | 2 792 |
| 1986 | 7.15 | 42 000 | 3 003 |
| 1987 | 7.15 | 43 800 | 3 132 |
| 1988 | 7.51 | 45 000 | 3 380 |
| 1989 | 7.51 | 48 000 | 3 605 |
| 1990 | 7.65 | 51 300 | 3 924 |
| 1991 | 7.65 | 53 200 | 4 070 |
| 1992 | 7.65 | 55 500 | 4 246 |
| 1993 | 7.65 | 57 600 | 4 406 |
| 1994 | 7.65 | 60 600 | 4 636* |
| 1995 | 7.65 | 61 200 | 4 682* |
| 1996 | 7.65 | 62 700 | 4 797* |
| 1997 | 7.65 | 65 400 | 5 003* |
| 1998 | 7.65 | 68 400 | 5 233* |
| 1999 | 7.65 | 72 600 | 5 554* |
| 2000 | 7.65 | 76 200 | 5 829* |
| 2001 | 7.65 | 80 400 | 6 151* |
| 2002 | 7.65 | 84 900 | 6 495* |
| 2003 | 7.65 | 87 000 | 6 656* |
| 2004 | 7.65 | 87 900 | 6 724* |
| 2005 | 7.65 | 90 000 | 6 885* |
| 2006 | 7.65 | 94 200 | 7 206* |
| 2007 | 7.65 | 97 500 | 7 459* |

* 到了 1994 年医疗保障为 7.65% 中的 1.45%，它不受最高纳税工资的限制。此前，医疗保障最高纳税收入一直被限制在稍高于最高纳税工资收入的 6.20% 之内。参见 http://ssa-custhelp.ssa.gov.

所缴纳的社会保障费用比率要高于一般员工，但可以低于雇主和员工共同支付的比率。在社会保障制度下支付款额的分配可以分为三种主要形式：退休福利、伤残福利和健康保险。

### 社会保障制度下的退休福利

个人从社会保障体系中定期领取支付款额的条件是，必须至少年满 62 岁，而且在该体系中做了全额保险。全额保险要生效社会保障积分必须达到 40 分（1929 年之前出生的人根据其出生年要求的社会保障积分较低）。多年来，确定社会保障积分的方法不断变化，但通常规定最低收入（2007 年一个社会保障积分为 1 000 美元）。在一个日历年度中最多可以挣 4 个积分。在 1938 年以前出生的人，在 65 岁时就有权定期领取足额退休金。在 1938 年或以后出生的人，退休年龄稍有提高（那些在 1960 年或以后出生的人，最大退休年龄为 67 岁）。如果这些人在 62 岁退休，那么他们可以定期领取的退休款就会少于根据他们的实际年龄和退休前的工作收入所计算的退休款。退休前的工作收入不包括来自投资、养老金或其他退休计划的收入。

退休福利的额度因个人在整个工作期间平均收入的不同而不同。然而，有资格的个人及其家属可以领取的福利金有最高和最低限额。表 15.5 表明已投保的员工死亡后有资格领取退休福利的家属。

### 伤残福利

在社会保障制度下，养老金可以发放给预计遭受至少 12 个月伤残或可能因残致死的员工。符合伤残福利所需要的积分是根据人的年龄确定的（对于 31 岁以下的人，积分要求不同），但一般而言在伤残前 10 年内必须积满 20 分。伤残福利金的计算方法与退休福利金的计算方法基本相同。

### 健康保险

社会保障制度下的健康保险通常称为医疗保险制度，它为年满 65 岁的人提供部分住院和医疗补贴。住院保险，通常称为 A 部分，其经费来自固定的社会保

表 15.5　**如果已投保的员工死亡，有资格领取退休福利的家属**

- 如果是 1940 年以前出生的、年满 65 岁的配偶可以领取全额福利金。（对于 1940 年或之后出生的配偶，领取全额福利金的年龄逐年提高到 67 岁）。年满 60 岁的配偶可以选择领取减额福利金。如果配偶是残疾人，年满 50 岁就可以领取福利金。
- 如果抚养死者的子女，任何年龄的配偶都可以领取福利金。该子女必须有权享有儿童福利金，并且不满 16 岁或者有残疾。
- 死者未满 18 岁的未婚子女（或未满 19 岁在全日制中学就读的子女）也可以领取福利金。22 岁以下有残疾的子女或终身残疾子女在任何年龄都可以领取福利金。在某些情况下，继养子女、孙子孙女或收养子女也可以领取福利金。
- 死者所赡养的年满 62 岁或 62 岁以上的父母亲可以领取福利金。（父母亲成为合格的被赡养人要求死者必须为其提供至少一半的经济来源。）
- 如果婚姻持续至少 10 年，年满 60 岁或 60 岁以上（如果残疾则年满 50 岁）的前妻或前夫可以领取福利金。然而，如果前配偶正在抚养不满 16 岁的子女或残疾子女，或者有权享有死者社会保障福利的子女，前配偶不受年龄和婚姻期限的限制。子女必须是死者前配偶的亲生或法定收养的孩子。

障基金。医疗保险制度的 A 部分包括大部分住院、专业护理、临终关怀和其他相关费用。医疗保险，通常称为 B 部分，是用于帮助投保人支付一些住院护理费之外的其他医疗手续和医疗用品费用。例如，普通门诊看病和检查费用归为 B 部分。参加医疗保险制度的医疗保险项目（B 部分）是自愿的，并要求投保人按月缴费。在 2007 年医保费用每月为 93.5 美元。C 部分（医疗优先）计划允许投保人选择提供者组织以获得所有的健康护理服务。C 计划有助于降低医疗服务费用，而且它可以因每月的附加费用带来额外好处。个体必须同时投保 A 部分和 B 部分才可以投保 C 部分。D 部分（覆盖处方药）是自愿投保的，医疗保险费按月缴纳。在 B 部分下，投保人是被自动覆盖的，如果投保人不想参加 B 部分就必须选择退出，不同于 B 部分，在 D 部分下投保人必须填表并经过批准才能加入。

### 社会保障所面临的问题

几乎每个人都意识到了社会保障所面临的财政危机，因为自该制度建立以来主要人口结构发生了变化。根本问题是随着生育高峰期出生的这一代人达到退休年龄，能工作以供养越来越多退休人员的劳动力越来越少。

在 2006 年末社会保障托管局（Social Security Board of Trustees）所做的最乐观估计是，社会保障支出将很快超过收入，紧接着会出现巨额赤字。到 2040 年，社会保障资产将枯竭。为了解决收支失衡问题，国会必须削减社会保障福利，增加社会保障收入，或者制定开源节流的综合方案。很多专家认为解决社会保障问题的长期方案是个人以其他退休计划来补充社会保障（本章稍后讨论）。

## 失业补偿

**失业补偿**（unemployment compensation）旨在向那些并非由于自己的过错而失去工作，并正在寻找新工作的员工提供补偿金。1935 年的《社会保障法》第九条规定，雇主要缴纳失业补偿税。然而，该法案明文鼓励各州建立各自的失业补偿制度。如果某个州按照联邦规定的标准建立起自己的失业补偿制度，那么雇主缴纳的失业补偿税就归该州所有。到 1937 年，所有的州和哥伦比亚特区都采用了可接受的失业补偿计划。

要领取失业补偿，个人必须通过州就业办公室递交一份申请表，并且必须满足以下三方面的资格要求：（1）已在社会保障制度下投保达到最低周数；（2）已遭解雇（在一些州被遣散的员工也可能符合条件）；（3）愿意接受由州失业补偿委员会提供的任何合适的工作。关于“合适的工作”，存在很多争议。员工因其过失而被解雇是没有资格的。

通常，领取失业补偿的最长时间不超过 26 周。在失业高峰期，可以额外延长 13 周的时间。领取的金额州与州不同，一般根据个人在以前工作期间获得的工资进行计算。相对于员工的正常工资而言，大多数州支付的最高补偿金一般都很低。

失业补偿通常通过雇主缴纳的税款来筹集资金，然而，在有些州，员工也要缴纳一部分税款。《联邦失业税收法》（Federal Unemployment Tax Act，FUTA）规定所有营利性雇主都要替每位员工支付最初的 7 000 美元的工资纳税。根据组织从州失业基金提取补偿金的失业人数，不同雇主的纳税比率会不同。因而，这一制度旨在鼓励组织保持稳定就业。自从 1986 年的《税制改革法》通过起，失业补偿一直要求完全纳税。

## 工伤赔偿

**工伤赔偿**（workers' compensation）是指保护员工收入免遭损失并且为与工伤或职业疾病相关的额外费用投保的一种保险形式。表 15.6 概括了工伤赔偿法通常投保的伤害和职业疾病类型。自 1955 年起，一些州已同意通过工伤赔偿为因工作所致的焦虑、抑郁和某些精神疾病支付赔偿金。尽管所有 50 个州都有各自的工伤赔偿方案，但州与州之间在特定的要求、支付款额和程序等方面均有所不同。然而，实际上所有计划都具有一些共同特征，表现如下：

1. 法律一般都规定了收入损失的归还、医疗费用的支付额、某种形式的身体康复计划、遗属死亡抚恤金，以及一次性的伤残补贴。
2. 员工不必为得到补偿而起诉雇主。实际上，已投保雇主可以豁免这类起诉。
3. 在通常情况下，工伤赔偿金是按既定的保险计划支付的，这种保险计划的资金来源于雇主缴纳的保险费。
4. 工伤赔偿保险费是根据组织以往的事故和疾病记录来确定的。支付高额赔偿费会要求较高的保险费。
5. 工伤赔偿保险是一种共同分担险。共同分担险是指保险受益人要承担部分损失的保险。例如，撞车险通常含有这种共同分担险，每次事故的可扣除额为 100 美元。在工伤赔偿险中，也含有这种共同分担险，即该保险计划通常并不全额承保工伤损失。例如，大多数州规定对因事故或疾病而损失的工资最高赔偿额仅为所损失工资额的 2/3。
6. 另一方面，工伤赔偿法通常足额承保医疗费用。
7. 它是一种不追究过错的制度，它为所有与职业有关的伤害和疾病投保而不管致残的过失由谁来负。

工伤赔偿险在几乎所有的州都是强制性的，但有几个州除外。在这几个州中，工伤赔偿险对雇主而言是可选择的。在可选择的情况下，拒绝参加保险的雇主也就放弃了特定的法律保护。

一般而言，法律规定为四种形式的伤残支付赔偿金：（1）永久丧失部分工作能力；（2）永久丧失全部工作能力；（3）暂时丧失部分工作能力；（4）暂时丧失全部工作能力。任何一种工伤赔偿要求在确认之前，都必须表明伤残是与工作有关的，通常由职业医生为索赔人作出评估。对工伤赔偿的主要批评是各州规定的

表 15.6 **工伤赔偿涵盖的与职业相关的几类主要伤害**

| 工伤赔偿涵盖的与职业相关的几类主要伤害 |
|---|
| 不使员工损失工作时间的事故 |
| 使员工蒙受工作时间损失的事故 |
| 暂时丧失部分工作能力 |
| 永久丧失部分或全部工作能力 |
| 死亡 |
| 职业病 |
| 非肢体上的损害，如耳聋 |
| 在雇主批准的活动中，如社会活动或在与组织业务有关的出差中受伤 |
| 由于雇主明显的疏忽而造成的伤害或残疾 |

资料来源：Reprinted with permission. Table 15.6: pp. 190–191, "Job-connected Injuries Usually Covered by Workers' Compensation," from *Personnel Administration and the Law*, Second Edition, by Greenman and Schmertz; Copyright © 1979 The Bureau of National Affairs, Inc., Washington, D.C. 20037. For BNA Books Publications call toll free 1-800-960-1220 or visit www.bnabook.com.

保险范围。工伤赔偿在支付金额、筹资难易及筹资可能性诸方面，州与州之间存在着显著的差异。

工伤赔偿费用每年以两位数的速度增长了 10 年，在 20 世纪 90 年代早期至少有 35 个州开始修订工伤赔偿法。所做的修改包括更严格的资格标准、削减赔偿金、提高工作场所的安全性以及开展反欺诈运动。数据表明这些修改已取得成效。工伤赔偿费用的增长已大幅放缓，实际上在 1993 年费用就下降了。在整个 20 世纪 90 年代晚期工伤赔偿保险费都在下降。然而，根据标准普尔公司的统计，在 2001 年 9 月 11 日纽约世贸中心遭恐怖袭击后，工伤赔偿费的增长率已从 30% 上升到 50%。在袭击中蒙受损失的公司眼看着这一比率从 50% 上升到 100%。2005 年工伤赔偿保费几乎下降了 18%，其原因至少部分是加利福尼亚和佛罗里达等主要州所进行的工伤赔偿改革。

## 退休福利

除了社会保障制度下法律规定的福利之外，很多组织还提供其他退休福利。这些福利表现为个人退休计划和养老金计划。

## 退休计划

退休和养老金计划为退休人员提供了一种收入来源，代表退休人员因过去的工作而获得的货币收入。**私人计划**（private plan）可以完全由公司提供资金，也可以由公司和工作期间的员工共同提供资金。要求员工缴费的计划称为缴费计划，不要求员工缴费的计划称为非缴费计划。基金型养老金计划的款项来自事先为该特定目的预留出来的资金。在非基金型养老金计划中，款项来自当前给基金的缴费。养老金计划的普遍形式是受益确定计划，在**受益确定计划**（defined-benefit plan）下，雇主保证在员工退休时提供一笔根据固定公式计算的福利收入。另一种主要的退休计划形式是**缴费确定计划**（defined-contribution plan），该计划规定一笔固定的或预知的年缴费额，而不是预知的福利收入额。

到 2005 年，超过 52% 的美国工人受雇于提供某种形式退休计划的公司。实际上，大约 45% 的 25~64 岁的私营部门工人在职期间参加了退休计划。美国商会进行的 2006 年员工福利研究报道，85% 做出回答的公司向全日制员工提供退休计划福利。

### 养老金权利

每种退休和养老金计划自身都有某种内在的保障承诺。然而，如果养老金福利定得太低或养老金计划筹资严重不足，就背弃了这种保障承诺，那么在参与养老金计划的公司工作多年的员工就不能获得充足的养老金，甚至在某些情况下得不到任何养老金。

另一个问题涉及员工享有的养老金保留权。**保留权**（vesting）是指如果员工在退休前离开组织，他们有权获得由雇主存入养老金或退休基金账户上的钱。例如，享有保留权的员工可以在稍后领取由雇主投到基金的钱。如果不享有保留权，员工就不能领取由雇主投到基金的钱。一种常用方法是完全延期保留权，即员工一旦达到特定的年龄和服务要求，员工就享有全部的保留权。一种类似的方法，称作分级延期保留权，也就是在达到享有全部保留权所要求的年龄和服务要求之前，逐渐提高员工享有福利保留权的比例。

从历史上来看，保留权规定对雇主和员工双方都存在问题。在以前的很多养老金计划中，在退休年龄前被终止雇用或辞职的员工，不管他在参与养老金计划的组织中工作了多少年或离退休年龄有多近，都得不到任何养老金福利。甚至在的确提供保留权的养老金计划下，对服务年限的规定也是严格的。为了防止员工离开组织，雇主通常严格执行保留权规定，至少要到员工完全享有他们的保留权为止。另一方面，雇主面临着员工在得到养老金计划保留权后，取出其名下的资金就辞职而去。为了解决这一问题，雇主已在其养老金计划中加入了这样的规定，即直到员工达到某一特定的年龄才会分配除员工缴费之外的那部分资金，即使他已经离开公司。

### 受益确定计划

受益确定计划有专门计算福利金额的具体公式。尽管这样的公式有很多种，但最通行的方法是最终平均收入计划。使用该方法计算退休福利是依据退休前最后几年（一般为两年或五年）的年平均收入为基数，然后以已计算出的员工平均收入和服务年限为函数来计算实际福利总额。另一种常用的方法是固定福利计划。根据该方法，所有符合规定条件的养老金计划参加者都将获得一笔固定的福利，而不必考虑其收入状况。

对于拿薪金的员工，受益确定养老金计划通常使用最终平均收入计划。而对于拿小时工资的员工，受益确定养老金计划长期以来局限于使用固定福利计划。对于包括小时工资和月薪的员工养老金计划，可以修改最终平均工资收入计划公式，以便向工资级别较低的养老金计划参加者提供最低福利。当前，许多最终平均工资收入计划在计算养老金时，要抵消或扣除员工的社会保障福利。这些情况下，在确定员工将从养老金计划中领取养老金额时，要考虑其领取的社会保障金。

***现金余额计划：***现金余额计划是传统受益确定计划的变种。现金余额计划的主要不同点是允许员工在离开组织时一次性带走他们现金余额养老金账户中的钱。现金余额计划的另一个好处是参加者可以通过定期账户清单查询其退休基金现存货币金额的增长状况。而传统受益确定计划的参加者只有在他们退休时才能获悉他们所应领取的养老金。因而，对于普通员工而言，现金余额计划比传统的受益确定计划更容易理解。现金余额计划的一个不足是比较年轻的员工就可以拥有颇为可观的现金余额，而一旦他们享有保留权时，就可能离开组织并带走现金。传统受益确定计划并不具有如此便利的转移性，因而鼓励员工不离开组织。当传统的

受益确定计划转变为现金余额计划时，公司会降低未来的福利，在这种情况下对现金余额计划存在一些争议。在 20 世纪 90 年代后期现金余额计划盛行，并且最初被认为是对传统受益确定计划的改良。公司喜欢采用现金余额计划，因为它比传统受益确定计划成本低且便于存续。员工，尤其是较年轻员工，因其易于转移而喜欢现金余额计划。波士顿大学的一项研究发现，至少有 100 人参与的现金余额计划超过 1 000 个，覆盖了大约 960 万人。

### 缴费确定计划

在缴费确定计划下，每一位员工都拥有单独的养老金账户，用于员工和雇主缴费。如果只有雇主缴费，即为非缴费制。当员工和雇主双方都缴费时，便为缴费制。在缴费确定计划下，缴费可用于投资，并对预期的退休收入做出预测。然而，组织不受这些预测的限制，因此不会发生筹资不足而负债的问题。支付福利津贴是缴费确定计划规定的目的，而且是该计划的实际价值之所在。因为组织没有潜在负债问题，计划具有很强的转移性，所以缴费确定计划已越来越普遍。

401（k）计划［401(k) plan］是最通行的一种缴费确定计划形式。到 2006 年，近 75% 年龄在 40~59 岁的人参与了 401（k）计划，而 29 岁以下的人只有 47.5% 参与了该计划。它是在《国内税收法》的第 401（k）条于 1980 年生效之后以此命名的。401（k）计划的优点在于，达到一定限额的缴费可以免税。通常 401（k）计划允许员工递延投入 401（k）计划的部分收入。2001 年《经济增长和税收减免统一法》（Economic Growth and Tax Relief Reconciliation Act，EGTRRA）称，2002 年最高的免税缴款额为 11 000 美元，到 2006 年计划每年提高 1 000 美元达到 15 000 美元。

2006 年 8 月，布什总统签署了 2006 年《养老金保护法》（Pension Protection Act，PPA）。很多人认为《养老金保护法》是自 1974 年《员工退休收入保障法》通过以来对退休计划影响最深远的立法（下文将详细讨论《员工退休收入保障法》）。《养老金保护法》将最初由 2001 年《经济增长和税收减免统一法》批准的提高 401(K)计划缴费限额变成固定的。限额还被编成索引，每年增加 500 美元。2006 年年满 50 岁的人可以额外缴费 500 美元，并且编入索引，每年增长。《养老金保护法》的核心在于对传统受益确定计划的雇主筹资提出了更高的要求。例如，以前要求雇主的养老金计划基金可以负债 90%。根据《养老金保护法》的要求，

## 实践中的人力资源管理 15.2

### 杜邦公司退休计划的变革

2006 年 8 月，杜邦公司宣布它将不再向 2007 年 1 月 1 日后雇佣的员工提供传统的受益确定养老金计划。公告还称公司将大量削减现有员工的传统计划缴费。为了补偿传统计划下退休收入的可能损失，杜邦公司开出了 401（k）缴费计划的优厚条件。在新计划下，所有员工都将获得相当于其工资收入（包括加班费和奖金）3% 的 401（k）个人账户的基础缴费。现有员工将保留其应计传统受益确定计划下的权益，但是公司缴费将于 2008 年开始减少 2/3。

本次变革将对杜邦公司现有 30 000 名在职美国员工产生影响，但不会对 66 000 名退休人员产生影响。"我们不得不环顾市场正在发生什么，" 杜邦公司发言人萝莉·普敦说，"发展趋势肯定是这样。"

资料来源：DuPont Slashes Worker Pensions, But Boosts Savings Plan, *Financial Wire*, August 29, 2006, p. 1.

养老金计划必须 100% 筹资（对于大多数雇主，这一要求可以在 7 年内分阶段达到）。为增强传统养老金计划的安全性，《养老金保护法》还规定了其他一些要求。

很多人认为，《养老金保护法》的通过表明政府政策从更为传统的由公司筹资的受益确定计划向如 401（k）计划之类的缴费确定退休计划的决定性转变。最近法院判决也已经减少了公司对放弃传统计划和现金余额计划、而以 401（k）计划代之的畏惧。实践中的人力资源管理 15.2 描述了杜邦公司是如何将其退休计划从传统的受益确定计划转变为 401（k）计划的。

403（b）计划或称为税收递延年金计划（Tax Deferred Annuity, TDA），除了只能用于非营利性组织之外，极其类似于 401（k）计划。这些组织通常为修道院、慈善机构及教育机构，此外还包括其他实体，如为娱乐休闲及其他非营利性目的而经营的社交俱乐部。尽管自 1997 年 1 月 1 日起，非营利性组织也可以采用 401（k）计划，但因这两种计划的差别是微不足道的，所以大多数非营利性计划的负责人仍选择所熟悉的 TDA 计划而不作变更。

## 《员工退休收入保障法》及相关法案

为了确保员工在养老金计划中的公平待遇，国会于 1974 年通过了《**员工退休收入保障法**》(Employee Retirement Income Security Act，ERISA)。该法案旨在通过限制养老金计划中的资金可用于投资的类型，以及为基金管理人员规定一般指导原则来确保养老金计划的偿付能力。ERISA 还规定员工在达到一定的最低要求后，对他们的应得福利养老金给付享有保留权。表 15.7 概括了《员工退休收入保障法》的主要条款。

《萨班斯—奥克斯利法案》(Sarbane-Oxley Act) 是 2002 年由布什总统签署的会计和财务改革立法，也包括影响 ERISA 的一些规定。尤其是，该法案极大地增强了对 ERISA 所报告和披露的违规行为的犯罪惩罚。

自建立伊始，ERISA 就因成本过高而遭受批评。实际上，据报道有些公司宁愿放弃养老金计划也不愿遵从 ERISA。另一种主要的抱怨是 ERISA 导致文牍成堆。ERISA 的存在还成为雇主转而采用 401 (k) 计划的一个原因。

1984 年国会通过了《**退休公平法**》(Retirement Equity Act)，该法案带来的总体影响体现在放宽了退休计划中的资格要求、保留权规定、产假 / 照顾产妇休假及遗属抚恤金的条件。表 15.8 概括了《退休公平法》的主要条款。

1986 年《税制改革法》规定，员工享有保留权的时间要比 ERISA 及其他立法规定的更早些。1986 年《税制改革法》通常适用于 1988 年 12 月 31 日后开始执行的养老金计划年限。对于该日期之后开始执行的养老金计划，一般保留权条款必须遵循以下两种时间安排中的任意一种：

- 直接保留权，即规定在服务期的第一个五年内参加者不享有保留权，在服务期的第一个五年后才享有保留权。
- 分级保留权，即规定参加者在服务满三年后享有 20% 的保留权，以后每年增加 20% 的保留权，直到参加者在服务满七年后，享有 100% 的保留权为止。

### 强制性退休

《**雇佣年龄歧视法修正案**》(Amended Age Discrimination in Employment Act，ADEA) 于 1987 年 1 月 1 日生效，该法案禁止拥有 20 名以上员工的私营企业 (除第 2 章中的某些特例之外) 和联邦政府强制任何年龄的员工退休。

表 15.7 《员工退休收入保障法》的主要条款

| 项目 | 条款 |
|---|---|
| 资 格 | 废止服务期超过 1 年或年龄在 25 岁以上的资格要求的条款，两者之中选择较晚的那个。 |
| 保留权* | 确立了新的最低标准，雇主有三种选择：<br>a. 服务满 10 年的员工享有 100% 的保留权。<br>b. 服务满 5 年的员工享有 25% 的保留权，服务满 15 年后分级达到 100% 的保留权。<br>c. 当年龄和服务年限之和（假设员工至少服务 5 年）等于 45 年时，员工享有 50% 的保留权，5 年以后分级达到 100% 的保留权。 |
| 资金筹集 | 规定雇主每年要为当前应计的福利筹集足额的经费，并且按时拨出一笔资金用以分期偿还新计划下超过 30 年及现有计划下超过 40 年服务期的福利债务。 |
| 计划终止保险 | 建立一种政府保险基金，用于投保享有保留权的养老金给付，其金额为以下较低者：每月 750 美元或员工在工作期内的最高五年的平均工资的 100%；雇主为每位参加者支付 1 美元的年保险费，并应负责支付总计为公司净值的 30% 的任何一种保险福利。 |
| 信托责任 | 建立“关于信托投资的审慎管理人”原则，以此作为信托责任的基本规范；禁止受托人与利益相关者进行各种交易。投资于雇主的有价证券不得超过养老金计划资产的 10%。 |
| 转移性 | 允许员工离开公司时，将其享有保留权的养老金福利（如果雇主同意）、享有保留权的利润分享或储蓄计划基金中的资产，以免税的方式转移到个人退休账户中。 |
| 个人退休账户（IRAs） | 为上述福利转移提供一种途径，并允许没有建立合格的养老金计划的私营或公共部门的员工，每年扣除其薪酬的 15%、总计 1 500 美元作为个人退休基金的缴费。该基金的收益直到分配时才纳税。 |
| 报告与披露 | 要求雇主向员工提供一本说明计划条款的浅显易懂的小册子，并每年向劳工局呈报有关各种计划的运行及财务状况的详细资料。 |
| 一次性分配 | 修改后的税收条款规定 1974 年以前的款额作为资本收益对待，1973 年以后的款额作为普通收入纳税，除非该笔款额为员工惟一的收入而且分 10 年领取。 |
| 对缴费和福利的限制 | 受益确定养老金计划支付的福利额被限制在以下二者中的较低者：每年 75 000 美元或者员工服务期内最高三年平均现金工资收入的 100%。<br>员工利润分享账户每年的额外缴费被限制在以下二者中的较低者：每年 25 000 美元或该年度员工薪酬的 25%。 |

* 以后的立法对这些规定进行了修订。

资料来源：Reprinted by permission of *Harvard Business Review*, from “Responding to the Pension Reform Law,” by D. G. Carlson, November/December 1974, p. 134. 

表 15.8　《退休公平法》的主要条款

- 必须允许服务期满一年、年龄不小于 21 岁的员工参加给予特别税收待遇资格的计划。（以前的规定是服务期满一年、年满 25 岁）
- 给予保留权信用必须始自年满 18 岁以后的服务年限（以前在大多数计划中对于 22 岁之前的服务年限可以忽略不计）。
- 出于享有保留权和参与的双重目的，必须给予任何一位员工 501 工时的产假或照顾产妇休假。
- 选择放弃遗属抚恤金，必须由参加者及其配偶双方以书面形式作出，而且必须由计划代表或公证人作证。

资料来源：Stephen P. Kurash and Gene F. Fasoldt, "An Outline of Changes Required by the New Retirement Equity Act," *Personnel Journal*, November 1984, pp. 80–84.

### 提前退休

作为强制性退休的一种变通方式，有些组织提供奖励以鼓励提前退休。这种减少劳动力的方法通常被视为降低工资总额及奖励长期任职员工的一种人道主义方法。所提供的奖励形式多样，但通常包括一次性付款以及增加其他福利，如医疗保险。另一种普遍使用的奖励方式是增加确定受益计划下认可的员工服务年限。

大多数养老金计划都有自愿提前退休特殊津帖。一般而言，在 65 岁之前退休，员工养老金每月按确定的金额减少。通行的提前退休年龄为 55 岁、60 岁和 62 岁。大多数养老金计划都规定有资格提前退休的人要在组织中服务的最低年限。提前退休之所以普及，其部分原因在于能领取养老金。目前，员工可以低比率领取社会保障退休给付金的最小年龄为 62 岁。

## 没有被养老金计划覆盖的员工

1981 年制定的立法允许员工建立个人计划，称作**个人退休账户**（individual retirement accounts，IRAs）。尽管个人退休账户的基本目的是为私人养老金计划中没有覆盖的员工提供一种选择，但是任何有收入的劳动者都可以投资于个人退休账户。2007 年向个人退休账户中的免税缴费一般为以下二者中的较低者：4 000 美元或者个人薪酬收入（工资或其他劳动收入，以及获得的赡养费）。此外，年满 50 岁的人可以向其个人账户多缴 1 000 美元，缴费总额为 5 000 美元（2008 年这一限额提高到 5 000 美元）。对于已婚夫妇，缴费额可以按每人计算——如果配偶双方合计总薪酬至少等于缴费额（假定合并收益共同报税）。尽管如前所述缴费是免税的，但向个人退休账户缴费的可扣除额要根据个人或其配偶在雇主提供的退休计划的参加情况而定。

如果没有参加退休计划，个人（及其配偶）可以在上文所说的薪酬限额内全额扣除其缴费。但是，如果个人或配偶双方都参加了雇主计划，向个人退休账户缴费的可扣除额是有限制的，要根据调整后的总收入（AGI）来确定。（1）如果一个人参加计划，对于个人报税或头户报税者，根据 \$55 000~\$62 000 的 AGI，可扣除额逐步取消。而对于共同报税的已婚夫妇，该金额为 \$83 000~ \$103 000。（2）已婚夫妇中若只有一人参加计划，逐步取消的可扣除额起点为 156 000 美元，达到 156 000 美元后不再享有可扣除额。

**简化的员工养老金个人退休账户**（simplified employee pension IRA），通称为 SEP-IRA 或 SEPP-IRA。在 SEP-IRA 下，雇主缴费金额为员工工资总额的 25%，缴费最高限额为 45 000 美元。这些计划是由小型工商企业甚至是个体业主提供的，它们通常没有其他退休方案。SEP-IRA 一样要遵守普通的 IRA 规则。SEP-IRA 的缴费和投资收益直到提取时（假定退休时）才纳税，那时它们要征收一般收入所得税。

**罗斯个人退休账户**（Roth IRA）也是由 1997 年《纳税人减税法》创建的，允许每年向罗斯个人退休账户缴纳的不可扣除的缴费总计为 3 000 美元（夫妇双方共同报税为 8 000 美元），这低于向其他任何个人退休账户的缴费总额。在普通个人退休账户下，附有一项特别追加条款，即允许年满 50 岁及以上的人每年可增加 4 000 美元的缴费。罗斯个人退休账户中的所有收益可以累积延期纳税，而且符合条件的可支配收入可以免除联邦收入所得税和罚款。为了使从罗斯个人退休账户中取款符合免税条件，取款必须是：年满 59.5 岁，或者死亡或残疾，或者因首次购房者支出达到终身限额 10 000 美元，并至少在五年内提取。向罗斯个人退休账户的缴费逐步取消直至为零的收入范围，单个纳税人为 99 000~114 000 美元，夫妇双方共同报税者为 156 000~166 000 美元。罗斯个人退休账户因其投资的长期增长潜力对年轻员工尤其具有吸引力。尽管罗斯个人退休账户是复杂的，但把传统个人退休账户转换成罗斯个人退休账户，在很多场合下是可行的。

近期放宽了退休规定，这使自营者现在可以拥有他们自己的 401（k）计划，并与其他 401（k）计划遵循相同的规定。

## 退休前计划

最近推出的一项福利称为退休前计划。这种计划方案的目的在于帮助员工从财务和心理两方面为退休做准备。退休前计划最基本的内容是向员工提供有关在他们退休时将领取的货币福利信息，包括社会保障、养老金、员工持股及健康和人寿保险。除了财务计划之外，其他方案还包括如住房、迁居、健康、营养、睡眠、锻炼、兼职工作、二次职业生涯、社区服务、娱乐及继续教育等。

当今世界日新月异，而且联邦立法的修订及有关社会保障的不确定性加速了这种变化，从而进一步强化了对退休前计划的需求。预计在近期对退休前计划的需求不会减弱。

# 保险福利

各种形式的保险方案都是某种一揽子福利计划中的重要组成部分。例如，据美国商会进行的 2006 年员工福利调查报道，94% 的受访者向其全职员工提供某种形式的医疗保险。然而，与此同时，小企业的许多员工都没有健康保险。公司提供的医疗保险方案可设计成由雇主支付全部的保险费，或者由雇主支付部分保险费，由员工负责支付剩余部分。过去几年来，美国国会就健康保险存在的问题展开了激烈的辩论。尽管还没有修订健康保险的主要立法，但辩论还在继续。

## 健康保险

除了正常住院和医生门诊费用之外，目前一些健康保险计划还覆盖处方药和牙科、眼科及精神健康保障。很多健康保障计划包括可扣除额，它要求员工在保险生效之前每年支付一定金额的医疗费用（通常每人为 50~300 美元）。然后，由健康保险计划支付余下的大部分费用。有些计划为员工和家属支付全部的健康保险费用，有些计划规定员工仅为其家属支付部分费用，有些计划规定员工要为自己及家属二者支付部分费用。

多年来，已形成了两种健康保险计划：基本医疗计划和大病医疗费用计划。基本医疗计划是指为特定的服务费用投保，并规定每一种服务具体的限制条件。大病医疗计划对一系列的投保费用进行了界定，包括成功的治疗可能需要的所有服务。当单独采用大病医疗计划时，可以视为一种综合性医疗计划。很多组织是以大病医疗计划来补充基本医疗计划的。而将这两种计划结合起来使用，通常是为了降低某些治疗的可扣除款额。具体的覆盖范围、扣除额及其他具体细节，在不同医疗计划中存在相当大的差异。

***有控制的医疗保障*** 由于快速上升的健康保障费用，许多组织已转而采用各种有控制的医疗保障方案。所谓有控制的医疗保障方案是指健康保障的提供者，通常为保险公司，以控制成本的方式来组织和运作医保方案。有控制的医疗保障方案有多种形式，健康维护组织（HMO）和优先提供者组织（PPO）是两种普遍的有控制的医疗保障方案。

***健康维护组织（HMOs）*** 1973 年《健康维护组织法》（Health Maintenance Organization Act of 1973）宣告了作为传统保险方案的变通方式，即一站式、预付费用的医疗服务概念的出现。在这种安排下，组织与已获批准的**健康维护组织**（health maintenance organizations，HMO）签订合同，按某一固定价格为员工提供所需的所有基本医疗服务。健康维护组织可以有多种构成方式。一些健康维护组织拥有自己的设备并向其工作的医生支付工资；另一些健康维护组织与医生团队签订合同来照管其病人；此外，还有一些健康维护组织与单个医生签订合同，或者与在自己办公室出诊的独立医生联合网签订合同。健康维护组织的优点是重视健康预防，而且费用通常低于那些传统的保险。然而，从员工的角度来看，健康维护组织的一个主要缺点在于，员工必须选择使用由健康维护组织雇用或批准的医生，而这些医生或许不一定是员工自己中意的医生。从员工的角度来看，第二个缺点是，在很多场合下健康维护组织必须预先批准某些特定的手续和治疗。由于存在这些缺陷并引致员工的普遍不满，健康维护组织的前景不像过去那么光明了。由美国商会进行的 2006 年员工福利研究发现，29% 的受访者提供某种形式的健康维护组织。

***优先提供者组织（PPOs）*** 优先提供者组织（preferred provider organizations，PPOs）是于 20 世纪 80 年代出现的另一种可供选择的有控制的医疗保障形式。一

些医生或医院以折扣价或其他有吸引力的价格与优先提供者组织签订合同。作为交换，这些医院或医生被指定为健康保障的“优先”提供者。健康维护组织和优先提供者组织的主要不同体现为，在优先提供者组织中，员工能更自由地选择他们自己的医生。优先提供者组织对它们自己的提供者所提供的医疗保障不作限制。但是，当投保人在这些定点医院接受医疗服务时，PPO 会提供奖励，如更高的费用补偿。美国商会进行的 2006 年员工福利研究发现 68% 的回答者提供某种优先提供者组织。

***医疗储蓄账户*** 医疗储蓄账户也称医疗支出账户，允许员工每年从税前工资总额中扣除一定现金并储存起来用于支付医疗费用。医疗储蓄账户的主要缺陷是在一年中没有用完的钱通常会作废。由于这一规定，员工使用医疗支出账户必须采用保守策略，并且要准确地估计其医疗费用。医疗储蓄账户的优点是其费用是免税的。

***健康储蓄账户*** 2004 年布什总统签署了处方药立法，该法使药物覆盖到医疗保障下的老年人和残疾人。这一新立法还建立了健康储蓄账户（HSAs）。健康储蓄账户与 401（k）退休计划类似，允许雇主和员工将一部分免税资金存入该账户。健康储蓄账户中的资金可以用于支付门诊费用。一般而言，健康储蓄账户的做法如下：

- 员工或雇主购买固定的健康保险保单，每年享有的最高免税额个人为 1 100 美元，家庭为 2 200 美元。这类保单会覆盖治疗费用最多的疾病，但不包括日常的医疗费用，如去医院看病和做检查。
- 员工开放其补充健康储蓄账户，员工自己或其雇主每年可以为个人账户缴费最高至 2 850 美元，为家庭账户缴费最高至 5 650 美元。缴费是税前扣除的。缴费资金可以无限期积累，可以用于支付日常医疗服务费用，例如当前那些在传统健康计划下覆盖的服务。此外，健康储蓄账户的款项可以用来支付传统计划下没有覆盖的医疗服务，例如配眼镜、牙齿保健以及美容。

健康储蓄账户预计会变得越来越普遍。

## 牙科保险

牙科保险近几年来已成为增长最快的员工福利。由协商委员会所做的调查表明，提供牙科保险计划的公司从 1973 年的 8%，增长到 1975 年的 19% 和 1981 年的 41%。美国商会 2006 年进行的员工福利研究表明，有 72% 的受访公司提供了牙科保险。有些大病医疗支出计划包括牙科治疗，但大多数牙科保险是作为一项单独的计划提供的。大多数牙科计划规定一定的可扣除额并且要求员工支付一部分服务费。

## 人寿保险

人寿保险是可以从组织中得到的一种常见的福利。如果所有员工都参加人寿保险就称为团体人寿保险。这种保险的费用以所投保的整个团体的特征为基础，其特点是对所有员工的保险都是相同的。一般而言，雇主提供最低保险总额，通常为 10 000~20 000 美元。员工往往可以选择自己出钱购买更多的保险。这种保险通常不要求进行体检。目前，如果不把保险单费用视为个人收入，雇主能为每位员工提供最高价值达 50 000 美元的人寿保险。根据美国商会 2006 年对员工福利的研究，在所调查的那些公司中，有 74% 的公司为其全职员工的人寿保险至少提供一部分支付额。

## 意外事故和伤残保险

除了健康、牙科和人寿保险之外，许多组织还提供某种意外事故或伤残保险，或这两种保险都提供。大多数意外事故保险都在规定的时间内提供资金，通常不超过 16 周。保险赔付额往往为事故受害人周工资的一定百分比。**伤残保险**（disability insurance）旨在保护那些长期或永久性丧失工作能力的员工。在正常情况下，员工在致残后到有资格领取保险赔付金之前，需要等待 1~6 个月。意外事故保险、伤残保险的赔付金通常是按薪金的一定百分比来计算的。

# 非工作时间的报酬

组织向特定时间内不工作的员工支付报酬是目前的通行做法。休息时间、午餐时间和洗漱时间都属于非工作时间，它们几乎总是被视为工作的一部分。公认的假日、休假以及因生病、履行陪审义务和参加葬礼而请假，也属于支付薪酬的非工作时间。正如在本章前文所提及的，为非工作时间支付的报酬超过全部福利成本的 1/4。

## 带薪公假和带薪休假

目前，大多数美国公司规定圣诞节、元旦、感恩节、独立日、劳动节和纪念日为带薪公假。一个比较新的概念是浮动节日。**浮动假期**（floating holiday）是指由员工或雇主自行选择的假期。另一个较新的概念是私人事假或私人时间。这一概念是指组织向员工提供几天带薪假用于处理私事。通常员工可以自行决定这种假期。大多数公司规定的带薪公假似乎已固定下来，每年平均为 9~10 日。

带薪休假的特点是，员工在有资格享受带薪休假之前，必须达到某一特定服务期限的要求。而且，享受带薪休假的时间一般基于员工的服务期限。不像公假政策通常对每个人都一样，休假政策在不同的员工之间可能是不同的。大多数组织允许员工按天或周来休假，但以不少于一天为计算单位。

# 其他福利

除了前面讨论的主要福利之外，组织还提供多种多样的额外福利，包括食品服务、健身设施、健康和急救服务、财务和法律咨询、咨询服务、教育和娱乐项目、日托设施、领养资助以及购物折扣等。员工援助计划是一种与员工福利相关的总体服务，将在第 16 章讨论。

这些福利的范围和吸引力在不同组织之间存在相当大的差异，如购物折扣对于零售业和航空业的员工可能尤其有吸引力。

# 一揽子福利计划

不幸的是，许多一揽子福利计划是一项项仓促地拼凑起来的，而且各项内容之间没有很好地平衡。造成这种结果的原因是多方面的，主要问题是公司在增减新的福利形式时，常常不检查它们对整个福利计划所产生的影响。而且，公司经常错误地增减福利，如高层管理人员一时兴起、迫于工会的压力或追求时尚而随意改变各种福利。任何成功的一揽子福利计划的关键在于制订一揽子福利计划的规划，并将各种不同的组成部分整合为一体。这种方法可以确保任何一种福利的增减都将与当前的其他福利相配合。

很多小型公司已发现，通过专业协会的工作，它们既可降低费用又可保持比较高的福利水平。在这种情况下，专业或行业协会向其会员提供各种福利选择。由于具有将会员聚合在一起的能力，所以协会通常可以提供比较有吸引力的福利计划。

# 一揽子福利计划的传达

尽管大多数组织为员工提供各种福利，但普通员工很少清楚自己享有何种福利。调查表明，大多数员工通常并不了解自己所在的公司提供的福利项目。为什么员工往往没有意识到他们的福利呢？一种解释是公司在给员工传达福利时做得很不够。

另一种可能的解释是，对员工而言，可以得到的福利说明材料通常都难懂。1974 年《员工收入退休保障法》（ERISA）的条款规定，雇主应以员工能明白的方式定期就特定类型的福利信息进行沟通。可以使用几种方法来评价书面文件的易读性。通常，可以采用参照不同教育程度的阅读水平下的易读性指标这种方法，即算数每句话中字词的数量及该段落中难读的多音节单词的比重。其基本目标是使福利说明书的易读性指标与组织员工的受教育程度相吻合。

对一揽子福利计划进行传达所采用的方法与文件的易读性同样重要。一种成功的传达方法是定期将一份个人报告送达每位员工手中。图 15.1 所示的员工收入及福利信件便是这种报告的一个例子。对于使用计算机化工资管理系统的组织，可将有些福利信息顺便打印在每位员工的薪酬存根上。传达福利信息的最新方法

图 15.1　**员工收入和福利信件样本**

**公司名称**
**地　址**
**日　期**

**员工姓名**
**地　址**

尊敬的

兹附上您的 W-2 表格，表明您在____年期间从___________获得的应纳税收入总额。以下 A 部分列出了您的总工资和您享有的各种福利费用明细。除了您领取的工资之外，公司还为您支付在 W-2 说明中没有包括的福利。这些福利有时被忽略了。兹有一种易读的表格，表明____年支付给您________薪酬。

**A 部分——在 W–2 表格中支付给您的收入：**

生活费补贴　____________________
倒班津贴　____________________
服务奖金　____________________
休假工资　____________________
假日工资　____________________
葬礼工资　____________________
陪审工资　____________________
服役工资　____________________
意外事故和疾病福利　____________________
固定收入　____________________
加班费　____________________
津贴　____________________
　总工资　____________________

**B 部分——支付给您的且在 W–2 报告中没有包括的收入：**

公司在养老金计划中的缴费　____________________
公司为您支付的健康保险费用　____________________
公司为您支付的牙科保险费用　____________________
公司为您支付的人寿和意外死亡保险费用　____________________
公司为您缴纳的社会保障工资税　____________________
公司为您支付的工伤赔偿保险金费用　____________________
公司为您缴纳的失业补偿工资税　____________________
公司退还学费支出　____________________
公司付费的防护镜　____________________
公司付费的健身设施　____________________
公司付费的财务规划服务　____________________
　W-2 表格中没有包括的福利费用总计　____________________
　________年为您的服务支付报酬总计

您的收入为底线之上的总额，但我们想使您更清晰地了解公司为您的服务支付的总费用以及正在为您和您的家庭购买的保障和福利。感谢您对公司的承诺和服务。

谨启

人力资源经理

资源来源：Adapted from J. C. Claypool and J. P. Cargemi, "The Annual Employee Earnings and Benefi ts Letter," *Personnel Journal*, July 1980, p. 564.

是使用内联网技术。内联网在连接了符合一定条件要求的用户终端后，便可以每天 24 小时、每周 7 天提供福利信息而不需任何额外运营成本。使用内联网，员工可以在任何时间和地点上网，并即时获取公司大多数员工的福利信息，如医疗和牙科计划。使用这种技术，员工甚至可以修改福利形式并更新其记录。传达福利信息的其他方法还有张贴海报和直观展示，譬如录像、幻灯片和活动挂图。开会和商谈也可用于解释组织的福利。

# 员工的福利偏好

如果组织期望从一揽子福利计划中获得最大回报，也就是说，获得激励、满意度、低流动率以及与工会的良好关系，那么所提供的福利应是最受员工偏好的。然而，具有讽刺意味的是，组织通常很少考虑员工的福利偏好。长期以来，组织一直提供由人力资源部门和高层管理人员挑选的统一的一揽子福利计划。只有在极少的场合下或当工会要求的时候，才向员工咨询他们的福利偏好。

组织提供福利但不从员工的角度着想，其假定是管理者一惯了解什么对员工而言是最好的，以及所有员工都需要和想要同样的福利。不久以前，“典型”员工的特征为中年男子、从事全职工作、供养 2.5 个孩子、妻子在家不外出工作。随着当今劳动力的多样化，“确实不再有像典型员工这样的情况了。”鉴于劳动力极度的异质性特点，研究表明诸如性别、年龄、婚姻状况、供养的家属人数、工龄及职位头衔这些因素似乎都在影响福利偏好，这不足为奇。

## 弹性福利计划

由于员工偏好的不同，自 20 世纪 70 年代中期开始，一些公司开始提供弹性福利计划。在**弹性福利计划**（flexible-benefit plan）下，员工个人对实际获得的特定福利拥有一定的选择权，通常是员工在他们希望的直接薪酬和福利分配方式中进行挑选。弹性福利计划的理念是让员工挑选最适合他们个人需要和生活方式的福利。例如，一位中年员工有几个正在上学的孩子，他所选择的一套福利可能与年轻的单身员工的选择不同。

弹性福利计划也称为自助计划（cafeteria plan），因为这种计划提供一张“菜单”

或福利选择，让员工从中进行挑选。在弹性计划范围内可以进行的挑选，因计划的不同有相当大的差异。有些计划只让选择几种形式的保险，如人寿保险和健康保险；另一些计划则允许员工做多种多样的选择。

提供弹性福利计划的公司还不是很多，但从 1980 年起，其数量一直在稳定增长。TRW 系统和能源集团（TRW Systems and Energy Group）、美国教育考试服务中心（Education Testing Service）、美国罐装食品公司（American Can）、北方国家电力 (Northern States Power) 和北美万拉因斯（North American Van Lines，百事可乐的一家分支机构）是首批提供弹性福利计划的几家公司。

### 弹性福利计划为什么具有吸引力

对组织而言，弹性福利计划有一定的好处，原因如下：

1. 在全部薪酬中员工福利是极其重要的组成部分。
2. 在不与员工发生矛盾的情况下，弹性福利可以让员工限制其缴费，因为选择权赋予员工对福利分配施以某种控制。
3. 在过去几年中生活方式已发生了变化，这使员工重新评价对某些特定传统福利的需求。例如，在夫妻双方都工作并享有家庭医疗保险的家庭中，一方保险就足够了。
4. 弹性福利有助于招募并留住员工。然而，如果一揽子强制性福利计划对有发展前途的员工的需要或对于留住现有员工反应十分迟钝，组织就是在浪费钱财。
5. 高昂的福利费用正迫使组织试图就真实费用与员工进行有效的沟通。通过选择特定的福利，员工对每种福利的费用都更为了解。
6. 对员工而言，弹性计划可能具有税收上的好处。而且，因为某些福利是应纳税的，而另一些是不纳税的，所以不同的福利组合可以吸引不同的员工（弹性计划的税收细则稍后予以讨论）。
7. 弹性计划可以对员工的态度和行为产生积极影响。
8. 弹性计划可以降低整个健康保障费用。

### 弹性计划存在的问题

推行弹性计划并非没有困难，其主要问题如下：

1. 弹性计划在管理上比较费力。
2. 工会往往反对弹性计划，因为这要求它们放弃对福利方案细节的控制，或者面临丧失部分它们先前经谈判获得的较好福利。
3. 员工也许不能选择那些最好的福利。
4. 税法在某些情况下对个人弹性福利的金额有限制。

### 弹性计划的税收含义

弹性计划因允许员工以税前工资购买福利，从而具有某些税收优势。在弹性计划下的缴费，一般不受社会保障税（FACA）的限制。

向员工提供在应纳税和非纳税福利之间进行选择的弹性福利计划要遵守 1978 年制定的《国内税收法规》( Internal Revenue Code ) 第 125 条的特殊规定，仅在非纳税福利中进行选择的计划则不必遵守第 125 条。1984 年《赤字削减法》( Deficit Reduction Act , DEFRA ) 澄清了始于第 125 条执行以来，使弹性福利模糊不清的许多税收问题。以下简要列出了第 125 条和《赤字削减法》的许多规定：

- 在这一计划下，雇主不能要求员工在具备资格前，服务必须满三年以上。
- 弹性计划必须在应纳税福利和法定非纳税福利之间提供一种选择。允许选择的应纳税福利包括现金、超过 50 000 美元的团体定期人寿保险和家属团体定期人寿保险。法定非纳税福利包括团体定期人寿保险、团体法律服务、意外事故和健康福利、家属保健援助和某些特定的递延薪酬。休假也被视为非纳税福利。
- 如果在计划中为关键员工提供的非纳税福利超过 25%，按《国内税收法规》第 416(i)(1) 条规定，关键员工应为这些福利纳税。
- 员工福利选择必须是不可撤销的而且要在开始投保时做出。
- 除非家庭状况发生变化，否则不允许对投保作任何修改。
- 如果所挑选的福利没有全部使用，个人账户中的余额不允许兑取或转存。也就是说，在年终时账户中的余额就作废了。

尽管现行法律对弹性计划作了某些限制，但建立有效的弹性计划仍然有相当多的机会，而且弹性计划的潜在好处很多，所以值得考虑。在 1993~1994 年联邦健康改革倡议造成了弹性计划的短暂中断之后，一揽子弹性计划作为广大员工福利和总薪酬计划的一种选择工具又重新出现了。

## 总　结

1. **定义员工福利。**

   员工福利，有时也称为额外福利，是指员工因成为组织成员而获得的报酬。通常，可以将这些福利归为五种主要类型：（1）法定福利；（2）退休福利；（3）保险福利；（4）非工作时间的报酬；（5）其他福利。

2. **描述过去多年来员工福利是如何增长的。**

   过去多年来，员工福利一直稳定增长。尤其是，员工福利从 1951 年约占总薪酬的 15% 增长到 1994 年约占总薪酬的 39%。

3. **概述法律规定的那些福利。**

   法律规定的三种主要福利是社会保障、失业补偿和工伤赔偿福利。社会保障是由联邦政府管理的一种保险体系。在现行联邦法律下，雇主和员工都必须按员工工资的某一特定比例向该体系账户缴税，缴税有最高限额规定。在社会保障制度下缴税的分配可以划分为三大类别：退休福利、伤残福利和健康保险。失业补偿旨在向那些并非由于自己的过错而失去工作，并正在寻找工作的员工提供补偿金。失业补偿通常是通过雇主缴纳的税收来筹集资金的；然而，在有些州员工也要缴纳一部分税收。工伤赔偿是指保护员工免遭收入损失以及与工伤或职业病相关的额外开支损失。工伤赔偿保险在各州存在着显著差异。

4. **受益确定养老金计划和缴费确定养老金计划之间的区别。**

   在受益确定养老金计划下，雇主保证在员工退休时提供根据一个固定公式计算的福利收入。缴费确定养老金计划规定一笔固定的或预知的年缴费额，而不是预知的福利。

5. **讨论现金余额计划对员工的吸引力。**

   现金余额计划对于员工的吸引在于，允许员工在离开组织时以一次总付的方式带走他们现金余额养老金账户中的钱。现金余额计划还允许参加者通过定期的报告清单查询其退休基金现有货币金额的增长状况。

6. **描述 401（k）计划以及它与 403（b）计划的区别。**

401（k）计划是一种缴费确定养老金计划，是在《国内税收法规》第401（k）条生效后以此命名的。401（k）计划允许员工在一定额度范围内向401（k）计划缴纳免税缴费（2006年免税缴费最高限额为每年15 000美元）。雇主往往会为员工缴费提供部分配套资金。403（b）或税收递延年金（TDA）计划除了只可以适用于非营利性组织之外，与401（K）计划极其类似。

**7. 解释《员工退休收入保障法》（ERISA）和《退休公平法》的目的。**

《员工退休收入保障法》于1974年由国会通过，力图确保养老金计划下员工的公平待遇。该法案旨在通过限制养老金计划中的资金可用于投资的类型，以及为基金管理人员规定一般指导原则来确保养老金计划的偿付能力。1984年通过的《退休公平法》带来的总体影响体现在放宽了退休计划中的资格要求、保留权规定、产假/照顾产妇休假及遗属抚恤金的条件。

**8. 区分个人退休账户和罗斯个人退休账户。**

个人退休账户是一种养老金计划形式，每人每年可向个人退休账户缴纳的免税缴费额最高为4 000美元。以后从个人退休账户取款时，取款作为普通收入要纳税。在罗斯个人退休账户中，每人每年可以缴纳的非免税缴费额最高为4 000美元。以后从罗斯个人退休账户取款时是免税的。

**9. 描述健康维护组织（HMO）和优先提供者组织（PPO）。**

健康维护组织按某一固定价格为组织的员工提供特定的基本医疗服务。健康维护组织的优点是重视健康预防而且通常费用较低，它的一个主要缺点是员工必须选用由健康维护组织雇用或批准的医生。优先提供者组织在很多方面类似于健康维护组织。优先提供者组织是通过与一组按折扣价格或其他有吸引力的价格提供服务的医生和医院签订合同而组成的。在优先提供者组织下，员工可任意选择获得批准名单中所列的任何一位医生或任何一种设备。

**10. 描述医疗储蓄账户和健康储蓄账户。**

医疗储蓄账户允许员工每年从税前工资总额中扣除一定现金并储存起来用于支付医疗费用。医疗储蓄账户的主要缺陷是在一年中没有用完的钱到年底通常会作废。在健康储蓄账户下，员工或雇主向账户中缴纳的最高免税缴费额，按个人为2 850美元，按家庭为5 650美元。其后，这些资金可以取出用于支付医疗费用。这些资金可以无限累积。为了符合健康储蓄账户的要求，员工或雇主还必须购买固定的健康保险保单，每年享有的最高免税额，个人为1 100美元，家庭为2 200美元。

**11. 解释浮动假期和私人事假的概念。**

浮动假期是指由员工或雇主自行选择进行庆祝的假期。私人事假是指通常员工可以自行决定的用于处理私事的带薪假。

**12. 讨论员工没有意识到组织提供的福利的两个原因。**

一个原因是公司在员工福利沟通方面做得很不够；第二个原因是可以得到的福利说明材料对员工而言很难懂。

**13. 解释弹性福利计划的概念。**

在弹性福利计划下，员工个人对实际获得的特定福利拥有某种选择权，员工通常从几种选择方案——他们希望直接薪酬和福利如何分配——中进行选择。弹性计划也称为自助计划或福利。

# 第 16 章

# 员工安全与健康

员工安全与健康是当今组织所关注的重要事情。国家安全理事会（National Safety Council）估计，2004 年职业事故导致了 4 952 宗意外死亡和 370 万宗意外残疾损伤事件，所有与工作事故相关的费用据估计达到 1 422 亿美元。

早在 20 世纪 70 年代，每年新增职业病据估计超过 30 万例。这些数字表明，与工作场所伤害和疾病有关的费用很高，其他间接费用包括员工健康保险及工伤赔偿（第 15 章讨论了这两部分）。最新数字显示，美国员工平均必须创造价值 1010 美元的产品和服务，才能抵消与工作有关的伤害费用。这些费用生动地说明了组织减少与工作相关的伤害和疾病，以及提高员工整体健康水平的迫切性。

尽管健康费用只是在最近几十年来急剧上升，但职业伤害和疾病问题却由来已久。例如，在 1936 年就发生了 35 000 多宗职业死亡事件。尽管伤害及其相关损失人尽皆知，但多年来很多组织并没有真正采取措施来解决这个问题。由于这个原因，两党组成的美国国会于 1970 年通过了《职业安全与健康法》。

## 《职业安全与健康法》

**《职业安全与健康法》**（Occupational Safety and Health Act）于 1971 年 4 月 28 日生效。该法案确立了有关员工安全与健康的法规。它适用于拥有一个或多个员工的所有工商企业（自营职业者除外）。该法原来的宗旨是“尽可能地保证国家的每一位工作人员拥有安全而健康的工作条件，以及保护人力资源”。这项法律包含一项**一般责任条款**（general-duty clause），以涵盖那些未在具体标准中提及的情形。该条款提到任何雇主“都应该给员工提供不会由于已知的危险而导致或可能导致死亡或严重受伤的工作环境”。本质上，该条款要求雇主的行为必须同这部法案的意图相一致。

美国劳工部的职业安全和健康管理署（Occupational Safety and Health Administration，OSHA）负责该法案的实施，并有权：

- 鼓励雇主和员工减少工作场所的危险，并实施新的安全与健康管理体系或者改进现有方案。
- 制定强制性的工作安全与健康标准，并通过工作场所检查和雇主援助，有时也通过嘉奖、处罚或者奖罚并用来实施。
- 通过合作方案、合伙或联盟营造安全与健康的工作环境。
- 为达到更好的安全与健康状况，要在雇主和员工之间建立责任与权利机制。
- 支持创新方法的发展，处理工作场所的危害。
- 要求雇主记录伤害、疾病以及监督某些职业病。
- 制定培训方案，以提高职业安全与健康人员的能力。
- 提供技术、合规援助、培训和教育，以帮助雇主减少员工事故和伤害。
- 与各自运行职业安全与健康方案的州建立合作关系。
- 支持所有 50 个州、哥伦比亚特区、波多黎各自治邦、维尔京群岛、关岛和北马里亚纳群岛提出的协商方案。

自 1970 年《职业安全与健康法》颁布以来，职业死亡率降低了 60%，与此同时，美国的就业率提高了一倍，如今有将近 1.15 亿的工人分布于 720 万处工作场所，职业伤害和疾病比率也下降了 40%。所有这些尽管不能全部归功于《职业安全与健康法》，但它确实在其中起到了主要作用。

## 《职业安全与健康法》标准

职业安全和健康管理署（OSHA）制定了有关员工安全与健康的切实可行的法律标准。通常情况下，人力资源部门有责任熟悉这些标准并确保组织遵守这些标准。

最近，职业安全和健康管理署发布了各种工作场所危害的标准，这些危害包括有毒物质、有害物理试剂、电气危害、跌倒危害、有害废弃物、传染性疾病、火灾爆炸危害、危险气体和机器危害。大多数的《职业安全与健康法》标准和表格可以登录 http：//www.osha.gov 查阅。《**联邦公报**》（Federal Register）可以上网

（http：//www.gpoacccss.gov/fr/）或在很多公共图书馆及大学图书馆查阅，上面会定期刊登所有的《职业安全与健康法》标准及其修订条款。

### 标准的制定

职业安全和健康管理署可以自己订立标准，或者是应任何其他有关机构的请求而制定标准，包括美国卫生和福利部（Health and Human Services，HHS）、国家职业安全与健康研究所（National Institute for Occupational Safety and Health，NIOSH）、各州和地方政府、得到全国性认可的标准制定组织、雇主或劳工组织以及对制定标准感兴趣的机构等。国家职业安全与健康研究所是依照《职业安全与健康法》设立的美国卫生和福利部的代理机构，负责对各种安全和健康问题进行研究。职业安全和健康管理署采用的大多数标准，都是由该研究所提出的。

### 工作场所检查

职业安全和健康管理署官员（检查人员）由《职业安全与健康法》授权实施对工作场所进行检查。通常职业安全和健康管理署实施检查不会事先通知，虽然如此，雇主有权要求在接受检查前查看职业安全和健康管理署的搜查令。最初，雇主不会得到检查的事先通知，并且不能拒绝检查员的检查要求。然而，在 1978 年最高法院对马歇尔与巴罗公司案（Marshall v.Barlow's, Inc.）的判决规定，如果没有搜查令，雇主可以拒绝检查员的检查要求。然而同时，法院也规定在这种情况下，获取搜查令要比在刑事案中容易得多。实践中的人力资源管理 16.1 介绍了马歇尔与巴罗公司诉讼案。

### 优先检查

因为职业安全和健康管理署不可能检查《职业安全与健康法》涵盖的所有工作场所，因此制定了一项优先检查制度。管理署在下列条件下有权优先检查。

> 可能立即发生的危险，或有合理理由确定存在一种预计会立即引起死亡或严重身体伤害的危险，或在危险可以通过正常执法程序消除之前的任何一种情况。

## 实践中的人力资源管理 16.1

### 马歇尔与巴罗公司

巴罗公司（Barlow's Inc）是一家位于爱达荷州波卡提洛市（Pocatello）从事电气和管道安装的公司。1975年9月，当一位职业安全和健康署检查员向巴罗先生提出是否可以对其企业内安全违规情况进行检查时，巴罗先生质问他的企业是否已受到指控，检察员告诉他并没有任何指控。按常规既然公司没有受到任何指控，巴罗先生也拒绝了检查员的检查要求。

三个月后，劳工部长雷·马歇尔向美国爱达荷州的区法院提出请求，要求法院颁发一项命令强制巴罗先生接受检查员的检查。巴罗又一次拒绝了检查要求，并要求得到一项强制令以阻止他所认为的毫无根据的搜查。1976年12月30日，由三名法官组成的法庭作出了有利于巴罗先生的裁决，雷·马歇尔遂提出上诉。1978年3月23日，美国高级法院作出最终裁决，职业安全和健康管理署对工作场所进行有关安全危害和违规情况的检查在没有搜查令的情况下是违反宪法的。

资料来源："*Marshall v. Barlow's, Inc.*," *Supreme Court Reporter* 98A (St. Paul, Minn.: West Publishing, 1980), pp. 1816–34.

导致任何员工死亡或者3人以上住院治疗的灾难或死亡事故。

员工对可能立即发生危险或可能引起死亡或严重伤害的员工违规行为的投诉。

其他个人、机构、组织或媒体提请。

对存在大量危害或相关损伤的行业实施有计划的或例行的检查。

跟进以前的检查。

### 检查程序

职业安全和健康管理署检查员到达之后，雇主代表应首先要求检查员出示职业安全和健康管理署证件。然而，正常情况下，检查员会先同组织的高层管理召开预备会议。人力资源经理通常要与会。会上，检查员要解释检查的目的、范围及所运用的标准。下一步通常是由检查员要求一位雇主代表（一般是人力资源部门的成员）以及一位员工代表（如果在场，通常由员工或工会直接选出）联合进行设施巡回检查，雇主在任何情况下都不能指定员工代表人选。之后，检查员继续对设施的部分或全部进行检查。最后，检查员再次同雇主或雇主代表举行会谈，在会上，检查员将提出他发现的所有明显违反规定或者可能招致传讯的地方。

### 传　讯

在某种情况下，会议结束之后，检查员有权当即在工作现场对雇主提出传讯。这种情况仅发生在立即防护是必要的条件下。通常，传讯由职业安全和健康管理署地区长官提出，传票通过正式函件送达。一旦收到传票，雇主必须将传票附件张贴在违法行为现场或其附近 3 天或 3 天以上，直至该违法行为得到纠正为止。

## 处　罚

表 16.1 列出了最可能招致传讯的 5 种违规情况及可能受到的相关处罚。在某些情况下，处罚可能会适度减轻。而诸如篡改记录，对检查员进行攻击等行为，则可能会加重处罚。

## 报告与记录保存要求

所有雇主在知晓下列任何一种情况后必须在 8 小时之内向职业安全和健康管理署报告：(1) 任何员工因工作事故而死亡；（2）3 名或 3 名以上员工因工作事故而住院接受治疗。此外，雇主必须报告所有的致命性心脏病发作。公共街道（位于施工作业区内的公用街道除外）上因机动车辆事故而死亡，以及商用飞机、火车、地铁或公共汽车事故中的死亡不需要报告。

拥有员工达 11 人或以上的雇主，必须达到职业安全和健康管理署规定的某些记录存档要求。这些要求包括：

- 如实记录员工职业伤害和疾病发生时的所有情况，并且保证员工可以查阅这些记录。
- 保存伤害和疾病记录，并且在 2 月 1 日至 4 月 30 日期间将年度工伤和疾病概要张贴出来。公司主管领导必须核实这份概要的准确性。

表 16.1 违反《职业安全与健康法》的类型

| 违反程度 | 解释 | 处罚意见 |
| --- | --- | --- |
| 不太严重 | 跟工作安全与健康直接相关，但不太可能会招致死亡或严重伤害。 | 每次处以最高 7 000 美元的罚款（视情况酌情处理）。 |
| 严重 | 很可能导致死亡或严重身体伤害，并且雇主知道或应当知道这种危险。 | 每次处以最高 7 000 美元的罚款（依法处置）。 |
| 故意 | 雇主故意或有意识地违规，雇主知道其做法违法，或者意识到危险状况的存在而没有采取合理的消除措施。 | 每次处以最低 5 000 美元，最高 70 000 美元的强制性罚款。导致一个员工死亡的，将由法院处以罚款或判处 6 个月的监禁，或者两者并罚。除了刑事处罚以外，对个人处以最高达 25 万美元，对企业处以最高 50 万美元的罚款。 |
| 重复违法 | 复查时，在同一地点再次违反任一标准、规定、制度、条例。 | 每次处以最高可达 7 万美元的罚款。 |
| 未能纠正以前的违法行为 | 对于已经被 OSHA 提出过诉讼的违法行为，不能在规定期限内纠正。 | 每超出规定期限一天，就增加高达 7 000 美元的民事处罚。 |

资料来源：*All about OSHA* (Washington，D.C.:U.S. Department of Labor,2003) pp. 26-27.

- 无论从伤害到死亡历时多久，任何死亡事件都要记录。
- 一旦劳工部或卫生和福利部部长的代表，或者正在调查研究或统计汇编的州需要，就要提供有关伤害和疾病的记录用以检查和复印。
- 遵守《职业安全与健康法》特定标准中补充的记录保存与报告要求。

职业安全和健康管理署的许多标准都有专门的记录保存与报告要求，但《职业安全与健康法》规定所有的雇主必须填写一些表格。目前，要求填写的记录保存表格有三个：**《职业安全与健康法》表 300——工伤和疾病日志**（Log of Work-Related Injuries and Illnesses）；**《职业安全与健康法》表 300A——工伤和疾病概要**（Summary of Work-Related Injuries and Illnesses）；以及**《职业安全与健康法》表 301——伤害和疾病事故报告**（Injury and Illness Incident Report）。表 300 要求雇主在自知晓之时起 6 个工作日之内记录每次应该记录的职业伤害和疾病。这些记录包括职业病（无论严重程度如何），以及所有导致死亡、误工 1 天或 1 天以上、工作或行动受限制、失去知觉、工作调换、医疗（除了急救之外）的职业伤害。表 300A 是为了使公布和计算事故发生率更便利而设计的。雇主必须在每年 2 月 1 日前张贴出上一年度记录的记录副本，并至少把它们一直保留到 4 月 30 日。表 301 包含了更多有关伤害和疾病如何发生的信息，也必须在雇主知晓工伤或疾病发生之时起 7 日之内完成。这些表格必须由组织保留 5 年，并且在检查时能及时提供。

# 事故原因

事故是由周围环境及偶发事件共同引起的，原因通常是不安全的工作行为、不安全的工作环境或者两者兼而有之。

## 个人行为

据估计，80% 的组织事故是由于不安全的个人行为引起的。不安全的个人行为包括：冒不必要的风险、打闹、不穿戴防护装备、使用不正确的工具和设备及在工作程序上采取不安全的快捷操作等。

很难说员工为什么会做出一些不安全的个人行为。疲劳、憎恶、厌烦、紧张、视力不佳、注意力不集中等都是可能的原因。但是，这些原因并不能完全解释为什么员工有意识地不穿戴规定的装备或者不遵守程序。大部分员工都认为发生事故也轮不到自己。这种想法很容易导致对可能发生事故的疏忽或缺乏认识。当然也有些人发生危险并不是由于偶然因素或者自我炫耀。

研究结果还显示，同那些对事故持消极态度的人相比，采取积极态度、认真对待的人较不容易发生事故。这并不奇怪，因为消极对待就会在工作中粗心大意。

## 物质环境

事故可能在任何环境下发生，例如办公室、停车场、工厂。但确实在某些工

表 16.2 记录不安全的工作环境

| 无人看守或疏于看守的机器（例如无人看守的传动带） |
| --- |
| 糟糕的后勤管理（例如堵塞的通道、脏乱或潮湿的地板、不牢固铺设的地毯、不正确堆放的材料等） |
| 有缺陷的设备或工具 |
| 照明不足 |
| 通风不畅 |
| 着装不当（例如在有旋转部件的机器旁工作时，穿着衣袖长而宽松的衣服） |
| 尖锐的边角 |

作环境下更容易发生事故。表 16.2 列出一些常见的不安全工作环境。

## 事故倾向

导致事故的第三大原因是某些人具有事故倾向。一些员工由于他们自身的身体、精神等原因，更容易发生事故。这些情况可能是天生的，但更多是由于受到个人周围环境的影响。然而，这种倾向不能当作对事故的辩护。在某些特殊情况下，任何人都可能发生事故。例如，任何一个员工如果因为孩子生病而一整夜没有休息，那么第二天他很可能就具有事故倾向。

# 如何衡量安全性

事故频率及事故严重度是用于衡量组织安全记录最广泛运用的两个方法。**事故频率**（frequency rate）用于衡量致残性损伤事故发生的频率。**致残性损伤**（disabling injuries）会导致员工在事故后耽误一天或更长的工作时间。致残性损伤也被称为误工伤害。**严重度**（severity rate）则是通过计算受伤员工的误工时间来衡量事故的严重程度。在确定事故频率和严重度时，只能通过计算致残性损伤方能得到。图 16.1 给出计算一个组织的事故频率和严重度的公式。

纯粹地讲事故频率和严重度没有太大意义，需要将它们和其他数据，例如组织中其他部门、科室的数据，或组织中前几年的数据，或者其他组织的类似数据做比较。通过比较，才能对组织的安全记录进行客观评估。

**图 16.1 计算事故频率和严重度的公式**

$$频率 = \frac{致残性损伤事故的数量}{在相关年度所有员工工作的总小时数} \times 1\,000\,000$$

$$严重度 = \frac{因伤害造成的误工天数^{*}}{在相关年度所有员工工作的总小时数} \times 1\,000\,000$$

* 美国国家标准学会建立了用于确定各种事故导致的误工天数的计算公式。具体来讲，导致死亡或终身失能事故的误工天数为 6 000 天（大约等于 25 个工作年度）。

# 组织的安全方案

组织安全方案的核心就是事故预防。显然，阻止事故发生要比发生后再去处理好得多。任何一个安全方案的主要目的就是使员工“心系安全”。因此，多数方案都是用来使员工时刻牢记“预防事故，保证安全”。使员工认识到安全重要性的方法有很多，但是，大多数成功的安全方案都有四项基本要素：第一，它必须获得组织中高层管理部门的持续（而不是偶尔的）支持。如果高层管理部门对安全问题不关心的话，员工同样会很快失去兴趣；第二，必须认识到安全是运营经理的一种责任。所有的运营经理都必须将安全视为他们工作的一部分；第三，对待安全问题必须保持积极的态度。员工必须相信安全方案是有价值的，并且能产生良好的效果；第四，必须有一个人或一个部门来负责安全方案及其执行。通常，人力资源经理或者人力资源部门应有专人主抓安全方案的落实。

## 促进安全

为了提高安全性，可以做很多工作。这里有如下建议：

1. 使工作更有趣味。没有趣味的工作常导致厌烦、疲劳、压力等。所有这些都有可能引发事故。很多时候，做一些简单的改变就可以使工作变得更有意义。通过增加责任感、挑战性及其他类似能够提高员工工作满意度的因素，通常都能有效地增加工作的趣味性。
2. 建立一个由基层员工和管理人员代表共同组成的安全委员会。安全委员会让员工直接参与安全方案的运行。最好采用 5~12 名成员轮换的制度。安全委员会一般的职责包括检查、监督具体工作，调查事故，提出建议。委员会每月至少召开一次会议，所有人都必须参加。

3. 以员工安全竞赛为特色。可以给在规定的期限内保持良好安全记录的工作小组和个人颁奖，也可举办安全知识竞赛，另外，可以定期奖励那些能够提出事故预防合理化建议的员工。
4. 公布安全统计数字。月度事故报告应该张贴出来，公开征集诸如“如何避免事故”之类的建议。
5. 在组织中广泛使用公告栏。图片、漫画和简报等，如果能正确使用，都是非常有效的。重要的是要经常更新公告栏内容。
6. 鼓励员工（包括基层主管和经理）提高安全期望。对积极的安全行为及对改进安全状况有贡献的人要给予肯定和表扬。
7. 定期制定安全培训方案并召开会议，员工作为角色扮演者或指导者到场参加。接下来将讨论如何制定第一次安全培训方案。

## 制定安全培训方案

以下是制定安全培训方案所要采取的几个基本步骤：

1. 检查事故及伤害记录，同部门主管交流并了解他们的需求，据此确定培训要求。不管严重度如何，尽量确定安全问题可能发生的地点、可能的潜在原因及过去所采取的纠正措施。
2. 测量员工的安全技能水平。利用笔试、面试、观察以确定员工的工作知识水平。
3. 设计方案以解决这些问题。可以利用外部的有效资源，如顾问、设备供应商甚至职业安全和健康管理署等。为了达到最佳效果，可使用不同的教学方法，并设法使尽可能多的员工参与进来。
4. 让生产线管理人员参与进来。一旦高层管理者接受了安全思想，就告诉生产线管理人员关于整个组织中的安全问题。通过列举案例和指导，强调指出它们可以使问题得到解决。
5. 对方案的有效性进行评估。尝试回答以下两个基本问题：方案是否改变了员工的行为？方案是否对企业安全生产起到了积极作用？

6. 调整安全流程。定期审核培训计划并做出调整，以体现新的安全标准及企业与行业的变化。

# 员工健康

至今，对安全及事故预防的重视程度仍然比员工健康要高得多。然而，这种情况正在改变。统计显示，职业病对产业的影响同职业事故对产业的影响相当，甚至更为严重。而且，最近几年，在美国非致命的工伤事故及疾病的发生数量有所下降，而同期职业病的发生率却在上升。另外，还有一些疾病和健康问题同工作没有必然联系，但却影响工作绩效。许多组织现在不仅在努力消除工作场所的健康危害，而且在设法以各种方案来提高员工的健康水平。

## 职业健康危害

"西弗吉尼亚的矿工不能正常呼吸，德克萨斯农药工厂的工人不能正常行走，芝加哥医院的麻醉师怀孕后流产。"这些人同其他成千上万的员工一样，都是职业病的受害者。职业病可以定义为：由于暴露于同职业有关的环境要素中而产生的任何身体或精神上的不适与疾病（并非由于职业伤害所致）。据报道，2005 年美国私营企业的员工中大约新增 242 500 宗职业疾病案例。美国劳工部将职业病分为如下四大类：（1）职业皮肤病或失调；（2）有毒物质造成的呼吸系统疾病；（3）中毒（有毒物质造成的系统影响）；（4）所有其他职业疾病。2005 年，私营企业中的非致命职业病发病率为每万名全职员工 26.7 宗。

对职业病认识的不断增加也是当初《职业安全与健康法》得以通过的原因之一。另外，1976 年的**《有毒物质控制法》**（Toxic Substance Control Act）要求对每年在市场上首次出售的化学物质进行预先检验。1980 年职业安全和健康管理署颁布了一项规定，要求组织对某些具有潜在危害的物质进行安全测试，并对员工接触这些物质的情况进行记录。而且，这些记录在必要的时候必须能够提供给员工、员工代表以及职业安全和健康管理署。另外，这些医学记录即使在员工离开了岗位以后也必须保存 30 年。其中对一些具体的危害，还颁布了相关的补充规定。

### 危险告知

因为工作场所化学物质的危害性，职业安全和健康管理署在 20 世纪 80 年代初颁布了“危险告知准则”，也称为知情权准则。准则的基本目的就是确保雇主、员工知晓工作场所中存放何种化学物质以及如何保护自己免受其危害。它的目标是减少由于化学物质引发的疾病和伤害。

**危险告知准则**（Hazard Communication Standard）确立了统一要求，确保所有进入工作场所，或者在工作场所使用、生产的化学物质的危害性都得到评估。职业安全和健康管理署收集了大量的资料以帮助雇主和员工实施有效的危险告知方案。例如，www.eduwhere.com 网站提供免费的在线课程，以帮助员工和雇主学习工作场所中化学物质的各种危害。

## 工作场所中的压力

**压力**（stress）是一种由于意识到潜在的危险（身体或精神上）并且要求消除这种危险而产生的精神和生理状况。当环境条件提出的要求超出一个人的能力和资源范围时，就可能产生压力。压力可以在员工身上以多种形式表现出来，例如旷工增加、工作转换、低效及工作失误。另外，压力过度会导致生理及精神问题。较常见的与压力有关的失调包括焦虑和偏头痛，冠状动脉心脏病，高血压，胸、颈、后背部的肌肉紧张，胃炎，消化不良，溃疡，腹泻，便秘，支气管性哮喘，风湿性关节炎，以及月经不调和某些性功能障碍。从心理学观点来看，过度或长时间的压力会对一个人的各方面产生不利影响。例如，注意力、记忆、睡眠、食欲、动机、情绪以及同他人相处的能力等。表 16.3 列出了导致与工作有关的压力的常见来源。

国家职业安全与健康研究所列举了下列数据：

- 40% 的员工报告他们的工作非常或极其有压力。
- 25% 的员工认为工作是生活中的第一大压力源。
- 75% 的员工认为当代员工比上一代有更多的工作压力。
- 29% 的员工感到工作时相当或极其焦虑不安。
- 26% 的员工表明他们“经常或常常因为工作而职业倦怠或焦虑不安”。

表 16.3　与工作有关的压力的常见来源以及原因

| 来源 | 原因 |
|---|---|
| 失业威胁 | 员工自身无法左右的经济萧条或其他原因导致的裁员。 |
| 工作不适合 | 工作本身对员工有高要求，超出其技能或能力（不能胜任工作）。<br>工作不能提供给员工充分施展技能或能力的机会（未充分使用人才）。 |
| 期望冲突 | 正式组织的行为期望与员工的行为期望相冲突。<br>非正式团体的行为期望与员工的行为期望相冲突。 |
| 角色不明 | 员工不清楚或不确定在工作中应如何表现。<br>员工不清楚或不确定工作的期望是什么。<br>员工不清楚或不确定工作绩效与预期结果（奖励、处罚等）之间的关系。 |
| 超负荷工作 | 员工不能胜任工作。<br>员工被要求超时工作（时间压力）。 |
| 恐惧 / 责任 | 员工担心工作表现不好或不能完成工作。<br>员工对获取高成就目标感到有压力。<br>员工对他人负有责任。 |
| 工作条件 | 工作环境令人不愉快，例如，照明不足，对温度和噪声的规定不当。<br>对工作的要求可能不必要地产生了节奏不当、社交孤僻及其他问题。<br>机械的设计和维护程序产生压力。<br>工作时间过长或没有规律。 |
| 工作关系 | 员工个人不善于处理与上司、同事、下属有关的问题，或不善于与他们共同工作。<br>员工不善于团队工作。 |
| 隔离 | 有限的社交。<br>员工不参与决策。 |

资料来源：*Personnel*. Copyright 1983 by American Management Association. Reproduced with permission of American Management Association in the Format Textbook via Copyright Clearance Center.

根据美国压力协会（一家非营利研究机构）的数据，每年因压力所引发的事故、旷工、员工离职、工作效率降低、直接医疗和保险费用、员工赔偿及其他法律上要求的费用而耗费雇主的金钱，据估计在 3 000 亿美元以上。该机构同时公布，60%~80% 的工作事故与压力有关。为了改善这一状况，许多组织都实施了用以减少员工压力的培训方案。这些方案中的大多数都是教给员工自助技术来减轻压力。

## 职业倦怠

当一个人觉得工作对他来说失去意义时，就会出现**职业倦怠**（burnout）。职业倦怠可以由压力或其他一些与工作或个人有关的因素所导致。图 16.2 显示了经常导致职业倦怠的事件序列。当人们越来越了解职业倦怠时，一些与职业倦怠相关的错觉也就显露出来了。

错觉 1：职业倦怠只不过是为了给那些懒人一个可以不工作的借口而新造的一个名词而已。虽然职业倦怠是一个较新的术语，但这种现象已存在很久了。历史上有诸多如作家、艺术家、科学家逐渐或突然停止创作的例子。

错觉 2：只要人们仍然喜爱他们的工作，他们就会一直努力地工作下去，永远也不会有职业倦怠。任何工作，只要本身包含大量持续的挫折、争斗和压力，都会导致职业倦怠。

错觉 3：每个人都会在自己出现职业倦怠时意识到这一点，之后他所需要做的就是休息几天或几个星期，过后他就会恢复如初。不幸的是，大多数人都是到职业倦怠晚期才意识到它的发生。

错觉 4：一个身体上、心理上都强有力的人不大会发生职业倦怠。身体和心

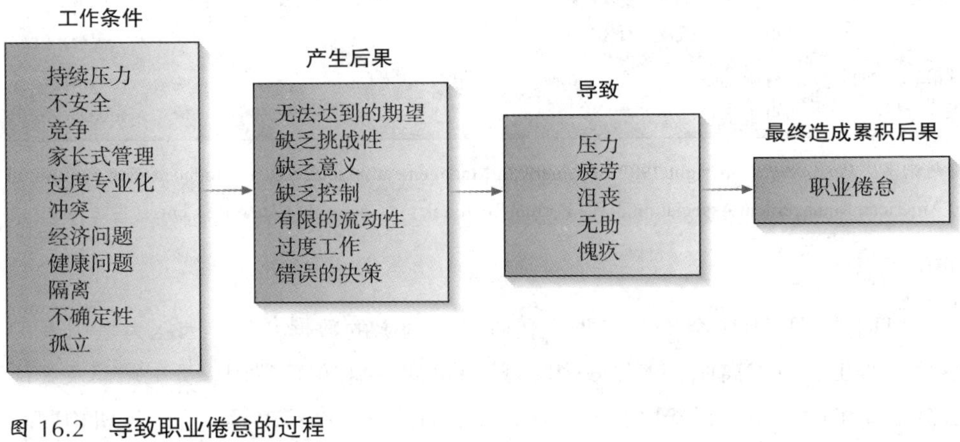


**图 16.2 导致职业倦怠的过程**

资料来源：Donald P. Rogers, "Helping Employees Cope with Burnout," *Business*, October–December 1984, pp. 3–7. Copyright © 1984 by the College of Business Administration, Georgia State University, Atlanta. Reprinted by permission.

理上都强有力的人可能比比较脆弱的人更能努力地工作。但是，如果没有缓释压力的正确方法，无节制地工作仍然会导致严重的伤害。

错觉 5：工作上的职业倦怠总是与工作有关。职业倦怠通常由工作、家庭、社会及个人因素等多方面原因共同造成。

从组织的观点来看，减少职业倦怠的第一步是识别那些最有可能发生职业倦怠的工作。空中交通管制员和一些与计算机相关的工作的确比别的工作更容易造成职业倦怠。只要识别了这些工作，就可以采取一些措施来减少职业倦怠，例如，对工作进行再设计、澄清工作期望、改变工作程序、改善工作的物质条件、对员工进行培训等。

## 酗酒及药物滥用

物质滥用和精神健康服务管理局估计，在 2005 年美国有近 1 970 万人使用非法药物，5 500 万人轻度酗酒，还有 1 600 万人严重酗酒。国家酗酒与药物依赖问题委员会估计，每年因酒精和药物滥用造成的工作效率降低、健康医疗支出、犯罪、机动车辆事故等问题给美国经济带来的损失高达 2 760 亿美元。同大多数员工相比，物质滥用者：

- 迟到次数多 3 倍以上。
- 请假时间多 2.2 倍以上。
- 误工（8 天或 8 天以上）次数 2.5 倍。
- 享受 3 倍的疾病津贴。
- 提出赔偿要求的可能性高 5 倍以上。
- 卷入事故的可能性高 3.6 倍以上。

另外，物质滥用也会导致工作效率和工作质量降低、财产和设备受损、偷窃、士气降低、安全违规和决策失误等。

### 酗　酒

多年以来，人们认为酗酒者缺乏自我控制和道德观念。现在，一般认为酗酒是一种由多种原因导致的疾病。并不仅仅是特定阶层的人才酗酒，公司的员工上至首席执行官下至门卫都有可能。根据美国卫生和福利部 2005 年开展的全国药物滥用和健康调查，几乎 80% 轻度酗酒以及严重酗酒的成年人是在职工作者。

美国酗酒与药物依赖问题委员会估计，一个酗酒员工给雇主造成的经济损失可达该员工工资的 25%。同那些无酗酒行为的员工相比，酗酒员工因病误工的情况要多一倍以上，酗酒员工发生工作事故的几率也要高 2~3 倍。有人估计，行业中 50% 的"问题员工"都是酗酒者。

尽管与酗酒有关的成本证据充足，但是许多组织也只是在最近才开始真正设法解决员工的酗酒问题。1973 年的一项调查发现，只有 400 家美国大公司制定了解决员工酗酒问题的方案。此后所做的类似调查显示，这个数字在 1982 年达到了 5 000 家，1987 年超过 9 000 家，1991 年超过 10 000 家，而 1998 年则超过了 20 000 家。

现在许多组织都建立了内部的酗酒治疗方案。大部分信息都显示，无论从治愈率还是性价比来讲，内部的酗酒治疗方案确实起到了很好的效果。例如，纽约市警察局、杜邦、联合爱迪生、伊利诺伊州贝尔公司、伊斯曼柯达、通用汽车、内陆钢铁公司都报告治愈率达 60% 以上。

用于治疗酗酒的方案通常归入员工援助计划（EAP）。员工援助计划将在此章的后面部分详细讨论。

### 其他药物

酒精之外的其他药物滥用是一种新现象。除酒精以外，其他药物滥用通常可归结为三类：滥用大麻、处方药物和致瘾药物。据美国卫生和福利部透露，药物滥用者中大约有 75% 是公司在职员工。尽管大部分滥用药物的员工是年轻人，但并不都是蓝领工人。通常来讲，员工滥用药物要比酗酒更难监测。酒精可以直接闻出来而药物却不能，而且，在午餐或别人不留神时吞一粒药丸是件相当容易的事。目前估计美国有 10% 的全职员工使用非法药物。

### 药物测试

由于工作场所滥用药物越来越多，很多公司已着手开始对求职人员和在职员工进行药物测试。据美国管理协会报告，雇主使用药物测试的高峰是 1996 年的 81%，1999 年下降到 70%，2004 年下降为 62%。然而，许多大公司（即使不是绝大部分）所使用的药物测试手段在小公司中依然不多见。另外，在药物测试过程中蕴含一定的法律危险，因而在实际操作中应格外警惕。员工可以以损毁名誉来控告雇主错误地断定其滥用酒精和药物（受害者得到的名誉损失费已高达 45 万美元）。在实施药物测试方案时可建议采用如下规则：

- 在组织范围内建立一个例行、统一的物质滥用政策，并且采用非强制性态度来坚持这项政策。
- 在证实前假定员工是非药物滥用者。
- 只要可能就给药检呈阴性的员工实际职业资格（Bona fide occupational qualification, BFOQ）。
- 起草一份雇佣前的统一测试协议，并要求新员工签订这份协议；对于在职员工，把药物测试作为恢复、晋升和调动的先决条件。
- 对管理者进行培训以发现有问题的员工并安排他们进行测试。
- 使用高质量的尿检样式，而不是最便宜的方法。
- 使用监控实验室，确保员工双盲测试（blind testing）程序的诚实可信。双盲测试要求测试者在测试的过程中不知道被测试者的身份。
- 采用适当的监控和保护措施确保被测试的样本是有效的。
- 在测试期间，要求被测试的员工列出他们服用的所有非处方药物。
- 冲洗并保存尿检结果良好的员工的底片，以备比较。
- 对所有的测试结果保密。

通常，人们对药物测试的批评集中在下班后的行为。许多员工认为这种测试侵犯了他们的个人隐私，由此引发了许多道德问题和法律诉讼。为了避免与传统药检相关的潜在问题发生，一种新的测试方式——行为或损伤测试（Performance or Impairment Testing）诞生了。这种测试不会出现传统测试带来的副作用（这些副作用或许会造成损害）。行为测试考察一些生理变量，如协调性和特定任务的反应时间。例如，一种测试任务可能是观察 CRT 屏幕并操纵遥杆或键盘，然后将个人成绩与标准分或先前的分数做比较。在美国大部分地区，商业性的行为测试最近才出现。

## 艾滋病

根据美国疾病控制中心（Centers for Disease Control, CDC）的定义，艾滋病(AIDS)是“一种能够确切诊断的疾病，它至少适度地表明了人体潜在的细胞免疫力下降，患者既无已知的细胞免疫力下降的潜在病因，也无任何与此疾病相关的能够引起抵抗力下降的其他病因”。美国疾病控制中心报告，2005年12月美国确诊的成年及青少年艾滋病患者就已经有956 666例。

1973年颁布的《职业康复法》(Vocational Rehabilitation Act）和许多州立法律都为感染艾滋病的员工提供保护。根据这些法律，如果求职者仅因为是艾滋病患者而被公司拒绝录用，他们就可以向法院提请歧视诉讼。《职业康复法》限定，禁止歧视有职业资格的残疾人，公司弃用残疾人的惟一合法理由是没有工作能力。但是我们也应该清楚，《职业康复法》只对如下四种人有效：一是联邦承包商，他们签订了2 500美元(含)以上的合同；二是联邦承包商的子承包商；三是接受联邦政府财政援助者；四是联邦代理机构商。那些不受《职业康复法》约束的公司要在所在州和地方法律规定下行事，不同州之间的法律有相当大的差别。

对于艾滋病患者，必须考虑如下几方面的问题才能决定其是否可以受到《职业康复法》的保护，即此人是否是残疾人（根据残疾人定义）；此残疾人有没有其他能力来做这份工作；此人的疾病会不会传染给其他人。如果这位感染艾滋病的员工不符合以上三种情形之一，那就不能得到《职业康复法》的保护。

然而，《职业康复法》不会禁止雇主解雇一名不再有能力胜任其工作的员工。同时，还会给雇主提供一些合理化的建议。而且，这些建议不会给雇主带来一些不合理的财务或管理负担。

目前，人们还没有办法或使用有效的疫苗来治疗艾滋病。许多公司在解决艾滋病造成的医疗和社会难题时，把教育作为一种最为切实可行的方法。除了制定有关政策来协助艾滋病患者之外，有些公司正努力设计详细的培训方案来教育那些患有艾滋病的员工。美国艾滋病基金会的一份调查报告显示，65%的受访者表明他们希望在工作场所获得艾滋病教育。仅有22%的受访者报告他们目前正在接受艾滋病教育。表16.4概括了在工作场所进行艾滋病教育的许多潜在好处。

**表 16.4 在工作场所进行艾滋病教育的潜在好处**

- 帮助每一位员工明白 HIV 是什么，以及 HIV 如何防止传染，从而可以防止员工中出现新的感染者。
- 通过教育使监督者和管理者对工作场所中感染 HIV 的员工所提出的合法问题保持警惕，工作场所中绝大多数与艾滋病相关的法律诉讼涉及歧视和对隐私的侵犯，良好的培训可以防止此类问题的发生。
- 防止员工歧视 HIV 感染者 / 艾滋病患者。
- 对于感染 HIV 的员工所提出的合理住宿要求，可以通过教育使监督者和管理者有充分的思想准备来考虑这些问题。
- 提高士气。在对员工进行了 HIV 知识培训之后，公司通常会报道教育在提高员工士气方面所起的积极作用。

## 员工援助计划

许多大型组织和成长中的小型组织正在努力帮助员工解决个人存在的问题。这些问题不仅包括酒精和药物的滥用，而且还涉及挫折、焦虑、心灵创伤、经济问题以及其他精神和医疗方面的问题。组织提供的这些帮助不纯粹是利他的，主要目的在于节约成本。这种帮助通常是通过**员工援助计划**（Employee Assistance Programs，EAPs）的形式来提供的。

### 个人问题的代价

工作场所中的个人问题所产生的主要影响是工作效率降低、旷工和拖沓现象。工作场所中的个人问题所导致的直接后果是保险费用支出的增加，其中包括员工疾病和事故所得到的补偿金支出。另外，存在问题的员工还会造成士气低落，员工和员工之间、员工和上司之间的摩擦增多以及心灵创伤升级。而且，培训过的员工由于伤残、退休或者死亡而给公司带来了永久损失也与个人问题有关。虽然上述情况难以量化，但个人问题的真实代价就是商业利润的损失和企业公众形象的破坏。

## 组织介入

直到近期，许多组织还在努力回避那些与工作不相关的个人问题。尽管意识到了这些问题的存在，但大多数管理者认为，他们不应介入员工的私生活。在过去，解雇有问题的员工是公司通常的做法。然而近几年，成本核算、工会和政府立法改变了这种行为。如今人们认可的一种观点是，员工个人问题在没有影响到工作绩效时可以认为是私事，而一旦影响到了工作绩效，员工个人问题就应该受到组织的关注。

研究表明，通过员工援助计划可以明显地减少旷工，同时还发现工伤事故和挫折感也有所减少。在实施了员工援助计划以后，员工获得的保险赔偿金、疾病和事故补偿金以及去诊所的次数都趋于下降。人力资源管理协会 2006 年的一份调查发现，70% 的受访公司都提供了员工援助计划。

## 员工援助计划的类型

组织可以为员工提供不同水平的援助。比如，有些组织仅仅提供一些教育计划，而另外一些组织则提供一套完整的诊断和治疗计划。最常见的员工援助计划就是组织雇佣一名协调员来评估员工问题，然后把那些可能有问题的员工送往相关部门或诊所进行诊断。有时候雇佣的协调员不是全职员工，只是组织的兼职顾问。这种员工援助计划尤其受小雇主和大型公司部门经理的欢迎。第二类员工援助计划是组织雇佣有资格的专业人士来诊断员工存在的问题，随后，将这些存在问题的员工送到相关部门或诊所治疗。第三种员工援助计划是组织直接在内部提供诊断和治疗服务。由于维护专业设备的复杂性，而且需要雇佣一支合适的专职队伍，大多数公司都发现这种方法不划算。

## 一项成功员工援助计划的特征

一项成功的员工援助计划，首先要员工认可接受，同时员工不害怕计划的实施。经验表明，员工援助计划要想取得成功，关键就是要具备一些确定的因素。表 16.5 概括了一项员工援助计划应具备的几个最重要的特征。

美国劳工部的研究发现，雇主在一项员工援助计划中每投入 1 美元，就会获

表 16.5　一项员工援助计划的 10 个关键要素

| 要素 | 意义 |
|---|---|
| 管理层的支持 | 没有最高管理层的支持，关键部分和总体效果会受到严重限制。 |
| 工会的支持 | 如果没有员工所在工会的支持，员工援助计划就没有任何意义。 |
| 保密性 | 如果对员工实施一项员工援助计划，匿名和信任是至关重要的。 |
| 容易获取 | 可以使效用和收益最大化。 |
| 管理者培训 | 员工在接受援助时，关键是管理者要理解和支持员工提出的要求。 |
| 对工会代表进行培训 | 一个重要的变量是员工同工会代表进行接触。 |
| 提供保险 | 有时可选择的援助是昂贵的，因此保险支持是必须的。 |
| 服务种类的广泛性 | 大量的问题要求得到相应的援助（例如，滥用酒精、家庭纠纷、个人问题、经济困难、心情悲伤、医疗费用等）。 |
| 专家权威性 | 在实施援助过程中，熟练的职业专家必须获得员工的信任。 |
| 追踪并进行评估 | 监测计划的有效性并进行全面改进。 |

资料来源：Reprinted with permission of *Personnel Administrator*, published by the Society for Human Resource Management, Alexandria, VA.

得 14 美元的收益。员工援助计划协会的首席执行官约翰·梅纳德认为“员工援助计划可以将旷工和迟到减少 10%，同时也可能将工作效率提高 25%”。由于员工援助计划可以为雇主和员工双方都带来明显收益，所以它将继续发展并日益普及。有证据显示员工援助计划在其他国家也日益普及，尤其是在加拿大、英国以及中国。实践中的人力资源管理 16.2 介绍了韦格曼斯食品超市的员工援助计划。

## 工作 / 生活计划

工作 / 生活计划是雇主提供的福利或有助于雇员平衡工作与非工作需求的工作条件。通常这些计划包括诸如弹性办公时间、工作分担、远程办公（以上这些在第 4 章已讨论过）、弹性福利（第 15 章已讨论过）、健康计划（本章稍后讨论）、儿童看护和老人护理援助以及病假规定等内容。单亲家庭和双职工夫妇的普遍存在对工作 / 生活计划的需要产生了重要影响。

虽然许多公司可能不会选择将他们的工作 / 生活计划与美元价值联系起来，

### 韦格曼斯的员工援助计划

韦格曼斯食品超市公司（Wegmans Food Markets Inc.）是一家总部位于纽约州罗彻斯特的食品杂货连锁店，公司也在宾夕法尼亚州的迪克森城和威克斯巴勒开展经营活动。韦格曼斯在罗彻斯特大约有 13 700 名员工，在美国国内共有 37 400 名员工。

韦格曼斯向它的员工提供援助计划始于 1985 年。当时，韦格曼斯通过与罗彻斯特的帕克里奇医院签订合同，实施员工援助计划。自 1990 年以来，公司一直保持着一个由韦格曼斯员工组成的内部员工援助计划办公室。员工援助计划经理维祺・莱特说，公司的现场员工援助计划可以解决许多问题，从压力管理到员工关怀，再到各种成瘾问题。有需要时，她的办公室也会将有问题的员工向外转诊。韦格曼斯的员工援助计划不限制员工及其家庭成员的使用次数。"我们认为，只要员工与辅导顾问有联系，得到他们需要的帮助和支持，只要员工从中受益，只要员工需要，我们就乐意支持这项计划。"莱特说道。

韦格曼斯以公司员工的忠诚著称，公司 11% 的员工连续在公司工作 15 年以上。2010 年 1 月，韦格曼斯被《财富》杂志评为"美国最佳公司"之一，排名从 2009 年的第 5 名上升到第 3 名。

资料来源：Shelia Livadas，"Employee Assistance Programs Evolve，Broaden Scope，" *Rochester Business Journal*, May 23,2008,p.28,and James Haggerty, "Edward Jones,Wegmans Named Best Companies to Work for by Fortune Magazine," McClatchy_Tribune Business News, January 22,2010.

但有大量的证据显示，无论是在"硬"数字上，还是在"软"收益上，这些计划都取得了预期效果。许多人认为工作 / 生活计划可以留住员工、提高员工士气以及工作效率。最近的一项调查表明，将近 50% 的受访企业在过去两年内增加了他们提供的工作 / 生活计划的数量。同时有证据显示，越来越多的雇主正在把工作 / 生活计划和员工援助计划融为一体。雇主、辅导顾问和提供者认为通过整合这些计划，公司可以为员工提供"一站式"选择项目，这些项目在有效帮助员工的同时，也有力地减少了成本，消除了管理重叠。

## 员工健康计划

作为工作 / 生活计划的一种类型，许多公司已经着手设计用于防治疾病和增

**表 16.6 员工健康计划带给公司的特定好处**

- 杜邦公司称其提供员工健康计划的 41 个经营场所各自非因工疾病导致的缺勤率下降 14%，与此相比，没有提供员工健康计划的 19 个经营场所下降 5.8%。
- 太平洋贝尔公司发现，在公司的健康工作计划实施之后，缺勤天数减少 0.8%。这为公司一年节省 200 万美元。参与这项计划的员工因短期丧失能力而离岗的时间不到 3.3 天，为公司额外节省 470 万美元。
- 可口可乐公司称，参与公司健康工作计划的每位员工的健康医疗索赔逐年减少。

资料来源：Nancy Hatch Woodward, "Exercise Options," *HR Magazine*, June 2005, pp. 78–83.

进员工健康的计划，这些计划称为员工健康计划，其中包括阶段性的医疗测试、戒烟门诊、饮食改进训练、高血压监测和控制、体重控制、形体保健、压力管理、减少危险事故、免疫以及心肺复苏训练（CPR）。一些记录在案的员工健康计划所产生的结果包括病假减少、心脏发病率和专业医疗花费降低。而且，许多人认为员工工作效率提高的原因是他们参与了形体保健锻炼。大量研究发现，对大多数员工健康计划每投入 1 美元平均可以获得 2~3 美元的回报。表 16.6 总结了公司从员工健康计划中获得的特定好处。员工健康领域的专家认为，即使最小的公司也可以提供员工健康计划，并且无须付出昂贵的代价。

2006 年人力资源管理协会开展的福利研究发现，66% 的受访者所在的组织提供了某一类型的员工援助计划。由于人们对健康医疗成本问题的关注持续升温，可以预测，未来由公司赞助的员工健康计划将会越来越多。

## 工作场所暴力

工作场所暴力包括杀人、人身攻击、强奸、严重及不同程度地侵犯他人身体、所有形式的骚扰，以及造成充满敌意的工作环境的任何行为。根据美国劳工部的数据，将近 5% 的美国私人企业在最近的调查报告完成前的 12 个月之内（2004 年 9 月至 2006 年 6 月发放）经历过一次暴力事件。其他统计数据显示，在美国的工作场所中，平均每天都会发生 5 000 起暴力事件，其中工作场所的凶杀案件有 17 起。在受访者当中，21% 的组织表示这些暴力事件造成了员工的恐惧，并且员工士气也受到暴力事件的影响。

美国安全工程师协会（American Society of Safety Engineers，ASSE）2004年的一项调查发现，只有1%的受访企业制定了成文的工作场所暴力对策。其中只有50%的受访企业说，他们制定了员工慎重地报告即将发生的暴力事件迹象所要遵循的程序。这项调查还显示，美国80%以上经历过工作场所暴力事件的雇主没有改变其工作场所暴力的方案或对策。

鉴于工作场所暴力的重大影响，组织能够采取什么措施来保护它们的员工和财产呢？重要的是预防暴力的发生而不仅仅是事后处理。绝大多数公司都可以采取如下几条措施来预防暴力事件的发生：

- *雇佣时不仅要仔细而且要现实*。排除有暴力前科的员工。在许多州花费50美元左右就可以对新员工进行全面的背景核查。
- *拟定计划并且让员工参与*。制定一份关于如何预防和处理暴力事件的计划。有关报道认为，暴力和暴力威胁应是计划的组成部分。同时，计划的制定也应该有员工的参与。
- *计划内容之一是采用“零容忍”政策*。“零容忍”并不一定意味着解雇，而是有暴力行为的员工必将受到某种形式的处罚。虽然强调纪律，但纪律的目的在于教育，而不是处罚。
- *取得专业人员的帮助同时注意这方面的成本*。如果问题或潜在问题本身要求获得帮助，就应该寻找外部资源。心理专家或者法律专家在几个小时内就可以缓解一种十分危险的情况。在某些情况下，临时求助于一个安全顾问公司也是十分必要的。

虽然以上所列出的措施都可以帮助公司避免工作场所中的暴力问题，但最好的方法就是培养正确的企业文化，在这种企业文化中暴力几乎不可能发生。如果公司的员工都感到自我价值得到了实现，并且在公司内部也得到了相应的尊敬，在这种环境下暴力是绝少可能发生的。

# 总 结

**1. 阐述《职业安全与健康法》（OSHA）的目的并详述它的主要条款。**

《职业安全与健康法》的目的是尽可能确保每一员工处在安全健康的工作环境

中。法案确定由职业安全和健康管理署来设定标准和开展工作场所检查。许多《职业安全与健康法》标准都有具体的记录保存和报告要求，并且要求公司必须严格执行。

**2. 列出工作场所中出现事故的三大原因。**

与工作相关的事故发生的三个主要原因是不安全的个体行为、不安全的物质环境和事故倾向。

**3. 定义事故频率和严重度。**

事故频率是衡量致残性损伤发生的频繁度。严重度是通过计算受伤员工的误工时间来衡量事故的严重程度。

**4. 对促进工作场所安全提出若干建议。**

为了改善工作场所的安全状况，有许多事情可做，建议包括：(1) 使工作更有趣味；(2) 建立一个安全委员会；(3) 使员工安全知识竞赛有特色；(4) 公布安全统计数字；(5) 定期召开安全大会；(6) 在公告板上张贴与安全问题有关的图片、漫画和简报等。

**5. 详述危险告知准则。**

危险告知准则也就是知情权准则。即确保雇主和员工知晓工作场所存放何种化学危险品，以及如何保护自身免受危险品的伤害。准则要求对每一种化学品都进行危险等级评估，并把结果告知给受到影响的雇主和置身于化学物质中的员工。

**6. 区分压力和职业倦怠。**

压力是一种由于对潜在危险（身体或精神上）的意识及试图消除危险而产生的精神和生理状况。当工作对一个人不再有任何意义时，就会出现职业倦怠。职业倦怠可以由压力或其他一些与工作或个人有关的因素所导致。

**7. 列举酗酒和药物滥用导致与工作相关的几种后果。**

酒精和药物滥用导致的工作上的后果可能包括：旷工、怠工、工作效率低下、优柔寡断、设备受损、安全违规和士气低落，甚至还有为维持药物滥用而进行的非法盗窃。

**8. 提出实施药物测试计划应遵循的几项原则。**

实施药物测试计划可建议的原则包括：(1) 建立一个例行的、统一的、适用于整个组织范围内的物质滥用政策，并且持续地坚持这项政策；(2) 在被证明有其他情况之前都应认为员工是非药物滥用者；(3) 尽可能给予药物测试呈阴性的员工实际职业资格；(4) 把药物测试作为雇佣前协议的一个部分；(5) 对管理者进行培训，从而及时发现那些可能存在问题的员工，并对他们进行测试。(6) 使用一种高质量的测试；(7) 利用监控实验室来测试和解释测试结果；(8) 使用适当的监督和管理办法来确保样本测试的有效性；(9) 要求被测试的员工列出他们使用过的所有合法药物；(10) 冲洗并保存好尿检结果良好的员工的底片，以备比较时使用；(11) 要求对所有结果保密。

**9. 讨论解除艾滋病（AIDS）患者雇佣关系的法律要求。**

必须考虑该员工是否可以受到1973年颁布的《职业康复法》的保护，如果员工不受该法保护，公司要在所在州和地方法律规定下行事。不同州之间的法律有相当大的差别。如果员工受到《职业康复法》的保护，就必须考虑如下几方面的问题：此人是否是残疾人；此人有没有其他能力；此人的疾病会不会传染给其他人。如果这个感染艾滋病的员工不符合以上三种情形之一，那就不能得到《职业康复法》的保护。《职业康复法》不会禁止雇主解雇不再有能力履行工作职责的员工。同时，还会给雇主提供一些合理化的建议。

**10. 解释员工援助计划（EAPs）的三种基本类型。**

最常见的员工援助计划类型就是组织雇佣一名协调员来评估员工问题，然后把那些认为有问题的员工送往相关部门或诊所进行诊断。第二类员工援助计划是组织雇佣一个有资格的人来诊断员工存在的问题，随后将这些存在问题的员工送到相关部门或诊所治疗；第三种员工援助计划是组织直接在内部提供诊断和治疗服务。

**11. 解释工作/生活计划以及员工健康计划。**

工作/生活计划是雇主提供的福利或有助于雇员平衡工作与非工作需求的工作条件。员工健康计划是雇主设计和实施用于防治疾病和增进员工健康的计划。

**12. 列出组织为了减少工作场所暴力可以做的几件具体事情。**

大多数组织都可以做一些事情预防暴力事件。这些事情包括：(1) 谨慎雇佣员工；(2) 拟定一个计划并且在改进的过程中让员工参与；(3) 采用“零宽容”政策；(4) 在必要时寻求专家的帮助。

# 第 17 章

# 员工关系

员工关系涉及惩罚管理和申诉处理过程。当管理者必须对违反组织工作规则的员工采取行动时，管理者就是在利用组织的惩罚程序。当员工对组织或者组织的管理抱有怨言时，他们通常利用申诉程序来解决这些问题。有些组织有十分正式的惩罚和申诉程序，其他一些组织的程序则不那么正式，还有一些组织根本就没有建立这一程序。

## 随意雇佣

直到最近，在没有工会的组织中，管理层有关惩罚或解雇的决策仍较少受到司法检查，法院只干预那些违反公平就业机会法律的案件。总的来讲，随意雇佣的观念正在应用。**随意雇佣**（employment at will）是指雇主或员工随时以任何理由或根本无需理由结束双方的雇佣关系。

在没有工会的组织中，随着法庭开始审理解雇案件——雇主反复无常或不公正对待员工的指控，这一情况已经在逐步改变。在某些案件中，当员工没有按公司程序得到应有的保障时，法庭的判决有利于被解雇的员工。由于这些进展，许多组织已经对管理人员所实施的惩罚措施建立了上诉程序。最普遍的上诉程序是一种开放政策，允许员工依次向更高级别的管理人员上诉。开放政策使员工有权将所受到的惩罚向管理者的上级上诉。

另一上诉程序是为员工建立一项**雇佣仲裁程序**（employment arbitration program）。雇佣仲裁是为在没有工会的组织中的雇员准备的争议解决程序。依照这个程序，新雇员必须签订一份仲裁协议作为雇佣的前提条件。这些程序中有两个重要问题。第一，谁来实施这些程序？如果雇佣仲裁程序由内部人来实施，那么总是会出现公平性问题。大多数为争议仲裁及其程序实施提供的程序都是依据诸如美国仲裁协会之类的组织规定。第二个需要考虑的问题是这个程序是只在新员工中实施，还是将现有员工也包括在内。由于在现有员工中推行仲裁程序的合法性还有待商榷，所以大多数雇主都只在新员工中实施这个程序。

## 实施惩罚的原因

组织**惩罚**（discipline）是指对员工采取的行动，他们违反了组织规则或者其表现恶劣到了必须施以矫正行为。60 年前，管理者对员工的绩效或行为不满时，可能只是说："你被解雇了！"并且就这么做了，惩罚是否正当在惩罚决策中即使起作用，也是微乎其微的。那时，管理者有随意实施惩罚的最终权力。

在运用组织惩罚时，基本的问题应该是"为什么惩罚员工？"在面对组织中的惩罚问题时，太多管理者马上想到的是：应该采用什么样的惩罚？应该对员工采取多严厉的惩罚？惩罚的最终形式，或者正如一些组织所称的极刑是解雇。在屡犯错误的情况下，或者其行为性质严重到唯有解雇才是合理选择时，组织才应当采用解雇手段。

通常对员工的以下两类行为实施惩罚：

1. 对员工的工作绩效产生负面影响的行为或绩效不佳。旷工、不服从和疏忽大意都是会导致惩罚的典型行为。
2. 作为一般公民的恶劣行为，包括在工作中打架或者偷窃公司财产。

表 17.1 列出了通常导致惩罚或者解雇员工的原因。

## 实施惩罚

惩罚过程的第一步是建立绩效要求和工作规则。绩效要求一般是通过绩效评估过程来确定，这些内容已在第 11 章讨论过了。工作规则应当与成功的工作绩效相关。因为工作规则的实施部分依赖于员工们心甘情愿地接受它们，因此定期检查它们的适用性是必不可少的。此外，在制定工作规则时，直接或间接地征求员

表 17.1　惩罚或解雇员工的原因

| | |
|---|---|
| 旷工 | 偷窃 |
| 迟到 | 对雇主不忠（包括与雇主对抗、利益冲突） |
| 游手好闲 | 兼职 |
| 工作缺勤 | 疏忽大意 |
| 擅离职守（包括早退） | 机器或原材料的损坏或损失 |
| 工作时睡觉 | 绩效不佳 |
| 在员工间斗殴或打架 | 拒绝接受工作安排 |
| 恶作剧 | 拒绝加班 |
| 不服从 | 参加被禁止的罢工 |
| 性骚扰 | 罢工期间行为不当 |
| 种族歧视 | 怠工 |
| 威胁或攻击资方代表 | 藏有或使用毒品 |
| 分发毒品 | 藏有或使用麻醉剂 |
| 亵渎或辱骂性语言 | 分发毒品 |
| 篡改公司记录（包括时间记录、生产记录） | 猥亵或不道德的行为 |
| 篡改就职申请表 | 扣押或代扣工资 |
| 不诚实 | 赌博 |
| | 侮辱顾客 |

资料来源：Reprinted with permission. Table 17.1:pp.671-707, "Reasons for Discipline or Discharge of Employees," from *How Arbitration Works*, Fourth Edition, by Elkouri & Elkouri. Copyright ○ c 1985 by The Bureau of National Affairs, Inc., Washington, D.C. 20037. For BNA Books Publications call toll free 1-800-960-1220 or visit www. bnabooks.com.

工的意见也是可取的。当员工们认为工作规则公正且与工作相关时，实施起来会更容易。

惩罚过程的第二步是把绩效要求和工作规则传达给员工，这些一般通过上岗引导和绩效评估来进行。工作规则可用许多方法来传达，通常被雇佣的员工会收到一本手册，手册中介绍工作规则和组织政策。人力资源部门或者新员工的主管在新员工上岗引导期间向他们解释这些工作规则和组织政策。此外，可能还要求新员工在文件上签字，以此来表明他们已经收到或者读过工作手册。在有工会的组织里，劳工合同通常还包括工作规则和相应的违背规则的惩罚条例。公告牌、公司简报和备忘录通常也用来传达工作规则。不管怎样，管理人员应承担将所有工作规则清楚地传达给员工的责任。

惩罚过程的最后一步是当管理人员认为必要时，采取矫正行动（惩罚）。当员工的工作绩效低于预期或违反了工作规则时，必须采取矫正行动。

## 惩罚前的劝告

在惩罚员工前，管理层可以采取几个步骤确保惩罚行动是建设性的，并且这些行动不可能被更高的管理层撤销。在惩罚事件中，详细的记录至关重要。书面记录通常对推翻或支持惩罚行动的决策有着重要影响，应该把员工过去违反规则的行为和所有的绩效都记录下来。

管理层另一个重要职责是调查。表面上看起来很清楚的事情，在调查之后有时结果完全令人难以置信。对员工的指控必须有事实支撑，有许多惩罚员工的决策由于不恰当或不充分的调查而被推翻。采取惩罚行动时过于草率，管理者因生气而采取惩罚行动，以及没有恰当和充分的调查就采取行动，经常会导致惩罚行动被撤销。员工的工作记录也应当被看作是调查的一部分，良好的绩效和在组织里工作时间较长都会影响惩罚行为的严厉程度。当然，调查必须在惩罚实施前进行。管理者不应该在惩罚了员工后，为了支持惩罚决策再寻找证据。

对管理层来说，调查事实的第一步通常是与员工讨论情况。如果员工能积极地看待惩罚制度，那么管理层有必要给员工机会让他们陈述自己的意见。

在任何惩罚面谈期间，允许代表员工的工会派出一位工会代表出席，美国全国劳工关系委员会（National Labor Relations Board，NLRB）保护员工享有这一权利。1975 年最高法院的判决也支持这项在该领域中最重要的全国劳工关系委员会政策。在**全国劳工关系委员会与温加滕**（NLRB v. Weingarten）案中，据称一名员工因为从雇主那里购买食物少付了钱而被调查。在员工被指控少付钱后进行的面谈中，员工要求有工会代表参加，但被公司拒绝了。工会对这家公司的不正当劳工行为向全国劳工关系委员会提起上诉。全国劳工关系委员会裁决，没有工会代表出席，员工有权拒绝参加面谈，而且只有员工要求工会代表参加时，并且仅适用于当惩罚行动可能是面谈的结果时，这种权利才有效。然而，在巴吞鲁日水厂的案例中，全国劳工关系委员会裁定，当管理层会见员工只是为了通知先前已经决定的惩罚时，员工没有权利要求工会代表参加。

因此，正如当前法律支持的那样，在任何调查性会谈中，管理层必须做好准备允许工会代表出席。这意味着管理层不仅必须应对员工和相应的问题，而且也必须对工会代表的出席有所准备，因为工会代表通常扮演着员工支持者的角色。

除了介入调查之外，还应当把惩罚情况及时告知工会。一些组织把惩罚员工的意图提前通知工会，有时他们也把警告的复印件寄送给工会。

## 实施惩罚的指导原则

实施惩罚的关键点在于即时性、事前警告和一致性。即时性指违规和实施惩罚之间的时间长度。为了使惩罚最有效，必须尽可能做出非情绪化的理性决策。员工记录中违反规定的一些内容不代表事前警告，也不足以支持惩罚行动。告知员工违反了规定被视为一种警告。员工违反规定时对其予以警告以及让员工签收警告通知都是好的做法。员工多次违反规则却没有受到警告，常常成为推翻惩罚行动的一个原因。

实施惩罚的另一个关键因素是一致性。不一致会降低士气，削弱员工对管理层的尊重，并且引起抱怨。争取一致性并不意味着当实施惩罚时不考虑过去的违规行为、服务期长短、工作记录和其他缓和因素。但是，员工应该相信，在情况基本相同的条件下，任何员工都受到同样的惩罚。相应地，实施惩罚时管理层应当采取措施确保不把个性作为考虑因素。员工应当明白，惩罚行为是他们所做事情的一种后果，并不是由他们的个性导致的。管理者应避免和员工争论，而应以直接和平静的方式实施惩罚。没有怒气和歉意地对员工实施惩罚，然后恢复令人愉快的关系，这样有助于降低惩罚的消极影响。管理者还应当私下实施惩罚。只有在所有的员工都不服从或者公然严重违反工作规则的情况下，才进行公开谴责，这样将有助于管理者重新控制局面。即便在这种形势下，惩罚的目标也应该是取得控制，而不是使员工尴尬。

较低层的管理者一般都非常不愿意做出停职和解雇惩罚，这种程度的惩罚通常应当保留在较高层管理者手中。尽管较低层的管理者没有权力实施停职或解雇惩罚，但是他们却常常要向更高的管理层建议此类惩罚措施。由于这种性质的惩罚更有可能复审，所以组织付出的代价会更高，也更可能在全体员工的士气和生产效率中反映出来。因此，对较低层的管理者来说，知道何时向更高层管理者提出建议是十分重要的。在实施停职和解雇惩罚时，即时性、事前警言和一致性是必要的。

如果可能的话，管理层最好采取**矫正性惩罚**（corrective discipline）或**渐进性惩罚**（progressive discipline）行为。渐进性惩罚或矫正性惩罚是指在惩罚员工时，管理层采取措施的正常顺序应是口头警告、书面警告、停职和解雇。然而，有些违规行为用解雇来惩罚是合理的，如偷窃、殴打同事（或管理者），以及公然违抗命令。管理层必须能够用充足的证据表明该行为是违反规定的。注意，惩罚前劝告中包含的要点对支持解雇员工的决策非常重要。

在较轻的惩罚中，员工有权要求进行仔细和公正的调查，而在停职和解雇这种更为严厉的惩罚中，员工的这一权利更为重要。这一权利包括允许员工陈述自己对惩罚事件的看法，为自己收集有利的证据，也可以质询指控者。对于非常严重的违规行为，在全面调查期间可以暂缓对员工的惩罚。

在前面的段落概述的这些建议，是用来帮助管理者以积极的方式来实施惩罚措施并把草率的惩罚形式降到最低。在惩罚程序中，遵守这些建议将会减少抱怨

表 17.2　**惩罚或解雇员工时应考虑的因素**

1. 避免草率的决策。
2. 把所有的措施整理成文件，并且把证据存入个人档案。
3. 全面彻底地调查所谓的违规行为的背景和事实。
   a. 警告员工违规行为的性质。
   b. 获得员工对形势的看法、惩罚行动的原因和所有证人的姓名。
   c. 如果在调查结束前需要停职，通知员工
      （1）24~72 小时后回来接受惩罚决定。
      （2）如果决定对员工有利则恢复工资。
      （3）如果决定对员工不利则实施惩罚。
   d. 与所谓的不当行为有关的所有证人进行面谈，如果有必要则要求证人在陈述后签字。
   e. 检查所有可能的原因（例如，损坏的机器）。
   f. 确定员工是否有所谓的不当行为。
4. 确定适当的惩罚。考虑：
   a. 个人记录：服务期限，以往的绩效，以往的惩罚记录。曾实施过矫正性惩罚措施吗?
   b. 违规行为的性质。
   c. 在相同情况下曾经对其他员工实施的惩罚措施。
   d. 现有的规则和惩罚政策。
   e. 劳动合同中的条款，如果有的话。
5. 警告员工违规行为的性质、调查的结果、所要采取的惩罚措施和惩罚背后的合理原因。

的几率。否则，如果提出申诉，就存在惩罚行动被否决的机会。表 17.2 提供了一些在实施惩罚时应遵守的规则。

## 法律限制

1964 年的民权法案和 1967 年的就业年龄歧视法案（1978 年修订），改变了雇主在有关雇佣条件的决策和采取相关行动方面的权力。具体讲，民权法案第 7 章禁止把种族、肤色、宗教、性别和国籍作为任何雇佣条件加以使用。就业年龄歧视法案同样禁止歧视 40 岁以上的人。当然，惩罚措施作为雇佣条件，是服从于这些法律的。根据这些法律，员工有权求助于同等就业机会委员会（Equal Employment Opportunity Commission，EEOC），并对他们认为带有歧视性的任何惩罚措施向法院提起诉讼。

保障员工这一权利的具有里程碑意义的案件是 1974 年由最高法院对**亚历山大与加德纳－丹佛**（Alexander v. Gardener-denver.）案的判决。在此案中，最高法院判决，在组织中，使用申诉程序并不妨碍被剥夺合法权利的员工通过法庭寻求赔偿。从根本上说，即使在其他法庭诉讼已被驳回，民权法案仍保证个人有权要求获得对非法歧视的赔偿。

表 17.3 给出了一个典型的工会合同中惩罚规则的一些例子。

表 17.3　在典型的劳工合同中的惩罚规则

| 违规 | 惩罚 |
|---|---|
| 较轻的： | |
| 按照当前的出勤和迟到政策，没有提前请假的缺勤 | 初次违规——书面警告<br>第二次违规——停职 1 天 |
| 恶作剧 | 第三次违规——停职 2 天 |
| 较重的： | |
| 在公司里酗酒、吸烟，存有或服用麻醉品 | 初次违规——书面警告，停薪停职 3 天 |
| 上班睡觉 | 第二次违规——视作不能容忍的违规行为 |
| 在公司赌博 | |
| 不能容忍的： | |
| 偷窃公司或者个人财产 | 初次违规——解雇 |
| 在公司打架 | |

# 申诉程序

**申诉程序**（grievance procedures）是指员工对他们认为违反了工会合同或公司程序的任何管理行为提出上诉时采取的步骤。申诉程序不但用于对惩罚行动的上诉，而且也用于解决与合同解释有关的问题。

一般而言，在没有工会的组织中，申诉程序由对某些措施有怨言的员工发起，他们认为这些措施与工会合同条款不一致。虽然组织发起申诉程序的可能性很小，但它可以这样做。最初，申诉者（受到不公平对待的员工）与工会代表联系（通常称为工会干事），讨论引起申诉的事件。随后，申诉者和工会干事会见申诉者的上司。如果这次会面不能达成令双方满意的解决方案，申诉事件就形成书面文件。通常，下一步是工会干事与部门经理或者其他相应的资方代表讨论申诉事件。然后，工会干事与部门经理或者其他管理者代表讨论申诉事件。接着管理层通常以书面形式做出反应。如果到这一步申诉事件仍不能解决，下一步通常涉及人力资源或者劳工关系经理和更高一级的工会官员，例如，工会代表或者国际工会的代表。在充分调查和讨论申诉事件后，人力资源部通常公布公司最后的决策。假若申诉仍然没有解决，发起申诉的一方可以要求仲裁。申诉仲裁（将在本章的后面讨论）是雇主和工会同意通过独立的第三方来解决争议的过程。由于工会和资方都要为仲裁支付费用，因此，应在仲裁阶段之前尽量解决申诉问题。图 17.1 说明了申诉程序通常包含的步骤。

## 正当理由

没有工会的组织的申诉程序与有工会的组织相似。两种申诉程序都会引起那些最终主导雇佣或者申诉仲裁的更高管理层的关注。一般来说，有工会的组织和没有工会的组织的员工都承认，管理层为了正当理由有采取惩罚行为和解雇员工的权力。事实上，在大多数惩罚或者解雇案件中，最根本的问题是管理者是否有正当理由行事。概括地说，**正当理由**（just cause）是指违规行为的举证责任及其程度和惩罚的严厉性。

在惩罚和解雇问题上，普遍认为公司有举证责任。然而，一旦公司立案，反驳或者怀疑公司的论点的举证责任就转移到工会。

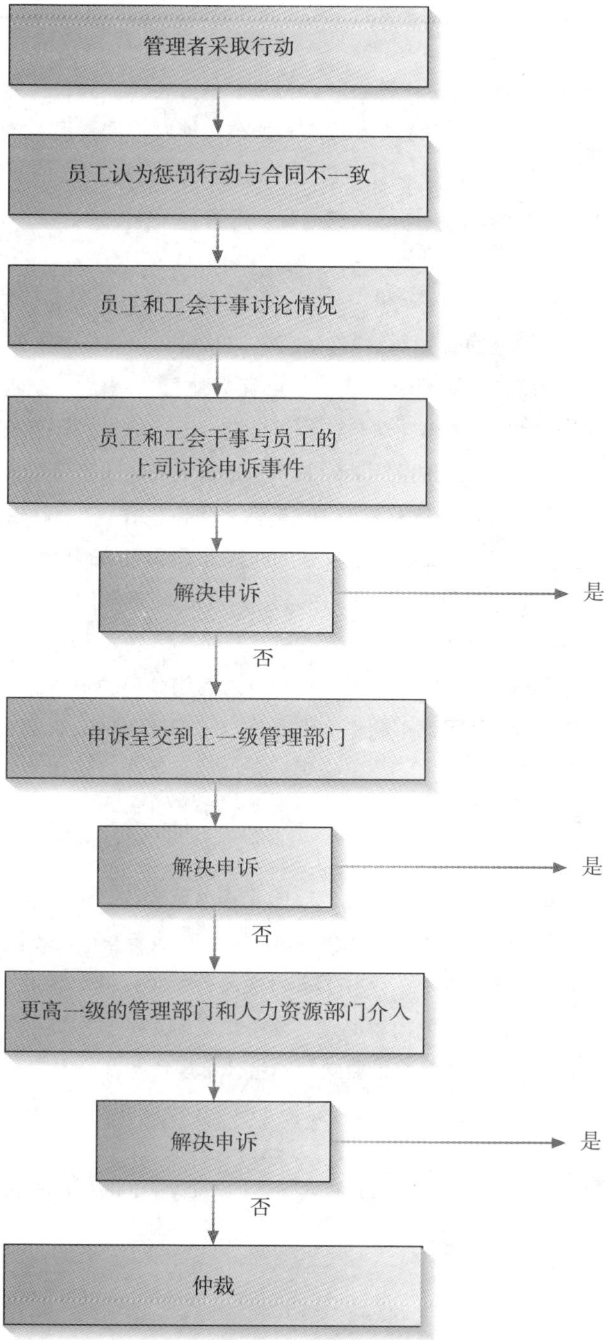


图 17.1　工会申诉程序中的一般过程

## 企业解雇员工须有正当理由

赵刚 2006 年到某建筑公司工作，当时公司没和他签合同，只口头约定了试用期以及转正后的工资等内容。2008 年《劳动合同法》颁布实施后，凡是用人单位不与劳动者签订劳动合同的要支付双倍工资，公司专门召开会议要和所有员工签合同。起初赵刚和工友们很高兴，可拿到合同才发现，里面的关键内容如工资、工作地点、工作时间等都是空白，公司让他们签字后就收回。

2009 年的一天中午，赵刚因不想在临近午饭时间清洗电机设备，与经理发生争吵，不久，他就接到了公司的处罚告知单："赵刚因未服从公司领导安排，从即日起解除劳动关系。根据公司规章制度，对其给予人民币 600 元的处罚。"事后，赵刚在与公司协商无果的情况下，申请劳动仲裁，要求确认与该公司自 06 年至 09 年期间存在劳动关系；撤销处罚并返还 600 元罚款；支付违法解除劳动关系的双倍经济赔偿等事项。

开庭时，该公司坚持说，虽然赵刚从 06 年就来单位工作，但双方没有签劳动合同，只能算劳务雇用关系。合同是 08 年以后才签的，因此只认可 08 年和 09 年的劳动关系；对赵刚的处罚有公司规章制度第 34 条作为依据，并不是随意解雇员工。律师提交了赵刚 06 年以来的缴税凭证，以此证明在 06 年至 08 年期间虽然双方没有签订劳动合同，但应当属于劳动关系。对于公司解雇赵刚的行为，律师认为该公司的规章制度并未经过民主程序制定，也没有告知劳动者，因此不能作为处罚依据。即使该规章制度有效，赵刚在午饭期间要求吃完饭后再去工作，也并不违反哪项规定。仲裁委在查清事实的情况下，支持了赵刚的申诉请求。最终，公司不得不向赵刚退还 600 元，并支付了违法解除劳动关系的双倍赔偿金。

用人单位有权解雇劳动者，但是解雇的原因和程序要合法，否则就是违法解雇。法律规定劳动者严重违反单位规章制度的，单位有权解雇员工，但有些单位拿"规章制度"说事，想要辞退员工就以违反规章制度为由，并不支付经济补偿金。劳动者可从三个方面判断规章制度是否合法：一是规章制度的内容必须合法；二是制定的程序要合法，必须经过全体职工或者职工代表大会讨论通过；三是要向劳动者公示规章制度的内容。

资料来源：改编自中国人力资源开发网，http://www.chinahrd.net/law/info/179916。

一旦组织证明员工有违规行为，在确定正当理由的过程中考虑的第二个问题与惩罚的严厉程度有关。当惩罚的严厉程度与违规行为的严重性一致时就属于正当理由。由于正当理由关系到惩罚的严厉程度，所以为了确定正当理由，仲裁人通常使用如下指导方针。实践中的人力资源管理 17.1 具体介绍了企业解雇员工须有正当理由的问题。

1. 考虑员工过去的绩效；
2. 考虑在相似的情况下对其他员工实施的惩罚措施；
3. 考虑该违规行为发生时的特殊背景。

## 正当程序

正当理由很重要的两项基本原则是正当程序和渐进性惩罚。渐进性惩罚在本章前面已经讨论过。**正当程序**（due process）是指在所指控的违规行为被调查和惩罚实施期间，员工受到公平、公正对待的权利。正当程序通常保证员工有如下权利：告知员工可以进行申诉和让他们对指控做出解释，在实施惩罚前公正地实施调查，以及员工能够陈述他对事件的看法。正如前面讨论的，如果加入工会的员工提出要求，并且希望惩罚行为合情合理，那么他们有权要求工会代表参与惩罚审核。

在申诉过程中，违反正当程序可能导致修改惩罚措施或者撤销全部惩罚。惩罚在程序上的要求通常写在合同的申诉程序里，不遵循这些条款可能会违反正当程序。通常，为了确保给员工提供正当程序，组织应当遵循所有的合同条款，惩罚前应给予适当警告，即明确地告诉员工如果员工不改变自己的行为就可能采取的惩罚行动，以及在发生违规行为之后应立即进行全面、公正的调查。

## 公平代表职责

根据 1935 年的《全国劳工关系法》（National Labor Relations Act），在谈判单元，工会有公平地代表所有员工的法定职责，不管这些员工是否是工会会员，这一职责被称作**公平代表职责**（duty of fair representation）。公平代表职责的理论依据是在谈判单元中，工会是所有员工的唯一代表。工会公平地代表它的成员和其他员工的责任范围被限定在1967年的**瓦卡与赛普斯**（Vaca v. Sipes.）这一里程碑式的案件。在这起案件中，一位有高血压病史的员工在病休6个月以后重新开始工作。尽管这位员工的私人医生和另一名医生证明，他可以重新工作，但是公司的医生认定他的血压太高不允许他重新工作，结果他被永久性地解雇。这名员工提出申诉，工会通过仲裁程序处理这起申诉事件。然后，员工由工会支付费用到一位新的医生那里做了检查，检查结果不支持员工能够安全地重返工作。虽然员工要求仲裁，但工会决定不把这一申诉事件诉诸仲裁。员工控告工会的官员和代表违反了公平代表职责，案子最终送到了最高法院。最高法院认为：（1）个人没有绝对的权利要求对某一申诉事件实施仲裁；（2）就特定申诉事件的事实，工会必须真诚并且审慎地做出决策；（3）如果工会真诚并且审慎地确定申诉没有价值，即使事实证明申诉值得支持，工会也没有违背公平代表职责。

《塔夫脱—哈特利法》（Taft-Hartley Act）的一项条款中包括了法院判决的一项例外。该条款规定，员工个人可以在没有工会帮助的条件下向雇主提出申诉。然而，这要依据事实而定，任何调整必须与合同条款一致，并且必须通知工会。这被解释成了雇主没有义务考虑这样的申诉事件。但是，如果工会向雇主提交申诉，当申诉没有在申诉程序前期阶段解决时，雇主则必须考虑申诉，并且通过仲裁解决它（如果合同中提供了这一条款）。

此外，如果个人认为申诉没有有效地解决，他们也不能自行处理这一案件。法院认为在采取具体行动前，员工必须走完整个申诉程序，并且这种行动要视违反公平代表职责的证据而确定。

在**鲍恩与美国邮政服务案**（Bowen v. United States Postal Service）中，最高法院判决确认，在雇主违反劳动协议和工会违反公平代表职责这类案件中，员工有权追究雇主和工会所造成的损失。实践中的人力资源管理17.2详细介绍了法院判定工会违反了公平代表职责的案件。

## 拖延时间

也许对申诉程序最严厉的批评是要通过整个申诉程序解决申诉问题需花费大量的时间。诉讼的内部步骤通常可能要花费几个月才能完成。如果案子要送去仲裁，各方通常向仲裁服务部门索要一份可能参加仲裁的人员名单。各方必须与仲裁人员接触，听证会日期必须达成一致意见。此外，听证会开始后，各方可能想

**雇佣关系终止**

当仲裁人发现，工会员工无正当理由被终止合同后没有获得全部工资，这位员工声称工会违反了公平代表的职责。

此案的判决有利于工会。人们发现，员工不能表明工会在与公司进行替代性纠纷调解的谈判过程中恶意行事，也无法证明是员工不寻求“约束性仲裁”的决定导致了工会的任意行为。

资料来源：Adapt from Stephanie Maniscalco, “8th Circuit: Hansen v. Qwest Communications, et al.,” Missouri Lawyers Media, May 14, 2009.

要提供辩护状，这可能需要再花几周时间。在所有的辩护状都收到后听证会结束，仲裁人通常在 30~60 天内做出决定。这样在做出决定前要拖延好几个月，有时一年甚至几年。由此可以看出，时间拖延本身否定了申诉的正当程序。

# 申诉仲裁

**申诉仲裁**（grievance arbitration）是指当事各方自愿同意通过独立的第三方来解决某一争议的过程。在美国，仲裁来源于双方自愿达成的协议，即协议同意将未解决的争议提交给私下选择的中立的第三方（某一仲裁人）。事先双方同意遵守仲裁决议。仲裁人扮演准司法性质的角色，他必须根据各方在劳资谈判协议达成的框架内行事。仲裁人没有法律权力传唤证人和索取记录，并且仲裁人不需要遵守法定的听证会程序规则，而只是给予各方呈现证据的机会。实践中的人力资源管理 17.3 描叙了被仲裁人推翻的一起惩罚事件。

申诉仲裁试图解决在对劳资谈判协议条款的解释和应用中出现的未能解决的争议。申诉仲裁条款通常不受法律强制执行。然而，大多数劳动合同都在申诉程序中将仲裁条款作为最后一步，这也被视为是对工会协议中不罢工条款的交换条件。

仲裁人可以是临时身份，也可以是永久身份。临时仲裁时，各方选择某一仲裁人来受理单个案件。永久性仲裁人解决各方在一定时期内出现的所有申诉争议。

## 实践中的人力资源管理 17.3

### 某玻璃公司的解雇案

张勇 2007 年 6 月来到某玻璃公司工作，成为该公司一名工作人员，并获得了一份期限到 2009 年的劳动合同。2008 年 1 月的一天上午，张勇与一名同事发生争执后，先动手打了这名同事，接着双方就扭打在一起。在被劝开后，张勇未再采取任何过激行为，并积极配合公司写书面报告，并向同事和公司承认了过错。

但玻璃公司认为，张勇严重违反公司规章制度，于是在未征求工会意见或经其他职工民主讨论程序的情况下，当日对张勇做出了解除劳动合同的决定。2008 年 2 月，张勇向玻璃公司所在地的劳动仲裁委员会提出了劳动仲裁申请，要求玻璃公司继续履行劳动合同。仲裁委员会经过审查后做出裁决，支持了张勇的申诉请求。但玻璃公司却不服该裁决，并向法院提起诉讼。

法院在受理这个案件后，经过审查，认为张勇的行为并不构成严重过错，不会导致劳动合同难以维持。而玻璃公司未经批评教育即解除了与张勇的劳动合同，剥夺了他的劳动权利，不给其合理的改正机会，该行为明显不妥。另外，根据《劳动合同法》和《工会法》的相关规定，用人单位即使解除劳动合同要征求工会意见。而玻璃公司未征求工会意见，也未经一定的民主讨论程序，就单方面解除了与张勇的劳动合同，该行为违反了法律规定，所以玻璃公司解雇张勇属不当解雇，应依法撤销玻璃公司解除张勇劳动合同的决定。

资料来源：北京市人力资源和社会保障局网站，http://bjhrss.gov.cn/tszl/ldzcalydp/201001/t20100120_17894.html.

仲裁人对他们的服务收取费用。一般来说，仲裁费用由工会和公司各付一半。联邦仲裁调解局（Federal Mediation and Conciliation Service, FMCS）和美国仲裁协会（American Arbitration Association, AAA）向要求仲裁的各方提供合格的仲裁人名单。私营部门和公共部门都能获得联邦仲裁调解局的服务。美国仲裁协会是一家私营的非营利组织，也向私营部门和公共部门提供仲裁人。

总的来讲，法庭复查仲裁判决的范围一直极其狭窄。在**企业轮盘**（Enterprise Wheel）案中，美国最高法院表示了自己的态度："要考虑的是仲裁人的解释，而仲裁人的裁决与对合同的解释有关，因为法庭对合同的解释不同于仲裁人对合同的解释，所以法庭无权推翻仲裁人的裁决。"尽管存在这种观点，但法庭还是在一些解雇案中推翻了一些仲裁人的判决。然而，对大部分案件来说，趋势仍是遵从仲裁人的决议。

# 总　结

1. **解释随意雇佣。**

   随意雇佣允许雇主或员工随时以任何理由或者根本无需理由结束双方的雇佣关系。

2. **解释雇佣仲裁程序。**

   雇佣仲裁程序是为没有工会组织的员工提供的争议解决程序。

3. **解释实施惩罚的原因。**

   实施惩罚的两种行为类型分别是工作绩效不佳和不良公民行为。

4. **描述渐进性惩罚。**

   渐进性惩罚指在惩罚员工时，管理部门采取措施的正常顺序应是口头警告、书面警告、停职和解雇。

5. **对申诉程序进行定义。**

   申诉程序是一种系统化手段，用以解决劳资谈判协议中的分歧，并保证谈判达成的条款被恰当执行。

6. **对正当理由进行定义。**

   正当理由涉及违规的举证责任及难度，以及惩罚的严厉程度。

7. **解释正当程序。**

   正当程序指在所指控的违规行为被调查和惩罚实施期间，员工受到公平、公正对待的权利。

8. **描述公平代表职责。**

   公平代表职责指在谈判单元中，工会有公平地代表所有员工的法定职责，不管这些员工是否是工会成员。

9. **对申诉仲裁进行定义。**

   申诉仲裁是指当事各方自愿同意通过独立的第三方来解决某一争议的过程。申诉仲裁试图解决在对集体谈判协议条款的解释和应用中所出现的未能解决的争议。

第六编

# 劳资关系

# 第18章

# 工会的法律环境和组织结构

在19世纪工业革命以前，出身通常就决定了个体生活的社会阶层。传统和习俗使个体的地位相对保持稳定。工业革命之后，人们可以提供技能和服务，签订雇佣合同，获得工资。然而人们一旦被雇用，他们自身及其产出就变成了雇主的财产。

不久以后，员工借助联合行动获得了对雇佣条款和工作环境的某些影响。最初，公众和法庭都反对这些做法。雇员和管理层的关系绝大部分是单边的：员工要求更高的工资，并以一种"接受吧，否则我们就罢工"的姿态与雇主交涉，而雇主却通常拒绝或漠视员工的要求。一般而言，结果就是一场经济实力的较量，由此来决定哪一方的工资解决方案将获胜。在大多数情况下雇主获胜。实践中的人力资源管理18.1列举了一些早期罢工的结果。

随着时间的推移，社会越来越意识到员工的困境。更有利于员工和工会的立法得以颁布。本章探讨了以劳资关系为中心的法律环境是如何演变的。同时，还描述了工会的组织结构及其当前所面临的问题。

## 劳资关系的法律环境

在美国，最早的工会出现在1790年到1820年。这些工会都是地方组织，由熟练的工匠组成，如费城的制鞋工人、纽约的印刷工人、巴的摩尔的裁缝以及其他类似团体。

早期工会的诉求与今天相似。工会想要的是工作保障、更高的工资和较短的工作时间。当资方不答应这些诉求时，工会组织就诉助于罢工。**罢工**（strike）是指员工集体拒绝工作。

## 科罗拉多燃料与铁矿公司的罢工

20 世纪初，科罗拉多燃料与铁矿公司（Colorado Fuel and Iron Company, CFI）在科罗拉多南部拥有大约 300 000 英亩矿产丰富的土地。闭塞的地理位置造成 CFI 30 000 名工人的工作条件相当简陋。大多数工人居住在公司所有的营地里，营地与任何一座大城镇都有几十公里的距离。由于环境脏乱不堪，在 1912 年和 1913 年有 151 人感染了伤寒。工资是以仅在公司商店才有效的通货来支付的。

这种状况激起了工会有组织的抗议活动。矿工联合会（United Mine Workers, UNW）要求八小时工作日、加强安全监管、取消武装警卫和废除公司通货。公司拒绝就这些问题进行谈判。

继而，在 1913 年 9 月，在科罗拉多有总计达 10 000 名 CFI 的工人参与了罢工。罢工开始后，紧张局势迅速升级。CFI 从其他州雇佣了大量的警卫，将他们武装起来，并支付他们工资。

暴力冲突几乎一触即发。先是一名公司的侦探和一名工会的组织者被杀，几天后，CFI 警卫队解散了罢工者的大规模聚会，并杀死了三名工人。之后，报仇心切的矿工杀死了四名公司的人。州长安蒙斯调集国民警卫队来保护那些仍然在工作的人及其财产安全。

1914 年 4 月 20 日，一场重大的冲突在罢工者和国民警卫队之间爆发了。冲突导致 2 名妇女和 11 名儿童丧生。在接下来的几天里又发生了几场打斗，最后，1914 年 4 月 28 日，调集了几个团的联邦警卫队镇压才结束了这场冲突。

资料来源：Graham Adams, Jr., *Age of Industrial Violence*, 1910-1915 (New York: Columbia University Press, 1966), pp.146-75.

为了抵抗工会带来的压力，雇主们成立了行业协会，并对工会采取法律行动。**1806 年费城鞋匠案**是指陪审团裁决员工联合起来要求提高工资构成了贸易限制中的共谋。这项判决确立了共谋原则。**共谋原则**（conspiracy doctrine）是指如果法庭认为工会使用的手段或寻求的目的，二者之一是违法的，工会就可能受到惩罚。

在接下来的 35 年中，工会在很多场合都遇到共谋原则的掣肘。有些法庭坚持裁定工会本身就是违法的。其他一些法庭则裁定，工会为了达到其诉求使用的手段（如罢工）是违法的，或者所寻求的目的（如封闭式工厂）是违法的。封闭式工厂（closed shop）是指禁止雇主雇佣工会成员之外的任何人。

**联邦诉亨特案**（Commonwealth v. Hunt）是 1842 年马萨诸塞州具有里程碑意义的案件，在该案中，最高法院否定了工会活动本身是违法的原则。法院注意到工会的力量不仅可用于非法目的，也可以用于合法目的。当然，这项判决为质询工会所使用的手段和所寻求的目的是否合法敞开了大门。因而，即使是在 1842 之后，工会的法律环境仍然是模糊和不确定的。一些法院认为封闭式工厂是合法的。因而为建立封闭式工厂而罢工是合法的。而另一些法院则得出与此相反的结论。在此期间，工会活动的合法性很大程度上取决于案件发生时法院的审判权。

到 1880 年，大多数法院已不再使用共谋原则，强制令成为法院控制工会活动的一种受欢迎的手段。**强制令**（injunction）是指当局势处于这样一种状态，即无法找到任何其他合适的补救措施来保护请求强制令一方的利益时，由法庭下令停止可能导致不可挽回的财产损失的行动。在此期间，劳动纠纷中请求强制令所采取的一般程序如下：

1. 原告（通常是雇主）出庭，发起申诉，说明财产威胁的性质，并请求救助。
2. 法官通常发布临时禁令以阻止威胁性的行为，直到案件受审为止。
3. 其后不久，进行初审，法官据此可以决定是否发布临时强制令。
4. 最后，经审讯，做出是否应发布永久性强制令的判决。

强制令具有三种作用。第一，工会不遵守临时禁令或临时强制令意味着有藐视法庭的风险。第二，若工会遵守临时禁令或临时强制令则意味着案件审理前要等待很多个月。这一等待期太长，足以摧毁工会的效力。第三，法院是从广义上对财产这一术语做出解释的。从历史上来看，当判定的损失赔偿金不足以充分补偿财产损失时，法院就颁布强制令以阻止财产损失。然而，在这期间，法院认为雇主的财产包括经营企业和盈利的权利。因而，盈利的期望就变成了一种财产权。任何罢工，即使是非暴力罢工，也可能被指控为对盈利的期望有害，并可能被强制令制止。

法院根据请求一般都会同意授予强制令，并且直到 20 世纪 30 年代法院经常使用强制令来控制工会活动。这一时期法院的态度似乎是资方有权在没有工会干预的情况下从事经营活动。

这一时期雇主控制工会的另一工具是黄狗合同。**黄狗合同**（yellow-dog contract）是工会杜撰的名字，用来描述雇佣双方之间的一项协议，即作为雇佣条件，员工不得加入工会。这种合同可以是口头或书面的，或二者兼备。

1917 年在**希契曼煤炭有限公司诉米切尔案**（Hitchman Coal & Coke Co. v. Mitchell）中，最高法院确认了黄狗合同的合法性。该案涉及希契曼煤炭有限公司的资方（在 1903 年它的员工未参加工会）以及西维吉尼亚的矿工联合会（United Mine Worker，UMW）。1906 年，工会宣布罢工反对希契曼公司。但是，资方打败了工会，并作为一家没有工会涉入的公司恢复运营。为确保工会不介入，作为雇佣条件，资方要求所有员工签署一项协议，即只要他们受雇于希契曼公司，就不得加入工会。

之后矿工联合会派遣一名组织者返回西维吉尼亚。这名组织者与希契曼公司的员工进行秘密接触，并与员工签约加入工会。当有足够多的员工签约，就宣布罢工，并关闭矿井。然而，希契曼的资方控告工会，宣称该组织者故意引诱员工撕毁与公司的协议。最高法院作出了有利于资方的裁决，由此支持了黄狗合同的强制性。黄狗合同的使用一直到 1932 年《诺里斯—拉瓜迪亚法》（本章稍后加以讨论）宣布其非法时才废止。

## 《谢尔曼反托拉斯法》（1890）

《谢尔曼反托拉斯法》（Sherman Anti-trust Act）于 1890 年生效。法案规定托拉斯和共谋阻碍了州际贸易，是违法的，并禁止人们垄断或企图垄断州际贸易或州际商业。而且，还规定，任何人只要认为自己因他人违反该法案而受到伤害，都有权起诉，要求所受损失三倍的赔偿金和诉讼费，其中包括合理的律师费。

一般而言，国会通过《谢尔曼反托拉斯法》的初衷是为了保护公众免遭公司垄断的伤害。然而，在 1908 年具有里程碑意义的**丹伯里制帽工会案**（Danbury Hatters case）中，最高法院裁决《谢尔曼反托拉斯法》适用于所有工会组织。在这一案件中，联合制帽工会试图在康涅狄格州丹伯里的 Loewe 公司建立工会组织，煽动了罢工并发起了一场全国性的联合抵制该公司产品的运动。虽然联合抵制取得了成功，但 Loewe 公司起诉了工会，声称工会违反了《谢尔曼反托拉斯法》。法庭进一步确认工会的会员应共同承担损失赔偿金。

## 《克莱顿法》（1914）

工会对 1914 年《克莱顿法》（Clayton Act）的通过感到欣喜。实际上，早期工人运动的主要代言人塞缪尔·冈珀斯（Samuel Gompers）把《克莱顿法》称为"产业大宪章"。法案的第 6 条和第 20 条对劳工尤为重要：

> 第 6 条：人的劳动力不是商品或者交易物品。反托拉斯法中不含有任何可以解释为禁止劳动力……组织……存在和运转的内容，或禁止或限制这类组织的单个成员合法实现其正当目的；也不含有任何根据反托拉斯法案的贸易限制可以把这类组织或其成员认定、解释为非法联合或共谋的内容。
>
> 第 20 条：在任何劳资纠纷案中……联邦法院都不可以授予禁止令或强制令，除非为避免请求方的财产或财产权发生无法挽回的损失时，因为在法律上这种损失不能给予充分赔偿。

然而。工会的成功是短暂的。在 1921 年**双面印刷公司诉迪林案**（Duplex Printing Co. v. Deering）中，由于法律措辞模糊，最高法院基本上完全推翻了《克莱顿法》。当时，双面印刷公司是唯一一家没有工会的印刷机制造公司。工会试图组织工人加入工会，要求顾客不购买、运输公司不运送、维修店不接修双面印刷公司的印刷机。公司申请强制令对付工会，但均被联邦地区法院和巡回法庭根据《克莱顿法》第 20 条予以否决。但是，在分庭裁决中，最高法院驳回了下级法院的裁决。在该判决中，法院裁定《克莱顿法》的第 6 条没有豁免工会不受《谢尔曼法》的限制。此外，法院的判决还意味着强制令的颁布在很大程度上没有因《克莱顿法》而发生改变。

## 《铁路劳工法》（1926）

**《铁路劳工法》**（Railway Labor Act）是 1926 年通过的美国第一部重要的亲劳工立法，它建立了在铁路行业内部处理劳资关系的行政机制。在《铁路劳工法》通过之前，立法及法庭对立法的解释在很大程度上是反工会的。1936 年该法案延伸到航空业。

根据其中的一项条款建立了国家仲裁委员会（National Mediation Board）来执行法案。法案的另一条款废除了限制铁路员工的黄狗合同。该法案还建立了在行业内部调解和仲裁劳资纠纷的机制。然而，最初的法案仅适用于铁路员工，并不适用于其他行业。

## 《诺里斯—拉瓜迪亚法》（1932）

**《1932 年诺里斯—拉瓜迪亚法》**（Norris-La Guardia Act of 1932）是对工会尤其重要的法案，因为它使黄狗合同不再具备强制性，并严格限制强制令的使用。此法案禁止联邦法院发布强制令来阻止工会罢工、支付罢工福利、派设纠察人员（除非纠察针对欺诈和暴力行为）以及和平集会。

该法案的其他部分还进一步地限制了强制令的发布。例如，法案要求雇主在强制令发布之前，要出示普通警力不愿或不能保护雇主财产的证明。颁布的临时禁止令不能超过五年。

《诺里斯—拉瓜迪亚法》还赋予员工享有组织工会并与雇主就雇佣条款和雇佣条件进行谈判的权利。然而，该法案的主要缺点是未建立确保权利实施的行政程序。只有当雇主自愿同意承认工会，或员工罢工强迫其承认时，员工才能获得谈判权。换言之，法案赋予员工享有组织工会的权利，但没有要求资方必须与工会谈判。

## 《全国劳资关系法》（1935）

**《全国劳资关系法》**（National Labor Relations Act），也称为**《瓦格纳法》**（Wagner Act），于1935年通过。该法案以其主要支持者，纽约的参议员老罗伯特·瓦格纳而命名。它标志着在劳资关系中联邦政府角色的转变。因为该法案，政府起着更主动的作用。

《瓦格纳法》赋予员工组织工会，与雇主集体谈判以及为保护彼此而采取其他一致行动的权利。的确，《诺里斯—拉瓜迪亚法》已赋予员工这些权利，但《瓦格纳法》更前进了一步，因为它要求雇主承认员工选择加入的工会，并真诚地与这些工会谈判。此外，法案还禁止雇主从事某些不确定性、不公平的劳工行为，包括：

1. 干涉、限制或压制员工运用该法案赋予的权利。

## 实践中的人力资源管理 18.2

### 《员工自由选择法》的最新折衷信息

那些为最初的《员工自由选择法》包含的苛刻要求而担惊受怕的人力资源专家和雇主们可以松口气了。尽管进行了几个月的谈判和多个议案讨论，但双方都没有达成一个可以通过的折衷方案。

在七月下旬召开的电话会议上，用《员工自由选择法》来修订《全国劳资关系法》，并建立只有当组织中大多数员工签署工会授权卡时全国劳资关系委员会将授予工会作为员工集体谈判代表的程序，工商业团体和雇主都没有找到共同点。一旦 30% 的上述员工签署了工会授权卡，该立法将允许工会继续请求全国劳资关系委员会监管下的秘密投票选举。

资料来源：Adapted from Anonymous, "EFCA Update: Are Compromise Measures Going Nowhere?", *HR Focus*, October 2009, p.6.

2. 控制、干涉工会，或向工会提供资助。
3. 在雇佣、解雇方面歧视员工，或利用雇佣条款或雇佣条件鼓励或限制员工的工会会员资格。
4. 因员工提出指控或为法案准许的行为作证而解雇或歧视员工。
5. 拒绝与员工的法定代表进行真诚谈判。

另外，法案建立了一个由三人组成的全国劳资关系委员会（NLRB）来执行《瓦格纳法》（稍后本章讨论 NLRB）。法案还确定了工会选举的程序，并监督全国劳资关系委员会实施这类选举及调查不公平行为。

实践中的人力资源管理 18.2 描述了还未被国会通过的《员工自由选择法》（Employee Free Choice Act, EFCA）。

## 《劳资关系法》（1947）

《瓦格纳法》通过之后，工会会员从约占总劳动力的 6% 上升到 1947 年的近 23%。随着这一数字的增长，工会的好战情绪也随之高涨。罢工变得更为频繁和更广。1946 年有记录的罢工人数达 460 万人次。一次全美钢铁工人的罢工、一次汽车工人的罢工、两次煤矿工人的罢工和一次铁路工人的罢工对其他行业产生了负面影响，并导致了短缺和失业。

在这样的背景下，1947 年通过了《劳资关系法》。《**劳资关系法**》（Labor-Management Relations Act）也称为《**塔夫脱—哈特利法**》（Taft- Hartley Act），是对《瓦格纳法》的修正和延伸。《塔夫脱—哈特利法》标志着劳资关系的立法态度再次发生改变。该法基本上把政府置于裁判的角色以确保劳资双方公平相处。

根据《塔夫脱—哈特利法》，员工有权组织工会，与雇主进行集体谈判，以及为集体谈判而采取一致行动。法案还明确说明了雇主对劳工实施的不正当行为，并禁止管理者成立或参加工会。该法案的大多数条款与《瓦格纳法》相似，但对其中的一项不正当劳工行为做了重大改动。《瓦格纳法》规定，禁止雇主在雇佣、解雇或任何雇佣条件方面歧视员工，以鼓励或限制员工的工会会员资格。然而，《瓦格纳法》准许非开放雇佣和优先开放雇佣企业协议。在非开放雇佣企业协议下，只有工会会员才能被雇佣，而优先开放雇佣企业协议则要求在填补职位空缺时工会会员享有优先权。《塔夫脱—哈特利法》规定非开放雇佣企业和优先开放雇佣企业协议为非法。然而，在建筑行业，该法案准许这类协议存在，即必须具备工会会员资格，并在七日内雇佣。法案还准许建筑行业实行工会雇佣大厅（union hiring hall）的做法，工会据此向有现有职位空缺的雇主推荐工人。

与《瓦格纳法》不同，《塔夫脱—哈特利法》还确定了一些工会的不正当劳工行为。通常，禁止工会

1. 胁迫不想参加工会的员工。
2. 强迫雇主向参加工会的员工施加压力。
3. 拒绝与雇主进行真诚的谈判。
4. 强迫雇主为未履行的服务付费（额外雇工）。
5. 开展某种形式的间接抵制（采取行动反对与工会没有直接发生纠纷的雇主）。
6. 因加入工会协议，员工必须具备工会会员资格时，工会收取过多的入会费。加入工会协议（union shop agreement）规定作为雇佣条件，要求员工加入工会并保持会员身份。

《塔夫脱—哈特利法》还含有一项重要条款，即所谓的自由言论条款。这一条款规定只要资方不采取任何威胁报复或强迫行为，资方有权向其员工表达其对工会或工会主义的看法。

《塔夫脱—哈特利法》还禁止间接抵制。**间接抵制**（secondary boycott）一般

是指其他雇主（第二雇主）卷入了工会与雇主（第一雇主）的关系中，这是一个复杂问题。例如，如果工会试图说服第一雇主的大客户与第一雇主断绝生意往来，直到第一雇主同意工会的要求，那么这就是间接抵制，是违法的。然而，对第一雇主和第二雇主的区分是极为复杂的，这已成为全国劳资关系委员会裁决很多不正当用工指控的原因。

## 全国劳资关系委员会

《塔夫脱—哈特利法》还扩大了**全国劳资关系委员会**的规模，并创立了法律总顾问办公室。现在**全国劳资关系委员会**是在参议院指导和许可下，由美国总统任命的五人成员小组。每位成员任期五年，其中一名成员经参议院批准、由总统任命为委员会主席。**法律总顾问办公室**（Office of the General Counsel）是一个独立于该委员会的单独机构，由总统任命并经参议院批准，任期四年。

五人委员会与法律总顾问之间的关系类似于法官（或陪审团）与原告之间的关系。在处理不正当劳工行为案件中，委员会担当法官的角色，而法律总顾问担当原告的角色。任何人都可以向法律总顾问提起不正当劳工行为的指控。通常，人们所说的向委员会提起不正当劳工行为指控，实际上就是向法律总顾问提起的。提起指控后，法律总顾问展开调查并判断指控的胜算。如果法律总顾问判定指控的不正当劳工行为触犯了法律，就宣布起诉。然后，案件在委员会进行审理，由它裁决是否违法。

委员会和法律总顾问之间的职权分工仅适用于处理不正当劳工行为的指控。工会的选举程序则只由委员会来处理。在工会选举活动中委员会的作用将在第 19 章做进一步的描述。

委员会和法律总顾问办公室的大量工作是由委员会建立的地区办公室承担的。每一地区办公室由委员会任命的一名地区主管领导。在处理不正当劳工行为指控中地区主管担当法律总顾问的当地代表，并在执行工会选举程序中担当委员会的当地代表。

## 工作权利法

《塔夫脱—哈特利法》的第 14（b）条是最有争议的一条法律条款。它规定：

在任何州或地方，凡该州或地方法律禁止执行或实施以劳工组织会员资格作为雇佣条件时，该法案中的任何条款都不应解释为准许执行或实施这类协议。

因而，法案的第 14（b）条允许州和地方政府立法禁止必须加入工会的协议及必须具备工会会员资格的其他协议。**工作权利法**（right-to-work laws）是指由各州自行通过的禁止强制工会会员资格的立法。通过工作权利法的州就是工作权利州。目前美国共有 21 个工作权利州，它们是：阿拉巴马州（Alabama）、亚利桑那州（Arizona）、阿肯色州（Arkansas）、佛罗里达州（Florida）、乔治亚州（Georgia）、爱达荷州（Idaho）、爱荷华州（Iowa）、堪萨斯州（Kansas）、路易斯安那州（Louisiana）、密西西比州（Mississippi）、内布拉斯加州（Nebraska）、内华达州（Nevada）、北加利福尼亚州（North Carolina）、北达科他州（North Dakota）、南加利福尼亚州（South Carolina）、南达科他州（South Dakota）、田纳西州（Tennessee）、得克萨斯州（Texas）、犹他州（Utah）、弗吉尼亚州（Virginia）和怀俄明州（Wyoming）

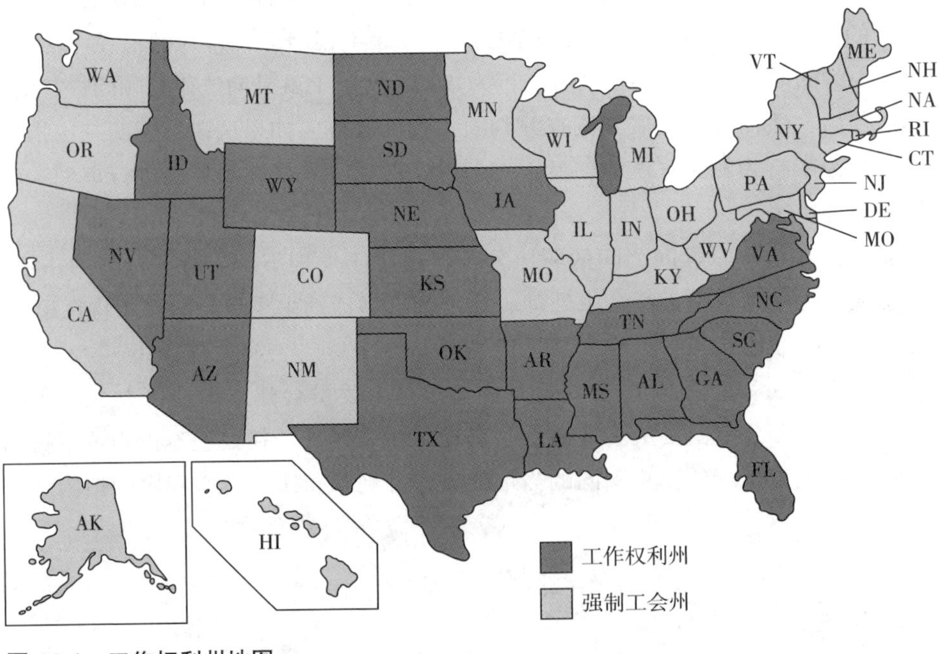


**图 18.1 工作权利州地图**

资料来源：National Right to Work Legal Defense Foundation.

## 实践中的人力资源管理 18.3

### 国际电气工人兄弟会 1505 地区

美国劳工部通告，对国际电气工人兄弟会 1505 地区进行的犯罪调查涉及当地工会的财务问题。1505 地区代表了马萨诸塞州雷神公司（Raytheon）11 500 名员工中的大约 2 400 名员工。调查人员检查了工会的财务记录。他们要求出示 1999 年 1 月至今的所有信用卡对账单和收据；同一时期的所有银行对账单、取消的支票和债券；以及所有支出凭单。此外，调查人员还询问了有关 1505 地区建筑物销售的全部信息，并且建议工会领导人不要销毁任何信息。本次调查可能引起 1505 地区更多的内部争斗。

迈克尔·扎加米于 1996 年当选 1505 地区业务经理。斯坦利·利希瓦拉于 1999 年当选 1505 地区主席。这两个领导人在 1505 地区引起了众多批评。在 2002 年 3 月扎加米和利希瓦拉对财务和管理风格施加影响。在 2002 年 6 月这两个人竞选工会的业务经理，但是被乔治·诺埃尔击败，长期以来乔治·诺埃尔是工会领导层的内部批评者。利希瓦拉承认在国际电气工人兄弟会全国办公室进行调查后，他已经退还了地区工会一些资金。

资料来源：Adapted from Ross Kerber, "U.S. Launches Probe of Massachusetts Union Local Representing Raytheon Workers," *Knight Ridder Tribune Business News*, Washington, D.C., August 13, 2002, p.1.

（参见图 18.1）。在这些州中，工会组织的员工由工会代表，但不要求他们必须隶属于工会或支付会费。而工会争辩认为选择不隶属于工会或不支付会费的员工是在搭便车。

《塔夫脱—哈特利法》还创立了一个隶属于联邦政府的独立机构，称为联邦仲裁和调解局（Federal Mediation and Conciliation Service）。该机构通过调解和仲裁来解决劳动纠纷的各方当事人的争议。最后，法案还确立了美国总统可以运用的议事程序，用以解决危及国家安全的劳工争议。

实践中的人力资源管理 18.3 描述了美国劳工部针对国际电气工人兄弟会 1505 地区（International Brotherhood of Electrical Workers Local 1505, IBEW）进行的犯罪调查。

## 《劳资报告与公告法》（1959）

即使在《塔夫脱—哈特利法》通过后，有关某些工会的腐败和高压手段的控诉仍然不断。因此，国会设立了有关劳方或资方不正当活动的参议院选举委员会（Senate Select Committee），即著名的麦克莱伦委员会（McClellan Committee）。在1957年到1959年间，麦克莱伦委员会举行了工会活动的听证会。作为这些听证会的结果，1959年国会通过了**《劳资报告与公告法》**（Labor-Management Reporting and Disclosure Act, LMRDA），即**《兰德勒姆—格里芬法》**（Landrum-Griffin Act）。这一法案是对《瓦格纳法》的修正和延伸，其主要目的是约束工会内部事务及保护工会会员的个人权利。法案的主要条款如下：

1. 保证工会会员在工会选举中享有投票权。
2. 保证工会会员有权在工会会议上及通过提名反对者候选人，来反对他们的现任领导。
3. 在提高工会会费前，必须通过无记名投票的方式获得会员的大多数赞同票。
4. 必须向美国劳工部呈报大部分工会财务状况。
5. 工会的官员和员工需要报告可能影响工会会员利益的与员工有关的任何财务往来。
6. 任何工会都必须制定工会章程与细则并在美国劳工部备案。
7. 建立严格的正式规则来组织全国和地区工会的选举。
8. 允许工会会员因工会资金管理不善和利益冲突而起诉工会官员。
9. 只有在工会章程与细则中明确规定的情况下，并且只有为了反贿赂或因财务管理不当，才能进行托管，即允许全国或国际工会接管地区工会的管理。

## 《公务员改革法》（1978）

在1978年以前，联邦政府内部的劳资关系的管理方式主要还是行政命令。这些**行政命令**（executive orders）由美国总统颁布，涉及联邦政府代理机构的管理和运行。10988号行政令由肯尼迪总统颁布，它赋予联邦雇员参加工会的权利，并要求工会与联邦代理机构的管理方进行诚意谈判。11491号行政令由尼克松总统颁布，它通过明确工会和联邦代理机构的不正当劳工行为，更加精确地界定了联邦雇员享有的工会权利，而且还建立了保障这些权利的诉讼程序。

**《公务员改革法》**（Civil Service Reform Act）于1978年通过，它基本上是把以前在10988号和11491号行政命令下采取的措施确定为法律。该法案赋予联邦雇员在联邦政府内部组织并确立处理劳资关系程序的权利。该法案的主要条款如下：

1. 设立**联邦劳资关系局**（Federal Labor Relations Authority, FLRA）是为了执行《公务员改革法》。联邦劳资关系局由三名成员组成，其中属于同一政党的成员不超过两名。关系局的成员经参议院批准，由总统任命，任期五年。
2. 创立了隶属于联邦劳资关系局的法律总顾问办公室来负责调查并起诉不正当劳工行为。法律总顾问经参议院批准，由总统任命，任期五年。
3. **联邦服务僵局小组**（Federal Services Impasses Panel, FSIP）是隶属于联邦劳资关系局的机构，帮助解决联邦代理机构与工会陷入僵局的谈判。小组由一名主席和至少其他六名成员组成，他们由总统任命，任期五年。
4. 确定了联邦政府代理机构管理方和工会的不正当劳工行为。
5. 确定了通常须经集体谈判的领域。
6. 在诉讼程序的较早阶段未得到解决的所有诉讼都要求强制仲裁。
7. 禁止联邦部门罢工。

# 工会结构

如上所述，由于通过立法和法院采取的行动，组织机构在工会运动中得以发展，从而能解决问题并抓住机遇。这些组织机构有四种基本形式：

- 地方、全国和国际工会联合会（如美国劳联—产联）
- 全国或国际工会
- 城市和州联合会
- 地区工会

表 18.1 列示了各类工会组织机构发展的一些重要日期。

## 美国劳联—产联

从结构上说，**美国劳工联合会和产业组织联合会（美国劳联—产联）**（American

表 18.1　劳工运动的重要日期

| 年份 | 事件 |
|---|---|
| 1792 年 | 第一家地区工会：费城制鞋工人工会（Philadelphia Shoemaker's Union） |
| 1833 年 | 第一家城市联合会：费城、纽约、巴的摩尔 |
| 1850 年 | 第一家全国工会：国际印刷工人工会（International Typographical Union） |
| 1869 年 | 第一次试图成立工会联合会：劳工骑士团（Knights of Labor） |
| 1886 年 | 美国劳工联合会成立 |
| 1938 年 | 产业组织联合会成立 |
| 1955 年 | 美国劳联—产联合并 |

Federation of Labor-Congress of Industrial Organizations, AFL-CIO）是工会运动的最大组织。它的主要目标是增进工会和工人的利益。美国劳工联合会和产业组织联合会是于 1955 年由美国劳工联合会和产业组织联合会合并而成的。

美国劳联成立于 1886 年，主要是由行业工会组成。**行业工会**（craft unions）仅吸收熟练的技术工人为其成员。大多数这样的工会成员来自几个相关行业，如砖匠、泥瓦匠和粉刷工国际工会（Bricklayers, Masons, and Plasterers International Union）。产联成立于 1938 年，从事组织产业工会的活动。**产业工会**（industrial unions）吸收特殊产业或产业群中的技术工人和非技术工人为其成员。美国汽车工人联合会（United Automobile Workers）就是产业工会的一个例子。

从技术上讲，美国劳联—产联本身不是工会，而仅仅是由附属的全国和国际工会、附属的州和地方团体、直接附属于劳联—产联的地区工会以及八个行业和产业部门构成的组织。劳联—产联仅仅是一个松散的、自愿参加的工会联盟，而且并非所有的全国和国际工会都属于劳联—产联。然而，大多数工会附属于劳联—产联。

劳联—产联基本政策的制定及其执行委员会的选举是在每两年举行一次的全国大会上进行的。执行委员会由主席、财务处长、执行副主席和 29 名其他成员组成，执行全国大会制定的政策。各个附属的全国和国际工会都会派出代表参加大会。某一特定工会派送的代表人数要根据其会员人数的多少来确定。

为了处理具体事务，劳联—产联主席任命并负责监督常务委员会，常务委员会则会同职能部门向工会会员提供服务。全体委员在主席或执行委员会的召集下举行会议，并承担执行委员会下达的任务。

## 全国工会和国际工会

大多数全国和国际工会的组织结构与劳联—产联的组织结构相似。工会之所以被称为国际工会，是因为它们通常在美国和加拿大都拥有会员。一般而言，全国和国际工会都依照工会章程运行，并举行全国大会，每一地区的工会根据其会员人数所占的比例推举代表。通常由大会选举出执行委员会，一般由一名主席、一名财务处长和几名副主席组成。一般而言，由主席任命并管理一个职能部门来处理诸如组织活动、开展研究和解决法律问题之类的事务。

全国和国际工会的地方组织通常有几个由地区主管领导的地区办公室。在地区主管之下是区域代表，他们负责指挥工会开展活动，并协助地区工会进行集体谈判及处理诉讼。

## 城市联合会和州联合会

城市联合会从劳联—产联取得许可证，并由一个特定地区的地区工会组成。地区工会派代表参加城市联合会会议，会议通常每两周或一个月举行一次。

城市联合会的主要功能是协调并关注地区工会的政治成果。在选举期间，城市联合会通常会书面签署候选人名单。大多数城市联合会在市政大厅设有非正式接待处，向立法委员会提交劳工问题。城市联合会并不总是只专注于劳工问题。城市联合会经常提出的其他问题和从事的活动有：学校董事会的政策、社区资金筹集活动及公共交通问题。

州联合会也由劳联—产联给予许可，并由地区工会和城市联合会组成。州联合会的主要目标是对有利于工会的政治行动产生影响。他们尽力劝说工会成员给工会认可的候选人投票。在州立法会议期间，州联合会积极进行游说，目的是通过工会赞同的议案。

## 地区工会

大多数地区工会遵循全国和国际工会的章程运行。然而，许多地区工会是独立的，因为它们的运行并不从属于全国工会。而且，地区工会可以与全国或国际工会没有联系，而直接隶属于劳联—产联。

一般而言，由地区工会的成员选举开展工会活动的官员。在典型的地区工会中，会员选举主席、副主席和财务处长，并组建若干个委员会。例如，通常指定谈判委员会为工会协商合同，指定诉讼委员会为公会成员处理诉讼。诉讼委员会一般由总干事和几位部门干事组成。干事招募新员工进入工会，倾听员工的申诉，处理诉讼并观察工会合同中资方的管理。一般地，大多数地区工会官员都有常规工作，但仍有余力利用工作时间管理工会事务。在大型地区工会中，大多数官员都是全职，是工会付薪的员工。地区工会通常对其全国工会或国际工会的区域代表非常依赖，要靠他们协助处理合同谈判、罢工和仲裁申诉。

在那些工会成员分散在几家雇主的行业中，地区工会通常拥有一名由地区工会付薪的全职工会代表。这位代表管理工会内部活动、协商合同、会见公司官员以解决合同解读问题、处理诉讼以及担当仲裁听证会的积极参与者。

## 劳工运动的现状和未来

从 1935 年（《全国劳资关系法》通过的那一年）到第二次世界大战结束期间，工会人数增长了四倍（见图 18.2）。二战后至 1970 年，工会会员人数继续增长。

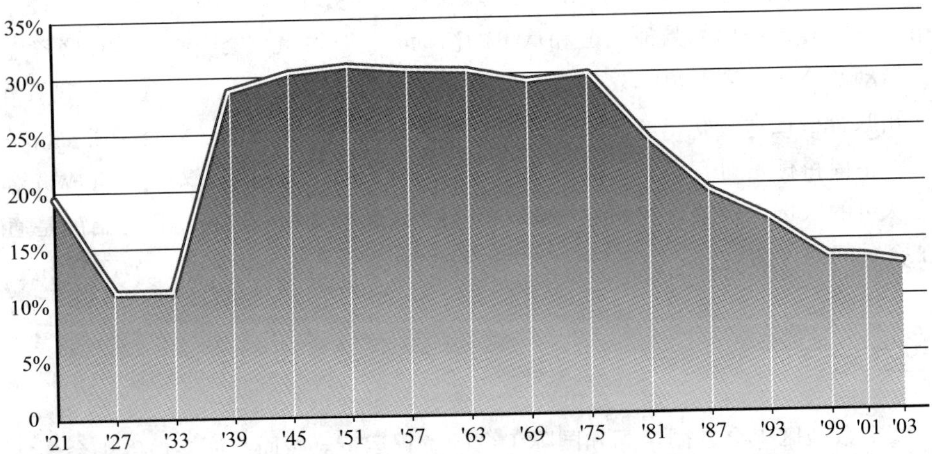


图 18.2 1921~2003 年，工会会员占美国劳动力的比重

资料来源：U.S. Department of Labor.

在 1970 年和 1980 年间工会人数略微增长了 100 多万人，但其所占总劳动力的比重却显著下降了。此外，在 20 世纪 80 年代工会人数下降了大约 500 万人，而且其所占总劳动力的比重也在不断下降。相比之下，最近政府部门的工会人数却增长了，而且在政府部门劳动力中占有较高的比例。

2004 年 1 月，美国劳工部发布的报告表明，12.9% 的雇佣劳动者是工会会员，这一数字比 2002 年的 13.3% 有所下降。2003 年的数据还显示以下重要内容：

- 男性比女性更有可能成为工会会员。
- 非裔美国人比白人、亚裔和西班牙裔更有可能成为工会会员。
- 2003 年，在政府部门每 10 名员工中就有 4 名工会会员，与之相比，在私营部门每 10 名员工中不到 1 名是工会会员。
- 从事教育、培训、图书馆工作的员工中将近 2/5 的人是工会会员。
- 在从事安全防卫性质工作的员工中，将近 2/5 的人是工会会员，包括消防队员和警察。
- 2003 年工会会员比例超过 20% 的四个州是：纽约州（24.6%）、夏威夷州（23.8%）、阿拉斯加州（22.3%）和密歇根州（21.9%）。
- 工会会员比例最低的州是：北加利福尼亚州（3.1%）和南加利福尼亚州（4.2%）。

历史上，工会的力量来自蓝领生产工人。然而，劳动力队伍已经扩大，而且将在经济中的服务部门继续增长。目前在服务部门中参加工会的人不到 10%。在服务部门的某些狭窄领域，如教师、飞行员和音乐家，工会已取得了成功。然而，预计今后组织工会运动的一个重点将指向说服未参加工会的白领员工，因为他们的个人和专业需要可以通过工会代表得到满足。

到 20 世纪 90 年代末期，在私人养老金计划中的投资达到约 3 万亿美元。工会可能试图影响这些资金的投资方式。尤其是，工会可能要求不能把这些资金投资于反工会的公司或从事反工会活动的公司的股票。

另一可能的发展方向是工会兼并继续增长。工会兼并有两种基本形式：合并和吸收。**合并**（amalgamation）是指两个或两个以上的工会，通常其规模大致相同，合并成一家新工会。**吸收**（absorption）是指把一家工会并入一家规模相对较大的工会。劳联—产联的附属机构中大约有 50 家工会成员人数低于 50 000 人，另有 30 家低于 100 000 人。的确，规模较大的工会无论是在协商集体谈判协议方面，还是在工会组织运动方面，都能给资方施以更大的压力。

## 总 结

1. **描述共谋原则。**

   共谋原则认为，如果法庭认为工会所使用的手段或所寻求的目的，二者之一是违法的，工会就可能受到惩罚。

2. **对强制令进行定义。**

   强制令是指当局势处于这样一种状态，即没有合适的补救措施来保护请求强制令一方的利益时，由法庭下令停止可能导致不可挽回的财产损失的行动。

3. **解释黄狗合同。**

   黄狗合同（工会杜撰的一个术语）是指雇佣双方的一项协议，它规定作为雇佣条件，员工不得加入工会。现在黄狗合同是非法的。

4. **对《铁路劳工法》(1926)进行定义。**

   该法案建立了在铁路和航空业内部处理劳工关系的行政机制。

5. **描述《诺里斯—拉瓜迪亚法》(1932)。**

   该法案使黄狗合同不再具备强制性，并严格限制强制令的使用。它还赋予员工享有组织工会并与雇主就雇佣条件和雇佣条款进行谈判的权利。

6. **对《瓦格纳法案》(1935)进行定义。**

   该法案赋予员工享有组织工会，与雇主进行集体谈判，以及为相互保护而采取其他一致行动的权利。

7. **解释《塔夫脱—哈特利法》(1947)。**

   该法案基本上把政府置于仲裁人的角色，以确保劳资双方公平地与另一方相处。

8. **描述工作权利法。**

   工作权利法是指禁止强制性的工会会员资格的要求，是由各州自行通过的。

9. **解释《兰德勒姆—格里芬法》(1959)。**

   该法案的主要目的是约束工会内部事务及保护工会会员的个人权利。

10. **描述美国劳联—产联。**

    美国劳联—产联是一个工会的自愿联合会，它的主要目标是增进工会和工人的利益。

**11. 对合并和吸收进行定义。**

合并是指两个或两个以上的工会，通常其规模大致相同，合并成一家新工会。吸收是指把一家工会并入一家规模相对较大的工会。

第 19 章

# 工会组织运动与集体谈判

**集体谈判**（collective bargaining）是雇主和工会就特定时期书面协议的协商、起草、管理和解释的过程。集体谈判的最终结果是一份双方就工资、工时以及其他雇佣条件和雇佣条款达成一致意见的合同。合同有多种期限，最常见的是三年。

集体谈判过程包括以下基本内容：

1. 劳资双方就相关问题真诚地协商。
2. 把双方的理解写进书面合同。
3. 根据合同中规定的雇佣条件和雇佣条款管理日常的工作关系。
4. 通过既定程序，根据合同的解释条款解决争议。

在集体谈判过程的每个环节中，人力资源部门通常作为资方的主要代表。

## 工会会员资格决策

在集体谈判过程开始前，组织的员工必须决定是否由工会代表自己。因此，理解集体谈判过程的一个重要先决条件就是了解吸引员工加入工会的原因。

### 加入工会的原因

诸多因素影响着员工加入工会的意愿。对自己的工资、工作保障、福利、待遇以及晋升机会不满的员工，更有可能投票支持工会代表。另一个决定员工对工会会员资格感兴趣的重要因素是，他们对工会改变现实状况能力的认识。如果员工认为加入工会不会改变让他们不满的经济和工作状况，那么他们就不可能加入工会。

工资、福利、工作条件以及工作保障是影响员工加入工会的主要因素，此外还有其他因素，包括员工的如下期望：

1. 同资方更好的沟通。
2. 更高质量的管理和监督。
3. 工作场所更加的民主。
4. 得到归属于一个团体的机会，在这个团体中他们能分享经验，并建立同志关系。

### 反对加入工会的观点

理解为什么员工反对工会和理解为什么他们支持工会一样重要。员工不加入工会的主要原因是令人满意的工资、福利、工作条件和工作保障。有些员工还对工会有负面看法，他们认为工会有太多的政治影响，要求会员遵从工会所做的决定，而且还有一些谋求私利的工会领导。此外，其他原因还包括：认为工会通过号召罢工、哄抬物价以及不当地使用工会会费和养老基金而滥用权利。

一些员工支持资方，把工会看作敌人。然而，对工资、福利以及工作条件的不满，会迅速改变员工对工会的这种负面态度。

许多组织一直在避免工会介入。大多数情况下，这些组织的资方会向员工提供满意的工资、福利、工作条件以及工作保障。其他减少工会介入可能性的管理实践包括：制定处理员工投诉的程序，消除武断而高压的管理和监督措施，在劳资双方之间建立有意义的双向沟通系统，消除对员工工作保障的威胁，以及使员工感到他们是组织的一部分。

## 工会组织活动

大多数情况下，如果有员工要求工会开始组织活动，工会就会开始组织活动。有些情况下，全国工会和国际工会会与想要组织活动的组织中的员工联系。然而，一般而言，除非员工当中有强大的支持后盾，否则工会不会尝试去组织一个机构。

一般工会开展活动以吸引员工加入。当工会引起足够的兴趣之后，员工便签署授权卡，表明他们愿意投票支持或反对被工会代表。如果 30% 的员工签署了这些授权卡，就可以要求全国劳资关系委员会介入并且监督选举。但在实践中，除非超过 50% 的员工签署了授权卡，否则不可能向全国劳资关系委员会提出申请。

请求工会支持的时间和地点要满足如下条件。一般说来，支持工会的员工可以在工作区域或者非工作区域口头请求其他员工的支持，但只能是在非工作时间。此外，如果资方允许工作时随意交谈，那么员工就可以在不妨碍生产的情况下讨论工会事务。工会资料只能在非工作时间分发，并且资方可以限制工会资料只能在非工作区域分发。

全国劳资关系委员会很少限制口头请求和工会资料分发的一般规则。然而，也有一些例外情况。例如，百货商店可以禁止在销售现场的口头请求，因为顾客等着服务，所以通常禁止员工在销售现场随意交谈。

口头请求工会支持和在公司工作场所分发工会资料的权利，仅适用于员工。一般说来，资方可以禁止工会组织者因这些目的进入公司场所。这方面的一个例外是，如果资方同意其他请求者进入公司，他们就不能排除工会组织者。

根据所谓的**俘虏观众准则**（captive-audience doctrine），资方有权在上班时间向员工做反对工会的演说，并要求员工出席会议。另一方面，工会没有在上班时间做出回应的权利。“俘虏观众准则”重要的例外情况是禁止资方在选举前 24 小时里的上班时间对多数员工听众做演讲。然而，24 小时准则只适用于对大型群体的演讲。在最后 24 小时内，准则允许管理人员同单个员工或者小群体谈论反对工会。

## 确定谈判单位

当工会获得了至少经 30% 的员工签名的授权卡时，工会或者雇主就可以请求全国劳资关系委员会举行代表选举。假如工会获得经 50% 以上员工签名的授权卡，工会就可以直接向雇主提出要求，充当员工的谈判代理人。这种情况下，雇主一般会拒绝，然后工会请求全国劳资关系委员会介入并监督选举。

在请求提出后，全国劳资关系委员会的代表（称为检察官）核实授权要求已完成，就要确定适合的谈判单位。**谈判单位**（bargaining unit，或者选举单位）是指在工厂、企业或行业里由雇主认可的，经相关方同意或经全国劳资关系委员会或其地区主管指定的，适合于参加集体谈判的员工群体。

虽然谈判单位是由全国劳资关系委员会最终确定的，但谈判双方通常对这个决策有很大的影响。大多数选举都是**同意选举**（consent elections），即当事双方就适合的谈判单位已经取得一致。否则，全国劳资关系委员会就必须在**共同利益**（community of interest）原则的指导下，决定谈判单位。共同利益因素包括：同样的工资、工时和工作条件；员工彼此之间身体上的接近；共同的监管；在提议的单位里人员互换的数量；雇主经营生产活动的一体化程度。

## 选举活动

在选举活动期间，某些活动是非法的，这些活动被称为不正当劳动行为。这些行为包括：（1）雇主对工会组织者的人身攻击、威胁或者暴力行为；（2）雇主干涉参与组织活动的员工；（3）惩罚或解雇支持工会活动的员工；（4）工会组织者威胁或逼迫员工。工会向全国劳资关系委员会提出选举要求之后，只要雇主当前不是工会成员，且请求是在过去30天里向全国劳资关系委员会提出的，并且在前12个月中没有进行过代表选举，工会就可以设置纠察看守雇主。此类纠察设置称为**罢工纠察宣传活动**（informational picketing），即人们在工作地点或其附近巡逻，举着标语，公开表明工会要求选举，成为员工谈判代表。

在选举活动期间，工会强调他们帮助员工满足其需要，改善其工作条件的能力。工会向雇员兜售这些观念的能力是工会在选举活动中获胜的一个关键因素。员工必须相信工会关心他们的问题，能帮助他们解决这些问题，并且能够帮助他们增加工资、福利和改善工作条件。如果员工不愿意加入工会，法律禁止工会强迫或者威胁员工。

选举活动的实际影响是不明确的。然而，资方和工会的活动战略都要受全国劳资关系委员会的监督。如果发现任何一方行为不当，选举结果将会取消，并进行重新选举。而且，如果对资方不正当劳工行为的指控足够严重，全国劳资关系委员会就可以命令资方同工会谈判。这种情形被称为**盖斯勒谈判命令**（Gissel bargaining orders）。盖斯勒谈判命令得名于最高法院一个具有重大意义的判决，即全国劳资关系委员会对盖斯勒包装公司诉讼案（NLRB v. Gissel Packing Company），该判决认为全国劳资关系委员会的谈判命令对雇主某些错误行为是恰当的补救措施。全国劳资关系委员会很少发布盖斯勒谈判命令。

## 选举、确认和取消确认

如果资方和工会同意进行选举，投票通常会很快进行。然而，如果资方不同意选举，投票就会出现长时间的延迟。投票延迟常常会使资方更可能赢得选举。因此，资方经常拒绝同意选举。

在工会选举中，选举的时间点是个重要问题。所谓的**12 月规则**（12-month rule）规定：任何谈判单位，如果在前 12 个月里进行了有效选举，就不能再进行选举。而且，全国劳资关系委员会也不允许谈判单位在工会确认的 12 个月内再次选举。这就是所谓的**确认障碍**（certification bar）。全国劳资关系委员会还禁止在雇主自愿承认工会后的 12 个月内进行选举。这就是所谓的**承认障碍**（recognition bar）。最后，在双方就合同达成一致以后，全国劳资关系委员会通常不允许合同涉及的谈判单位进行选举，直到合同到期（最长三年）。这通常称为**合同障碍原则**（contract bar doctrine）。

当选举的具体日期最终确定后，全国劳资关系委员会就进行无记名投票选举。如果工会得到多数选票，这就确认工会是谈判单位所有员工的唯一谈判代表。唯一谈判代表意味着工会代表谈判单位中的所有员工（工会会员和非会员）对工资、工时、雇佣条款以及雇佣条件进行谈判。需要着重指出的是，工会不必得到谈判单位中多数员工的赞同票，它只须得到多数投票即可。

工会经确认以后，根据法律它将一直作为所有员工的唯一谈判代表，直到谈判单位中的员工有其他要求。如果员工想取消工会，他们可以向全国劳资关系委员会提出请求，取消选举。如果 30% 的员工支持取消工会的请求，并且在前一年内没有进行取消工会的有效选举，那么就可以进行取消工会的选举。如果多数参与投票的员工赞成取消工会，从法律上讲，工会就不再代表他们。图 19.1 概括了工会组织活动的步骤。实践中的人力资源管理 19.1 描述了取消确认的活动。

## 诚意谈判

工会经确认后，法律上就要求雇主同工会诚意谈判。当然，雇主和工会的谈判还要在现有合同到期前进行。《全国劳资关系法》规定了私营企业组织**诚意谈判**（good-faith bargaining）的法律要求，而 1978 年的《公务员改革法》对联邦机

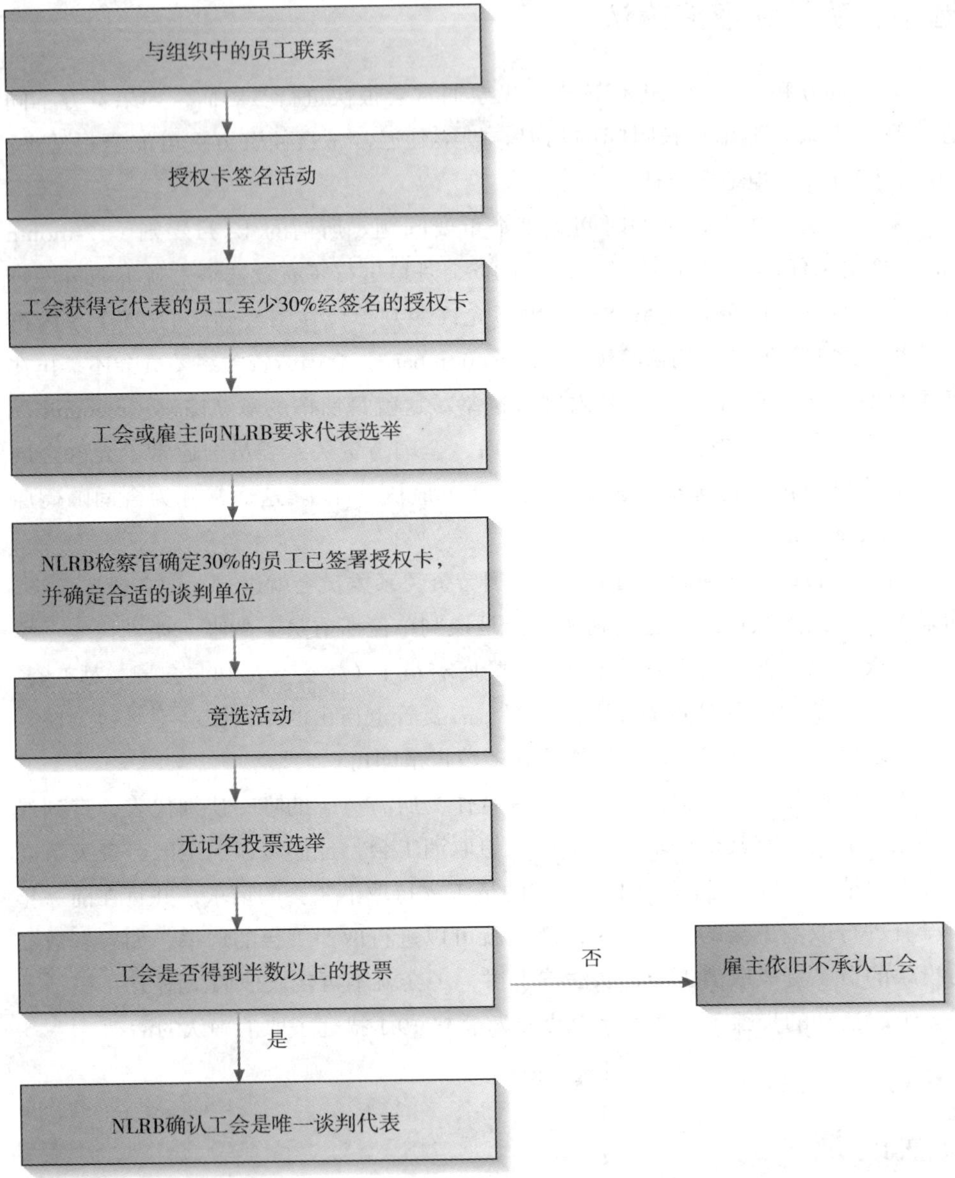


图 19.1 工会组织活动的步骤

## 实践中的人力资源管理 19.1

### 工会取消确认

在匹兹堡地区近 1000 名 Comcast 公司员工正计划投票决定是否继续让美国电讯工人工会（Communication Workers of America,CWA）作为他们的谈判代表。Comcast 公司在与 AT&T 宽带公司合并时继续雇佣了 CWA 代表的员工。CWA 起诉 Comcast 公司鼓励其员工投票以取消 CWA 的代表权。Comcast 公司说，考虑到工会代表的情况，它只是希望员工在行使法律权利之前能够得到妥善告知。CWA 认为 Comcast 公司通过俘虏观众会议（captive audience meeting）、野餐、星期一晚上的足球派对鼓励员工投票反对工会。CWA 已通过电台广告和张贴庭院标志批评 Comcast 公司使用外部承包商来完成客户服务工作。

在匹兹堡地区工会决不可能与 AT&T 宽带公司或 Comcast 公司谈判首次合同 (first contract)。工会曾多次几乎达成临时协议，但每次公司都以更换律师为由重新开始谈判。首次合同对工会的成功至关重要，因为若工会无法在一年之内与新的谈判单位达成首次合同，员工可以向全国劳资关系委员会申请取消选举，击败工会。

然而，在 2005 年，经过多年的斗争后，CWA 赢得了 Comcast 的合同。

资料来源：Adapted from Jim McKay, “Pittsburgh-Area Comcast Workers to Vote on Whether to Keep Union,” *Knight Ridder Tribune Business News*, November 11, 2003, p. 1.

构也做出了同样的要求。不幸的是，诚意——或者缺乏诚意——在这些法律条文中并没有明确地界定。然而，随着时间的推移，全国劳资关系委员会、联邦劳资关系局（Federal Labor Relations Authority, FLRA）以及法院的判决把诚意谈判解释为：双方协商分歧并达成彼此都可接受的协议的真诚意图。诚意谈判不要求双方达成一致；它仅仅促使双方做出达成协议的真诚努力。因此，诚意的存在是在集体谈判过程中检查整体氛围确定的。其基本要求是，做出真诚努力以达成协议。

全国劳资关系委员会曾对几个案例的诚意谈判进行了裁决。其中一个关键案例涉及通用电气公司使用**博尔韦尔主义**（boulwarism）。博尔韦尔主义是根据通用电气副总裁莱缪尔·博尔韦尔的名字命名的，指资方在谈判开始时给出最好的条件，并在整个谈判过程中坚守这个报价。全国劳资关系委员会已裁定博尔韦尔主义不是诚意谈判。在这项裁决中，全国劳资关系委员会认为博尔韦尔主义是非法的，这是因为公司不仅在谈判桌上坚持强硬立场，而且，在这种情况下，公司也开展了宣传运动，以说服员工相信公司给出的条件是最好的。公司在其宣传中蔑视了工会。由于雇主完全无视工会并带着自己的提议直接去找员工，这就违背了同员工的唯一谈判代表（即工会）诚意谈判的职责。

# 谈判的参与者

可能有多方当事人直接或间接地卷入集体谈判过程。当然，主要的参与者还是雇主和工会代表。然而，有若干第三方扮演了重要角色。

## 雇主的角色

雇主参与集体谈判的形式多样。单个公司协议最为常见。这种方法是，单个公司的代表同工会代表接洽并商谈合同。当然，一个公司可能有代表不同员工群体的多个工会。在这种情况下，公司的代表往往与各个工会商谈不同的合同。而且，一个公司和一个工会也可能针对公司的每一个部门或者工厂位置来磋商不同的合同。

在某些行业，多雇主协议是常见的。一般说来，这些行业里的单个雇主相对工会来讲显得人数少，并且处于弱势。于是，雇主就通常聚集起来组成雇主协会，代表所有入会的雇主磋商单个协议。多雇主协议可以是地方性的（如某座城市的建筑行业），地区性的（如煤矿），或者全国性的（铁路行业）。如果多雇主谈判基于地区或者全国范围，这种谈判通常指的是行业谈判。

在一些大型组织，比如通用汽车公司，关于工资和福利问题的主协议是在公司官员和全国工会或国际工会的官员之间进行磋商的。然而，除了主协议之外，地方补充协议也是在工厂谈判的，它解决的是每个工厂各自的问题。

## 工会的角色

工会参与谈判也有几种形式。在单个公司协议中，公司的规模决定了工会参与谈判的性质。对规模较小的公司来讲，谈判中地方工会通常同国际工会或全国工会的区域代表紧密合作。在这种情况下，国际工会的代表会给地方工会提供建议和咨询，并且时常充当工会的主要谈判者。

在有多个工厂的大公司里，由全国工会或国际工会的高级官员参加谈判。例如，在同福特公司、通用汽车公司和克莱斯勒公司的谈判中，美国汽车工人联合会（United Automobile Workers, UAW）的主席通常担任首席谈判者。地方工会的官员和全国或者国际工会的区域代表则磋商大公司主协议的地方补充协议。

在多雇主协议的行业中，工会参与谈判通常是在全国工会或国际工会主席的指导下进行的。然而，在这些谈判中，多雇主协议涉及的地方工会代表通常服务于工会谈判委员会。几个工会联合起来同一个雇主谈判也是可能的。这种类型的谈判被称为**协同谈判**（coordinated bargaining）。

## 第三方的角色

有若干第三方可以时常参与集体谈判。除非谈判一方或双方感到另一方没有诚意进行谈判，或者双方陷入谈判僵局，否则第三方服务通常是不必要的。

### 全国劳资关系法

《全国劳资关系法》（已在第 18 章中讨论过）要求工会和资方诚意谈判。任何一方拒绝谈判都会被全国劳资关系委员会下令制止。而且，全国劳资关系委员会的命令一旦发出，就可以要求美国地方法院强制执行，否则便以藐视法庭罪论处。

除了拒绝谈判，其他行为也可以视为不正当的劳工行为。其中一些行为已在本章的开头进行了描述。全国劳资关系委员会有权决定某种特定行为是否正当。如果任何一方认为谈判中已出现不正当的劳工行为，都可以向全国劳资关系委员会提出指控。然后，全国劳资关系委员会的代表就会调查该指控，并确定其理由是否正当。如果理由正当，全国劳资关系委员会在采取进一步行动前，会给予双方达成非正式调解协议的机会。如果不能达成非正式调解协议，全国劳资关系委员会就向被指控方提出正式控诉，然后由全国劳资关系委员会的审讯官举行正式的听证会。听证会结束后审讯官会向全国劳资关系委员会提出建议。双方都可以就审讯官的建议向全国劳资关系委员会提起上诉。如果全国劳资关系委员会判决指控中提到的一方从事了或者正在从事不正当的劳工行为，全国劳资关系委员会就可以命令该方终止这种行为，并且采取适当的矫正行动。任何一方都可以就全国劳资关系委员会的判决向美国巡回法院甚至美国最高法院提起上诉。

### 联邦劳资关系局

联邦劳资关系局由 1978 年的《公务员改革法》授权，是一个与全国劳资关系委员会类似的机构，处理联邦部门员工、工会和代理机构的相关事宜。根据与全国劳资关系委员会相似的程序，联邦劳资关系局负责调查不正当劳工行为指控，举行不正当劳工行为听证会，并且可以发布命令终止任何此类行为。

### 联邦服务僵局小组

如果联邦部门的双方在谈判中陷入僵局，任何一方都可以要求联邦服务僵局小组（Federal Services Impasses Panel，FSIP）介入此事。联邦服务僵局小组作为联邦劳资关系局内部的一个实体，有权推荐解决僵局的办法，并且有权采取任何必要的行动解决争议，只要这些行动不违反 1978 年的《公务员改革法》。此外，双方可以同意采用有约束力的谈判僵局仲裁程序，但是这个程序需由联邦服务僵局小组批准。联邦服务僵局小组视为联邦部门代替罢工时的法律选择。

### 联邦仲裁与调解局

根据《全国劳资关系法》设立的**联邦仲裁与调解局**（Federal Mediation and Conciliation Service, FMCS）是联邦政府行政部门中的独立机构。联邦仲裁与调解局的管辖权限包括：从事州际贸易的私营企业组织的员工；联邦政府雇员；私营、非营利性医院和其他联合医疗机构的员工。

联邦仲裁与调解局的责任之一是指派调解人来协助解决谈判僵局。**调解**（mediation or conciliation）是指谈判双方邀请中立的第三方（称为调解人）帮助解决合同僵局的过程。调解人帮助双方找到继续谈判的共同基础，挖掘双方分歧问题的事实数据，并且设立包括双方成员在内的联合研究委员会，以检查更困难的问题。在双方变得气愤或敌对的谈判中，调解人经常把他们分开并充当缓冲器，在双方间提出建议和异议。调解人不能把决策强加给双方。各种州机构和个体，

### 中国颁布实施的《企业劳动争议协商调解规定》

我国人力资源和社会保障部发布了《企业劳动争议协商调解规定》，已于 2012 年 1 月 1 日起施行。这个规定主要是针对当前我国企业内部劳资双方沟通机制普遍缺失，劳动者的利益诉求表达渠道不畅，企业劳动争议调解委员会作用弱化等比较突出的问题制定的。

《规定》主要有以下特点：一是建立企业内部劳资双方沟通协商机制；二是着力解决争议处理中最为薄弱的协商问题；三是切实加强企业劳动争议调解委员会建设；四是建立预防在先的工作机制；五是建立劳动争议调解协议的仲裁审查确认制度；六是充分发挥劳动关系三方原则的作用。

资料来源：新华网 http://news.xinhuanet.com/legal/2011-12/05/c_111218585.htm.

比如律师、教授和仲裁人，也提供调解服务。

### 仲裁人

虽然**仲裁**（arbitration）多用于合同期间申诉的解决，但它也能用来解决集体谈判中的僵局。合同条款的仲裁被称为利益仲裁或合同仲裁。利益仲裁在私营部门中很少采用，但是在公共部门中普遍应用。此类仲裁可以采取两种形式：常规的和最终的。根据**常规利益仲裁**（conventional interest arbitration），仲裁人听取双方的争论，并做出有约束力的裁决，该裁决可以其中一方的立场一致，或和双方的立场都不相同。根据**最终利益仲裁**（final-offer interest arbitration），限制仲裁人选择双方中任何一方的最终立场。此外，利益仲裁可以是自愿的，也可以是强制的。联邦仲裁与调解局和美国仲裁协会（American Arbitration Association, AAA）都提供经认证的仲裁人名单。实践中的人力资源管理 19.2 描述了中国颁布实施的《企业劳动争议协商调解规定》。

## 集体谈判协议

集体谈判协议（工会合同）产生于谈判过程，并在特定时期内调节着雇主和员工之间的关系。该合同以书面形式规定了谈判中双方达成的共同协议。根据《塔夫脱—哈特利法》，集体谈判协议在法律上是强制性合同。任何对当事人有管辖权的美国地方法院，都可以受理指控违反雇主和工会间合同的诉讼。

正如本章先前讨论的,《全国劳资关系法》强行规定雇主和工会就工资、工时、其他雇佣条件和雇佣条款进行诚意谈判。这些被称为谈判的强制主题。然而，正如大家预期的，在“其他雇佣条件和雇佣条款”这一短语所涉及的主题出现了争议。工会试图广泛地解释这一短语来扩大强制范围。另一方面，雇主自然抵制这种扩展。关于此问题，全国劳资关系委员会和法院做出了判决。例如，最高法院在一项判决中裁决，所有的资方决策偏离了先前的做法，它明显地损害了（1）工作任期；（2）就业保障；（3）合理预期的工作机会都必须作为强制性主题进行谈判。这些年，强制性谈判条款的数量已明显增加了。

不要求双方谈判的问题被称为非强制性问题或许可性问题。在合同谈判中，双方（如果都同意）可以就许可性问题进行谈判，但是法律上不要求任何一方必须这样做。此外，一方坚持要对许可性问题进行谈判是一种非法劳工行为。

为所有的组织设立一组强制性和许可性问题的难度是很大的。一个行业或者组织里通过集体谈判就可以恰当处理的某些主题，在另一个行业或组织里可能就不恰当。然而，最终要由法院和全国劳资关系委员会来判定某一问题是强制性的还是许可性的。

除了强制性和许可性问题之外，集体谈判协议还有几个不能纳入的禁止问题。主要的例子是非开放雇佣企业和热货条款。非开放雇佣企业要求雇主只雇佣工会成员。当雇主和工会同意不处理或不使用另一雇主的货物或服务时，产生热货条款（hot-cargo clause）。

对联邦部门来说，1978 年的《公务员改革法》规定“雇佣条件”谈判是强制性的。该法案将雇佣条件界定为人事政策、雇佣行为和影响工作条件的事务。表 19.1 概括了对联邦政府雇员来说，被禁止和许可的问题。

## 集体谈判协议中的具体问题

虽然每份合同都是不同的，但是大多数合同都包括以下五个问题：（1）资方权利；（2）工会保障；（3）工资和福利；（4）个体保障（资历）权利；（5）

表 19.1　**联邦部门中被禁止和许可的集体谈判问题**

| **被禁止的问题** |
| --- |
| 工资率的谈判 |
| 机构的任务、预算或组织 |
| 员工人数 |
| 机构内部安全条例 |
| 机构内员工的雇佣、分配、指导、解雇和保留；停职、调动、降级或减薪；或对员工采取其他惩罚行动 |
| 分配工作、决定有关工作缔约的问题以及确定机构运行所需的人员配置 |
| 选择恰当级别和资格的候选人来填补空缺职位 |
| 在非常时期，采取完成机构任务的一切必要行动 |
| **被许可的问题** |
| 给所有组织的分支机构、工作项目或任期分配员工的数量、类型和级别或者职位 |
| 工作的技术、方式和方法 |
| 行使权力的机构管理方在履行不能谈判的职责时所采用的程序 |
| 在履行不能谈判的职责时，管理方行使权力导致对员工有不利影响的安排 |

争议的解决。

## 资方权利

在工会—雇主关系中，雇主能保留多少权利这个问题备受大多数雇主的关注。资方权利条款的主要目的是，给资方保留管理所有商业活动的权利。通常认为资方必不可少的权利包括：管理劳工；确定劳工规模（包括雇佣或解雇员工的数量和类别）；设定工时和分派工作。通常而言，在资方权利条款中，工会坚持的一点是资方不应歧视工会。

## 工会保障

工会保障条款确定员工在工会中的会员身份，并试图确保工会具有持续的力量。几乎所有的合同都有某些工会保障条款。工会保障以几种形式出现。**工会企业**（union shop）要求，作为雇佣条件，谈判单位中的所有员工都要加入工会，并保持工会会员身份。修订的工会企业要求作为雇佣条件，所有被雇佣的员工在协议生效后必须取得并保持工会会员资格。其中“祖父”条款允许不是工会会员的员工到合同生效前保持非会员身份。根据**工会代理制企业**（agency shop）条款，不要求员工实际加入工会，但是作为雇佣条件要求他们支付代表费。**会员资格维持**（maintenance of membership）条款不要求员工加入工会，但是作为雇佣条件要求已经加入工会的员工在规定的期间内保持会员身份。

正如本章前面所讨论的，《塔夫脱—哈特利法》允许各州通过立法，不管是不是工会会员，都要保证工作权利。通过这种立法的州统称为工作权利州。《塔夫脱—哈特利法》还禁止其他两种工会保障：非开放雇佣企业和优先开放雇佣企业。在非开放雇佣型企业里，只能雇佣工会会员，而优先开放雇佣企业则要求在填补工作空缺时工会会员享有优先权。然而，在某些行业，如建筑业，允许该法案条款有例外。

除了规定保持工会会员资格的方式之外，工会保障条款经常包括代扣工会会费程序。**代扣工会会费**（checkoff）是指工会与公司达成协议，公司同意从员工的工资中代扣工会会费、入会费和对员工工资的评定费，并将这部分钱交给工会。工会会员必须在协议达成前，签署授权卡授权代扣。

## 工资与员工福利

一直以来增加工资是工会的首要经济目标。绝大多数合同都含有在合同期内平均工资增长的条款。**生活费用调整**（cost-of-living adjustments, COLA）条款在许多行业是常见的。生活费用调整条款把工资的增加与劳工部统计局的消费者价格指数（CPI）的上升联系起来。大多数生活费用调整条款要求工资应该依据 CPI 的每次上升即时做出调整，该调整可以每季度一次，也可以每半年或一年一次。目前许多组织的资方都在试图消除或限制生活费用调整条款的使用，最近这已经成为一种趋势。

在合同中说明的其他工资问题包括加班工资及在周六、周日、假日上班和连续六天或七天工作的工资率。合同通常包括的其他员工补偿项目有加班费、报到工资、额外加班费、临时调动工资、危险职务工资和与职位相关的支出等补偿性工资。表 19.2 对这些项目做了界定。

工会合同中通常包括的福利有：公假、休假、保险和退休金。在工会合同中，

表 19.2　常见的补偿性工资项目的界定

| 项目 | 定义 |
| --- | --- |
| 倒班费 | 对员工在非意愿工作时间工作所支付的奖金 |
| 报到工资 | 对按规定来上班，却发现没有工作可做的员工所支付的工资 |
| 额外加班费 | 在常规工作时间外，将员工召回工作所支付的工资 |
| 临时调动工资 | 当把员工临时调至另一个工作岗位时所支付的工资（如果调换的工作岗位工资水平更低的话，通常员工继续按原先的工资率获得工资；如果调换的是工资水平较高的工作岗位，那么通常按较高的工资率向员工支付工资） |
| 危险职务工资 | 从安全和健康的角度看，对从事比一般工作更危险的工作的员工所支付的工资 |
| 与职位相关的支出 | 对工作所需要的差旅费、工作服或工具的补偿 |

一般要求所有的法定公假都应该支付工资。享受公假工资的资格有一种或两种类型：服务年限要求或工作要求。一般而言，员工在有资格享受公假工资之前，必须为雇主最少工作四周。此外，员工还通常必须在公假前后各一天都工作，才能享受公假工资。

大多数工会合同规定了休假条款。休假权利通常与员工的服务期限有着直接的联系。在合同中该项条款的一个趋势是每年休假的时间在逐渐上升，而获得增加休假所要求的服务期限在下降。

大多数工会合同还包括有关健康、意外事故和人寿保险福利的条款。许多工会合同还包括大病医疗保险、意外死亡和伤残福利、牙科保险以及各种医疗费用，比如处方药。

## 个体保障（工龄）权利

**工龄**（seniority）是指员工为雇主服务的相对时间长度。工龄既可以以员工在某一岗位或部门工作的服务期限来衡量，也可以以员工在一家工厂或公司整个的服务期限来衡量。

员工的工作保障是工会关注的基本问题。工龄制度是获得工作保障最常用的方法。一般而言，工会合同条款规定在谈判单位里工龄可应用在：调任更高的职位；临时解雇；临时解雇后重新召回；工作倒班和休假期限的选择。

工龄制度有利于那些服务期限较长的员工。因此，对于妇女和少数民族——通常是刚刚被雇佣的员工，工龄制度对他们会有负面影响。1964 年的《民权法》703（a）条款禁止基于种族、肤色、宗教信仰、性别或国籍的歧视。然而，第 703（h）条使善意的工龄制度不受第 703（a）条控制。第 703（h）条表明善意的工龄制度可能对某些阶层的人有不良影响，但在法律上还是有效的。然而，这种工龄制度不是有意歧视某一阶层的结果。在第 2 章讨论的斯托兹案中，最高法院裁定，当其他适用的制度本来应该要求解雇工龄较低的非裔美国人时，法官不能强制执行要求解雇白人员工的平权计划。需要着重指出的是，该决议没有禁止平权行动计划。但它却表明工龄制度会限制某些平权行动措施的使用。

### 争议的解决

在合同的期限内不可避免地会出现争议。大多数合同都包括如何解决争议的具体条款。

"禁止罢工"条款要求工会配合以防工作中止。禁止罢工保证可以是无条件的，也可以是有条件的。无条件保证禁止在合同期限内对生产有任何干预。有条件保证允许在某些情况下罢工。诉讼程序终止或违反仲裁判决后，最常用的手段就是不罢工禁令。作为对禁止罢工保证的回报，工会往往会要求公司承诺在合同期限内不闭厂。**闭厂**（lockout）是指雇主拒绝让员工工作。

诉讼程序条款是解决合同期限内出现争议的最常用的方法。解决争议的最后一步程序通常是仲裁。诉讼程序和仲裁已经在第 17 章讨论过。

## 集体谈判中的僵局

在合同到期时，如果没有达成新协议，员工可以根据旧合同继续工作，直到达成新协议或要求罢工。工会官员不建议员工继续工作，除非合同谈判取得重大进展。

如果谈判没有取得进展并且合同已到期，通常就会发生罢工。**罢工**（strike）是指员工集体拒绝工作。大多数公共部门的员工是不允许罢工的。在罢工前，工会必须首先让工会成员对此进行投票表决。只有表决的结果特别倾向于罢工，罢

## 实践中的人力资源管理 19.3

### 劳教所警官被解雇

马萨诸塞州劳教所狱警联合工会主席史蒂文·肯那韦说，因为发生在2004年1月28日的事故，一名警官被解雇了，其他五个警官被降职并调离至其他劳教所。工会代表了马萨诸塞州近5 000名劳教所警官。工会说，这次事件的起因是一个囚犯在被护送至监狱健康服务单位的过程中，袭击了一名警官。随后这名囚犯被6名狱警制服，被按压在运送病人的轮床上（因为他袭击了警官）。工会宣称这名囚犯被制服后眼圈发青，并在眼周有两道撕裂伤口。被袭击的警官被解雇了，因为管理者调查认为该警官使囚犯受伤。工会被告知两名中尉和三名中士被撤销军衔并降职，因为在管理者调查后发现，他们存在不当行为，并且不能对囚犯如何受伤做出解释。

这与2003年夏天渎职牧师约翰·乔根被杀案发生在同一家劳教所，乔根被另一囚犯殴打并勒死。调查发现少数狱警写伪造的检查报告，使乔根被转移至危险的监牢，在那儿乔根遇害。

工会官员声明，他们正在考虑召集罢工投票，以抗议1月28日事故后管理层对警官的处理。

资料来源：Adapted from Denise Lavoie, “Strike Threatened over Discipline; Correction Supervisor Fired,” *Telegram & Gazette*, April 15, 2004, p. A. 2.

工才会发生。真正发生罢工后，工会会员设置纠察看守雇主。在设置纠察期间，各会员在工作地点或其附近巡逻，公开罢工的存在，并阻止员工继续工作以及公众与雇主交易。通常其他工会的会员会拒绝穿越罢工工会的纠察线。例如，参加工会的卡车司机经常会拒绝为卷入罢工的雇主运送货物。实践中的人力资源管理19.3描述了劳教所的可能罢工。

罢工的目的是给雇主带来经济困难，从而迫使雇主答应工会的要求。罢工的成败取决于工会干扰雇主企业运营的严重程度。雇主一般用管理层、监督人员、不属于罢工谈判单位的人、属于罢工谈判单位但拒绝继续罢工的人，或者雇来代替罢工员工的人，继续经营。雇主采取这些方法试图继续经营，会增加双方达成协议的难度，并经常导致员工暴动。

如果美国总统认为罢工可能危害国家的稳定与安全，就会应用《塔夫脱—哈特利法》紧急争议解决条款。根据这些条款，总统有权任命一个特别的调查委员会，在发布强制令终止罢工前，对谈判僵局做初步调查。如果在初步调查过程中僵局没有得到解决，那么总统可以颁布强制令禁止罢工行动80天。这段时间称为冷却期。然后，双方有60天的时间来解决僵局。60天后，就要求全国劳资关系委员会对员工进行民意调查，了解他们是否接受雇主的最后提议。如果员工们不同意接受雇主的最后提议，强制令被解除，总统可以将此僵局移交国会，并建议采取一系列行动措施。

## 集体谈判的趋势

技术变革、自动化应用的增加、变革中的政府管制、外来竞争的加剧、蓝领工人比例的下降以及高失业率都是影响集体谈判过程的一些因素。诸如此类的因素变化迅速，使得两年前才磋商好的合同条款变成一纸空文。

为了应对这些迅速变化着的因素，逐渐形成的一种集体谈判形式，它就是劳资管理联合委员会。该委员会在合同期间定期碰面，探索共同关心的问题。这种新的集体谈判形式的基本特征如下：

1. 在合同期间经常举行会议，会议不受合同到期日的影响。
2. 讨论审查外部事件和存在潜在问题的领域，而不是只在内部抱怨目前的行为。
3. 外部专家，如法律专家、经济学家、保险精算师、医疗专家和行业专家等，在某些问题的最终决策时发挥重要作用。
4. 鼓励会议参与者提出问题的解决方案，而不是采取敌对态度。

美国公司内集体谈判的另一可能趋势是生产率谈判。在这种谈判下，工会和资方制定一种合同，据此，工会同意改变旧的工作程序和方法，采用新的、更加有效的工作程序和方法。作为回报，资方增加工资和改善工作条件。生产率谈判不仅有助于达成协议，也有助于创造一种持续合作的氛围，在这种氛围下，可以实现协议中所要求的变化。

最后一种趋势被称为“收回谈判”。这种谈判要求工会在工资和福利方面做出让步。它主要发生在那些遭受外来竞争沉重打击的行业。

# 总　结

1. **对集体谈判进行定义。**

   集体谈判是在特定时期雇主与工会为达成书面协议而进行的协商、起草、管理和解释的过程。

2. **解释俘虏听众准则。**

   根据此准则，资方有权在上班时间向员工做反对工会的演说，并要求员工出席会议。工会没有权利在上班时间做出回应。然而，禁止资方在工会选举前24小时的上班时间对多数员工做演讲。

3. **对谈判单位进行定义。**

   谈判单位是指在工厂、企业或行业里由雇主认可的，经相关方同意，或经全国劳资关系委员会或其地区主管指定的适合参加集体谈判的员工群体。

4. **解释确认障碍、承认障碍和合同障碍。**

   根据确认障碍，全国劳资关系委员会不允许在工会确认的12个月内再次选举。根据承认障碍，全国劳资关系委员会不允许在雇主自愿承认工会后的12个月内进行选举。根据合同障碍，全国劳资关系委员会通常不允许合同涉及的谈判单位在合同到期前进行选举，合同期限最长为三年。

5. **描述诚意谈判。**

   诚意谈判是双方协商分歧并达成彼此可接受的协议的真诚意图。

6. **讨论博尔韦尔主义。**

   博尔韦尔主义是集体谈判的一种形式，在这种谈判下，资方在谈判开始时就给出最好的出价，并在整个谈判过程坚守这个出价。博尔韦尔主义违背了雇主诚意谈判的职责，是非法的。

7. **解释调解。**

   调解是谈判双方邀请中立的第三方帮助解决合同僵局的过程。

8. **对代扣工会会费进行定义。**

   代扣工会会费是指工会与公司达成的非正式协议，根据该协议，公司同意从员工工资中代扣工会会费、入会费和对员工工资的评定费，并将这部分钱交给工会。

**9. 解释工龄。**

工龄是指员工为雇主服务的相对时间长度。

**10. 对闭厂和罢工进行定义。**

闭厂是指雇主拒绝让员工工作。罢工是指员工集体拒绝工作。